佐高信評伝選5

歴史の勝者と敗者

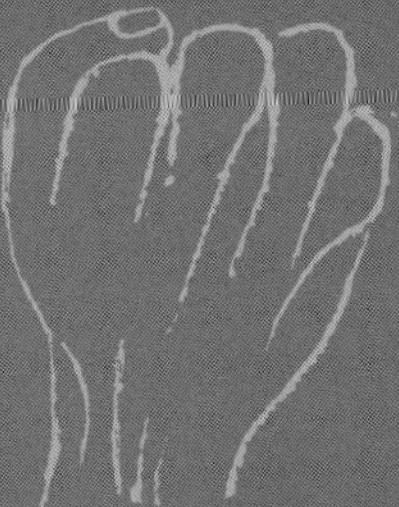

❶司馬遼太郎と藤沢周平
❷西郷隆盛伝説

旬報社

佐高信評伝選5　歴史の勝者と敗者

目次

司馬遼太郎と藤沢周平……3
解題　悪を描いた藤沢周平と描けなかった司馬遼太郎……152
西郷隆盛伝説……159
解題　左翼からも好かれる西郷隆盛の多面性……480

藤沢周平（ふじさわ・しゅうへい）

一九二七年山形県東田川郡黄金村（現鶴岡市）生まれ。

山形師範学校（のち山形大学）卒業後、教師となり湯田川中学校に赴任。結核で休職し、
五年余の闘病の後、東京の業界新聞社に勤務。会社勤めの傍ら小説を執筆する。

七一年「溟い海」でオール讀物新人賞、七三年「暗殺の年輪」で直木賞を受賞し、執筆活動に専念。

吉川英治文学賞、芸術選奨文部大臣賞、菊池寛賞、朝日賞など受賞。一九九七年逝去。

藤沢周平全集（全二六巻、文藝春秋）

司馬遼太郎（しば・りょうたろう）

一九二三年大阪府大阪市生まれ。
大阪外国語学校蒙古語部（のち大阪外国語大学、現大阪大学外国語学部）卒業。
四三年学徒出陣、四五年に陸軍少尉で終戦。
六〇年産経新聞記者として在職中に『梟の城』で直木賞受賞、
六六年『竜馬がゆく』『国盗り物語』で菊池寛賞、
『世に棲む日日』で吉川英治文学賞など多くの賞を受賞。一九九六年逝去。

司馬遼太郎全集（全六八巻、文藝春秋）

司馬遼太郎と藤沢周平

司馬遼太郎と藤沢周平

目次

第一章　両者の違い……………6

(1)「上からの視点」と「市井に生きる」…6

司馬遼太郎が読めなくなる／「将」ではなく「兵」が支えた日本／司馬遼太郎が小説を書かなくなった理由／悪人を書かない「人間観の浅さ」／名もない市民を教え子に持つ誇り

(2)同じ人物・「清河八郎」をどう描いたか…25

司馬の清河八郎像に対する藤沢の抗議!?／ものかきは「無位無冠の浪人」ではないのか／志を失うことができない苦衷／「名もない者を描く」のか、「名のある者を描く」のか／「女の眼」を書かなかった司馬／「あったかそうで、冷たい人」と「とっつきにくそうで、あったかい人」／司馬は何を見て、何を見なかったのか／働くことを喜び、労働を尊敬する

第二章　両者への違和感と疑問……………47

(1)司馬遼太郎の避けた問題…47

最も厄介な問題を無視／愚かなるエスタブリッシュメントを安心させる／善意の人には根本問題が見えない／英雄史観の危険な側面／司馬遼太郎の小説は〝弔辞小説〟／あらゆる歴史を理解可能なものとして描き出す／大岡昇平の司馬批判／見ようとしないがゆえに見えなくなった

(2)藤沢周平への唯一の疑問…69

故郷の名誉市民を拒否／「胸像なんて晒者」／同郷の歌人・斎藤茂吉の戦争責任を厳しく追及／小説家、歌人の戦争責任／同郷ということで石原莞爾に甘くなった／石原に予見能力はあったのか／権威はすべ

て張り子の虎

第三章　藤沢周平の心性……89

(1) 農民の血と詩人の血…89

長塚節を書くことで自分を書いた／教師時代に行なった生徒と二人だけの〝授業〟／有名作家になっても変わらぬ師弟関係／山形の農民詩人・真壁仁／教師になれなかった同級生への〝うしろめたい〟気持ち

(2) 心に「狼」を棲まわせていた男——『市塵』・新井白石論…104

動物園でパンダを見てもしようがない／黙々と生きる／政治家たる者、まず畏れを知れ／俗にまみれて俗に染まらず／俗にまみれた業界紙の記者時代／『市塵』に示された「バブル経済」批判／リーダーにとって真の「覚悟」とは何か／「藤沢の中の白石」と「白石の中の藤沢」

第四章　藤沢周平をこう読む……118

(1) 藤沢周平の濁のエネルギー…118

暗さがあったかい／藤沢時代小説の塩味／「無位無冠」は誇るべきもの

(2) 俳句に込められた文学と故郷の風景…123

療養生活に入ってから俳句をつくりだす／暗さが身にしみる／郷里はつらい土地でもある

(3) 藤沢周平の寒梅忌によせて…135

業界紙編集長時代／固形食と流動食／逆白波の人／東條英機より許せない／「二君に仕えず」に反する

あとがき……146

文庫版へのあとがき……149

第一章　両者の違い

(1)「上からの視点」と「市井《しせい》に生きる」

司馬遼太郎が読めなくなる

一九八二年秋、第一勧業銀行シンガポール支店で為替投機の失敗によって九十七億円にのぼる損失を出し、解雇された同支店資金課長の神田晴夫は、それから六年後の八八年十月、胃ガンのため、四十七歳で亡くなった。ロンドンという異郷の地で迎えた死である。

かつては、男らしさに惹かれ、司馬遼太郎の作品を愛読した神田だったが、解雇され、さらに三男を病気で亡くすという不幸に見舞われてからは、山本周五郎の作品をむさぼるように読んでいたという。おそらく、山本周五郎の後継者といわれる藤沢周平の小説も耽読《たんどく》していたにちがいない。

加藤仁の『ディーリングルーム25時』（講談社文庫・原題『「円」の戦士』）のなかで、神田の友人がこう言っている。

「能力主義の外資系企業にくらべると、終身雇用の日系企業は、ある日突然お払い箱にならず、身の危険はなく勤務できるといわれてきたが、果たしてどうでしょうか。神田さんの例をもちだすまでもなく、たった一回の失敗によって、サラリーマンとしての生命を断たれることもある」

神田のように、司馬遼太郎から山本周五郎、あるいは藤沢周平へという変換はあるのだろう。しかし、その逆はないのではないか。

たぶん、同じようなコースをたどったと思われる人に、高杉良の『懲戒解雇』（講談社文庫）の主人公のモデル、所沢仁がいる。

三菱油化（現・三菱化学）のエリート課長で、社長表彰を受けたこともある所沢は、首脳陣の派閥争いのあおりを食って解雇されそうになり、地位保全の訴えを起こす。前代未聞の事件だった。

所沢が会社を訴えて、翌朝、出社すると、所沢の机の上には女子社員たちからの花束がいまにもこぼれ落ちんばかりに置かれていた。新聞にも大きく書きたてられ、さすがに会社へ来るのは気が重かっただけに、所沢は胸が熱くなった。

その後も、彼女たちはいろいろな情報を提供してくれたし、女子社員たちだけでなく、見も知らぬ男性社員も励ましてくれた。

「会社ってこんな人もいてやっていたんだな」

そのとき、所沢はこう思った。会社を訴えるようなことにならなかったら、エリートとして先頭を突っ走ってきた自分は、こうした人たちの存在に生涯気づくことがなかっただろう。

軒を出て狗《いぬ》寒月に照らされる

藤沢周平にこんな句がある。藤沢の眼は人だけでなく、犬にまで及ぶ。

藤沢は、時代小説の中で、自分は山本周五郎とともに「多分人生派とでもいったところに分類されそうな

気がする」と書いている。そして「親戚のように身近なひと」である山本の作品と自分のそれが似ていると言われることについて、

《そう言われたことにやはり無関心ではいられなくて、いつかはそこのところに何らかの筋道をつけて納得したいという気持があった。しかし、そう思いながらじつは筋道をつける何の努力もしていないので、周五郎さんについて何か書けと言われると、まるでまだやっていない宿題を提出しろと言われたように、異様にあわてふためいて、とにかく何か書かなければと思ってしまう傾向がある》

と述懐している。

『ふるさとへ廻る六部は』（新潮文庫）所収の、『山本周五郎全集』へ寄せた一文で藤沢はこう書いているが、藤沢や山本が「人生派」なら司馬は「統制派」だろう。どうしても、上からコントロールする感じがつきまとう。

昭和二年生まれの藤沢は、また、自らも軍国少年として級友をアジり、一緒に予科練の試験を受けさせたりした悔いが、三十数年たっても消えないとして、

《以来私は、右であれ左であれ、ひとをアジることだけは、二度とすまいと心に決めた。近ごろまた、私などにはぴんと来る、聞きおぼえのある声がひびきはじめたようだが、年寄りが若いひとをアジるのはよくないと思う》

と警告している、

《私が書く武家物の小説の主人公たちは、大ていは浪人者、勤め持ちの中でも薄禄《はくろく》の下級武士、あるいは家の中の待遇が、長男とは格段の差がある次、三男などである。つまり武家社会の中では主流とは言えない、組織からの脱落者、あるいは武家社会の中で呼吸してはいるものの、どちらかといえば傍流にいる人びとなどを、主として取り上げているということである》

藤沢のこの自己告白は、そのまま山本周五郎の告白としてもいい。

「将」ではなく「兵」が支えた日本

サラリーマンが時代小説に共感を寄せるのは、現代の企業社会が「日立藩」「松下藩」「トヨタ藩」と名前を変えてもいいほどの封建社会だからだが、周五郎作品を愛するサラリーマンは、たとえば『樅ノ木は残った』（新潮文庫）の原田甲斐の「耐え忍び、耐え抜くことだ」といった言葉に強く惹かれるのだろう。

しかし、直木賞拒否が示すごとく、山本は「耐え忍ぶ」といった不自然なことに価値をおいてはいない。家来の丹三郎が死を覚悟で、鬼役《おにやく》、つまり主君の毒味役にあがることになったとき、「どうしても思いとまる気はないのか」と、甲斐は止める。

それを振り切って、丹三郎はお役に立ちたいと言う。自分のためにそこまで尽くそうとする丹三郎を送る席を設けながら、甲斐はつぶやく。

《――だがおれは好まない。

国のために、藩のため主人のため、また愛する者のために、自からすすんで死ぬ、ということは、侍の道徳としてだけつくられたものではなく、人間感情のもっとも純粋な燃焼の一つとして存在して来たし、今後も存在することだろう。――だがおれは好まない、甲斐はそっと頭を振った》

丹三郎のような死には犠牲の壮烈さと美しさがあるとしても、それはやはり、生きぬいてゆくことには、はるかに及ばない。

《「こういうときに侍に生れあわせ、おれのような主人を持ったのが不運だった。おれを憎め、おれを恨め、だが、役目だけは果してくれ」》

原田甲斐は、原田夫人とのかかわりで自殺しようとしていた家来に、こう言って頼む。この「役目だけは果してくれ」といった言葉を、封建的な日本企業に働く多くのサラリーマンは自分の言葉としてつぶやくのかもしれないが、甲斐自身は、むしろ、そうした価値を突き放している。いや、作者の山本がそれを突き放しているのでなければ、こうは書けないだろう。

《裏切るために人の好意や信頼をつなぎとめるということは辛い。おれはそういう辛さを五年あまりも続けて来た。この年月、自分に課された義務と、裏切ることの罪悪感との板挟《いたばさ》みになっている苦痛が、どんなに耐えがたいものであるか、知っている者は一人もいないだろう。そして、おれがどれほど平常で安穏な生活を求めているかということも》

藤沢にとって山本が「親戚のように身近なひと」とはいえ、たとえば山本を「伯父」とすれば、「伯父」に拠って「甥」の藤沢を語りすぎたかもしれない。しかし、伯父に遡ると〝血筋〟がよく見えるということもあるのである。

藤沢は『三屋清左衛門残日録』（文春文庫）に、こう書いている。

《人間はそうあるべきなのだろう。衰えて死がおとずれるそのときは、おのれをそれまで生かしめたすべてのものに感謝をささげて生を終ればよい。しかしいよいよ死ぬるそのときまでは、人間はあたえられた命をいとおしみ、力を尽して生き抜かねばならぬ》

そんな藤沢と違って司馬遼太郎は「死は美であるとしか考えられなかった」乃木希典《のぎまれすけ》を『殉死』（文春文庫）という作品で描いた。妻までがすぐにその後を追って殉死した〝軍神〟乃木を司馬は彫刻したのである。

軍神の立場に立てる司馬とは違って、藤沢はあくまでも死を遠ざけようとする。「人間はあたえられた命をいとおしみ、力を尽して生き抜かねばならぬ」と、生を追求するのである。

「一将功成って万骨枯る」ではないが、死を美化しがちな司馬と、屈辱多き生であっても、やはり生きねばならぬとする藤沢との、決定的な違いがここにある。

藤沢は「信長ぎらい」というエッセイで、叡山の焼き討ちをはじめとする信長の行なった殺戮《さつりく》を挙げ、こう断じている。

《こうした殺戮を、戦国という時代のせいにすることは出来ないだろう。ナチス・ドイツによるユダヤ人大虐殺、カンボジアにおける自国民大虐殺。殺す者は、時代を問わずにいつでも殺すのである。しかも信長にしろ、ヒットラーにしろ、あるいはポル・ポトの政府にしろ、無力な者を殺す行為をささえる思想、あるいは使命感といったものを持っていたと思われるところが厄介なところである。権力者にこういう出方をされては、庶民はたまったものではない》

司馬にこういう視点はない。『この国のかたち　一』（文春文庫）所収の「信長と独裁」では逆に、「信長は、すべてが独創的だった」と手放しで礼賛している。

型破りの日銀マンで、請われてルワンダ中央銀行の総裁となった服部正也は、その著『ルワンダ中央銀行総裁日記』（中公新書）に、自らの戦争体験を踏まえつつ、「私は戦に勝つのは兵の強さであり、戦に負けるのは将の弱さであると固く信じている」と書いた。

つまり、これまで日本が何とかもってきたのは、藤沢作品を読むような「兵」たちが、「将」たちの愚かさに耐えながら支えてきたからであり、リーダーたちがその責任を果たしてきたからではまったくない。

ところが、日本の政財界の将たちは、あたかも自分たちに能力あったからのように錯覚してきた。彼らをその気にさせたのは司馬遼太郎である。

司馬遼太郎が小説を書かなくなった理由

他の点では深く共鳴する井上ひさしと、私は司馬をめぐって激論をかわした。『頓智《とんち》』の一九九六年六月号でだが（ダイヤモンド社刊『佐高信が行く・天の巻』所収）、そのサワリを次に引こう。

佐高　司馬さんを読む側の社長たちの、ほんとに出鱈目《でたらめ》な無責任さのほうから見ますと、司馬さんの本はためになっていないというか、致死量の毒にはなってない。それはやっぱり致死量盛らないと、日本のリーダーたちはあまりに無責任ですから、絶対気づかないんですよね。致死量盛っても気づかないような人ばかりですから（笑）。

井上　これはこっちが勝手に推測していることですけれども、司馬さんが小説をおやめになった動機の一つに、読者との関係を疑い出したということがあると思います。

「自分には読者がいる。自分の書くもので慰められ励まされている読者がいる。だから自分は彼らに向かって書けばいいんだ」という手応えを感じながら書いていくことができる時期、これは小説家にとっていちばん幸福な時期です。ところが、それが信用できなくなるときがあるんですね。

作家は皆、読者との関係を疑い出したときに、小説を書かなくなるんです。司馬さんにもそれが起きていたのではないか。『街道をゆく』と『この国のかたち』の二本に絞ったところに、いままでの自分の作品と読者を、実は切ってしまわれたという気がします。

その本当の形は、あと五年もあれば誰の目にも明らかになるはずだった……。

佐高　一度恋した人のいいところを、一所懸命見つけようとしているような感じ（笑）。

井上　かもしれませんね。

大企業の社長で、誰か愛読者に『この国のかたち』をあげる人がいるかなと思って見てましたが、やはり誰もあげなかったですね。それからこのところよく聞くのは「司馬遼は怒りっぽくなった」という声ですね。

佐高　ただ、最後の住専問題に怒る遺書みたいなあれ、企業の社長たちもあげますよね。

井上　あげています。

佐高　私は「お前たちに言ってる話なんだぞ」と言いたいですね。それは、住専の経営者と大蔵省の関係みたいなもので、「あなたがいままで甘やかしてきたからこうなったんじゃないの」と。私は大蔵省の責任と同じように、司馬遼太郎の責任を追及したい。

あの社長たちにとっては安岡正篤《やすおかまさひろ》（歴代総理の指南番）という人と、司馬遼太郎という人はほぼ並んでいるんですよね。どういう位置かと言いますと、すべて動機主義です。動機はよかった、と。日本の指導者層が、ずうっと引きずっているのは「動機はよかったんだ」という話。「結果は、ちょっとおかしくなったかもしれないけれども、動機はいいじゃないか」と動機によって、全部結果を免罪する。その弁明のテキストが安岡正篤であり司馬遼太郎になっている。

この前段では、井上は司馬を、それまでの「戦前のものは全部だめだった」という直線史観に対して、

「そうでもなかったのではないか」という史観をもって登場した、と弁護している。

歴史清算主義的な暗黒史観への揺り戻しだというわけだが、しかし、それは、藤沢の言葉を借りれば、藤沢などにはぴんとくる「聞きおぼえのある声」によって「年寄りが若いひとをアジる」〝自由主義史観〟という名の唯我独尊史観論者に見事に利用されている。

「新しい歴史教科書をつくる会」を組織し、ヒステリックな声をあげる藤岡信勝は、「司馬史観」と自由主義史観は同じ立場にあると主張している。

藤岡によれば、司馬は『坂の上の雲』（文春文庫）で、「国家像や人間像を悪玉か善玉かという、その両極端でしかとらえられない」歴史学を批判したのだとか。

もちろん、歴史において個人の要素を否定することはできないけれども、すべて個人が動かしたように描くことは、その時代の状況を無視した個人肥大史観の誤りを犯す。司馬史観は頭デッカチならぬ個人デッカチの歪《ゆが》んだ史観だと思うのである。

ここで、いま少し、井上ひさしと私の対談を引こう。

佐高　私が司馬遼太郎さんを非常に敬遠するようになったのは、まず第一に読めないんですね。そのリズムに入っていけないのと、なんかあの史観に抵抗があった。

それともう一つ、読者の側から作家を規定するということも必要ですよね。日本の愚かなる経営者たちが、ほとんど全部、司馬遼太郎の『坂の上の雲』なんかを愛読書としてあげる。その社長たちを私は知っていますから「あいつが愛読書としてあげるんじゃ、こりゃろくなもんじゃやない」と（笑）。そういういちばん無責任な経営者たちに、毒になってないということです。毒として届いてないということは、やっぱり作者の責任なんじゃないかと。

井上さんは小説以外の『この国のかたち』云々《うんぬん》とおっしゃいましたけれども、三、四年前ぐらいに、とにかく日本は天皇制を基本にしていかなきゃだめだということを、『中央公論』か何かで書いてるんですね。そうすると平等ということも、司馬さん的平等観、現状肯定みたいな平等観ですよね。

いちばんいま虐《しいた》げられているというか、抑圧的状況にいる人たちが受け入れられるような平等観ではなくて、いまの現状を瞬間凍結するような平等観なんじゃないか。

そういう平等観だから、社長たちが安心して読む。自分があたかも竜馬になったように錯覚を与える、罪な作家だと言ったんですが……。

井上　なるほど。現在《いま》を凍結する危険作家ですか（笑）。

佐高　危険というか……。変革のエネルギーというふうなものを秘めてない平等観じゃないかと。

井上　そうおっしゃられると、もうなるほどというしかないんですが、しかし、『この国のかたち』の一巻目二巻目を読んだとき、「あれっ、作家は成長する、変化するというのはほんとに言えるんだな」と僕は思った。

文化勲章までいくと、そんなに変わる必要もないと思うんですが、「ああ、この人は必死になって変わりながら、実は御自分の作品群を『この国のかたち』という、エッセイと言うか評論と言うか、司馬さん独特の書き方で、実は自己批判をなさっているな」と感じて感服したのです。そして、もう五年ぐらい『この国のかたち』をお書きになったら、相当烈《はげ》しいところにいったんじゃないかという気がします。

自分の作品を愛読していると称する社長たちに、実は「本当に私の作品を愛読していていいんですか」と鋭く匕首《あいくち》を突き付けることになったのじゃないでしょうか。『この国のかたち』にはそれぐらいのパワーはありますよ。

井上ひさしにここまで推薦されて、私も『この国のかたち』を読んでみたが、前記の「信長礼賛」が出てくるのは第一巻である。私にはやはり、司馬がそれほど変わったとは思えない。

ある種のジョークとして、「江戸城は誰がつくったか」という話がある。太田道灌《おおたどうかん》と答えると正解で、大工と左官がつくったというと笑われるのだが、しかし、藤沢は笑わないだろう。井上も笑わないのではないか。太田道灌と答えることにためらうのが藤沢であり、ためらわないのが司馬遼太郎だろう。そこに経営者たちは乗り、〝社畜〟たちも盲従する。サラリーマンは、自分たちは大工や左官ではないと思っているのである。その錯覚を与えることに司馬は貢献してきた。

悪人を書かない「人間観の浅さ」

司馬史観の特徴は次の「上からの視点」に要約される。

「ビルから下をながめている。平素、すみなれた町でもまるでちがった地理風景にみえ、そのなかを小さな車が、小さな人が通ってゆく。そんな視点の物理的高さを私はこのんでいる。つまり、一人の人間をみるとき、私は階段をのぼって行って屋上へ出、その上からあらためてのぞきこんでその人を見る。おなじ水平面上でその人を見るより、別なおもしろさがある」

これに対し、徹底的に「差別される者」の立場に立って時代小説を書いたのが隆慶一郎《りゅうけいいちろう》である。隆の処女作『吉原御免状』（新潮文庫）に、柳生宗冬《やぎゅうむねふゆ》が主人公の松永誠一郎にこう教える場面がある。

《「正邪相闘わば、邪、必ず勝つ。清と醜もまた同じ。剣士は醜く邪《よこし》まであることを恐れてはならぬ」》

これは、誠一郎の師、宮本武蔵の教えとまったく同じだった。作者の隆は、そして、それをこう解説する。

《闘いの場において、正しい生、美しい生はあっても、正しい死、美しい死はない。死を正しい、美しいというのは、戦闘に参加しない他人の評価である。己が生死を他人の評価に委《まか》せてたまるか》

隆はかつて、池田一朗という本名で、司馬の直木賞受賞作『梟《ふくろう》の城』（新潮文庫）の脚本を書いたことがある。

『梟の城』は二人の伊賀者の物語だった。井上ひさしの言うごとく、司馬が変わったとすれば、すでに小説において、初期の「無名」の者を主人公とした作品から、まもなく、「有名」の者を主人公とする作品に重心移動したのである。

それに納得できなかった池田一朗が隆慶一郎という筆名で、自ら時代小説を書き始めたということもできる。

藤沢作品に登場するのも、多くは市井《しせい》の無名者である。有名の人間に焦点を当てた場合でも、歌人の長塚《ながつか》節《たかし》とか、俳人の小林一茶とか、華々しい生涯を送った人ではない。

魯迅に「出関」という作品がある。そこで老子は自らを孔子と比較して、「同じ一足の靴であろうとも、わしのは、流沙を踏むもの、彼のは、朝廷へ登るものだ」と語る。

やはり、無名の者を描く池波正太郎と共に、藤沢の靴は「流沙《りゅうさ》を踏むもの」なのだろう。そして、司馬の靴は「朝廷へ登るもの」である。

その違いを、無意識にか、告白している藤沢のエッセイがある。文藝春秋編『司馬遼太郎の世界』所収の「遠くて近い人」である。しかし、読後には、タイトルは「近くて遠い人」ではないかという印象が残る。

そこで藤沢は、司馬に会ったのは「ただ一度だけ」で、「作品のよき読者でもなかった」とも書いている。

《なにしろ最後まで読み切った作品といえば「項羽と劉邦」、「ひとびとの跫音《あしおと》」、「関ヶ原」の三作、ほかに新聞連載の「花神」を不完全ながら読んだぐらいである。世評高い「竜馬がゆく」、「坂の上の雲」も「翔ぶが如く」も読んではいない》

それに比して池波の小説は「比較的沢山読んだ」と言う。

その違いを藤沢は、池波作品が一話読切り形式だからというところに求めているが、しかし、ミステリーなら一話読切りでなくとも読んでいるのである。だから、やはり、司馬作品は藤沢の波長に合わなかったのだと言ったほうがいい。

《私はいつかはいくばくかのひまを得て「坂の上の雲」、「翔ぶが如く」といった長編を読みたいといまもねがっているのだが、たとえそれらが読めなくても、「ひとびとの跫音」一冊を読んだことで後悔しないで済むだろうと思うところがある》

藤沢はこう付け加えてもいる。そして『この国のかたち』や『街道をゆく』シリーズは「人後に落ちない愛読者であった」と続けているのだが、それは藤沢の心遣いであって、「読めなかった」ということだろう。

これはじつに率直に、自らと司馬との違いを語った貴重な証言である。

『プレジデント』の一九九七年三月号・臨時増刊「司馬遼太郎がゆく」によれば、経営者が好きな司馬作品は、

一位『坂の上の雲』
二位『竜馬がゆく』
三位『翔ぶが如く』

なのに対し、サラリーマンのほうは、

一位『竜馬がゆく』
二位『翔ぶが如く』
三位『国盗り物語』

となるという。

しかし、いずれにしても、司馬作品にある弱点を鋭く突いているのが、同増刊掲載の座談会「司馬作品の

主人公の魅力を語ろう」での会田雄次の指摘である。

明治前半の「楽天的な時代」を描いた司馬に対し、会田はこう注文をつける。

「楽天性もいいけれどもうちょっと悪人を書いてもらいたかった気がする。司馬作品の中には、本質的な悪人がまったく出てこないでしょう」

「一般的に言って、女が好きな人は悪人が好きですよ。女というのは、男にとって本質的に悪ですからね（笑）。女に出会ったら、悪というものがわかる。司馬の場合、作品の中に悪がないから、わりあいサラリと読める。実は、それが司馬作品が多くの読者を獲得した秘密であると思うのですが、シナ人とかヨーロッパ人を書くのは難しいでしょうね。ことにイタリア人なんか書けないだろうな。司馬作品に出てくる人間は、私から見れば全部毒のない人間。不羈奔放《ふきほんぽう》だけど、毒がないですね」

「信長だって、毒のない人間になってしまう。斎藤道三でさえ毒がない人間になってしまったので驚いたな（笑）。面白いが、しかし痛快小説になってしまうんじゃないかな、悪く言えば」

これは司馬遼太郎についての根源的な批判だろう。人間観が深くないと会田は言っているのである。

安岡章太郎も「『論争』東洋経済」の九七年三月号で、「大雑把《おおざっぱ》に言ってしまえば、大衆小説を崩して、全部エッセーにしちゃったのは司馬遼太郎ですよ。彼の司馬節、彼の講演調が大衆小説の文体を壊した。小説じゃなくて随筆の形で、歴史そのものを語ってもらったほうがおもしろいとなった」と言っている。

前記の座談会で、会田の指摘に歴史学者の奈良本辰也は、

「司馬さんが悪人を書かなかったというのは、司馬さんの限界というよりも、日本人全体の限界かもしれません」

と応じているが、浅い読者に見合う浅い作家ということだろうか。

私の比較で言えば、司馬作品は講談ではあっても小説ではない。それに対して、藤沢作品はもちろん小説である。

名もない市民を教え子に持つ誇り

ある会社の人事課長は、単行本になっている山本周五郎の作品は全部読んだと言い、「彼はいつも日の当たらないところにいる人や、まじめに暮らしている人にあたたかい声援を送ってくれる。そこがたまらないですね」と言っていた。藤沢作品にもこのような読者が多いだろう。

司馬作品も〝応援歌〟なのだが、誰を応援しているか、また、シュプレヒコールの似合う歌ではあっても小説ではないのではないか、という疑問が出てくるところが問題なのである。

司馬と同じく経営者にもサラリーマンにも読者の多い小島直記が『回り道を選んだ男たち』（新潮文庫）で、経営者の愛読書ナンバーワンの『坂の上の雲』に異論を呈している。

古島一雄《こじまかずお》と正岡子規の出会いについて、司馬は、

《(陸《くが》) 羯南《かつなん》（『日本』新聞社長）がはじめて古島に子規入社のことを相談したとき、

「正岡というのは学歴もちゃんとしている。文章の才もある」

といったが、古島は子規を文学青年とみていたから乗り気でなく、

「新聞人は学歴も文才も要らない。新聞というものに適格の人でなければならない」

と、その持論をのべた。しかし論説一点ばりの『日本』に短歌や俳句の入った紀行文などのやわらかい欄も必要だろうと古島はおもい、そういうところで賛成した》

と書いている。

それに対し、『斬人斬馬剣』(中公文庫)という古島一雄伝をものしている小島は、古島一雄本人の回顧談を引きながら、反論する。

《陸羯南から、「加藤拓川《かとうたくせん》(本名恒忠《つねただ》、外交官、子規の伯父)の親戚の者で、正岡という青年が入社したいというから、会ってくれ」とのことであった。会ってみると、紺飛白《こんがすり》の着流しで、顔面の蒼白《そうはく》な男である。目下帝大にいるが、退学して入社したいというのだ。「あと一年で卒業するなら、入社はそれからでも遅くはあるまい」というと、「実はもはや試験のための学問はイヤになった。ことに井上哲次郎の哲学の講義など、この上きかされてはたまらない。自分は、元来病身だから、一日も早く所信を実行したいのだ」という。「何をやるか」ときくと、俳句だという。僕はこの頃《ころ》俳句などというものを知らなかったから、俳句は何だというと、芭蕉以来の発句が堕落しているから、これを革新したい念願だ。「ははああの古池かい」「そうだ。高校以来それを研究して、今では発表の自信をもっているが、じつは肺患で前途を急ぐから、ぜひ入社さしてくれ」というのである。

その頃『日本』新聞は、政治方面でも文学方面でも、国粋的国民精神の発揚が主眼であったから、その所信に賛成し、ことに彼が試験のための学問がイヤになったという意気に同感して、ただちに入社を予約し、まず作品の寄稿を求めた。ちょうど『日本』新聞ではその頃、落合直文、小中村義象等の和歌入りの紀行文をのせて喝采《かっさい》を博しておった。子規はこれが対抗意識からであったか、俳句入りの紀行文をよせてきた。これが社中の認むるところとなっていよいよ入社と決した》

鷲尾義直の『古島一雄』から、この述懐を引き、小島はこう書く。

《司馬の文章と、本人の回顧談との決定的相違には一驚する。その相違を要約すれば、司馬の書き方では、二人が親友となるまでの距離は無限大であるのに反して、本人の回顧談は、友情発生の機微を語っていて遺憾がない、ということである》

そしてさらに、

《司馬の文章では、古島は冷《さ》めている。新聞の紙面のことしか考えない、真面目《まじめ》で、一刻《いっこく》な職業人としては描《か》けているかもしれないが、この初対面において親友を発見した熱い心の持主としては描けていない。いや、そもそも司馬には、二人が親友になったということ、また、古島自身にこういう回顧談があったということの認識があったのだろうか、と疑わせる》

と追撃している。

子規は古島との初対面で、自分の「決意」を述べた。それは、「学士さまなら娘をやろか」時代の帝国大学生が、そうした栄達の道を捨て、俳句にいのちを懸けるという「男子の志」を披瀝《ひれき》したのだ、と小島は指摘する。

「子規を書こうというのならば、入社のための面接時に、そういう『男子の志』を吐露せずにはいられなかった人、として描くべきであろう」という小島の痛烈な批判を司馬の読者はどう聞くか。

いずれにせよ私は、日本を支えてきたのは司馬作品の読者ではなく、藤沢作品の読者だと思う。

藤沢は「教え子たち」というエッセイを、「私の教え子たちは名もない市民である。だが堅実に生きている。私はそういう教え子を持つことを、時どき誇らしく思うのである」と結んでいる。

同郷の藤沢にひいきするわけではないが、これから、司馬ファンよりは藤沢ファンがふえることを祈りたい。

(2) 同じ人物・「清河八郎《きよかわはちろう》」をどう描いたか

司馬の清河八郎像に対する藤沢の抗議⁉

司馬遼太郎と藤沢周平が共に小説の素材にしている人物がいる。幕末の志士、清河八郎である。司馬は短編で「奇妙なり八郎」(文春文庫『幕末』所収)。藤沢のほうは長編の『回天の門』(文春文庫)だが、藤沢は「あとがき」に清河を「誤解されているひと」だとし、「山師、策士あるいは出世主義者といった呼び方まであるが、この呼称には誇張と曲解があると考える」と書いている。

藤沢の郷里の新聞『荘内《しょうない》日報』(一九九七年二月十二日付)の、水戸部浩子が「ありし日」の藤沢を偲んで書いた一文に、「司馬と藤沢」というテーマにちなんで貴重な問答がある。

「物知らずで若かった」水戸部が、あるとき、司馬の『街道をゆく』に触れて、

「あれは長くつづいてますね。歯切れのよさが読まれているんでしょうか」

と尋ねたのに、藤沢は、

「そうね。あんなに断定していいのかと思いますよ、ああやってしまってね、あとで違った資料がでてくると……」

と語尾を濁し、言い過ぎたと思ったのか、

「でも性格でしょうね、あのひとはああいうことが好きなんですね」

と結んだという。

その対照は、まさに「奇妙なり八郎」と『回天の門』に鮮烈に出ている。藤沢が「奇妙なり八郎」を読んでいたという確証はないが、司馬のこの作品が発表されて一五年余り経《た》って、藤沢は『回天の門』を書いた。

藤沢は、八郎を「草莽《そうもう》の志士」とし、維新期の彼らの末路を悲劇として描いている。

そして、八郎を「(山師や策士という)その呼び方の中に、昭和も半世紀をすぎた今日もなお、草莽を使い捨てにした、当時の体制側の人間の口吻が匂うかのようだといえば言い過ぎだろうか」と書く。

それは、あるいは、司馬への抗議ではないのか。

というのは、あまりにも司馬の描く八郎が「草莽を使い捨てにした、当時の体制側の人間」の立場に立って書かれているからである。

羽前国《うぜんのくに》清川村の大百姓の家に生まれた八郎は江戸に出て文武を学び、安政元年、神田三河町に私塾を開い

た。

《このとき、年二十五。金は国もとに腐るほどある。それに非常な洒落者《しゃれもの》だったから服装、道具に凝り、外出にはかならず中間《ちゅうげん》一人に書生数人を従え、まるで大名の御曹子《おんぞうし》のようだといわれた。たちまち人に知られ、三河町の清河といえば江戸の尊攘家のあいだでは一方の大物として立てられるようになった》

これが司馬の八郎像である。

ものかきは「無位無冠の浪人」ではないのか

「怪物的な才人」といわれた八郎は七星剣《しちせいけん》という刀をもち、これをもつ者は天下を取ることを知って、「おれが、将軍になるのか？」とまじめに思った、と司馬は書く。「そういう男であった」とし、「諸事、高飛車なのが清河のわるい癖」とも評している。

これに対して、藤沢はこう描く。

《八郎は、自分より立場の弱い人間や、慕ってあつまって来る者に対しては、とことんまで尽くすたちである。婦女子のごとく気を使って面倒をみる。しかしおのれを押しつぶしにかかって来る者に対しては、それが何者であれ、才と胆力にものを言わせて完膚なきまでやりこめてしまう性向があった》

藤沢がプラスと見るものを、司馬はマイナスと見る。

八郎が手づるを使って、天子に上書し、

「陛下よくこの機会に乗じ、赫然《かくぜん》として奮怒《ふんぬ》せば、王権復興すべき也」

と申し出たことを捉え、司馬はこう批判する。

《奮怒せよ、と無位無冠の浪人のくせに天子まで煽動した幕末の志士は、おそらく清河八郎をおいていないだろう》

言葉尻をとらえるようだが、私は「無位無冠の浪人」を賛辞としてしか使わない。私自身もその一人であることを誇りに思っている。ものかきは本来そういうものだと思うが、司馬は違うようである。

しかし、司馬も、八郎が親交を結んだ山岡鉄太郎の次の八郎評だけは書きとどめざるをえなかった。

《あれは百世に一人という英雄だ。ただ惜しいことに背景をもたぬ。われわれには大公儀という背景がある。薩長の縦横家《じゅうおうか》たちも藩の背景がある。そこへゆくとあの男はたった一人だ。一人で天下の大事をなそうとすれば、あちらをだまし、こちらをだまし、とにかく芸がこまかくなる。いますこし、あの男が英雄らしくなるまで生かしておいたらどうだろう》

藤沢は、八郎が「背景」をもたずに大事をなそうとしたところに惹かれた。「背景」のある男が好きな司馬とはそこが違っていた。

「八郎は草莽の志士だった。草莽なるがゆえに、その行跡は屈折し、多くの誤解を残しながら、維新前期を流星のように走り抜けて去ったように思われる」と藤沢は『回天の門』の「あとがき」を結んでいるが、藤沢の描く清河八郎は、斎藤家の跡取り息子として、まだ八郎と名乗っていなかったころ、迎えに来た実直な男に、

《「おれはいま、女子に惚れるように、学問サ惚れている。江戸で師と仰ぐ先生も決まっている。そののぞみをはたさないうちは、死んでも死にきれないよ」》

と胸の内を語る。

志を失うことができない苦衷《くちゅう》

その斎藤元司こと清河八郎が遺《のこ》したいくつかの詩が、まさに「草莽の志士」であったことを証《あか》すのである。こうした人たちに、「体制側の人間」たちは常に「山師」とか「策士」とかの蔑称を与えてきたのだった。

まず、八郎がついに江戸に塾を開くことになり、罪ほろぼしに母を連れて半年もの旅行をしたときにつくった長詩。

嗚《あ》虖《あ》われいずくに適帰せんか

七年の星霜　典籍の奴
骨を割《さ》き膚を刺し　その苦を知らず
由来看他す　世俗の儒
憶《おも》う　昔関を出でしとき胆気雄なりしを
自を誓う　旧染なればまた通じ難しと
唱うるを愧ず　相如の昇仙橋
男子志を立つる　誰か同じからざらん
人事蹉跎たり　つねに相依る
一朝故有り　命を奉じて帰る
爾来三顧　空しく志を傷つけ
胸中の燈火　殆ど微かならんと欲す
余の性不羈　雲遊を好む
東方西走して　四方に周《あまね》し
郷党謗る有り　父兄戒む
曾て屑《いさぎよ》しとせず　万里悠々たるを
鬱陶乎たり　慈母の怨み
児や　何の心ありて久しく遠きに在る
問安視瞻《しせん》　人無きに非ずと

吾これを聞き　豈悶々たらざらん
慈母の児を思い　児これ慕う
相奉じて西遊し　京洛に向う
春風吹き上ぐ　三月の天
軽衣飄々　征歩を進む
人生の行楽　失うべからず
慈母の健なる　児の佚き
天の時を降す　今を然りと為す
行かんかな進まんかな　志を失うこと勿れ
嗚呼　余少小より不朽の責を懐えり
任重くして道遠し　豈易からんや
今より思う　母を奉じて後
一寸の光陰　惜しまざるべけんや

「慈母」は、今度こそ、家に帰って来てくれると思って旅をしているのである。しかし、「児」は「志を失うこと」ができない。その苦衷を歌っているこの詩を読んで、八郎を「山師」と言うことができるか。

「名もない者を描く」のか、「名のある者を描く」のか

井伊直弼《いいなおすけ》を暗殺した桜田門外の変の水戸浪人たちの中で、八郎は士分外の人間に注目する。一七名の中に部屋住みの厄介叔父や祠官《しかん》、手代など、そうした人間は少なくなかった。

《――大老井伊直弼を斃《たお》したのは、こういう連中なのだ。

その感慨は、胸の奥深いところで八郎をゆさぶってやまないようだった。幕府の最高権力を握り、大獄を断行して天下をふるえ上がらせた男を、その座から引きずりおろしたのは、有力な諸侯でもなく、歴歴の士分の者ですらない、厄介叔父や鉄砲師たちだったのである》

八郎も、しょせんは、「酒屋の倅《せがれ》」だった。しかし、「名もない者が、天下を動かしつつある」と八郎は思った。

やはり、藤沢は「名もない者」を描こうとした、それに対し、司馬は「名のある者」を描いたのではないか。司馬の描いた男たちは、私が『朝日ジャーナル』の一九八四年十一月三十日号で批判した『プレジデント』に登場するような男たちだった。「メディア時評」で私はこう批判したのである。

《大判の表紙いっぱいに、おどろおどろしく経営者や戦国武将の顔、顔、顔。「ビジネス新時代の総合誌」と銘打った『プレジデント』は、こうした〝顔〟によって構成されている。

いつぞやは、「随《つ》いて行きたくなる男の魅力」とかいう特集を組んでいた（一九八一年三月号）が、これではまさしく〝同性愛雑誌〟である。

私がそう言ったら、同誌にかつて勤めていたある編集者も、

「現代の〝薔薇族〟という人もいますよ」

と言っていた。

常連執筆者としては会田雄次、堺屋太一、渡部昇一などが挙げられるが、「孫子」とか「孔子」など中国古典ものの登場とともに、開高健のフンケイの友、谷沢永一センセイの登場回数も増えてきた。あまりオトコの魅力は感じられないようなこうしたセンセイたちが、懸命に〝男〟を売る姿には、いささか悲愴感さえ漂っている。

「男が売られる」傾向について、故羽仁五郎はミもフタもなく、こう斬り捨てていた。

「だいたい、『男』という言葉は、それ以外に何のとりえもない、ただ足の間に生殖器をぶらさげただけの人間が、必死に自分の体面を保とうとするときにすがりつく思いこみだ。自分の空っぽな脳みそを埋めてくれるのが、ぎらぎらと脂ぎった『男』という言葉なのだ」（『君の心が戦争を起こす』）

三年ほど前、自民党広報委員会新聞局というところが出した『いま教科書は……教育正常化への提言』というパンフレットに、

「（『小学校社会』に）幸徳秋水や堺利彦を登場させるのなら、なぜ日本海海戦を勝利に導いた東郷平八郎を取りあげないのだろうか。歴史の重み、貢献度からみても東郷の方がはるかに優れているというのが国民的常識だからである。（中略）この教科書は、東郷平八郎に限らず、その他の軍人には一言もふれていない。〝反戦平和〟の教科書には不向きというわけだろうか」

と書いてあったが、『プレジデント』はこの自民党広報委員会の意向を先取りした「理想の教科書」（それも大人向けの）なのである。

「一将功成って万骨枯る」の一将たちを、批判をまじえずに読み物ふうに書く。『プレジデント』は、サクセス・ストーリーを語る〝講談雑誌〟なのだ。

そこには、たとえば、「街道一の親分」といわれた清水の次郎長が、勝海舟に、

「お前のために命を捨てる人間は何人いるか」

ときかれて、

「一人もおりません。しかし、わっちは子分のために、いつでも命を投げ出せます」

と答えたという話や、新日本製鐵現社長の武田豊が、永野重雄の秘書になった時、

「武田クン、秘書にはヤッカミが集中するが、どんな場合でも、オレだけは君の味方だということを心に刻んでおいてくれ」

と言われて、

「兵を喜んで死地へとびこませるのは名将の一つの資格だといわれていますが、わたしは、このとき、永野の馬前で討死してもいいと思いました」

と感激する話などが次々に出てくる。

たしかに〝泣かせる〟話だが、これではまったく「赤城の山」ではないか。『プレジデント』は、「いい親分」と「いい子分」、あるいは「いい殿様」と「いい家来」をつくる秩序雑誌なのか？

同じようにオトコを売る雑誌に『WILL』や『BIG MAN』があるが、こちらはもうひとつエゲツ

なさが足りなくて、『プレジデント』に及ばないらしい》

『WILL』も『BIG MAN』もすでになくなったが、『プレジデント』は健在である。この元気というか、空元気《からげんき》を売る雑誌は司馬ファンのものであって、藤沢ファンのものではない。

「女の眼」を書かなかった司馬

藤沢は『回天の門』で、八郎の妻、お蓮《れん》に「男たち」をこう批判させる。

《――男たちは……。

とお蓮は思う。なぜ天下国家だの、時勢だのと言うことに、まるでのぼせ上がったように夢中になれるのだろうか。いまにも刀を抜きかねない顔色で激論したり、詩を吟じて泣いたり出来るのだろうか。

あるとき、酒を運んで行ったお蓮は奇妙な光景を見ている。

山岡（鉄太郎）を先頭に一列につながって輪を作った男たちが、奴凧《やっこだこ》のように肩をいからし、唄にあわせて、歩踏みしめるたびに突っぱった肩を前につき出して、土蔵の中を歩きまわっていたのである。八郎もその中にいて、物に憑かれた顔で口を一杯に開き、肩をいからして床を踏みしめていた。お蓮を見ようともしなかった。

あとで八郎に聞くと、それは山岡が考え出した豪傑踊りというもので、伊牟田や樋渡らがあまりに血気にはやることを言うので、気を逸らすために踊らせたということだった》

司馬はこうした「女の眼」を書かない。藤沢のように、お蓮の口を借りて、「男というものは、なんと奇妙なことに熱中出来るものだろう」などとは言わないのである。

逃亡の日々に、遊女上がりのお蓮を憶《おも》った八郎の次の詩もいい、

我に巾櫛《きんしつ》の妾有り
毎《つね》に我が不平を慰さむ
十八　我に獲られ
七年　使令に供す
姿態　心と艶に
廉直　至誠を見る
未だ他の謗議を聞かず
只婦人の貞を期す
我が性　急かつ暴
ややもすれば奮怒の声を作《な》す
彼必ず我が意を忖《はか》り
顔を和らげて我が情を解く
我かつて酒気を使えば

彼必ず酔程を節す
施与《しよ》 吝《やぶさ》かなる所無く
賓客 日に来たり盈《み》つ
吁 今已《すで》に坐せられ
再会 衡《はか》るべからず
必ず糟糠《そうこう》の節を記し
我が成る所有るを俟《ま》て

それからしばらくして、お蓮は獄死した、それを知って八郎が郷里の母に出した手紙を司馬も「奇妙なり八郎」で引いている。

《――さてまたおれんのこと、まことにかなしきあはれのことといたし、ざんねんかぎりなく候。(中略)なにとぞわたくしの本妻とおぼしめし、あさゆうのゑかう(回向)御たむけ、子供とひとしく御思召《おぼしめし》くだされたく、繰《く》り言《ごと》にもねがひあげ候》

八郎には「こういうやさしさがある」と司馬は書いているが、全体の調子は「手のこんだ男」という山師風に書かれている。

たぶん、それが藤沢には不満だった。

『回天の門』から、もう一編、八郎が先に逝《い》った友に捧げた詩を引く。

磋乎《ああ》義友　果して瞑せるや否や
回天の好機　事すでに毀《やぶ》る
遺恨空しく感ず　人に後れて死するを
しきりに乾坤《けんこん》に泣いて　微旨を訴う
天や言わず　地や黙せり
中に雲霧ありて　彼此をさえぎる
すべからく清風を巻いて余燼を奪うべし
請う　君悶ゆることなかれ暫時の裡

「あったかそうで、冷たい人」と「とっつきにくそうで、あったかい人」

ところで、司馬も藤沢も、再婚である。藤沢は『半生の記』（文春文庫）に、二十八歳で娘をのこして亡くなった先妻、悦子（旧姓三浦）と、現在の妻、和子（旧姓高澤）のことを書いている。

しかし、司馬の前妻のことは知らなかった。マスコミ界ではタブーだったらしい。『噂の真相』が一九九八年六月号でそれを書いた。リードにはこうある。

《死後も〝国民的作家〟としてその存在感を誇示している司馬遼太郎。しかし、そんな司馬には犬のように捨てられた〝隠し子〟と理不尽で執拗な嫁いじめのあげく離婚させられた前妻の存在があった。朝日から座経までが〝高潔な人柄〟と讃えるその偽りの仮面を剝ぎ、都合の悪い過去を抹殺する冷酷な司馬の素顔をクローズアップ》

この「発掘スクープ」をそのまま信じれば、司馬は生前、全集の中の「足跡」という自伝的記録にすら、離婚や長男のことはいっさい記していない。

一見、司馬は開放的で、逆に藤沢は閉鎖的のように受け取られるが、実際は藤沢のほうがオープンで、司馬はクローズドなのである。

私もいくつかの出版社から、司馬批判の部分を削ってほしいと言われたことがある。あるいは、それは司馬や現夫人の責任ではないかもしれない。しかし、出版社の自主規制だとしても、そうさせる雰囲気があるということである。

あったかそうで冷たいのが司馬で、とっつきにくそうであったかいのが藤沢だとも言えようか。

かなり初期のころから藤沢作品を読んできたという落合恵子は、私との対談（『パンプキン』一九九八年一月号）で、藤沢について、

《激しく静かに燃える怒り、その火を終生、絶やさずにもってこられた方だと思います。そして、人間の品性の大事さとか、生きる姿勢とか、あるいはスポットのあたっているところだけが人生ではないってことを、伝えてくれる。藤沢さんは小説の中で、誠実な彼や彼女に、あきらかに味方して書いておられる。ズル

くなれない人間が、最後の最後くらい「生きるって、捨てたもんじゃないよ」って思える人生でなければおかしいって気持ち。怒り、無念さと、どこかで重なるんでしょう》

と語り、「これでいいのか」と問いかける藤沢作品の魅力を、

《いわゆる下級武士と呼ばれる人たちも、彼らを愛してしまった女の人生も、読み終えた後、完結しないんですよね。まだ、答えが出ていない、生きていくってことは闘いを内に秘めることだと伝えてくださる。それから、作品の中の人物は、いろいろな意味で、異議申し立ての気持ちを強くもっている。藤沢さんご自身、そうだったのかもしれません。そこが、私が藤沢さんにとても魅かれるところなんです》

と説いている。

落合が言うように、藤沢作品に登場する「一見、非常に古風と思われる封建時代の女たち」と「自分の足で立つ、今のラジカルな女たち」がぴったり重なる部分があるのである。

たとえば「意気地なし」という作品では、長屋に住むしゃきしゃきした娘が、妻に出て行かれて、乳飲み児を抱え、おろおろしているような隣りの男に魅かれる。世渡り上手で、それなりの生活を保証してくれそうな婚約者がいるのに、なぜか、好きになれないのである。

二人の間を揺れながら、彼女は最終的に乳飲み児を抱えた男に、

「私をおかみさんにするって言いなさい」

と言ってしまう。

そこに落合は「自分との約束を大事にしていこうとする者のりりしさ」を見て、こう語る。

《そういう一途さと、ポジティブな姿勢が素敵ですよね，〝あえて〟の男と〝あえて〟の女だと思うんです》

司馬は何を見て、何を見なかったのか

落合は孤独を「個独」と表現してもいるが、そうした厳しさや独立性がないのが、大手企業に勤める家畜ならぬ〝社畜〟である。司馬作品は、社畜のなれの果てである大手企業の社長たちやその予備軍にとくに好まれ、司馬もまた彼らを称揚している。
司馬は大前研一との対談「日本の選択」（朝日文庫『日本人への遺言』所収）で、大前が、
《松下の国際化が非常にうまくいっているのは、幸之助さんと高橋荒太郎さんのコンビがあったからですね。東南アジアに行くとよくわかります。非常に土着性が強くて、ローカルを大事にしています。インドネシアがテレビ放送で困ってると聞くと、放送局一式を寄付する。マレーシアの王様から非常に重用されて、ダトーという位をもらったりしています》
と言うのに、次のように答えている。

《松下の場合は、社内的にも一種の日本内国際主義というのか、多民族性がありそうですね。早稲田や東大、慶應ばっかりを採用していると単一化しますが、そうじゃない学校とか、学校も出てないという人がわりあい息がしやすいらしい。柔軟な原理を社風がもってる感じですね》

いくら、松下幸之助と対談したことがあるとはいえ、松下電器を「柔軟な原理を社風がもってる」と持ち上げるとは！

私はこの発言に声も出ないくらい驚いた。松下は社員の個をつぶす朝礼などを最も熱心にやっている会社であり、「日本内国際主義」とか「多民族性」といった表現が当てはまる会社ではない。いろいろな学校から採用するのがそうだとは、あまりに単純な見方だろう。司馬が何を見て、何を見ていないか。それは私の次の松下のスケッチと比べれば、はっきりするのではないか。私は『週刊金曜日』の一九九六年二月十六日号で、松下電器をこう書いた。

《漫画『課長 島耕作』の作者、弘兼憲史は三年ほど松下電器に勤めていた。だから毎朝、「松下七精神」なるものを職場の人間と一緒に唱え、社歌を歌っていたわけである。松下では、夕方も別の歌を斉唱するのだが、いつか、同社の新入社員に違和感を感じないか、と尋ねたことがある。

彼らの答は、一週間ぐらいということだった。つまり、それ以後は何ともなくなるということで、巻物に書かれた七精神を高唱し、毎朝、社歌を歌っているうちに完全にマヒするということだろう。毎日、〝松下

〝ＰＨＰ〟という麻薬《ヤク》をのんでいるようなものなのである。

弘兼もそれに中毒したことを、こう自白していた。三年ほどしかいなかったから、自分はとくに松下に愛着をもっているとは思わなかったが、いま、まわりを見てみたら、電気製品はみんなナショナルだ、やはり、おれはナショナリストだったんだ、と。程度の低いダジャレだが松下にいると、ずいぶんと人間のレベルが低くなるのだろう。

大体、松下には独創性がない「マネシタ電器」という綽名《あだな》が示すように、松下は技術力で伸びてきたのではなく、巧妙に他社の技術を盗み、それを販売店で強力に売らせることによって大きくなってきた。ビデオ戦争はその典型で、規格を統一して利用者に不便をかけないようにしようと、ソニーの盛田昭夫が松下幸之助に会い、それまでの開発結果を明かすと、松下ではそれを横からさらうようにして、ちょっと違った型を売り出した。それもグループの会社を使ってやるのだから汚い。

一時、ソニーの型と松下の型で互換性がなく、利用者は不便をかこったが、あれは明確にマツシタならぬマネシタ横取り商法のもたらした混乱だったのである。松下傘下のＰＨＰ研究所で出す出版物の害毒もあって、私は松下製品を買わない。「みそぎ研修」をやっていることでは同罪の日立や東芝の製品も買いたくないのだが、とりあえず、松下に集中して、私はボイコットをしている。

やはり、松下はまだ松下家の会社であり、トヨタと共に、その封建的体質は群を抜いている。松下電器貿易の専務をやった斎藤周行が書いた『拝啓　松下幸之助殿』（一光社）という本がある。

斎藤はこの中で、松下家へ年賀に参上した社員は、玄関で挨拶して帰る玄関先組と座敷まで上げてもらえる昇殿組とにはっきり区別されていたことなどについて述べた後、松下の「宗教的雰囲気」の不気味さを書いている。社歌斉唱は自己催眠をかけるための呪文の役割を果たしていたというのだ。

「社歌斉唱は赴任者等の駅頭見送りなどでも行われたが、こうした場合など、この自己催眠的な効果が特に強く感じられたからである。大の男が数十名、人目の多い駅頭でハタ迷惑もあらばこそ、声を合わせ、声を限りに自分の働いている会社の歌を合唱するなどということは、普通の神経ではかなりの抵抗を感じるのが当然であろう。私自身も最初のうちは恥ずかしいやら照れ臭いやら、ともすれば声が小さくなるといった抵抗を覚えずにはいられなかった。ところが、声を張りあげて唄っているうちに、いつしか照れも恥ずかしさもすっかり忘れてしまい、しごく当然のことをしているような気になったのだから不思議である」

オウムのように薬物を注射したりせずにここまで〝洗脳〟するのだから、松下PHP教はオウム以上ということだろう。

松下政経塾はこの松下がやっているものであり、細川護熙はその評議員となっていた。日本新党に松下政経塾の卒業生が多いことと併せて、私は最初から細川(および日本新党)を信用していなかった。

松下電器は幸之助の伝記を次々と送り出す〝松下伝記産業〟ともヤユされる》

働くことを喜び、労働を尊敬する

この松下を「息がしやすい」会社とする司馬に対し、藤沢は直接、松下を指してではないが、あたかも松下を指したかのように、日本の会社について、こう言っている。

《企業はもっと管理をゆるめるべきだと思う。江戸時代の領民をしぼる藩は、よくなかったですよ。ゆるめたらなかなか成績も上がらないのかもしれませんけどね。締めてなんぼのものかという気持がわたしにはあります。締めて高度成長をとげて、いい月給を出して、社員は中流になった。しかしそれでみんな幸せになったかというと、これは別問題ですね。過労死なんてことを言う。わたしは非人間的なとも思える研修を社員に押しつけて伸びるような会社は好きじゃない》

伊勢神宮を流れる五十鈴川《いすずがわ》にフンドシ一つで肩まで入らせる「みそぎ研修」を松下、日立、東芝などはやっている。それはまさに藤沢の言う「非人間的な研修」だろう。

藤沢は「労働」を尊び、「労働者」を大事にした。それゆえに、「非人間的な労働」を強いる者に対しては怒りを隠さなかった。

山形新聞社編『続 藤沢周平と庄内』の「作家の周辺」に、若き日の藤沢が、山形師範で一緒だった小野寺茂三に宛てた手紙が引いてある。日付は一九四九年十月十七日。

二十代前半の藤沢こと小菅留治《こすげとめじ》は肺結核が見つかって休職していた。

「サンバルの様な秋の日が丘の上に光っている。詩一篇を添えた貴兄の手紙を改めて読み返したところだ」と始まった手紙で、藤沢は「教師は労働者である」と断じ、次のように述べている。

《その労働に正当な評価と報酬を堂々と要求してよい。もしも労働者であるという教師に倫理的な不安を感じたり、一段いやしいものと感ずる人があるとすれば、それは労働―LABOURの何たることを解しないばかりでなく、倫理の何たるかをも理解していない人だろう。働かないものこそ軽蔑されてよい、教師は

その生徒を、働くことを喜び、労働を尊敬する人として教育すべきである》

後年の司馬はもちろん、若き日の司馬こと福田定一からも、こうした言葉は聞かれなかったに違いない。その労働観、いや、労働者観において、二人はかくも隔たっている。

第二章　両者への違和感と疑問

(1) 司馬遼太郎の避けた問題

最も厄介な問題を無視

司馬遼太郎が〝現代の坂本竜馬〟と目す小田実《おだまこと》との対談『天下大乱を生きる』（風媒社）で、小田が、

「外務省が発行している日本の宣伝パンフレットには、日本を売り出す二つのものがのっていて、一つは天皇の一家団らんの写真、もう一つは日本の企業の雄々しい姿――コンビナートですね」

と言い、

「アフリカなんかへ行って、商社員の家へ行くと、天皇の団らんの写真掲げてあってびっくりするよ」

と続けている。

それに対し、司馬は、

「ははあ、ちょっと考えられないな」

と応じ、小田が、

「パーティーになると、『天皇陛下万歳』て言うもん。だって天皇誕生日のパーティーやってますよ」

と紹介すると、また、

「ははあ」

と言っている。

「やってますよ。みな集まるじゃない。『天皇陛下万歳』するよ。石原慎太郎も『天皇陛下万歳』と言ったと言っていたよ（笑）。会うと、こんなアホなこと、て言うよ。だけど万歳て言うよ。結局同じことじゃない」

と小田が畳みかけるのにも、司馬は、

「同じことやな」

と頷《うなず》くだけである。

後で告白しているように、そうしたことを知らなくて、司馬はびっくりしたらしい。司馬は「天皇というのは尾骶骨のようなもので、おれたちには関係のないものだと思って」きた。それで、その問題を除《よ》けて歴史を見てきたのである。

《日本の歴史をみるときに、天皇の問題をはずすと、物事がよく見えるね。天皇という問題にこだわるとぜんぜん、歴史が見えなくなる。だから、天皇というものからきわめて鈍感に、それを無視して眺めると、幕末もよく見えるし、明治も見えると思っている》

正直さは買うが、こうして日本の歴史が「見えた」つもりになってもらってはたまらない。最も難しい、最も厄介な問題を無視して「見えた」歴史が歴史であるはずがないのである。

愚かなるエスタブリッシュメントを安心させる

司馬のその致命的弱点を、小田の発言に対して弱々しく疑問をはさむかたちで、自ら表白しているヤリトりを『天下大乱を生きる』から引こう。

司馬は「戦後の日本は共和国だと思っている」が、在外大使館での「天皇陛下万歳」にはちょっと混乱したとまどいを述べたのに、かぶせるように小田が言う。

小田　伊藤博文は大統領でもよかったと思っていたとしますね。大統領制と天皇制がそんなに根本的に矛盾するかというと、もちろんものすごく矛盾する面を一つ持っていますよ。つまり、われわれが天皇を変えることができない。たとえば、ニクソンを追い出すことはできるわけです。それぞれものすごく違うふんいきですよ。

もう一つは、それにもかかわらず、近代国家というものは同じ側面を持っているなと思う。明治維新前、徳川幕府というエスタブリッシュメントがある。それを打ち倒すためには別なエスタブリッシュメントを考えなきゃならない。別なエスタブリッシュメントの中心として天皇というのがあったんじゃないかと思いますね。それは一つの文化の中心で、貴族であり、田舎侍から見れば、そこへ招待されてうれしいってなこともあるんじゃないかと思う。

いま天皇にご進講するバカがいるじゃない。たとえば、ドイツ文学者・手塚富雄先生というようなのが、いつかご進講に行ったと書いてあった。手塚富雄は二十何年前はわりと進歩的学者でしょう。そこがポイントやと思うんですよ。その進歩的学者が、うれしがってご進講する。しかも、斎戒沐浴《さいかいもくよく》して――ゴシップかわからないけど――原稿用紙何枚も書き直して行くことが、ぼくはおもしろいと思う。それが近代国家なんですよ。

つまり、ニクソンに反対しているヤツでも、ニクソンに呼ばれたらうれしくなって、しっぽ振って行くということだ。ドゴールに呼ばれたら行くということですよ。そこが一つ大きなポイントだと思うんです。たとえば、経団連の席次というのは宮中席で決まる。どこの会社が上かわからないから、勲章をいつもらったか、勲位一つで座る順番を決める。その人がエスタブリッシュメントにいかに近いか。文学者にだっていくらもそんなのがいる。

ああいう連中は、園遊会のパーティーに招待されたら行くよ。天皇がパリにあらわれたときに、みんな招待してほしいわけよ。それはもちろん、あほらしいとか何とかいうけれども、奥さん連は着物新調したりするもの。エスタブリッシュメントにつながる気持というのは、側面としてイギリス女王につながる気持、あるいはニクソン大統領につながる気持と同じことが出てくるわけでしょう。そして、その上に乗っかることができるわけ。

ことに日本の危険ってのは、国家ぐるみの企業だし、国家産業だし、国家と企業はまったく一致しているでしょう。その意味ではひじょうに近代的ですよ、日本の天皇はいま近代化されていますからね、かならず家族団らんの写真が出てくる。いかめしい写真はない。ニコニコしている写真です。私も人間ですよ、と。そうすると、大統領的側面が強調されるわけや。

その陰で、天皇は世襲であって、代えることはできないという側面も見のがせないでしょう。日本ではあれがいちばん大事だというんです。普遍的エスタブリッシュメントが中心なんです。

だけどぼくらの仲間で、たとえばいまから二十年たって勲章をもらって、拒否するヤツがいるだろうかという気がする。もらうよ。いまの文学者は、ことに保守的になっているからね。

司馬　そうかなあ。ぼくは事情にうといけれど……。

小田　ぼくはそれが保証しがたいって気がしてきた。ぼくはいまから五年ぐらい前まではぼくたちの世代――四十代ぐらいの世代は、少なくとも、たとえば娘の結納に莫大な金を渡したり、娘にボーンと金を渡してきれいにしたり、また公安の仕事をしたり、秘密を密告したり、あるいは天皇が園遊会に招けばしっぽを振って行くとか、そういうことだけはしないだろうと思った、左右を問わず。

いまみなそうじゃない。平気でやってるもん。それは会えば、いやあ何とかかんとかっていうよ。だけど仕組みの中心に天皇がすわっているわけですから、それは行きますよ。

司馬　仕組みの中心に天皇はすわっているかなあ。

小田　無形の存在としてですよ。その方向に少なくとも行きつつあるなと思う。

司馬　さっきの話でもう一ついい忘れたんだけれども、西郷隆盛を第一期大統領として、大統領制をとっていたとすると、昭和期もだれか大統領をやっていることになる。しかしそれでも統帥権はあったやろな、参謀本部の暴走はあったかもしれんな、と思ったことがある。おまけにその大統領に対しては批判を許さんぞと。

だけと、天皇がまだ仕組みの中心にすわっているかなあ。ぼくはとにかく一年に二、三回、一泊してしか東京に行かないんだけど、この間初めて右翼のデモを見たけれども、東京ではしょっちゅうやっているの。

小田　右翼のデモなんてちっぽけな問題ですよ。それはどうだっていいんだ。ぼくがいっているのは、企業ぐるみのなしくずしの中で行われている現象なんです。つまり、エスタブリッシュメントへの帰依です。

それに対して日本人はひじょうに弱いでしょう。

司馬　弱い。

この問答に見られる司馬の「天皇制問題への無関心さ」あるいは「鈍感さ」が日本の愚かなるエスタブリッシュメントを安心させるのだろう。

小渕恵三は、初当選の直後に『竜馬がゆく』を読んで感銘を受けて以来、ほとんど全作品を読んでいるというし、お飾り首相だった海部俊樹も愛読書に司馬の歴史小説を挙げている。

善意の人には根本問題が見えない

邪気はないが困った存在である司馬に似た人として、ノンフィクション作家の柳田邦男がいる。私は最近、柳田の『この国の失敗の本質』（講談社）の書評を頼まれ、そこで柳田が熊本大学の原田正純を「教授」と書いていることを咎《とが》めた。名著『水俣病』（岩波新書）の著者でもある原田を誰しも教授と思うだろう。しかし、原田はさまざまな圧力に負けずに水俣病の解明に奮闘してきたがゆえに、まだ助教授なのである。そこにこそ、天皇制につながるいまの日本の根本問題がある。

善意の人の司馬や柳田にはそれが見えない。もちろん、その読者も同様である。それに歯がみする思いで、司馬が一九九六年二月に亡くなったとき、私は『噂の真相』にこう書いた（現代教養文庫『タレント文化人100人斬り』所収）。

《隆慶一郎が亡くなった時にはショックを受けた。早過ぎると思ったし、その死が惜しまれたからである。しかし、司馬遼太郎の死には何の感慨も湧《わ》かなかった。山縣有朋《やまがたありとも》が亡くなった時、石橋湛山《いしばしたんざん》が放った「死もまた社会奉仕」とまでは口走らないが、これで、日本のエスタブリッシュメントの言いわけの材料の提供者がいなくなったな、とは思った。しかし、安岡正篤や中村天風《なかむらてんぷう》などがその死後もてはやされているのだから、これからも、〝司馬大明神〟をかつぐ政治家や経営者は絶えないのだろう。

司馬は最後の対談となったらしい『週刊朝日』三月一日号の田中直毅とのそれで、

「山口敏夫さんは何が悪いんだという顔でした。経済行為をしただけという。あれが経済かしらと思ったですね」

と語っている。しかし、この発言は、たとえば山口敏夫を全国銀行協会連合会会長の橋本徹に置き換えてなされるべきだったのではないか。

富士銀行の頭取でもある橋本こそが「あれが経済かしら」と思われるような行為をし、そして、山口以上に恬《てん》として恥じない態度をとっているのである。

そんな橋本を含む日本の厚かましい限りの経営者たちに司馬ファンは多い。

「結局、日本のわずかな平場の土地を、コメもつくらず工場もおかず、投機の対象にのみとした。タヌキが木の葉を出して一万円だと言ったらそうですかというようなやり方ですね。その流れに大蔵省と銀行がのみこまれるどころか、メーンにいたというのが今度の住専問題ですね」

司馬はこうも発言しているが、「メーンにいた」大蔵省や銀行のトップは司馬の書くものを読み、それでいいとして「タヌキが木の葉を出して一万円だ」というようなことをやってきたのである。何が国民文学か。司馬の文学は、日本の馬鹿エリートたちを甘やかし、国民を欺く文学でありこそすれ、吉川英治を超える国民文学などではない。

「バブルを起こしたのはだれだというようなことよりも、バブルを起こすことについての倫理観が我々の伝統になかった」

司馬は他人事のようにこんなことも言っているが、「バブルを起こした」司馬ファンの経営者や官僚に「バブルを起こすことについての倫理観」がなかったのである。

「我々の伝統になかった」などと、一億総ザンゲのようなことを言う資格は司馬にはない。

いまごろになって、ようやく、「賞与返上」とトボケたことをほざいている前記の橋本らを司馬は批判することができない。だから、「ただ税金払うの反対と煽《あお》るマスコミも悪い」と、彼らの代弁者のようなタカビーな物言いもしてしまう。

初期の司馬作品には、それでも、歴史を「下から見る視点」があった。隆慶一郎がシナリオ作家の池田一朗として司馬の『梟の城』等の脚本を書いたのはそのためである。しかし、以後の司馬に飽き足らず、隆は自ら歴史を書き換えて命を縮めた》

英雄史観の危険な側面

そして、さらに『憲法から斬る』(岩波書店)に収めたエッセイで「司馬遼太郎史観」と題して、それをこう分析した。

《文藝春秋一九九六年五月臨時増刊号『司馬遼太郎の世界』に「司馬作品に何を学んだか」という政・財・官のリーダーアンケートが載っている。橋本龍太郎をはじめ、十五人ほどがそれを語っているのだが、その中の三人が私が書いたり言ったりしたことに抗議したり反論したりしてきた人だったので苦笑いした。その三人は、鐘紡名誉会長の伊藤淳二、元首相の羽田孜、そして、ダイエー会長兼社長の中内㓛である。

私は司馬作品が好きになれないし、司馬に惹かれる人たちも好きになれない。あるいは、作家と読者は別ではないかと言う人がいるかもしれない。たしかにそうだが、言ってみれば、司馬作品は伊藤や羽田や中内に致死量の毒を盛っていないのである。それどころか、こうした凡庸なリーダーたちを、いかにも自分が、司馬の描く坂本竜馬などであるかのように錯覚させるという意味で〝罪つくりな作家〟である。

伊藤淳二は鐘紡の社長になったころに司馬の『竜馬がゆく』を読み、心をゆさぶられて、ある雑誌にそのことを書いたら、司馬から、「深読みをしていただいて感謝に堪えない」という礼状をもらったという。

「司馬遼太郎氏は戦中派にとって、誇りうる宝物のような人であった」とも伊藤は書いているが、この「宝物」は伊藤などをおだてるのも、けっこううまかったようである。

クーデターを起こした伊藤をモデルに『役員室午後三時』を書き、伊藤から恨まれている城山三郎とは対照的だと言わなければならない。

この伊藤、あるいは側近たちの圧力で、私は『週刊現代』の連載を失った。一九九二年のことになるが、当時私は同誌に「今週の異議アリ」を連載しており、鐘紡の新社長が、伊藤もそばにいる記者会見の席で、「私は歩き方まで伊藤さんから教わった」

と言ったので、そこまでゴマをする新社長を皮肉って、

「鐘紡では忠臣ならぬ忠犬が社長になった」

と書いた。

そうしたら、鐘紡から抗議の内容証明便が来て、突然、同誌の編集長に、

「連載を降りてほしい」

と言われたのである。

いろいろ圧力はあるが、少なくとも、自分の在任中は連載を続けてほしいと編集長が明言してまもなくのことだったので、彼も具合が悪そうだった。もちろん、鐘紡の圧力ゆえとは言わない。単調になったとか何とか、担当者も知らない理由でだった。

当時、不況のために広告は減ってきており、中で化粧品だけが相変わらずなので、とくに女性誌をもつ出版社は鐘紡や資生堂に抵抗できないのだ、と解説してくれる人もいた。

羽田孜は、司馬の『菜の花の沖』を「書き込みをしながら熱心に読んだ」と語っているが、小沢一郎と共に羽田が自民党を離れて新生党をつくろうとしていた時、TBSの『ニュース23』で、

「政治家にモラルを求めるのはゴキブリにモラルを求めるようなものだ」

と発言したら、怒って局に抗議をしてきたという。しかし、あの分裂は暴力団の山口組が分裂したようなものであり、自民党も新生党も〝山口組〟であることに変わりはない。

大体、大蔵大臣になって「追加予算」を「おいかよさん」と読み、大蔵官僚に嗤《わら》われた羽田など、「いい人」かもしれないが、その上に「どうでも」がつく「いい人」だろう。

中内切は、最も好きな作品として『竜馬がゆく』を挙げ、こう書いている。

「この作品の中で私が出会った竜馬は、江戸封建制から抜け出した最初の〝日本人〟であり、日本初のカンパニーの創設者であった。彼から商人として持たねばならない『合理的精神』とは何かを教えられたことが、企業を経営する上でおおいに役立った」

この中内に言われて、ダイエーの広報室長が私の事務所に「御説明」に来たのは一九九五年の春である。

私が『エコノミスト』の一九九五年五月十六日号で次のように書いたからだった。

〈中内の評判が、とりわけ被災地の神戸においてすこぶる悪い。

震災を利用するような形で、パートの主婦の首を切ったりしているからである。

「主婦の店ダイエーは昔
今ダイエーは主婦の敵
震災で便乗解雇
短時間パート化ねらう」

こんなビラを「被災労働者ユニオン　ダイエー分会」から、まかれてもいる。

「がんばろや　We Love KOBE『ずっとあなたと一緒です』」などと、ダイエーは調子のいいことを言っているが、その言葉とは裏腹に、正社員の強引な配転や出向（移籍）、そしてパートやアルバイトの首切りを強行してきたという。同じように苦しくとも、ここまで強引に事を進めている企業は他にないとか。

中内はかつて、『わが安売り哲学』で消費者主権を唱え、松下電器等のメーカー主権に挑戦したが、大きくなるや、その本を絶版にして、ダイエー主権におさまった。そんな体質はなかなか治らないと見える〉

私が最初に司馬を批判したのは『噂の真相』の一九九〇年九月号でだった。司馬が、日本のダメな（無能で無責任）社長たちのお気に入り作家であることを指摘した上で、戦争体験もある元世界銀行副総裁・服部正也がその著『ルワンダ中央銀行総裁日記』（中公新書）で喝破した如く、「戦に勝つのは兵の強さであり、戦に負けるのは将の弱さ」なのに、司馬の作品は「戦に勝つのは将の強さ」と錯覚させると批判した。

さらに司馬が土地問題で松下幸之助と対談したことに触れ、司馬は松下を「非常にすぐれた合理主義者」と見て、「私の方からお願いして」対談が行われた、と書いているのはおかしい。毎朝、社歌を歌わせ、伊勢神宮を流れる五十鈴川にフンドシ一つで入らせる「みそぎ研修」をいまなお社員にやらせている松下幸之助がどうして合理主義者か。それは司馬のメガネ違いを表すものでしかない。

司馬と城山はこの松下幸之助観において決定的に違う。城山は、本田宗一郎と松下を対比させながら、こう語っているからである。

「本田さんにとって生涯の悔いは会社に本田という名前をつけたことだ。あれは皆の会社なのに自分の名前をつけてしまった……と悔やむようなところがある。しかし、松下さんにはそういうところは全然なくて、政経塾にも松下の名前をつけたし、逆に松下の名前をどんどんPRしているでしょう。むしろ、松下という名前がついていることを誇りに思っている」

作家の大岡昇平は、やはり歴史小説といわれるものを書いた井上靖を厳しく断罪した。私は、井上や司馬の小説は英雄史観に立っていると思う。一人のヒーローが歴史をつくったといった類いの物語である。しかし、歴史は一人でなどつくれるものではない。時代がヒーローだけによって動かされるものでもないのである。

それ以上に、ヒーロー史観は非常に危険な側面をもっている。私がそれを痛感したのは「義民」佐倉惣五郎についての次の事実を知ってからだった。

江戸時代に百姓一揆を指導し、処刑された「義民」として惣五郎は知られるが、その惣五郎を大日本帝国は「日本に於ける忠義の典型とし又国民の大恩人として」楠木正成とともに崇め奉ったというのである。

「仁義忠孝の大義」を大いに鼓吹《こすい》するために惣五郎が顕彰される。

圧政に苦しむ農民の代表として一揆を起こした「英雄」が、このように滅私奉公の鑑にまつりあげられるのも、司馬遼太郎的英雄史観のもたらすものである》

司馬遼太郎の小説は〝弔辞小説〟

私はこれまで、折りにふれて司馬遼太郎への違和感を語ってきた。『週刊読売』の一九九六年六月三十日号のコラム「ウノ目タカの目サタカの目」では、こう書いている。

《もちろん、新聞各紙の主張には特色があっていいのだが、一九九六年の三月五日に開かれた法律扶助のシンポジウムの予告で、「フーン」と思うことがあった。

桜井よしこと私の他は主催者側の弁護士たちで、それを伝える『読売』は桜井と私の双方の名前が並べてあるのに対し、『朝日』は「佐高信ら」、逆に『産経』は「桜井よしこら」で、まことに対照的なのである。

「なかなかにおもしろかったよ」

と産経の知り合いの記者に言ったら、彼はニヤリと笑い、

「朝日も産経も、あるいは朝日の宿敵の文春も、こぞって自分のところが一番近いと強調するのが司馬遼太郎ですよね」

と、はずした答えをした。

革命を夢見て北朝鮮（朝鮮民主主義人民共和国）に渡った赤軍派も司馬に鼓舞されたという証言もある。

だから、〝国民文学〟といった言い方が生まれてくるのだろう。しかし、本当にそうなのか。

NHKの大河ドラマを評して、山田太一は、なぜ、登場人物の声がいつもあんなに大きいのか、あれはエライ人はエラかったという祝辞ドラマではないか、と言った。司馬文学を直接指しての批判ではないが、これはそのまま鋭い司馬批判だろう。

あるいは、作家の夏堀正元は、司馬の小説を「黒枠つきの歴史小説」と書き、黒枠とは国家のことであり、司馬の小説は「天皇制確立に狂奔した明治国家をほとんど無批判に容認することで成立している」と断罪している。

司馬の小説は「神の視点から書かれている」と密かなる感想をもらしたのは城山三郎だが、つまりは、人間の視点からは書かれていないということだろう。語呂合わせ的に言えば、神はすなわち、お上《かみ》である。

それに、日本の無責任な政治家や経営者がその気になって興奮する。彼らに鋭く反省を迫るのではなく、いかにも、自分が坂本竜馬や秋山好古《あきやまよしふる》の如き名リーダーであるかのような錯覚を起こさせるという意味で、司馬遼太郎は「罪深い作家」である。

たとえば、経団連会長として政治献金の廃止という決断ができなかった平岩外四、リクルートコスモスの未公開株をもらって、一度は財界活動から退きながら、けじめもなく復帰して経済同友会の代表幹事となった牛尾治朗他、たくさんの財界人が『坂の上の雲』などを愛読書に挙げ自らの決断の参考になる、と語る。ハンな決断をした人、あるいは決断をしなかった人が、決断の参考になったという司馬の小説とは、何でも包めるフロシキのようなものなのか。

夏堀の言う「黒枠つきの歴史小説」をもじれば、司馬の小説は〝弔辞小説〟なのではないだろうか。弔辞では故人の欠点が語られることはない。美点だけが最大級の讃辞で挙げられる。

しかし、日本の政財界はいま、そんな歯の浮くような弔辞にその気になっている場合なのか》

私とは違った角度から、司馬への違和感を表明しているのは文芸評論家の福田和也である。福田は『司馬遼太郎の跫音《あしおと》』（中公文庫）所収のエッセイで、自らの「歴史マニアのガキ時代」を回顧し、時代小説では柴《しば》田錬三郎《たれんざぶろう》、歴史小説では海音寺潮五郎《かいおんじちょうごろう》が好きだったとしつつ、こう書く。

《司馬遼太郎の作品は、『国盗り物語』や『梟の城』などを読んでいたが、余り肌が合わなかった。どうも文章が、性に合わなかったのである》

司馬が新聞記者出身であることは知らずに、なんだか新聞記者みたいな文だな、と思っていたという。

そして、江藤新平を描いた司馬の『歳月』を挙げながら、具体的に司馬への不満を述べる。

《司馬の人間観の確かさ、人の本質を摑む手腕の卓越は、今さら私如きがいうまでもないことだろう。しかし、というよりは、それゆえにこそ、読みはじめたときから今日にいたるまで、漠然とした不満を私は司馬の作品に感じてきた。その不満というのを、一言であらわせば、司馬の作品には、人間たちはたくさんいるが、「歴史」がない、ということになると思う。

「歴史」がない、といってしまっては、歴史観そのもの、歴史とは何かという理解そのものが多岐にわたっているのだから、穏当ではないかもしれない。いい換えさせてもらえば、人間を超えるものの不可避な力、何物ともしれぬ不可知かつ残酷な力の祭りとしての「歴史」が、司馬の作品には欠けている、というよりも排除されている。あらゆる事件は、人の性格やその置かれた環境、努力や放埒の結果として解析されて、理解可能な事柄として読者に提示される》

あらゆる歴史を理解可能なものとして描き出す

もし、クレオパトラの鼻がもう少し低かったら、世界の歴史は変わっていただろう、と言われる。だったら、アントニーはクレオパトラに惚れ込むことはなかったというわけだが、司馬作品は、ある意味では「クレオパトラの鼻」的話の集大成である。そこに福田が「歴史」がないと批判する隙がある。「理解可能な事柄として読者に提示される」と揶揄《やゆ》する理由もあるのである。

福田はさらに、司馬が『覇王の家』で描いた穴山梅雪の死に触れて、次のようにも書く。

《武田家の滅亡に際して、旧主を裏切ることで生き延びた策士が、今一つの裏切り、というか反逆の側杖《そばづえ》を食って落命するという、皮肉とも悲惨ともつかない劇を、司馬は梅雪の性格から説き明かしてみせる。それは誠に行きとどいた説明だが、はたして人の生き死になり、歴史なりといったものは、このように隅々まで説明できるものだろうか。たしかに司馬は、「梅雪の最期はみずからの性格が招いたところともいえるが、不運でもあった」と書いているが、この「不運」という言葉づかいは、いかにも合理的というか、偶然というような表現に似ている。

その点からすれば、司馬の歴史観は、人間的な理解を基礎としていることで、実はマルクス主義的歴史観ときわめてよく似ている。世上の司馬賛美者が主張しているように、たしかに司馬がマルキスト的価値観に対立するような歴史像、特に近代像を描いて見せたことは確かだろう。だがまた、あらゆる歴史を、人間的な要件により理解可能なものとして描きだしたことにおいて、司馬の歴史小説は唯物史観と対《つい》をなしており、その点で「人間」が跳梁跋扈《ちょうりょうばっこ》した戦後という時代にふさわしかった》

とりわけ経済的な構造条件によって人間の行動は規定されるという「マルクス主義的歴史観」と司馬の歴史観が似ているというのは、あまりにも牽強付会《けんきょうふかい》だろう。しかし、司馬が「あらゆる歴史を、人間的な要件により理解可能なものとして描きだした」という福田の指摘は的を射ている。

司馬は歴史を、小渕恵三や羽田孜にも「理解可能なものとして描きだした」のだった。その意味では講談的歴史観と称したほうがいい。

《司馬の小説は文学的というよりも、むしろ複製技術的であり、それも映画というよりは、むしろテレビ番組に近い。一時期以降の司馬作品の書き出しは、テレビ・ドキュメンタリーの始まりを思いおこさせる》

こう喝破した福田は、「『人間』へのこだわり」と題したそのエッセイを次のように結ぶ。

《私が、司馬の「歴史」を物足りなく思うのは、歴史が鮮やかに見せる、残酷なまでの豪奢やその美を描こうとはしない、「人間」たちによって抑圧してしまうからだ。『史記』の絢爛でさえ、司馬にかかるとこのようになる。始皇帝が歴史上はじめて中国に帝国をもたらしたことを、司馬はこのようにいう。

以前は、人民はうまれながらに人民であり、さらには、うまれながらの王や貴族を氏神に似たものとして尊敬し、その天賦の地位を人民は窺おうとはしなかった。それでもって、なんとか大地は治まっていた。ただ大飢饉があると人民どもは群れをなし、食をもとめて流浪し、王や貴族をかえりみなかった。それだけのことであった。（『項羽と劉邦』）

このような理解は、やはりマルクス主義ではなくても「唯物」的というべきではないだろうか。あるいは司馬は、『豊臣家の人々』などで、豊臣秀次を暗愚な色情狂として示し、その古筆への常軌を逸した愛好や文学趣味、ダンディズムに一顧だにしていない。故にその最期も一重に陰惨かつ愚劣なものであって、谷崎がそれと見たような桃山時代を飾る美しくも残酷な劇として見ることができない。

それは司馬の秀次にたいする解釈の片寄りというよりも、「人間」的な規模を超えた蕩尽にたいする司馬の無理解を示している。というか、そうした豪奢を見る目をそもそも司馬は、あるいは「人間」の世界はもっていないのだ。
私が、司馬には「人間」はいるが、「歴史」はない、というのは、豪奢への無理解のためであり、何よりも美が欠けているためである》
福田の批判の中の「豪奢」とか「美」について、ここで深入りするつもりはない。そこは留保するが、ただ、司馬の歴史認識、人間認識の浅さを衝《つ》いた点には同感する。とりわけ日本の歴史についての司馬の見方が、なぜ平板になるか。それは自らが認めているように根本問題である天皇制を避けて見ているからにほかならない。

大岡昇平の司馬批判

多くの「理解可能者」たちが愛読書として挙げる『坂の上の雲』の秋山好古を例にとって、その人間観の単調さを指摘したのは大岡昇平であった。『歴史小説論』(岩波書店)に大岡はこう書く。

《例えば『坂の上の雲』の騎兵隊長秋山好古は、敵前で決断する時、いつも酔払っている。それまで彼の蓄積した軍事知識と経験に基く情勢判断が、霊感となって閃く瞬間を待っている、と合理化されている。この心理は日常生活にはないものだが、戦場における指揮官の心理として、日本人には最も了解し易いものである。そしてし易いから、真実ではないとはいえない。そしてここには歴史の因果性と人間の意志による選択、必然と自由に関する面倒な問題が含まれている》

はたして司馬は「面倒な問題」を面倒なものとして描いたか。その点を大岡はやや遠慮がちに衝く。

《『坂の上の雲』は、正岡子規に秋山兄弟という三人の松山生れの人間の伝記に、明治史を重ね合わせたところに、構想の新しさがあった。子規は日露戦争の前に死んでしまうので、三本足の一つが欠けて、後半は軍事的な記述だけになったが、単純な騎兵隊長好古の場合は「伝」と「史」との結合はうまく行った。しかしこの上なく理性的な作戦家であった連合艦隊参謀真之が、日本海海戦の後、神がかり的人間になった変化は、歴史的事件の解きほぐし難い結果という総括的判断としてしか、了解可能の領域に入らないであろう。彼の戦後の精神主義者としての言動のすべてを解きほぐすためには、大正初年の社会的変動と勝ちにおごった海軍内部の動きと睨み合わせた、或いは海戦前に遡っての、より慎重な「伝」が必要であろう。それは司馬氏の目指した明治の「明るさ」の文脈からは結論されないだろう》

大岡は、歴史的事件の継起を描いたものを「史」、一人の人間の生涯を書いたものを「伝」と区別することによって、歴史文学の中のジャンルの混淆《こんこう》を避けることを提案して、この論を進めている。

そして、司馬の読者を、管理社会が生み出した大量の「職についた知識層」とし、その意識は保守的ながら、知的好奇心に燃え、「実話」や「真相」を好む、と特徴づける。「真実それ自身よりも、それが警句やソフィスティケイトされた手続で暴露されることに快感を覚える」人たちである。江藤淳の言う、こうした「実務者」が『坂の上の雲』の読者であるところに問題がある、と大岡は述べている。

見ようとしないがゆえに見えなくなった

この「歴史小説の問題」という評論が書かれたのは一九七四年六月だが、その二年前の一九七二年の『潮』の四月号で、大岡と司馬が「日本人と軍隊と天皇」という対談をしている。

ここでも司馬は天皇に対して敬愛的であり、「天皇さんをあのように利用した軍部とか、それに連なっていた連中」は責めても、天皇自身の戦争責任は追及していない。山崎正和によれば、司馬は昭和天皇を「日本の伝統にかなう理想的な立憲君主」と書いているというから、それも当然なのだろう。

「『戦陣訓』にしても、結局は天皇制の問題に行きつくと思うんだ。最近、外遊ということがあって、天皇個人の問題がいろいろ取りざたされているけれども……」

と言う大岡に、司馬はこう答える。

「終戦のとき天皇は、人間宣言をして個人になられたごとくですけれども、象徴は象徴でしょう。ところが外遊というのは、ナマの個人が外遊するんで、象徴が外遊しているわけじゃない。第一、ヨーロッパ人には天皇という概念がよくわからない。皇帝という概念しかないわけで、しかも皇帝というのは東西とも歴史的に陰惨なイメージをもっていますから、日本からエンペラー・ヒロヒトがきたというニュースを聞いて、日本にはまだエンペラーがいるのかと、非常にぶきみな感じをいだいたと思うんですよ。そうじゃなくて日本の天皇とは歴史的にこうなんだ、明治憲法下における天皇も、じつは、天皇自身が政治的にアクションできる機能をもっていなかったという国家学的な機微が、事前によく宣伝されていればいいんですけれども、それなしに日本のマスコミを従えて、すっと出て行かれたものですから、世界に与えた印象は、マイナスとプラスと比べたら、どっちかわかりませんね」

それに対して大岡は、

「マイナスのほうが多いでしょう」

と短く応じているが、「明治憲法下における天皇も、じつは、天皇自身が政治的にアクションできる機能をもっていなかった」というのは、司馬自身の願望をこめた解釈ではあっても、一般的な真実ではない。たぶん、大岡も短くしか答えたくなかったのだろう。

天皇及び天皇制は明らかに陰惨なエンペラー的側面を持っていた。司馬に譲って「側面も」と言い換えてもいいが、それをまったく否定するのは、司馬が天皇制の問題に目をつぶっているからである。見ようとしないがゆえに見えなくなった。

「天皇についてのヨーロッパ人の印象は、天皇というのはヒトラーみたいなものじゃないか、少なくともカイゼルぐらいの力はもっているんじゃないかと思っているはずですから。二十八年かくれていた横井（庄一）さんが天皇に小銃を返すんだというにいたっては、この記事を読んだ外国人は、やっぱり天皇はカイゼルだと思うにちがいない。旧軍隊でも小銃を一兵卒が天皇に返しに行ったわけではなく、兵器係の上等兵かなにかに返す。しかし明治憲法の天皇という摩訶不思議な機微は、それでもなお論理的には法理論的には天皇に返すことになるわけで、かといって天皇は、カイゼルのような個人としての政治的機能はもたされていない。このややこしさは、外国人どころか、そろそろ日本人にもわからなくなってきているのですから、こんご、むずかしい問題が起こりそうですね」

司馬はこうも言っているが、「天皇というのはヒトラーみたいなもの」というヨーロッパ人の印象を「誤解」と言い切れないところに日本人における天皇制問題の根深さがあるのである。明らかにそれは「正解」部分を含んでいる。しかし、司馬は「誤解」どころか「誤答」とし、「このややこしさは、外国人どころか、そろそろ日本人にもわからなくなってきている」と逃げる。

天皇自身の無自覚、あるいは無意識に天皇制の「無責任の体系」が原因するとするなら、それは天皇に親近感を抱く司馬自身にも感染している。司馬に最も明瞭に無自覚の無責任が表われているとも言えるのである。

「アカルサハ、ホロビノ姿デアラウカ」

太宰治は源実朝《みなもとのさねとも》にこう呟かせた。それを引いて言えば、暗を見ようとしない司馬の「明るさ」は亡びを招くと私は思うのである。

(2) 藤沢周平への唯一の疑問

故郷の名誉市民を拒否

「冬は低く垂れこめて晴れる間もない雪空と、日本海の鉛色の海、白い波がしら、桃も李も桜も、一時に目の覚めたように咲きだす春、夏の紺碧の空にくっきりと残雪が光る鳥海山、この北方的な自然に抱かれて、ぼくは成長した」

これは酒田出身の写真家、土門拳《どもんけん》の故郷描写である。隣りの鶴岡出身の藤沢周平が胸中に狼を飼っていたのに対し、土門はその身中に虎を棲《す》まわせていた。あるいは、土門自身が虎だった。

中島敦《なかじまあつし》の名作『山月記』を読むと、私はいつも同郷の先輩の土門と藤沢を連想する。これは人間が虎になってしまう話だが、虎を狼に替えれば、そのまま藤沢にも当てはまるだろう。

「おくびょうな自尊心と尊大な羞恥心」をもつ、かつて郷党《きょうとう》の鬼才といわれた男が、その自尊心と羞恥心のゆえに、俗物の間に伍することを潔しとせず、しだいに世を離れ、人と遠ざかって、ただ、「おくびょうな自尊心」だけを飼いふとらせ、ついには虎になる。

内心にふさわしい形になってしまったわけだが、しかし、完全に虎になりきってしまったわけではなくて、一日のうちに数時間だけ、人間の心が還《かえ》ってくる。そのときは、人語も操れるし、複雑な思考にも耐えられる。

しかし、だんだんこの人間に還る時間も少なくなっていき、最後には虎になりきってしまうことを当人は知っている。

もちろん、この話がそっくり土門と重なるわけではないし、虎を狼と替えて藤沢と重なるわけでもない。

ただ、土門も藤沢も、何がなし、この話に惹かれる部分はあっただろう。

ともに、自分でももてあますほどの「おくびょうな自尊心と尊大な羞恥心」を持っていた。

それが、土門の言う「北方的な自然」が育んだものかどうかはわからない。

藤沢は郷里の『荘内日報』のインタビューに答えて、

「どんなに永く東京に住んでいても、私なんか絶対に都会人になれないというか、やっぱり東北人ですよ」

と言っている。

しかし、「わが血は東北人」と自認しても、故郷への傾倒は盲目的なものではなかった。ここに、藤沢が鶴岡の「名誉市民」を固辞して、市長の富塚陽一に送った手紙がある。日付は平成六年十月二十八日。

《啓復

主義主張でせっかくの栄誉をおことわりするほどえらくありませんが、私はつねづね作家にとって一番大事なものは自由だと思っており、世間にそういう生き方を許してもらっていることを有難く思っておりました。

市長さんのおっしゃる名誉市民ということは、この上ない名誉なことですが、これをいただいてしまうと気持だけのことにしろ無位無官ということでは済まなくなり、その分だけ申し上げたような自由が幾分か制限され（る）気がしてなりませんので、せっかくの打診でございますが辞退させていただきたいと思います。

しかし、作家としての考えもあろうからとおっしゃる市長さんの打診のお言葉は、ご自身市の広報にコラムなどを書かれる方ならではの理解あるおっしゃりようで、よくあるお役所的な、一方的なおっしゃり方ではないことに感銘し、深く感謝している次第です。

有難うございました。

啓白》

この手紙は、次の但し書を添えて、鶴岡市立図書館に展示されている。

《藤沢周平氏の「作家として自由を制約されずにいたい」というお考えから名誉市民の推戴を控えてきましたが、氏が日本文学界に残された偉大な功績をたたえ、末永く後世に伝えるため、市では平成九年三月市

議会の議決を経て名誉市民と同様に顕彰していくこととしたものです》

ちなみに、同じく鶴岡出身の作家、丸谷才一は名誉市民である。

「胸像なんて晒者《さらしもの》」

この「市議会の議決を経て名誉市民と同様に顕彰」という動きに影響を与えたと思われるものに、山形県の県民栄誉賞授与が挙げられる。同年三月九日付の『山形新聞』によれば、藤沢が一月二十六日に亡くなったあと、元横綱柏戸《かしわど》に次いでの贈呈を、和子夫人はこう語って受けた。

「本人は晴れがましいことは好きでなかったので辞退しようかとも思いましたが、県民の皆さまの気持ちと思ってちょうだいすることにしました」

名誉市民は断わって県民栄誉賞は受けることになったのを、泉下《せんか》の藤沢はどう考えているだろうか。名誉市民を断わったと聞いて粛然とさせられた私としては、かなり割り切れないものが残る。

生前、叙勲を断わった元日銀総裁の前川春雄に、その死後、勲一等の打診があったとき、夫人は故人の遺志を通させてほしい、と辞退した。私はそれについての取材も断わられた経験を持っているが、断わられて、かえって清々《すがすが》しい気持ちになったのを覚えている。

藤沢は前記の「わが血は東北人」シリーズで、インタビュアーの水戸部浩子が、

「あのう、お弟子にしてもらえませんでしょうか」

と申し出たのを、

「弟子はとらない主義です」

と言下に断わり、

「鶴岡の内川に立っている田沢稲舟《たざわいなぶね》の胸像ね、あんなのわたしは厭《いや》ですね。晒者になっているようでね」

と眉間に皺を寄せたという。水戸部によれば、これほどの拒否反応は珍しかった。

「わたしはどうもね。なんでも像をつくればいいというものじゃないと思うんですがね」

と言う藤沢の語調は強かった。

「氏の感覚からすれば、故人稲舟の知らないところで本人の意思を無視されている像に、べつな思いが走るらしい」と水戸部は書いている。「作家稲舟の心をおもんぱかって」の藤沢の反発だった。

そんな藤沢についてのおもしろい逸話がある。藤沢の隣家が民謡歌手の原田直之の家で、原田の娘は藤沢か何をしている人か知らなかった。

それで、あるとき、テレビの歴史番組で話している藤沢を見て、

「あれっ、お隣りのおじさんじゃないの」

と驚く。そして彼女は母親に、

「えっ、お隣りのおじさん、テレビに出るぐらい有名な人なの、ホントに」

と尋ねたという。

「市井の住人として決して高所から物を見ず、街ゆくひとの目の高さに合わせ、いつも筆を運んでいく」

（水戸部）藤沢らしいエピソードだろう。

同郷の歌人・斎藤茂吉の戦争責任を厳しく追及

そんな藤沢が、郷里山形の生んだ歌人、斎藤茂吉に対しては、厳しくその戦争責任を追及している。

一九八九年十月十四日、鶴岡北高の如松同窓会東京支部のセミナーで「高村光太郎と斎藤茂吉」と題して講演し、「二人の作品と戦争との関係」を語っているのである。

藤沢は、その二年前、つまり、一九八七年に岩手に旅行に行った。そして、啄木、原敬《はらたかし》、宮沢賢治、高村光太郎などの記念館を見てまわったが、光太郎の記念館の前にあった粗末な小屋にショックを受ける。そこは、光太郎が東京から疎開して住んだ小屋だった。

藤沢の生まれた村には知的障害があって生活能力がない「作右衛門」という人のために村はずれに親戚が建てた小屋があったが、光太郎の小屋はそれを思い出させるほど粗末なものだった。

そして、藤沢はこう語る。

「おそらく冬になったら吹雪の晩なんか中に雪が入ったんじゃないかと思います。そこに光太郎という人は七年間も住んだわけです。七年というのは疎開としてあまりにも長いのですが、これはこの生活を光太郎が自己流謫《じこるたく》ととらえたからなのです。原因は戦争協力でした。戦争中に軍に協力したことを非常に後悔しまして、反省の生活に入った、その場所がこの小屋だったのです」

光太郎は美術界を代表して大政翼賛会の中央協力会議の議員になり、文学報国会の詩部会会長をつとめた。そして、戦争を賛歌し、国民をそれに駆りたてる詩を書いたのだが、その過去を清算するために、この小屋にこもって、自分がいかに無知で愚かだったかを告白する『暗愚小伝』という詩をまとめた。

一九四七（昭和二十二）年に光太郎は芸術員会員に推されたが、自分にその資格はないと断わっている。

しかし、それから四年後、『典型』が読売文学賞に推されたときは受け取った。

その事蹟を振り返りつつ、藤沢は光太郎の胸中をこう推測する。

「結局、『暗愚小伝』のように自分を全部さらけ出した作品が賞を受けたことによって、世の中から許されたという感じを持ったのではないかと思います。それで翌（昭和）二十七年にようやく東京に帰ったのです」

そんな光太郎が七年住んだ「非常に粗末な小屋」を見ているうちに、藤沢は斎藤茂吉のことを思い出す。

光太郎より一つ年上だった茂吉は、一九四五（昭和二十）年の四月に故郷に疎開し、大石田《おおいしだ》の名家の離れに住む。そのとき、茂吉六十三歳。妻子と離れての独居で病気をしたりもしているが、上下二部屋ずつある家で、光太郎の小屋とは比べものにならなかった。また、結城哀草果《ゆうきあいそうか》とか、板垣家子夫《いたがきかねお》とか、地元の歌の弟子が献身的に世話をしている。そこで茂吉は『白き山』という歌集をまとめた。

「こういう経歴や状況が二人は大変似ているのですが、光太郎と茂吉の決定的な違いは、茂吉も戦争協力をしているのに、茂吉には光太郎のような自責の念がまったくなかったということです。

茂吉の戦争協力というのは、実にたくさんの戦争賛美、戦意昂揚の歌、いわゆる戦争協力の歌を詠んだことで、その中には東条首相賛歌などというくだらない歌もありました。これらの戦争協力の歌を抜粋しまして『萬軍』という歌集にまとめましたが、こういう歌は観念的でスローガンみたいなことを述べているだけで、茂吉のものとしてはできがよくありません。戦争に関しては、いい歌も詠んでいるのですが、一方でつまらない歌を平気で詠んで、しかもそのことを全然恥じていないのです」

藤沢は厳しく、こう指弾して、「それというのも、茂吉という人は自分でも戦争に夢中になった人」だと語る。

日中戦争が始まる前では、まだ世の中を鋭く考察していて、五・一五事件のころには、

おほつぴらに軍服を著《き》て侵入し来《きた》るものを
何《なに》とおもはねばならぬか

という歌をつくっているし、二・二六事件についても、日記に、「荒木、まさ木（真崎）等の国賊がからくりして遊んでいる」ためだと書いているが、日中戦争が始まると、たちまち、心情的に戦争に巻き込まれ、バンザイとなる。

その例に、藤沢は昭和十八年のある日の日記を挙げる。

「敵ガニューブリテン島ニ上陸シタ。敵！　クタバレ、コレヲ打殺サズバ止マズ」

茂吉の元気は戦争が終わっても衰えなかった。

「今日ノ新聞ニ天皇陛下ガマッカァーサーヲ訪ウタ御写真ガノッテイタ。ウヌ！　マッカァーサーノ野郎」

これが敗戦一ヵ月余の昭和二十年九月三十日の日記である。

「こういうふうに熱狂的な戦争賛美者といいますか、協力者だった」茂吉の夢は、戦争が終わっても、まったく覚めることがなかった、と藤沢は指摘する。

小説家、歌人の戦争責任

一方、光太郎は『暗愚小伝』で、次のように言っている。

その時天皇はみづから進んで、
われ現人神《あらひとがみ》にあらずと説かれた。
日を重ねるに従つて、
私の眼からは梁《うつばり》が取れ、
いつのまにか六十年の重荷は消えた。

これが戦後の普通の日本人の心境だったが、茂吉にはこういう自省がなかった。それで、あまりにもケロッとしているとして、戦争犯罪人に指定されるのではないかという話が出てくる。

軍閥といふことさへも知らざりし
われをおもへば涙しながる

『白き山』に入っているこの歌は戦犯指定を逃れるために詠んだとも言われる。

藤沢によれば「茂吉には自分一人がやったわけではないという言いわけの気持ち」が強くあったのである。

それには、茂吉の戦争中の歌をかばいにかばって伝記を書いた柴生田稔《しばうたみのる》でさえ、「軍閥といふことさへも知らざりし」とは何事か、非常に情けない、と嘆いているという。

光太郎に「わが詩をよみて人死に就けり」という詩がある。

その詩を戦地の同胞がよんだ。
人はそれをよんで死に立ち向かつた。
その詩を毎日読みかへすと家郷へ書き送つた。
潜航艇の艇長はやがて艇と共に死んだ。

これは未完の詩らしく、『暗愚小伝』にも入っていない。

この詩片を引いて、藤沢は語る。

「戦争協力の詩とか歌とかは、それを読んで未練を断ち切って戦争に行った人があるかもしれない、それを気持ちの支えにして死地におもむいた人がいるかもしれないということを考えるべきものなので、文人とか小説家、歌人といった人に戦争責任があるとすれば、まさにこの一点にあるわけですが、茂吉の頭にそれがなかったのはいささかさびしい気持ちがします」

その理由の一つに、茂吉が職業的な歌人だったということが挙げられるかもしれない。茂吉にすれば、自分は頼まれて戦争協力の歌を詠んだのだということである。そのために自責感が少なかった。

そして藤沢はもう一つ、「田舎者」を原因にする。

「これは私の独断と偏見みたいなものですが、茂吉という人には田舎生まれの一種の鈍感さみたいなものがあったのではないかという気がします」

「茂吉はどちらかといいますと、歌と精神科の医師という職業に関しては非常に熱心であるけれども、他のことには本質的にあまり関心がなかったのではないかという気がいたします」

藤沢ももちろん、茂吉が「短歌界にそびえ立つ大きな山」であることを否定しているわけではない。茂吉のいない近代短歌界など想像するだに淋しい。

「芸術家は結局残されたもので評価が決まります。茂吉は偉大な歌人だったし、いまなお偉大です。

ただ、いくら偉大な歌人であるからといって神様扱いするのは私は嫌いで、茂吉もやはり欠点の多い一人の人間とみたいわけです。戦争協力の一点をみても、人間的な欠点の多い人だということがわかります。これもまた、隠すことなく茂吉の全体像の中に含め、その上で茂吉の業績をたたえるべきものだろうと思います」

この茂吉観に私もまったく異論はない。藤沢が茂吉の歌の中では、

あまつ日は松の木原《きはら》のひまもりて
つひに寂しき蘚苔《こけ》を照せり

といった「地味な叙景歌」が好きだというのも同感である。

ただ、こうした茂吉観に比して、石原莞爾《いしはらかんじ》に対しては甘すぎるのではないかという疑問を禁じえない。

同郷ということで石原莞爾に甘くなった

藤沢は『周平独言』（中公文庫）所収の「三人の予見者」というエッセイで、同郷の清河八郎、石原莞爾、

大川周明《おおかわしゅうめい》の類似性を語っている。

この三人の出生地は山形県の庄内平野と呼ばれる西部海岸地方にあり、やはりそこに生まれ育った藤沢は『回天の門』（文春文庫）という小説で清河のことを書きながら、それを考えていたというのである。

一九二七（昭和二）年十二月二十六日生まれの藤沢は、敗戦のとき、十七歳だった。石原は五十六歳。二人の間には四十歳近い差がある。

藤沢は、

《私の記憶に残っている石原莞爾は、予備役陸軍中将でも、満州建国の事実上の主役でもなく、東亜聯盟《とうあれんめい》の指導者である》

と書く。

一九四一（昭和十六）年の秋、京都師団長を最後に予備役に編入された石原は郷里の鶴岡市に帰る。それを機に聯盟の鶴岡分会は盛況となり、庄内支部の結成から、山形県、東北地方と各地に組織を急拡大していく。

藤沢周平こと当時の小菅留治少年は、自分の生まれた村にいたトラじいさんを手がかりに、東亜聯盟を考える。

気が強く、高調子にものをしゃべるこのじいさんが聯盟に入っていた。そして、村びとをつかまえて、痩せた喉ぼとけを動かしながら、声高に議論をぶつ。

トラじいさんの家は、学校に行く途中の、道から一段高い場所にあって、そこからじいさんの大きな声が聞こえてくると、留治少年は、

「ああ東亜聯盟だな」

と思った。

彼によれば「それは村ではかなりめずらしい光景だった」という。

雄弁は村でも尊敬されるが、弁が立つだけで肝心の百姓仕事がしっかりしていなければ、侮られる。トラじいさんは篤農のひととは言えず、そのぶんだけ熱弁は割り引きされて、「村の中では少々異端視され、はばかられていた」のである。

石原を天敵視する東条内閣はすでに「皇国の主権を晦冥《かいめい》ならしめるおそれある東亜聯盟の運動は、これを許さず」と発表していたから、アカのように見られていたということもあったろう。

ただ、聯盟に入ったのはトラじいさんだけではなかった。ほかにも数人の村びとが加盟しており、なかには中堅どころのしっかりした百姓もいて、そういう人たちはあまり議論せず、聯盟方式の農法を取り入れるのに一生懸命だった。

少年・小菅留治はそのころ、道ばたで、

「東亜聯盟もだいぶはびごって来たもんだのう」

と村びとが話しているのを聞く。

はびごるは言うまでもなく蔓延《はびこ》るで、ひろがり茂ることであり、幅を利かす、増長することをも意味する。

そこには当然、はびこるものに対する村びとの揶揄と軽い反感、そして軽侮がこめられていたのである。

《東亜聯盟に対するそのころの私の印象は、突然はびこって来た、従来の村の生活とは異質のものであり、トラじいさんであり、そして石原莞爾だった。しかしそのひとの姿を見たこともなく、講演を聞いたこともなかった》

こう回想する藤沢は、大川周明についての伝記なども読んで、清河八郎も含めた三人に共通するのは一種のカリスマ性ではないか、と指摘する。「三人ともに、少数のあるいはかなり多数の、熱烈な支持者、信奉者にかこまれていた」からである。

とくに石原は「満州事変を演出し、東洋の一角に満州国という新国家をつくり出して以後」は「一大佐参謀本部作戦課長の身でいながら、支持と信頼をとりつけているという意味では、全陸軍中最大の実力者だった」とし、杉森久英の『夕陽将軍』(河出文庫)の次の一節を引く。

《昭和十一年ころの石原は……全陸軍を代表するほどの実力者になっており、日本の世界政策をリードする存在であったといってよかった》

石原に対する信仰は軍内部だけでなく、民間にもひろがり、杉森によれば「おそらく民衆の間でこれほど人気を集めた軍人は乃木大将以来」だった。藤沢は、「そのころの石原は、生きながらにして神話的な存在」であり、「晩年も聖者のごとくあがめられて生を終った」と書いている。

そしてカリスマ性を支える条件の一つに、「卓抜した予見能力」を挙げ、石原の場合は、その伝記から、いくつかの例を引く。

たとえば、陸大の入学試験で機関銃の使用法を問われ、機関銃を飛行機に装備して、敵の行軍大縦隊にタタタタと銃射を浴びせると答えた。のちにこの飛行機による機関銃掃射は常識となったが、石原がそう答えたころは、日本では飛行機はようやく偵察用に使われているだけで、機関銃掃射など思いもよらなかった。

また、満洲事変から満洲国建国に際して、関東軍が最も心配したのはソ連の介入だった。しかし石原はそれはないと読み、そのとおりとなった。

それについて杉森は「こういうときの石原の情況判断は、ほとんど神智といっていいほど鋭く、かつ正確なものであった」と書き、藤沢も「時には明察神のごとき」石原の予見能力と形容している。

はたして、そうなのだろうか。藤沢までがそう称《たた》えていいのか。

《石原は参謀本部作戦部長として、日中戦争には不拡大の方針でのぞんだ。拡大全面戦争となれば長期戦となる。短期間に蔣政権が崩壊するなどという判断は誤りで、中国とは即時和平し、来るべき欧米との戦争にそなえるべきだというのが石原の考えだった。軍をあげて拡大に動いている中で、石原のこの見通しも正しかったのである》

藤沢はこう断定する。ただ、その後にやはり、次のように続けざるをえなかった。

《しかし日中戦争拡大は、満州事変、満州建国の悪しきイミテーションだった。拡大の気運に火をつけたのは、ほかならぬ満州事変における石原だったことになるのだが、石原は満州事変当時そこまでは読み切れなかったのである。これを石原の予見能力の最悪のミスと言えば酷になるかも知れない。日中戦争拡大はすでに時の勢いだった。一石原の手でとどめ得るものではなかった》

私は藤沢文学を愛する。また、「信長ぎらい」というエッセイで、叡山の焼き討ちをはじめとする信長の行なった殺戮を指弾した藤沢に大きな拍手を送る。

それゆえに、同郷ということで石原に甘くなった藤沢に疑問を感じざるをえないのである。

石原に予見能力はあったのか

日本語には「半信半疑」という言葉があり、私たちもたまに使う。しかし、これを聞いたスペイン人が首をかしげ、

「半分疑っているということは信じていないということじゃないか」

と指摘したと言われるように、石原が満洲事変当時、その後の拡大を読み切れなかったというのは、石原の基本的な予見能力のなさであり、それを「最悪のミス」と言うのは、何ら酷ではない。

「一石原の手でとどめ得るものではなかった」となる日中戦争の火をつけたのは、まぎれもなく「一石原」だったからである。

ドイツがソ連に侵攻したとき、石原はすでに現役を退いて京都に隠棲《いんせい》していた。そこへ京大の学生が数人

訪ねて来る。

彼らに石原は、ヨーロッパの地図を示しながら、

「ドイツ軍はいまここにいるが、一週間後にはここにいるだろう。その先にはこの道を通ってここまで行くだろう。それから先はこちらにむかうだろう。この町からこの町までは、幾日かかるだろう」

と予想してみせたという。

そして、独ソ戦の展開はほとんど石原の予想したとおりになった。

たしかに、石原は軍人としての予見能力は高かったのだろう。だが、それはあくまでも、軍事面での見通しに限られていた。満洲事変から日中戦争の拡大へという推移を見れば、その面での予見能力も、言われるほどに高かったとは私には思えない。

たとえば、当時の奉天図書館長、衛藤利夫は、その著『韃靼《だったん》』(地久館出版)の「奉天今昔」にこう書く。

奉天会戦の前は、東三省の民衆は「暴虐なる露西亜《ロシア》軍」を嫌い、ロシアに使われているスパイですら、日本軍が露軍を追い払ってくれるよう、情報を流したりしていた。

だから、会戦の当日、すさまじい砂嵐が起こり、露軍にそれがまともに吹きつけたために、民衆たちは「天が日本軍に味方した」と喜んだのである。

もちろん、彼らが心から拍手していたわけではない。

日本軍といえども兵隊であるかぎり、奉天に入城したら、相当ヤルだろうとは思っていた。中国軍なら戦争に勝って入城して必ずヤルことを日本軍がヤラないわけがない。兵隊なのだから一時のことだし、それこそ没法子《メーファーズ》だと観念していた。

ところが、彼らの意表に出たことは、日本軍が隊伍粛々として入城し、一物をも犯さないことだった。

《相当ヤルであろうと思ってゐた兵隊さんはヤラずに、その軍隊のあとから、潮のやうに殺到して来た、軍隊でない、日本の民衆が、相当ヤッたらしい。民衆思へらく、戦勝者である軍人が傲るのは、これは仕方がない。しかしその戦勝の余威を藉る日本人の民衆は、こいつはカナはん。而巳《のみ》ならず彼等が勝ったのは、露軍に勝ったのであって、吾等は戦敗者ではない。戦敗者でない吾等の上に、戦勝の余威に便乗して来て、労せず、功なき人々が、お門違に、勝者の、敗者に対するやうな態度で臨まれるのはカナはんと》

衛藤は「現下の日本が陥って居る矛盾」を「大陸建設の前奏曲たるべき戦争に対しては、恐ろしく真剣であるが、大切な建設工作それ自体に対しては、概して、個人の射利射倖の場所として見てをることだ」とする。そして、こんなたとえ話を書く。

貧しい夫婦がいて、妻が産褥《さんじょく》に苦しんでいる。夫は神に安産を祈り、この願いが叶えられたら、金の鳥居をつくって奉納するという。妻はそれを聞き、そんなことを約束してできなかったらどうするの、と尋ねる。それに対し、夫は、

「神さまにそう思わせておいて生んでしまえ。生んでさえしまえば、あとはどうにかなる」

と答えるのである。

産みの悩みにある日本には、この貧しい夫のような考え方がないとは言えないと衛藤は指摘しているが、満洲を「荒稼ぎの場所」としたのは、けっして日本の民衆だけではなかった。石原のリードする軍隊そのも

のも「貧しい夫」だったのである。たぶん、衛藤は一九三九（昭和十四）年五月にこれを書く時点では、あからさまな軍部批判はできなかったのだろう。

権威はすべて張り子の虎

藤沢周平は前記「三人の予見者」で、「ちょす」という方言を挙げ、おちょくるとか、侮蔑するとかいった意味のこの言葉が当てはまる性向が清河八郎や石原莞爾にはあった、と書く。

「ただし本来は優越者から劣った者に対してむけられる現象であるこの精神作用が、この二人の場合、つねに逆方向に働いたことが注目される」と言うのである。

自分より下にいる者、または慕って集まって来る者には言葉も態度もていねいなのに、自分より上の者にはこの「ちょす」性質が出る。

《ことに石原に顕著にみられる傾向は、虚飾にかざられた権威や、内容空虚なくせに形だけはものものしい儀式などに対する、徹底した侮蔑、愚弄である。石原には、物事の本質がすっかり見えているので、大概のことはばからしくて仕方なかったのかも知れない。そこで建前でかざられたひとも儀式もことごとく愚弄し、アクの強いやり方でそれらを一場の笑いものにしてしまうのである》

たしかに、石原のこうした面は喝采を浴びる。現在、田中眞紀子がズバズバ言って庶民の溜飲を下げているのと似ているだろう。しかし、田中眞紀子が田中角栄の娘であるということを棚に上げてそう言っているように、石原も「虚飾にかざられた権威」かもしれない軍人であることを放擲《ほうてき》して行動したようにも思われる。また、「空虚」の判定も、著しく主観的だった。たとえば、石原が断罪する張学良が、東三省の民衆から見れば、関東軍よりマシではないかといった視点の入り込む余地はなかったのである。

《その愚弄が、権威に対するときもっともいきいきと生彩を帯び、石原自身も楽しげなのは、石原がやはり抑圧の多い東北の人間だからだろう。また石原は士族の出だから、戊辰の敗北も頭にあったかも知れない。つまり、心のこういう動きの根底にあるのは、本人が気づいていようと気づくまいと、ひっくるめてひと口に言えば東北のコンプレックスだろうと思う》

と藤沢の石原評は続く。

「石原の愚弄も嘲りも、決して陽性なものではなく、ひとひねりひねった微毒を帯びる」が、その底には、つねに「なぜか知らぬ憤懣」があり、こういうひとにとっては権威などまったく恐い存在ではなく、すべて張り子の虎だと言う藤沢の断定には私も異論がない。

ただ、全体としての石原評価の甘さには大いなる疑問を感じざるをえないのである。

第三章　藤沢周平の心性

(1) 農民の血と詩人の血

長塚節《ながつかたかし》を書くことで自分を書いた

藤沢の郷里、鶴岡の産で、漬け物にするとうまい小粒の丸いナスがある。地名をとって民田《みんでん》ナスという。

藤沢はあるとき、「わが血は東北人」の取材に訪れた水戸部浩子に、

「このごろの民田ナスの皮はかたいでしょ」

と尋ね、さらに、

「あれはなぜかたくなったかわかりますか」

と問うた。

返事に困ってもじもじしている水戸部に藤沢は、

「こまめに水をやらないからですよ」

と種明かしをした。

朝な夕な水桶をかついで丹念に水をやっていたころの民田ナスはもっとうまかった。

「土がよくこなれて、まるで絹の手ざわりのようになるんですよ。土は手を加えないとだめなのです」

こうした話をするときには、藤沢は「熟知している者の特権」を示すかのように「強引な表現」をした。

水戸部は「東北への彼のこだわりは、ごまかしのない土へのこだわりと見ることもできる」と結んでいる

が、まさにその『土』と題した小説を著わした長塚節をテーマに藤沢は『白き瓶《かめ》』を書いた。吉川英治文学賞を受けたこの労作には、節が伊藤左千夫を訪ねて、

「よう、めずらしいじゃないか」

と言われる場面がある。

牛飼《うしかひ》が歌よむ時に世のなかの
新《あらた》しき歌大いにおこる

と詠んだ左千夫は「汚れたズボンの上に短か着を着て」まさに牛の世話をしていた。その後の藤沢の描写を引く。


《左千夫は腰に下げていた手拭いをとると、眼鏡をはずして顔を拭いた。ついでにひろがった襟からのぞいているシャツのボタンをはずし、首筋から胸もとまでごしごしと手拭いを使った。

空からは薄ら日が洩れて来るが、庭のあちこちに二、三日前に降った雪が残っていて、空気はつめたく乾いている。だが、左千夫は汗を掻いていた。牛の世話に精一杯の力を出していたからだろう。節は仕事をしている左千夫の姿を見るのが好きだった》

茨城の大きな農家の長男に生まれて「小旦那」と呼ばれる節は身体が弱く、本格的に農業をやることはで

きなかったが、働くこと、それも土にまみれて働くことに、終生、畏敬の念を失わなかった。だから、自らを『朝日新聞』に紹介した夏目漱石が『土』の序文に次のように書いているのには釈然としなかったのである。

《『土』の中に出て来る人物は、最も貧しい百姓である。教育もなければ品格もなければ、たゞ土の上に生み付けられて、土と共に成長した蛆同様に憐れな百姓の生活である。（中略）長塚君は、彼等の獣類に近き、恐るべき困憊を極めた生活状態を、一から十迄誠実に此『土』の中に収め尽したのである》

無名の自分を登場させてくれ、『土』を絶対に後世の人間が読むべき本と強力推薦した漱石に感謝はするが、「蛆同様」とか「獣類に近き」といった表現には割り切れないものが残った。

藤沢は『小説の周辺』（文春文庫）所収のエッセイ「『海坂《うなさか》』、節のことなど」に節を「ただ懐手して村を歩く豪農の若旦那ではなかった」と書き、『土』の主人公の勘次が雑木林を開墾する場面を引く。

《唐鍬《とうぐわ》の広い刃先が木の根に切り込む時には、彼の身体も一つにぐさりと其の根を切つて透るかと思ふやうである。土を切り起すことの上手なのは彼の天性である》

そして藤沢は、

《自身鍬を握ったことがない人間に、この賛辞が書けるわけはないので、節もまたまごうことなき農民歌人、農民作家だと言わねばならない》

と断言する。

もちろん、そう言い切る藤沢にも色濃く農民の血が流れている。「帰郷」というエッセイで藤沢はこう告白する。

《農家は朝が早い。農作業がすっかり機械化されたいまも、やはり五時には起きて、七時の朝食までにはひと仕事終えている》

それで、帰郷の際に、本家に泊まるときも、藤沢はできるだけ、それに合わせるようにしていた。

《私はこれまで、五時起きはとうてい無理としても、七時の朝食には間に合うようにしていた。前夜に飲む会合があって、帰りが十二時になってもそうしていた。それは説明すれば、米をつくる農家に生まれながら、小説書きなどというさほど役にもたたない仕事をしている者の、故郷に対するエチケットということになるのだろうが、事実はもっと根が深い。

ひと口に言えば、農家に生まれ育った私の血が、朝寝を許さないのである。土を相手に物をつくる仕事が、いかに多くの規律から成り立っているかを、半ば本能的に、あるいは身体で理解しているということでもあ

る》

その意味で、長塚節を書くことは、藤沢にとって、まごうかたなく自分を書くことであった。

教師時代に行なった生徒と二人だけの〝授業〟

『白き瓶』の第二章は「初秋の歌」である。

小夜深にさきて散るとふ稗《ひえ》草の
　ひそやかにして秋去りぬらむ

馬追虫《うまおひ》の髭のそよろに来る秋は
　まなこを閉ぢて想ひ見るべし

芋の葉にこぼるゝ玉のこぼれ〳〵
　子芋は白く凝りつつあらむ

これらの節の歌に「フルイ付きたいほど小生は感服いたし候」と感激の手紙を書いたのは、若き日の斎藤茂吉だった。茂吉にもまた「農民の血と詩人の血」が流れている。藤沢のそれと茂吉のそれが共鳴して、藤沢は『白き瓶』に次のように書く。

《しかし（三井《みつい》）甲之《こうし》も（伊藤）左千夫も、山形県南村山郡金瓶村の農民の子である自我を強烈に保ちつづける茂吉ほどに、この歌に興奮したかどうかは疑問である。そこには、初秋の相をうたって、農村、山村に育った人間ならば容易に気づく把握の凄みとでもいうべきものが現われていたのだが、その凄みというものは、都会育ちの人間、あるいは甲之や左千夫のように、農村の出ではあっても生地の風土に茂吉ほどの執着を持たない人間は、あるいは見過しかねないものでもあったからだ》

垂乳根《たらちね》の母が釣りたる青蚊帳《あおがや》を
すがしといねつたるみたれども

白埴《しらはに》の瓶《かめ》こそよけれ霧ながら
朝はつめたき水くみにけり

こうした絶唱を遺《のこ》して、節は夭折《ようせつ》した。歌人の島木赤彦は「アララギ」の後記に、「長塚さんは逝かれました。三十七歳の短生涯に妻子も無くして逝かれました。人間の世の中に清痩鶴の如く住んで孤り長く逝かれました」と書いた。

その力と注目度に比して、節はやはり、「地味な歌人」だった。けっして派手な歌人ではなかった。そこに藤沢は強く惹かれたのである。

それは農民特有の口の重さからくるものかもしれない。派手さと流暢さは比例する。華やかなひとで口数の少ない人はあまりいない。

「含羞《がんしゅう》の作家が初めて書いた自伝」と銘打たれた藤沢の『半生の記』（文春文庫）に藤沢がひそかに東京吃《きつ》音《おん》矯正学院のパンフレットを取り寄せる場面がある。どもりゆえに、藤沢は小学校の卒業生総代の答辞を級友に代読してもらった。

そして後年、教師となった藤沢は、やはり吃音に悩む生徒と二人だけの授業をすることになる。一九九八年一月十二日から始まった『読売新聞』の「小菅先生と教え子たち」で、その生徒、上野久一郎が、藤沢周平こと小菅留治のそのときの特訓を語っている。

小菅先生は、まず、上野に五十音を発音させて、どの字が発音しにくいかを確かめた。名字の一字目の「う」や「け」、「せ」などが出難い。とくに「う」は、授業で名前を言おうとして、つまずいた経験を繰り返してきたからだった。

「自分の気持ちに合わせて、そっと発音しなさい」

「人前だと意識しないように」

自らもその経験をもつ青年教師は、

「あせるなよ」「ゆっくりな」

と上野を励ました。

この二人だけの授業は、放課後、週二回ほど、かなりの期間、続けられたという。

「先生は、わたしの吃音が少しずつ直っていくのを本当に喜んでくれていました」

いま、上野はこう語っている。

有名作家になっても変わらぬ師弟関係

藤沢周平が教師をしたのは湯田川中学でのわずか二年間である。それなのに、いや、それだけに、いまなお消えない濃密な師弟関係を築いている。

「小菅先生と教え子たち」の第五回から引こう。

一九七三年七月のある夜、結核で鶴岡の病院に入院中だった長浜和子は、ラジオに耳を傾けていて、藤沢周平の直木賞受賞を知った。「地元鶴岡の出身で、本名は小菅留治」と紹介する。

「あれ、小菅先生のことではないか。先生は小説を書いていたんだ」

そう思った長浜は、翌日の新聞に載った住所を頼りに藤沢に手紙を書いた。

「おめでとうございます。私は旧姓尾形ですが、分かりますか」

そんな書き出しで、入院していることなどを添えた。

するとまもなく、封書が届く。

もっと早く返事を出したかったが、忙しくてできなかったことを詫びたあと、

「一番めに立原正秋という先生に、二番めに和子に返事を書きはじめたところです」

とあった。

その二年前に、藤沢は『溟《くら》い海』で『オール讀物』新人賞を受賞したが、この作品を強く推したのが選考

委員の立原正秋だった。

「小さく、卵形の顔でほっぺたが赤く、なにか私に言われても、下を向いてしまってなかなか答えてくれない。その子が尾形和子だと思いますが、違いますか」

「先生をしたのはたった二年間。それも湯田川の二年間だけですから、あのころのことは大体おぼえています。あのころのあなたの顔とか声とかは、あなた方よりよく覚えているつもりです」

二十二年ぶりの便りは「元気を出して療養して下さい」と結ばれていた。

それからしばらくして、秋に入っていたある日、突然、和子は藤沢の見舞いを受ける。別の用事で帰郷したついでに立ち寄ったのだが、何の前触れもなかった。

「小菅さんという方が面会です」

と言われて、まさかと思う長浜の前に、

「和子だか?」

という声とともに藤沢が現われた。

「大事にせえよ」

藤沢自身が結核で長く入院した経験があるだけに他人事ではなかったのだろう。それにしても、あったかな藤沢の面目躍如というエピソードである。

有名な作家になっても、まったく変わらなかった藤沢について、教え子たちの語る言葉は一つ一つ、さもありなんと、深く頷かせられる。

「人を批判したり指図するということは、まったくない先生だった。天性のやさしさというんでしょうな

あ」（萬年慶一）

「受験のためでなく、純粋に物を知りたくて勉強した。学校は新鮮な知識を得る場所だった。私たちのクラスは特に偉くなった人もいないが、格別に不平不満を抱いているという人もいない。地道にやる、我慢する時は我慢するという先生の姿に自然と教わった」（高橋愛、五十嵐兼子）

「先生のやさしさを見習いたいと思う。年齢を加えるに従って先生から教わったことを周囲の人に返してあげられるようになったと思う」（武田彦恵）

「包容力があって何でも聞いてくれる先生でした。荒れている今の教育現場と比べると、なんてあのころは素晴らしかったことか。成績や点数の善しあしだけで子供を評価していたら、私たちのように大人になっても仲の良いクラスにはならないでしょう」（大滝澄子）

クラスの半数が中学を卒業してすぐ社会に出る。そんな教え子たちに藤沢は忘れがたい印象を残している。「詩でも音楽でも、飯の糧にはならないが心の糧になる」とか、「つらいことがあっても心まで貧しくならないように」と教えた藤沢の影響か、生徒たちは、卒業後しばらくして文集をつくり始めた。

『石清水』と題したその文集を、結核で入院中だった藤沢に送ると、次のような手紙が届いたという。

「看護婦さんが『山形からお手紙です』と言って持って来てくれた細長い包みを見て、『岩清水』かな、と思ったら、果してそうでした」

「こうして文集に参加し、そこから慰めと希望を見出してゆこうとする態度を素晴らしいと思います。東京に来ている連中も高等学校時代のことはあまり言わないのに、中学校の時は良かった、あの頃が懐かしいとはよく言うようです。多分精神も身体も、みずみずしい感受性がゆきわたっていた時期だったからでしょうか」

「そんな大切な時期の君達をゆだねられながら、何も出来なかった自分に烈しい後悔を覚えることもあります。あれもしてやればよかった、これもしてやればよかったとね。ふり返ってみて、物足りないことだけで驚きます」

「それでも君達が横にそれたりしないで、こうして文集に結束するような真直な成長を示してくれたことを、しあわせに思います。考えてみると、君達は素直なよくまとまった生徒達でした」

「考えたことの半分もしてやれなかったことの代わりに、いつまでも君達のよい友人であり、相談相手でありたいといつも願っています」

「そろそろ稲刈が始まりますね。では元気で」

まさに「こまめに水をやる」農民の心そのままの教育だった。

山形の農民詩人・真壁仁《まかべじん》

『半生の記』には、学生時代に藤沢を一撃した詩人として真壁仁が出てくる。『街の百姓』という詩集をもつ山形の農民詩人である。

おれたちが庭の隅っこに堆肥の山
築きあげると
それは悪意ある隣人の抗議にふれる

おれたちギシギシ天秤きしませ
ダラ桶かついで行くとき
さかしげに鼻をつまむ女がいる
街の百姓
けれどもおれたちはやめない
一塊の土があればたがやし
成長する種を播くことを
おれたちはやめない
豚を飼い　堆肥を積み　人間の糞尿を汲むのを
高い金肥が買へないからだ
土のふところに播いて育てる天の理法しか知らないからだ

真壁の『野の自叙伝』（民衆社）に、真壁が岩手に高村光太郎を訪ねるところが出てくる。

「とにかく高村光太郎は、生活者としてじつにきちんとしていた」と真壁は書く。ねぎとか大根をぶらさげて帰ってくる。人を使うのがいやだと、お手伝いさんをおかない。洗濯でも食事の支度でも自分でやる。それで彫刻ができなくなる。それでも日常のことをやめないのは「生活が好きだったからだ」と光太郎は言ったという。

そして真壁仁は結論づける。

《高村光太郎は、徹底したニヒリストではなかったか、といましみじみ思う。本心は誰をも認めていなかった。人間なんて蟬や鯰より煩わしかったのではないのか。私はお会いして以来、ずっと亡くなるまでお世話になったけれども、よくぞまあ行ったものだと思う。光太郎が亡くなってから、ちょっとおっかなくなったりした。光太郎は絶対孤独の世界にいたのではないか。私たちは、それぞれ光太郎に愛されていると思っている人が何十人かいるけれども、そんなことはみんなお見通しで、あまり信用していなかったのかもしれない。

『智恵子抄』は愛の詩集としてもてはやされたけれども、智恵子への愛のために払った光太郎の対価はかなり大きなものだった。その対価の重みにじっと耐えている孤独な光太郎の姿が、いま私には見えてきた》

光太郎に比して茂吉は戦争責任の感じ方が軽い、と藤沢周平は批判した。そこには、真壁のような光太郎観が存在していたのだろう。

真壁は社会党公認・共産党推薦の統一候補として、一九五九年に参議院山形地方区の補欠選挙にかつぎ出されたことがある。

詩人の血は、真壁に同じことを何度もしゃべることを許さなかった。しかし、それでは選挙演説にならない。

「演説になっておらん。まるで講演じゃないか」

と社会党の代議士に叱られ、

「だからいやだといったじゃないか。ハッタリはいやだ。今からでもやめる」と真壁は選挙カーの上でもケンカをするような毎日だった。

まともに食事をする時間もない。弱っていたら、ある日、一人の労働者が焼いたマムシを一匹投げこんでくれた。とぐろを巻いたままコチコチになっているそれを、頭の方から毎晩三センチくらいずつかじった。「疲れをしらない妙薬」というので、少し生臭いのはガマンして、二週間ほどで平らげたとか。

こちらはまさに、農民の血だろう。

藤沢周平も真壁と同じく、この「農民の血と詩人の血」をもっていた。おそらく固辞したと思うが、固辞しきれずに選挙にかつぎ出されることがあったとしたら、真壁と同じように「ハッタリはいやだ」と毎日ケンカをし、そして一方で、焼いたマムシを少しずつかじっていたに違いない。

教師になれなかった同級生への〝うしろめたい〟気持ち

山形師範学校（現在の山形大学）の藤沢の同級生に共産党の元山形県議会議員、小竹輝弥がいる。同じ鶴岡出身ということもあって二人はすぐに仲よくなった。しかし、一九四九年に卒業して就職ということになったときに、小竹は就職停止処分を受ける。レッドパージの影響である。教師になれなくなった小竹は鶴岡で文房具販売を始め、藤沢の勤めていた湯田川中学にも来た。

一九八七年、県会議員として永年勤続の表彰を受けた小竹に、すでに人気作家となっていた藤沢は、往時を振り返りながら、こんな祝辞を寄せている。

《小竹輝弥さん。あなたのことを考える時いつも思い出すのは、あなたが政治的信条のために、山形師範を卒業したものの教職に就けなかったときのことです。あなたは鶴岡で文房具の販売をはじめ、私が勤める湯田川中学校にも回ってきました。

私はそのころ、職員室であなたと二人きりで向かい合って話したことを覚えていますが、そのとき少しはあなたから文房具を買ったでしょうか。その記憶はなくて、いまも私の心に残るのは、そのときに感じたうしろめたい気持ちです。私はあなたと向かい合いながら、政治的な信念のために逆境にいる友人を見て見ぬふりをし、自分だけはぬくぬくと教師生活に安住していることを、みずから恥じないわけにはいきませんでした。記憶がいまもはっきりしているのは、その自責のためだろうと思います》

山形新聞社の『続　藤沢周平と庄内』で、小竹は藤沢の「弱者の味方であろうとする姿勢」に共感しながら、いま、こう語る。

「藤沢さんはやはり、教師を続けたかったのだと思う。作家になってからも、その気持ちに変わりはなかったのではないか。二年で教職を失い、私と同じ境遇になったわけで、その意味では、なりたくてもなれなかった、という悔しさの共有みたいなものが二人にはあった」

教師ということで言うなら、藤沢は教師をやめて、より多くの人の教師になったということだろう。自らのさまざまな挫折を経て、藤沢は深みのある教師になった。そして、最後まで、農民の血と詩人の血を失わなかった。

友もわれも五十路に出羽の稲みのる

色紙などによく書いた藤沢の自作の句である。

(2) 心に「狼」を棲《す》まわせていた男──『市塵《しじん》』・新井白石論

動物園でパンダを見てもしようがない

敬称は略させてもらいたいが、藤沢周平に私は一方的に親近感を抱いている。藤沢が鶴岡、私が酒田と生まれ在所も近ければ、田舎教師から一転して経済紙誌の記者と、その後にたどった道もほぼ同じだからである。物語作者と物語れぬ評論家の違いはあれ、現在、ものを書いて食べているところまで似ている。

会ったのはただ一度、たしか、あるパーティの席上である。藤沢は私が『小説の周辺』というエッセイ集を紹介したのを読んでくれていて、お礼を言われた。『周平独言』というエッセイ集で藤沢は、同じ庄内地方出身の「三人の予見者」、清河八郎、石原莞爾、大川周明の相似性について書いているが、私の好きな三人の作家、城山三郎、吉村昭、そして藤沢は、いずれも昭和二年生まれである。

彼らには共通して透き通った死生観がある。

敗戦の年に一途《いちず》になりやすい十八歳だったということも影響しているのだろうが、さらに吉村と藤沢には短からぬ闘病体験が重なっている。

また、城山と藤沢は動物園が好きという共通点があるが、あるいは、藤沢がとりわけ狼が好きだということに意外感をもつ人もいるかもしれない。

「胸の中に狼を一匹隠して生きている男たち」の一人である藤沢は、「私の足が動物園から遠のいたのは、狼がいなくなってからのように思う。パンダを見てもしようがない」とズバリと書いている。

藤沢は、かつて、郷里で中学の教師をしていた。ところが肺結核になり、東京郊外の療養所に入る。

「同じ病気を抱えているという点で、みな平等」で、「社会的な肩書はほとんど無意味な場所」である療養所は、藤沢にとって「一種の大学」のようなもので、そこで、世間知らずの堅物だった藤沢は、さまざまに悪いこともおぼえた。それまでは下品きわまりないものだと思っていた落語も好きになったし、花札のコイコイを連日するようにもなったのである。

そして退院した藤沢は、業界紙の記者となり、「小説を書くしかないような根深い鬱屈」を抱えながら、「日々風に背中を押されるようなあわただしい暮らし」を続けていた。

鬱屈を解消する方法としては酒を飲んで親しい人間にそれをぶちまけるといったことも考えられるが、藤沢はそういうやり方は男らしくないと思った。

『オール讃物』の新人賞を受けた『溟い海』は、そんななかで書かれた作品で、主人公の北斎《ほくさい》は藤沢自身の自画像になっているという。

黙々と生きる

藤沢の描く人間はけっして軽くはない。かといって重すぎる人間でもない。一茶にしても長塚節にしても、あるいは『市塵』の主人公、新井白石《あらいはくせき》にしても、「重厚」というイメージが当てはまる人間ではない。

では、共通する点は何かと言えば、やはり「胸の中に狼を一匹隠して生きている男」ということになるのだろう。

藤沢「白石」を論ずる前に、『周平独言』から、「えらい人」についてのつぶやきを引いてみたい。

《私は性格に片ムチョ（意固地）なところがあり、また作家という商売柄、人間の美しさを追いもとめる半面、汚なさも見落とすまいとするので、世間でえらいという人をも簡単には信用しない。それでも時どきえらいな、と思う人に出合うことがある。その人は、冷害の田んぼに立ちつくす老いた農民だったり、子供のときから桶つくりひと筋に生きて来た老職人だったりする。出合う場所は、テレビの場合もあり、新聞の記事の場合もある。

彼らは、格別自分や自分の仕事を誇ることもなく、えらんだ仕事を大事にして、黙々と生きてきただけである。だが、それだからといって、そういう生き方が決して容易であったわけでなく、六十年、七十年と生きる間には、山もあり、谷もあったはずである。しかし彼らはその生き方を貫き、貫いたことで何かを得たのだ、と私は皺深い農民の顔を写した写真を、つくづくと眺めるのである》

彼らはありのままの顔をさらしているのだが、それが「じつにいい顔」だと藤沢は言う。

《人生を肯定的に受け入れ、それと向き合って時に妥協し、時に真向から対決しながら、その厳しさをしのいで来たから、こういういい顔が出来上ったのである。えらいということはこういうことで、そういう人間こそ、人に尊敬される立場にあるのでないかと、私は思ったりする。実際人が生きる上で肝要なのは、そういうことなのである。
こういう質朴で力強い生き方にくらべると、世にえらいと言われる人のえらさには、夾雑物が多すぎるように見える》
藤沢がこのエッセイを書いてから、ずいぶん経っている。藤沢の見方も、幾分かは変わっているかもしれないが、ただ、ここで言う「えらい人」はなかなか小説の主人公にはなりにくいのである。逆に、ある種の『夾雑物』がなければ、ドラマには造型しにくい。

政治家たる者、まず畏《おそ》れを知れ

藤沢が描いた白石の場合、それは「どす黒いほどの政治に対する好奇心」であり、「暗い情熱」だろう。

藤沢は、白石の自伝『折《おり》たく柴《しば》の記《き》』から、次の父親の回想部分を引いている。

《頭に黒い毛は少なかった。顔は四角く額《ひたい》が出張り、目が大きくひげが多く、背は低かった。全体に骨太くたくましく見えた。天性喜びや怒りのいろを外にあらわすことがなく、笑うときにも大声で笑ったのをおぼえていない……》

やはり白石も「いろを外にあらわす」ことを嫌った、と藤沢は見る。

弟子の二十歳の青年に対して、白石が「学問をやるには少し性格が明かるすぎないか」と懸念しているのにも、藤沢の心情が反映されている。

もちろん、「明かるい」狼などいまい。明るかったら、それは狼ではないのだ。

ただ、「暗い情熱」や「どす黒いほどの政治に対する好奇心」の独走に歯止めをかけるものが、いわば「畏《おそ》れ」なのである。

『市塵』の冒頭近く、甲府藩主・綱豊の寵臣で「能役者から成り上がった」間部詮房《まなべあきふさ》に、綱豊が将軍になれば、「そこもととそれがし」で「天下の経営」を考えなければならぬと言われた白石は、「突然に眼がくらむようなものを見てしまった」と思う。

いつもいつも、政治家は声高に「抱負」を述べる。選挙では、それは「改革」という抱負だった。

それを聞くたびに私は、私が学生時代に入っていた寮（山形県の酒田市と鶴岡市を中心とする庄内地方出身者が入る東京の学生寮）の寮監である佐藤正能先生が詠んだ次の歌を、大きな声で言い返したい衝動に駆られた。

聞きたきは抱負にあらず国政の
重きを畏《おそ》る一言なるを

「畏れ」や、ある種の「暗さ」は政治の担当者に欠かせぬものである。ネアカはしばしばネバカとなる。

俗にまみれて俗に染まらず

「切れ者」の間部は、自らを冷静に判断していて、白石にこう言う。

《それがしには学問がない。学問はないが、ひとを周旋する才と殿のご信用ということでは、ひとにひけを取らぬ自信はある。それがしと勘解由どのが組む。そこで勘解由《かげゆ》どのの学識に裏打ちされた政策を、それがしが殿に持ちこんでご政道の筋道にのせる。そこからご当代とは異なる新しい政治の形をつくって行きたい。殿が将軍職をつがれたとき、改めねばならぬことが多々あることは、先刻ご承知のはずだ。力を貸してもらえぬか》

殿とは、つまり、綱豊であり、のちの六代将軍・徳川家宣《いえのぶ》である。

間部がいたから、白石はその才を発揮し得た。もちろん、間部も白石の「力」を信じて改革の道を突き進んだのである。

その前に立ちはだかった最初の壁は「ご当代」綱吉だった。

稀代《きだい》の悪法「生類憐《しょうるいあわ》れみの令《れい》」を支えた監視密告制度は「市中から乞食を一掃した」綱吉の偏執的な性格に発していた。

そしてそれに迎合して理屈づけをする林大学頭《はやしだいがくのかみ》という存在がある。「先例、古格」にこだわるこの儒者は、白石の大きな敵となる。

家宣治世下になってすぐにぶつかったとき、白石は心中にこう思う。

《――あのひとは……。

あの悪政の綱吉の世に、どっぷりと首まで浸っていたひとではないかと、吐き捨てるように思うことがある。加えてもはや老齢の大学頭に、どのような政治的な展望があるとも思えなかった。大学頭や土屋政直の不快感は心にとめておくべきものだったが、しかし譲る理由は何ひとつないことも白石にはわかっていた》

私は、大学及び大学教授ヒモノ説を唱えている。企業を含む社会は、よかれ悪《あ》しかれナマモノなのに、大学教授は、そうした現実の風とは無縁のヒモノであり、ビビッドな俗事を知らない。

「妻子を抱えて貧困の暮らしを嘗《な》めた」白石は「聖賢の道で腹はふくれぬ」と思っていた。そこが、同門の雨森芳洲《あめのもりほうしゅう》との対立点となったのである。

《白石は俗にまじわることを恐れず、むしろ俗に興味を持ち過ぎるようなところがある。聖よりは俗に、観念よりは事実に、理屈よりは実証に惹かれるのは白石の性格だが、白石のそういう性分が納得出来ないのか、同じく木下順庵門の俊才でありながら、芳洲は白石を嫌った。心術はかるべからずと言っていた。おそらく芳洲は芳洲なりに、白石の性向の中に儒におさまり切れず、儒の分際を逸脱する傾向があるのを見て、それを嫌うのだと思われた》

俗にまみれず孤高を保つのがリーダーの条件と説く向きもある。しかし、俗にまみれても俗に染まらないのが、むしろ、リーダーだろう。俗に通ぜずして、政治などやれるものではない。ヒモノにナマモノはわからぬのである。

俗にまみれた業界紙の記者時代

おそらく、藤沢周平は業界紙の記者時代に俗にまみれた。私自身も体験したからよくわかるのだが、「聖職者」などというイメージを押しつけられる教師から転じて、経済誌の編集者となって、私はほとんど仰天した。それまで自分がいかにヒモノだったかを痛感したのである。まさにカルチャー・ショックだったが、こういう世界があることを知って、私は俗のダイナミズムということを思った。

藤沢周平は業界紙時代のことを「一杯のコーヒー」というエッセイに書いている。

《病気がなおると、私は小さな業界新聞に勤めた。社長以下七人ぐらいで、広告が多いときは週一回、少ないときは月三回、四頁建ての新聞を発行している会社だった。私の姉は、業界紙といえばすべて赤新聞と思うらしく、私がそこに勤めたのを心配して手紙をよこしたが、私は仕事が面白くて仕方なかった。せっせと取材して回り、十五字詰の原稿用紙に記事を書いた》

私が入ったのも、ほぼ同じ規模の経済誌で、私の場合は、父が心配して手紙をよこした。ほとんどが広告で成り立っている雑誌で、広告取り専門の営業部員がいた。

《営業部員、ひらたく言えば広告取りは、Aを含めて三人いた。いずれも年輩の男たちだったが、むかしはいい目をみたが、戦争でそれを失ったことで共通していた。私は少し薄暗い喫茶店のボックスで、コーヒーを啜りながら彼らのそういう話を聞くのが好きだった》

藤沢とはひとまわり以上違うから、私がいた雑誌の場合は、広告取りは「戦争でそれを失ったことで共通」はしていなかったが、どこか生臭い精気があり、藤沢の言うように「モダンな雰囲気」を身につけている者もいた。

生臭い精気というものが、現実から発する臭いなのだろう。

そうしたバブル中のバブルの只中にいて、私はバブルの空虚さを知った。ある意味で、ほとんど存在価値のないそうした雑誌の中にいたからこそ、私は現在の現実批判の視点を獲得したとも言える。

おそらく、藤沢もそこで現実の放つ精気に触れ、虚と実を峻別《しゅんべつ》する姿勢を獲得したのではないかと思われる。

私がそう思うのは、白石が展開する勘定奉行・荻原重秀批判の激しさゆえである。藤沢は意識したかどうかはわからないが、私はこの荻原に、バブルを煽った現代の経済評論家たちの江戸時代版を見た。現実を知っているように見えて、彼らは現実を知らないのである。

『市塵』に示された「バブル経済」批判

岩波文庫版『折たく柴の記』の校訂者、羽仁五郎が喝破しているごとく、白石は「人間としてまた学者として原則をもっていた」し、「あらゆる虚偽を批判し、自尊排外や尚古賤近や形式外面の幻想を脱し、現実を直視し、真理を求め、人生及び思想また学問の自覚に到達しようとする、不屈の希望」をもっていた。現実を知るとは、現実に埋没することではない。それを改革しようとする「原則」や「希望」をもっていなければ、現実は見えないのである。

「日本はこう変わる」とか「世界はこう変わる」とか言う人間に現実が把握できるはずがない。そんな〝男の星占い〟ははずれるばかりである。「日本をこう変える」「世界をこう変える」という理想をもつ人間にのみ、日本や世界は見える。

白石はまちがいなくそれをもっていたし、荻原はそれをもっていなかった。荻原に、厚かましくもいまもブラウン管などに登場しているハブル評論家の長谷川慶太郎の姿をダブらせながら、このドラマでの荻原批判を追っていこう。

荻原がやった貨幣の改鋳《かいちゅう》は、一方で庶民の強い政治不信を招いた。それでも荻原は、財政を知っているのは俺一人ではないかと居直る。反対したのは「お上」ただ一人だった。

老中たちも、荻原の言うとおりにするよりほかないかとあきらめきっているときに、家宣が疑義を出す。改鋳によって荻原が私腹を肥やしたという噂も立っていた。

会議の後で、間部に白石が尋ねる。

「それで荻原さまは承服されましたか」

間部が答えた。

「なんの。ひと筋縄で行く男ではない。金銀改鋳については、陰で悪声を放つ者がいることも承知している。しかしこれに拠《よ》らなければ今日まで何によって国の費用を賄い得たであろうか。ことに去《い》ぬる元禄十六年のごときは、改鋳のことがなければ乗り切り不可能であったと、聞きようによっては恫喝とも受けとれる言辞を弄《ろう》したそうだ」

白石が黙って聞いていると、間部は続けた。

「荻原は、まず改鋳によってさし当っての金の必要を充たし、のちに豊作で財政にゆとりが出来たときに金額の質をもどせばよろしい、ごくやさしいことではありませんかと、愚弄するようなことまで言ったらしいが、何と老中がたはそういう荻原の意見を支持し、お上にむかっていまは近江守の意見に従うほかはありませんと言う始末だった」

それに対して家宣はこう返したのである。

「荻原が言うことは道理のようにみえるが、しかし金銀貨を改鋳するというようなことがなければ、あの相つぐ災害も起きなかったかも知れないという考え方も必要だ」

リーダーにとって真の「覚悟」とは何か

荻原の言葉の「改鋳」を「バブル」に置き換えれば、いま、長谷川慶太郎が唱えている「バブル有用論」とピタリと重なる。

「経済にバブルはつきものなんです」

したり顔でこう語る御仁《ごじん》は、あるいは、深く荻原に学んでいるのかもしれない。

結局、簡単に日本が滅ぶなどという脅しに惑わされるなということである。

次の家宣の言は、そのまま痛烈なバブル煽動者批判となる。

「もし改鋳を行なわないために、今後起きる異変に対処出来なかったということであれば、わが代において徳川家の血統が絶えるときが来たと観念するまで。いずれにしろこれ以上人民を苦しめることは出来ぬから、財政の工面《くめん》は改鋳によらずほかの方法でやってもらいたい」

この覚悟のないリーダー、つまり政治家や経営者が多すぎるのである。家宣のように「観念」しないから、バブル評論家に煽られると、すぐに動揺する。

アメリカのプロテスタント神学者、ラインホルト・ニーバーは、こう祈った。

「神よ、われらに与えたまえ、変えることのできないものを受け入れる冷静さと、変えるべきものについてそれを変える勇気と、この両者を識別することのできる知恵とを」

白石は荻原を「幕府を喰い物にして肥え太っている鼠賊」として糾弾する。二度、三度と「才徳二つともに欠ける」荻原を弾劾する書状を白石は出した。

そして、ついに家宣も決断し、荻原を罷免《ひめん》する。これでようやく改革できるかと思ったが、次に間部と白石は家宣の死に直面する。さらに、その後、小型荻原のような小鼠が出てきた。

老中たちはそれを、もっともだとして取り上げる。腹に据えかねた白石は、老中の御用部屋に乗り込んで、激しく批判した。

「野島新左衛門なるものが、金銀吹き替えについて具申した意見を、御年寄衆の中にも支持される方があるやに洩れ聞きましたが、野島の説は妄説です。取るに足らぬいかさまの意見でございます」

表面穏やかに見える藤沢の中に生きている「狼」が言わせているのだろう。

白石は意見書を出して、批判を続ける。

「ここには、野島の言うところが妄説である所以と天下のまつりごとにかかわる方々が、かかる妄説に惑わされることの弊害を申しのべてあります」

白石は、「新説が出るとたちまちそちらの肩を持つ」定見のない老中たちを鋭く論難する。

「通貨は生きものです。御年寄衆の何気ないお言葉ひとつにも、庶民は敏感に反応し、あるいは不安をつのらせて旧貨を抱えこみにかかります。何とぞ、こと改貨に関しては、すでにまかせられた方々を信頼され、横から口をさしはさまれること、固くご無用にねがいたい」

ここまで強く白石は言ったのか。それはわからないが、狼の持つ激しさ、あるいは、藤沢の好む「暗い情熱」がここに投影されていることはまちがいない。

それがあるから、ここまで強く出られるのである。

「藤沢の中の白石」と「白石の中の藤沢」

白石のそばにいた伊能佐一郎という弟子が、夫ある女と駆け落ちをした。おそらく、この若者は藤沢の創作だろうが、彼は置き手紙にこう書いた。

「市井紅塵の間に生業をもとめ」云々。

これについて白石は、あまりに意気地がないと思いつつも、腹は立てなかった。

《可憐《かれん》なことを言うものだという気もした。おそらく女にすすめられてその決心をつけたのだろうが、市井に生きることが武家奉公より楽だとはかぎるまい》

白石がこのように伊能を憐れむこともできるのは、「一点のやわらかい部分」が白石にあるからだった。

白炭やあさ霜きえて馬のほね

こんな句をつくったこともある心情が、「齢とともに亡父に似て剛直に傾きがちな性格の中に消えずに残っている」から、白石は「女と消えた不肖《ふしょう》の弟子のうしろ姿」を「艶な色調の絵巻の部分」でも見るように見送ることができたのである。

ローマから潜入した切支丹《キリシタン》宣教師、シドッチと白石のやりとりなど、この本の中で展開された問題で、今回触れなかったものも多い。

しかし、私はあくまでも、藤沢の中の白石と白石の中の藤沢を追った。

《――だんだんに……。

敵が多くなるな、と白石は思った。顔の内側ににがい笑いが動くのを感じる》

こうした描写に、まさに「藤沢の白石」がいる。病身というところにも、藤沢は強く共鳴したのだろう。

藤沢はけっして、望まれるリーダー像とかいうことで白石を書いてはいない。一個の「片ムチョ（意固地）」な人間として描いているがゆえに、ただならぬ存在感がある。

第四章　藤沢周平をこう読む

(1) 藤沢周平の濁のエネルギー

暗さがあったかい

どちらかと言うと、私は「池波（正太郎）派」だった。同郷ということもあって藤沢周平は近すぎる感じがし、亡くなられるまでは敬遠気味だったのである。もちろん、それまでも幾つかの作品は読んでいたし、『小説の周辺』という随筆集の書評をして、生前一回だけ会ったときに、礼を言われたこともある。

しかし、本格的に読んだのは、亡くなられてからだった。なぜか「しまった」と思って、手当たり次第に読み、『司馬遼太郎と藤沢周平』という本も書いた。そこで私は司馬を商人、藤沢を農民、そして池波を職人として対比させている。そのうえで、「職人と商人をコントラストさせることはできない。いささかならず調子のよい商人に対抗するためには、寡黙に働く農民のエネルギーをもってこなければならない」と指摘した。それから数年経ったいまは、池波を職人というより町人と言ったほうがよかったかなとも思うが、町人的要素も持つ藤沢作品で、私が最初に勧めたいのは『風の果て』である。

前掲の拙著には、宮部みゆきと私の藤沢についての対談も入っているが、私が『風の果て』がよかったと言ったら、宮部はこんなエピソードを披露してくれた。

「（藤沢）先生が亡くなられたときの追悼の鼎談で、杉本章子さんと皆川博子さんと三人でお話をしたとき、私は『風の果て』を読んでなかったんですけど、お二人がともかく熱心に『風の果て』とおっしゃってたんで、その後で読んだんですが、私も大好きです」

幼なじみが長じて、権力闘争に巻き込まれ、別れ別れになっていく。それを否定しては現実から離れてしまう。しかし、藤沢はもちろん、それをまるごと肯定しはしない。宮部の言う如く、『風の果て』は「生きていくからには、こういうことはあるんだよというふうに書いてある小説」なのである。だから、江戸時代であっても、現代に生きる私たちを捉えて離さない。

藤沢作品で最高傑作との呼び声高い『蟬しぐれ』や『三屋清左衛門残日録』も同じテーマを扱っていると言えるが、なぜ、何度もそのテーマを描いたのか。

「もしかしたら、ご自分にもそういう体験があったのかなあとか、ちょっと勘繰っちゃったんですけどね。ある時期すごく親しかった友と、あることでたもとを分かったということかあったのかなあ」と、宮部〝探偵〟はこんな推理もしていた。

前半というか前期の藤沢作品は『暗殺の年輪』を含めて暗い。多分、癒されざる傷を負って生きてきたに違いない。とりわけ、北斎を描いた「溟《くら》い海」には暗然となるが、それでもそれは読者を突き放す暗さではなく、身近に引き寄せる暗さである。言ってみれば、暗さがあったかい。

藤沢時代小説の塩味

月刊「望星」編の『藤沢周平に学ぶ』（東海教育研究所）で、作家の宇江佐真理はこう語る。

「最初の奥さまを亡くされたあと、（藤沢さんが）中学校の同僚の方へ宛てた手紙があるのですが、それを読むと、妻を亡くした悲しみが、こちらの胸にまできりきりと刺し込んできます。おそらくあの方はお子さんがいなかったら、亡くなられた奥さまの後を追っていたはずです。でも子どものために思いとどまった。それは父親としての責任感でしょう。そうした背景に女性読者は胸がふさがれる思いがするのです。なんと気の毒な人なのだろうかと」

藤沢は、城山三郎、結城昌治、吉村昭と同じく昭和二年生まれである。敗戦の年に十八歳だった。信じていたものに手ひどく裏切られた経験を持っている。それが藤沢の歴史・時代小説に濃い翳を落とし、現代と二重写しになる。時代は変わっても、人間が生きることのつらさに変わりがあるわけではない。

私も同じような境遇を体験しているだけに忘れられないエッセイがある。『周平独言』（中公文庫）所収の「一杯のコーヒー」である。

郷里で教師をしていた藤沢は結核になり、上京して病院に入った。もちろん、教師を辞めてである。そして、病気が治ってから、小さな業界紙に勤める。社長以下七人ほどで、広告が多いときは週一回、少ないときは月に三回、四ページ建ての新聞を発行する。

私も教師を辞めて上京し、ほぼ同じ規模の経済誌に入ったが、藤沢と同じく編集部に属していた。しかし、主なる収入は広告で、それを専門の営業部員が取ってくる。

「営業部員、ひらたく言えば広告取りは、Aを含めて三人いた。いずれも年輩の男たちだったが、むかしはいい目をみたが、戦争でそれを失ったことで共通していた。私は少し薄暗い喫茶店のボックスで、コーヒーを啜りながら彼らのそういう話を聞くのが好きだった」

こう藤沢は書き、その後を次のように続けている。

「彼らはときに押し売り扱いされても耐え、三千円の広告のために、スポンサーの家族にまでお世辞をふりまき、取引きの秘密を嗅ぎつければ、そのことをほのめかして広告に結びつけ、手練手管の限りをつくして広告を取ってくる。そうして彼らは妻子を養っているのだった」

こうした経験が藤沢の時代小説の塩味となっているのである。とりわけ、それが生きているのが『市塵』だろう。新井白石を描いたこの作品は痛烈なバブル経済批判とも読めるが、作中で白石は、「新説が出るとたちまちそちらの肩を持つ」定見のない老中たちを鋭く非難し、こう切りすてる。

「通貨は生きものです。御年寄衆の何気ないお言葉ひとつにも、庶民は敏感に反応し、あるいは不安をつのらせて旧貨を抱えこみにかかります。何とぞ、こと改貨に関しては、すでにまかせられた方々を信頼され、横から口をさしはさまれること、固くご無用にねがいたい」

「無位無冠」は誇るべきもの

幕末の志士、清河八郎を描いた『回天の門』も逸し難い。私は同じく清河を描いた司馬遼太郎の連作小説「奇妙なり八郎」（『幕末』所収・文春文庫）と比較して、次のように書いた。

司馬は、八郎が手づるを使って天子に上書し、「陛下よくこの機会に乗じ、赫然《かくぜん》として奮怒《ふんぬ》せば、王権復興すべき也」と申し出たことを捉え、「奮怒せよ、と無位無冠の浪人のくせに天子まで煽動した幕末の志士は、おそらく清河八郎をおいていないだろう」と批判した。

しかし、「無位無冠」は誇るべきものではないのか。そうした視点から、藤沢は八郎を「(山師や策士という) その呼び方の中に、昭和も半世紀をすぎた今日もなお、草莽を使い捨てにした、当時の体制側の人間の口吻が匂うかのようだといえば言い過ぎだろうか」と「あとがき」に書いている。これは、先に書かれた司馬の連作小説への抗議ではないのか、と。

藤沢はこの作品で、八郎の妻、お蓮に「男たち」をこう批判させる。

「──男たちは……。

とお蓮は思う。なぜ天下国家だの、時勢だのと言うことに、まるでのぼせ上がったように夢中になれるのだろうか。いまにも刀を抜きかねない顔色で激論したり、詩を吟じて泣いたり出来るのだろうか」

そうした「のぼせ」から、一時自由になった武士を描いたのが『用心棒日月抄』シリーズ（『用心棒日月抄』『孤剣』『刺客』『凶刃』・各新潮文庫）である。

ちょっと変わったところで、『喜多川歌麿女絵草紙』を挙げておこう。歌麿をめぐる女たちを描いたこの作品を、私は三十年ぶりくらいにバッタリ会った学生時代の友人に勧められた。けっこう堅い男なのだが、相変わらず真面目そうだったその友人が、この作品を勧めたということもおもしろかった。

羽目をはずすと言えば、『海鳴り』である。四十の坂を越えて、ある紙問屋の主人が、同業の人妻と恋に落ちる。先に待つのは破滅とわかっていても、そこに向かっていかざるをえない。それは激情ゆえなのか、老いを意識して、とどまるすべをなくしたからか。読者をもドキドキさせるこの作品にはこんな一説がある。

「汚いこと、けがらわしいことを避けては、生きて行けない世界に、大人は住んでいる。商い、女、世間とのつき合い……。そういうものの間を、大人は時にひとを出し抜いたり、だましたり、本心を偽ったりして辛うじて泳ぎ抜くのだ」

ここで言う大人の背負っていかなければならないものを象徴させたのが、『蟬しぐれ』の主人公が処刑された父親の亡骸を大八車に乗せて引いて行くシーンだろう。

藤沢は〝聖職〟などと呼ばれる教師から、〝濁職〟とも言うべき業界紙の記者に急降下して、したたかに濁の持つエネルギーを知った。そして、世の中を動かしているのは聖だけではなく濁だということを発見し、その視点から時代小説を書いているゆえに、多くの読者を魅きつけるのである。

(2) 俳句に込められた文学と故郷の風景

療養生活に入ってから俳句をつくりだす

静かなる月夜も落葉屋根をうつ

藤沢周平が好きだった篠田悌二郎の句である。その人の好みによって、その人が鮮明に浮かびあがることがある。藤沢は『小説の周辺』(文春文庫)所収のエッセイ「『海坂』、節のことなど」で、人事よりは自然を描いた句に惹かれる、と言っている。

「月の出や印南野に苗餘るらし」で永田耕衣《ながたこうい》を記憶し、「枯野はも縁の下までつゞきをり」で久保田万太郎が忘れえぬ作家となるというのである。

「人間をうたい、境涯をうたってすぐれた句」があることを知らないわけではないし、村上鬼城《むらかみきじょう》は好きな俳人である。しかし、鬼城をはじめ、中村草田男《なかむらくさたお》や富田木歩《とみたもっぽ》の句も、冒頭の悌二郎の句に比べると、「少なくとも私の内部では徐々に光彩を失う」という。

そして藤沢は「悌二郎の句はうつくしいばかりではない。美をとらえて自然の真相に迫る」と断言する。

耕衣を除いて、ここに出てくる俳人はすべて私も好きな俳人であり、句集はもちろん、伝記や研究書も何冊か持っている。ただ、篠田悌二郎については、水原秋桜子《みずはらしゅうおうし》門下のその句のいくつかに惹かれてはいたが、そうしたものは持っていなかった。わずかに、同門で弟子の能村登四郎の『俳句実作入門』（大泉書店）に、

虹ふた重つたなき世すぎ子より子へ

ある日子が主婦の座につく梅二月

の二句を発見する程度である。悌二郎の代表句とも言うべき前者に、能村はこんな鑑賞文を付している。

《二重虹のかかった夏の空を眺めながら愛児に対する父親としての感慨を述べた句で、「つたなき世すぎ」というのは父親としての拙《まず》い世渡りのために、子へ充分満足を与えることのできなかったという気持を示したものです。そうこうしながらもいつか子から子へと、まるで人生はボール送りの競技のように次代に渡されていくのだ、と詠ったもので、おそらく散文ならば何行かを費やさなければならないものを、一行にも足りない文字で表現していることは、俳句作家だけがなし得ることでしょう》

たぶん、藤沢もこの句に共感したに違いない。それほど藤沢が惹かれた悌二郎の句集を読むべく本屋をさがしたが、手に入らない。それで、某日、東京は大久保にある俳句文学館を訪ねた。

そこで閲覧した句集や解説書によると、悌二郎は一八九九（明治三十二）年夏、東京に生まれ、一九八六（昭和六十一）年春、八十六歳で亡くなっている。一九三一（昭和六）年、秋桜子の主宰した『馬酔木《あしび》』の第一回馬酔木賞受賞。京北中学を出て、三越本店の貴金属係をやっていたとき、関東大震災に遭っている。藤沢周平が俳句をつくりだすのは、結核になって療養生活に入ってからである。その病者の眼にアクセント深く映じた悌二郎の句は次のようなものではなかったか。

人今はむらさきふかく草を干す

蕗の薹《とう》山女魚も錆を落しけむ

桐の花老いなば浄くあり得なむ

一九四九（昭和二十四）年作のこの句には「秋桜子先生のお供をして、清瀬に石田波郷《いしだはきょう》君を見舞った。この時ほど、先生の高潔な人格を感じたことはない」と注釈がついている。

晩涼のいまを惜まむラジオ消す

われとても余命いくばく出でゆく蛾

茶の花や生きて近づく父の齢《とし》

「惜」「余命」「生きて近づく父の齢」といった言葉は、療養中の藤沢にとって、他人事でなく迫っただろう。

雑草に交らじと紫蘇匂ひ立つ

重き冬揺さぶる雷のとゞろけり

行末はまたこの二人二日の夜

檻の鷹まなざし遠く沖見をり

葉ざくらや月日とびゆくわれの外

夏みかん若もの夢をいだきそめ

秋晴れのこゝろはづむも朝のうち

酬ひ得ず妻よわれらに霜迫る

還暦前の句である。次の句には「斎藤茂吉先生の墓、墓域のアララギの幹の赤さが眼に沁みた」とある。

墓前なり月山雪の野に泛《うか》ぶ

ただ二羽で帰る鴨らし見送りぬ

生きものに恋の季節の遠辛夷《こぶし》

山あぢさゐ枯れても花の色容ち

七十歳前後でこうした句をつくり、喜寿から次のような句を詠んで、悌二郎は亡くなった。

でもいつか来るものはくる冬の菊

この齢に一病もなし夏迎ふ

人の世の深さを測る初冬の夜

暗さが身にしみる

では、ある種の諦念を湛えた悌二郎の句境を愛した藤沢はどんな句をつくったのか。『小説新潮』の九八年九月号に「藤沢周平特集」として、藤沢周平こと小菅留治が俳句同人『のびどめ』に投じた六十七句が収録されている。

私が惹かれた句を左に引くので、悌二郎の句と比較してもらいたい。

日の砂洲の獣骨白し秋の川

秋の野のこゝも露草霧ふくむ

轍《わだち》鳴る枯野の末の雲紅し

汝を帰す胸に木枯鳴りとよむ

残照の寒林そめて消えむとす

初鴉病者は帰る家持たず

雪の日の病廊昼も灯がともる

落葉無心に降るやチエホフ読む窓に

落葉松の木の芽を雨後の月照らす

故郷には母古雛を祭るらむ

桐咲くや田を売る話多き村

青蛙雷雨去りける月に鳴く

夜濯ぎの独り暮らしの歌果てず

メーデーは過ぎて貧しきもの貧し

抗わず極暑の人とならんとす

私は「桐咲くや」の句や「メーデーは」の句に共感を抱くが、こうした句は悌二郎にはないものである。「虐《しいた》げられし者」や「不遇な者」の側に立つ藤沢文学が彼らの深奥に響く秘密がそこにある。

ある編集者は、望まぬ部門に左遷されて鬱々たる日々を送っていたとき、印刷所の一室で、深呼吸をするように、藤沢の短編集を読んだという。たとえば、『驟《はし》り雨』（新潮文庫）などだろう。

私は、かつては池波（正太郎）派だった。その軽妙さに酔っていたのだが、いまは藤沢の暗さが身にしみる。とくに『又蔵の火』（文春文庫）の中の「帰郷」という一篇には泣かされた。

『又蔵の火』は「あとがき」によれば、「郷里の旧友後藤永士氏の父君、故原寅一先生の労作に負うところが大きかった」という。原寅一といっても、郷里以外で知っている人は少ないだろう。

私はいまから二十五年も前に、『鶴岡百年の人物』という本の刊行に携ったことがあるが、その折り、原寅一の項を担当し、鶴岡市の朝暘第一小学校長を務めた原についての、次のような記述に感心した。

「原寅一は、一見茫洋として捉え難い風貌の中に鋭い知性と烈烈たる高邁の志を秘めていた。粗衣辺幅を飾らず、ナタ豆キセルで黙黙と火鉢のフチを叩いていた原校長の面影は、『第一』の学窓に学んだ当時の少年たちに無言の教訓を垂れていたし、寡言、寛容、しかも硬骨の人として、こんにちに至るも『原ハン』の人徳を追慕する人は無数である」

藤沢周平ことと小菅留治にとっても、こうした道はあり得た。もし結核にならず、教師をやめなかったら、「小菅ハン」と呼ばれる名校長に藤沢もなっていたかもしれないのである。「寡言、寛容、しかも硬骨の人」という形容も、そのまま藤沢に当てはまる。

寅《とら》といえば、東京の練馬にも「寅さん」という愛称をもつ人がいる。元社会党代議士の高沢寅男である。選挙の際に藤沢はこの高沢の推薦人となっていた。

高沢にその経緯を尋ねると、藤沢と同じ鶴岡出身の元社会党代議士、上野建一に紹介されたのだという。共に練馬に住んでいたとはいえ、あまり政治には関わらなかったと思われる藤沢が、旧社会党の、それも最左派の高沢の推薦人になったのはなぜなのか。

それは年齢もほぼ同じ高沢の、ある種の誠実さに共感したからだろう。

「カンパもしてくれましたよ。それに奥さんの旧姓が高沢だったらしいんですね」

そう語る高沢の、藤沢作品でのおすすめは『三屋清左衛門残日録』(文春文庫)。これは同じ昭和二年生まれの城山三郎の『毎日が日曜日』(新潮文庫)にヒントを得ている。

鶴岡では死後まもなく回顧展が開かれ、藤沢が友人に書いた自作の句「友もわれも五十路に出羽の稲みのる」の色紙が飾られていた。

『オール讀物』一九九三年八月号の城山との対談で、藤沢はこう言っている。

《自民党が、社会党に政権を渡したら大変なことになると盛んに言ってましたが、自民党のそういう考え方は怖いですね。本当はおれがいないと会社がつぶれると思っている管理職と同じで、その人がやめれば、代りがなんとかするんですけれどもね。しかし、いまの社会党にはその力はないでしょう。支持率がかなり落ちていると思いますよ。私もそうですが、一般的に言って理論政党、批判政党としての社会党はもういらないと思っている人は多いのじゃないでしょうか。いやしくも政党を名乗るなら自民党にかわって政権の座につく気概と政策を持ってもらいたいですね》

文学賞の選考などで同席することはあっても、城山と藤沢が対談するのは、これが最初だった。城山によれば、それは五時間にも及び、そして最後となった。

藤沢の長女、遠藤展子の「父との思い出」（『藤沢周平のすべて』所収）を読んで、ちょっと意外に感じたのは、藤沢の「洋楽好き」である。邦楽でも演歌ではなく、松任谷由実や徳永英明のＣＤを聞いていた。

「この人の曲を聞くと少年時代に戻った気がするんだよ」

高校生だった娘にこう言いながら、藤沢は徳永の曲を聞いていたのである。

郷里はつらい土地でもある

時代小説を書く作家は、底に痛烈な現代への批判精神を秘めている。しかし、司馬遼太郎のそれと藤沢のそれは決定的に違っていた。

「江戸城は誰がつくったか」という問いかけがある。太田道灌と答えると正解で、大工と左官がつくったというと笑われるが、たぶん、藤沢は笑わないだろう。大工と左官の立場に身を置いて書かれたのが藤沢の小説だった。

その藤沢のエッセイ集『周平独言』（中公文庫）について書けという注文が、私の郷里の酒田のタウン誌『スプーン』から舞い込んだ。それに応《こた》えて一九九八年十月号に寄せたのが次の一文である

《九月末に発行された『歴史読本』の増刊「藤沢周平特集号」で作家の宮部みゆきと対談した。『蟬しぐれ』と『市塵』を中心に「藤沢周平の世界」を語ったのだが、冒頭、私は次のように告白した。

「藤沢さんが鶴岡、私が酒田の生まれで郷里が近いということと、それから藤沢さんは、学校の先生をして業界紙、私も教師から経済雑誌というふうに、両方とも、いわば『苦界』に身を沈めたわけです。つまり、それまで、聖職といわれるような、泥とかそういうものとは余り縁のない世界で生きて来たのが、想像がつかないような世界に入って、そしてその後、物書きになったということで、こっちは勝手に藤沢さんにものすごく親近感を感じていたんです。

ただ、藤沢さんと私とは、違うところもあって、藤沢さんは、身を沈めた、その苦界を結構楽しんでいたけれども、私なんかは本当に毎日やめたいと思ってた。それでいて十年勤めちゃったんですが……」

藤沢は業界紙時代のことを『周平独言』の「一杯のコーヒー」というエッセイに次のように書いている。

「病気がなおると、私は小さな業界新聞に勤めた。社長以下七人ぐらいで、広告が多いときは週一回、少ないときは月三回、四頁建ての新聞を発行している会社だった。私の姉は、業界紙といえばすべて赤新聞と思うらしく、私がそこに勤めたのを心配して手紙をよこしたが、私は仕事が面白くて仕方なかった。せっせと取材して回り、十五字詰の原稿用紙に記事を書いた」

私が入ったのも、ほぼ同じ規模の経済雑誌で、私の場合は、父が心配して手紙をよこした。ほとんどが広

告で成り立っている雑誌で、広告取り専門の営業部員がいた。その広告取りたちを藤沢は次のように描いている。

「彼らはときに押し売り扱いされても耐え、三千円の広告のために、スポンサーの家族にまでお世辞をふりまき、取引きの秘密を嗅ぎつければ、そのことをほのめかして広告に結びつけ、手練手管の限りをつくして広告を取ってくる。そうして彼らは妻子を養っているのだった」

現実とはそういう汚泥めいたものを含む。それとはまったく無縁な「聖職者」から、一八〇度転換して、いや、降下して、現実のドロドロとしたたかにつきあう仕事に就いて、藤沢も私も、否応なく現実というものを知らされたのである。

「私がはりきって仕事に精出したのは、ひとつは足かけ五年も病人暮らしが続いて、休むことに倦きあきしていたからだと思う。働いて報酬をもらい、その金で暮らすという、普通の人にはあたりまえのことが、私にはこの上なく新鮮に思われたのであった」

藤沢はこう述懐しているが、藤沢と私のその時代の受けとめ方の違いを、私は前記の対談で次のように語った。

「藤沢さんのほうが、最初から重心が低かったんだろうなという感じはしますね。いろんなところにいろんな人が生きてるんだなあというのを見るのが楽しいというか、そういう好奇心が強かった。教師の世界というのは非常に狭いけれども、苦界に身を沈めて逆にその狭いところから開かれたと思います」

『周平独言』には、また、故郷についての記述も多い。とくに私は「初冬の鶴岡」の次の箇所は、何度読んでも涙ぐむ思いにさせられる。まったく同感同苦だからである。

「いつもそうだが、郷里では私はふだんより心が傷みやすくなっている。人にやさしくし、喜びをあたえた記憶はなく、若さにまかせて、人を傷つけた記憶が、身をよじるような悔恨をともなって甦るからであろう。

郷里はつらい土地でもある」

私は宮部に、冬の日本海を知らなければ藤沢文学はわからない、などとも言った》

藤沢は『周平独言』所収の「初冬の鶴岡」で冬の日本海ならぬ冬の庄内をこう書いている。

《私は郷里の初冬の風景が好きなのである。暗鬱な雲が垂れこめ、空は時どきそこから霙《みぞれ》やあられを降らせる。そして裂けるとしか言いようがない雲の隙間から、ほんの僅かの間日が射し、黒い野や灰色の海を照らし出す。そういう日々の反覆のあとに、ある夜静かに休みなく雪が降りつづけ、朝になると世界が白くなっているのである。

初冬に至って、私が生まれ育った土地は、他の土地と紛れるところのない、まさにその土地であるしかない相貌をあらわすのである。私がこの季節を好むのは、多分そのためである》

(3) 藤沢周平の寒梅忌によせて

業界紙編集長時代

私は、藤沢周平さんとは一度だけ会ったことがあります。尾崎秀樹《ほっき》という文芸評論家のパーティーでのことです。

私はふだん、ほとんどパーティーには行きません。というのも、行くと、だいたい私がバッサリ斬った人間がずらっと並んでいるからです。会えばとんでもないことになるので、たいていは行かないことにしているのですが、そのときは、パーティーの席で城山三郎さんと待ち合わせをする約束があって、やむをえず行きました。

そしたら、そこに藤沢周平さんがいらっしゃった。それより前に私が、藤沢さんの『小説の周辺』（文春文庫）というエッセイ集をある新聞で紹介していたので、ありがとうというふうなことを言われまして、ほんとうにもう一言二言、二言三言くらいの会話でした。

私は藤沢周平さんの「寒梅忌」で講演するために、藤沢周平こと小菅留治さんが編集長をしていた「日本加工食品新聞」を手に入れ、「甘味辛味」と題した彼の「編集後記」に目を通しました。一九七四年一月一日付の同紙の大見出しは「苦境の年明け」、左肩に農林省畜産局長の大河原太一郎が写真入りで、「積極果敢な対応」を訴えています。伊藤ハムの広告などが載っていることからもわかるようにハム・ソーセージ業界の業界紙です。

後年の作家の片鱗《へんりん》がうかがえるかと思いましたが、まことに地味に業界紙の編集長らしいことを書いています。

たとえば一九七四年二月十八日付の「甘味辛味」には、こんなことが書いてあります。

「先日、田舎から昔の教え子が上京してきた。彼は中学校を卒業するとすぐ百姓仕事に打ち込んでいまは村の中心になって働いているらしい。私の郷里は庄内米で知られる庄内平野で、米を作るしか芸のない土地柄である。ところが米ばかり作ってもいられないようになってきた。いうまでもなく田んぼの休耕とか稲作の機械化とか、昔は考えられないことが起こってきたためである。田んぼを休むなどということは誇張していえば歴史始まって以来かつてなかったことで、私はいつもそのことを心配している。行政当局の休耕田に補償を出すなどという考え方の中には、よしんば米が不足しても食糧は海外から輸入できるという頭があったと思うが、いまはそんな状況でないことは、いくらでも輸入できるはずの食肉が世界的に不足に向かっていることでもわかる。教え子にそんな心配を話したら、彼は笑って、先生、心配いらないよと言う。つまり良い田は休耕せず、収益の悪い田を登録するのだそうだ。農民のゲリラ的な知恵だか、考えると農民のこうした知恵には何百年の年季が入っているわけだ」

みなさんの興味のありそうな話は、ここだけです。

与えられたテーマに沿って一言だけ申し上げれば、藤沢周平さんの文学というのは、読まれる時代が幸せなのかという、ある種の逆説的な話になるのだろうと思います。

藤沢周平さんの寒梅忌。寒梅というのは寒さのなかで開く梅ということですけれども、梅は暖かいところで花を咲かせたいのかもしれません。

しかし寒梅は、寒さのなかで開くから価値があります。ということは、そこにある種のパラドックスがあって、藤沢周平さんの文学はさらに読まれるようになってきたのかもしれませんが、じゃあその時代は本当に幸せなのかということを、みなさんにはどこか頭の隅で考えていただきたいのです。

自分は藤沢ファンだと言うときに、藤沢さんがそういうことをどう考えていたのだろうか、と考えていただきたい。

私は「東京スポーツ新聞」に古賀政男について連載しましたが、古賀政男さんは自分のメロディーが古賀メロディーと言われるのは悲しすぎる、このメロディーが歌われない時代がくることを願う、ということを書いています。ちょっと格好よすぎるきらいがないでもないですが、藤沢文学についても同じことが言えるのではないでしょうか。

もちろんみなさんは、藤沢文学をたいへん貴重なものだと思っていらっしゃるし、私もそう思います。しかし、時代との関係で言えばどうなのでしょう。リストラが進行し人々が追い詰められている状況で、藤沢文学が人々に切実に読まれる。翻《ひるがえ》って、じゃあそういう時代は幸せなのか、と頭の隅で考えていただきたい。

いろいろなことがあります。三菱自動車なんてとんでもないことをやっている。そういうことに対して、たとえば自動車の業界紙誌の人はなかなかストレートには書けない。カーブを使って書くわけです。私もそういうところにいましたから、カーブ、シュート、ドロップとかいろいろなことをやるわけです。そのときに経営者、トップの方は、なかなか理解度が悪い。理解が遅いからトップになるとも一言えるのですが……。

固形食と流動食

私は司馬遼太郎の批判をいろいろとして、司馬さんの愛読者からたくさん手紙をもらいました。しかし、司馬さんの文学は、やっぱり紙芝居です。

固形食と流動食と私は言っていますが、子どもたちにとってテレビは流動食です。顎が発達しなくなる。固形食は顎が発達します。最近、それと同じように考え方、思考も流動食です。テレビは流動食でわかりやすくなっている。そういう話をしていたら、ある人が、司馬遼太郎は映像文化だ、藤沢周平は活字文化だ、固形食だ、と言っていました。

私は、山田洋次監督の美しい作品を観て、なるほどなと思うけれども、やっぱりちょっと違うなという感じがする。美しすぎるんです。やっぱり藤沢文学の場合は、活字で読まないともう一つ得心しない。わからないと思うんです。地元を知っている人間としては、ちょっときれいすぎるのではないか、という感じがしました。

藤沢周平さんが書いたもので世に出ていないものとして、日本ハムの創業者、大社義規《おおこそよしのり》さんを書いた伝記があります。私はそういうものがあると聞いて、ぜひ読みたいと思い、講談社の編集者に話したんだけど、こういうものは簡単に出せないんですね。私も業界誌時代に新社長紹介などたくさん書きました。藤沢さんがどう書いているのか、ものすごく興味があります。けなすのもたいへんですが、誉《ほ》めるのはもっとむずかしい。誉めているな、と露骨にわかってはいけないわけで、そのあたりを藤沢さんがどう書いているのだろうか、知りたいと思います。

聖なるものとは、やはり虚なんです。私は虚というものも必要だと思います。実だけでは、ものは動きません。理念や理想があって、でもその理想、虚だけでも動かない。実のエネルギーというふうなものが加わらなければならない。藤沢さんの場合は、「赤新聞に勤めてどうするの」とお姉さんが言っていたようですが、私の場合は、親父が「息子は赤雑誌に勤めた」と思ってました。

藤沢さんが広告についてエッセイのなかに書いていますが、私のいた雑誌もだいたい三千部くらいしか刷っていないのに五万部くらい刷っていると言っていました。それなのに、どうして裏表紙に新日本製鐵の広告が載っているのだろうと、勤めながら不思議に思っていました。

広告を出すメリットはないけれども、広告を出さないメリットはあるわけです。銀行をはじめ、いろいろとろくでもないことをみんなやっているので、知っていますよと言うだけで、向こうから「広告を出させてください」と言ってくる。

このへんのかけひきを知って、私は一人前になりました。一人前になりすぎたところもありますけれども、濁の世界に入って苦界に身を沈めた、と私は表現しています。

それでもなおかつ失われなかったものが、本物の輝きを放っている。それが藤沢文学だろうと思うわけです。

逆白波《さかしらなみ》の人

言うまでもありませんが、冬の日本海を知らなければ、藤沢文学はわかりません。地元のみなさんの場合は、すでにご存じですからあえて言いませんが、知らないところに行くと、そう言うわけです。すると相手は何も言えなくなる。こっちは、ざまあみろと思うわけですね。

厳しい冬の日本海を知らなければ、藤沢文学はわからないんだと言えば、相手は何も言えません。悔しかったら来てみろ、雪の中に突っ転がしてやるから、って話になるわけです。

逆白波というのは、言うまでもなく斎藤茂吉の作った言葉です。最上川の流れとは逆の方向から風が吹きつけてきて、川面に波が立つ。その波を逆白波というわけです。私はそれを借りて「逆白波の人 土門拳」と言ったけれども、まさに藤沢周平さんも逆白波の人だと思います。そこに流れと風と、思いもかけないきれいな風景ができあがる。

藤沢さんは、郷里の人間に対しては、かなり甘いという感じがあります。清河八郎のことを書き、石原莞爾という人に対しても、私に言わせればかなり甘いことを書いている。ところが、斎藤茂吉に対しては、ものすごく厳しい。高村光太郎と比較して、斎藤茂吉は戦争責任の感じ方が少ないと言っているわけです。

高村光太郎はその責任を感じて岩手の山奥に閉じこもって七年間出てこなかったが、茂吉はすぐ出てきた、と。そうは言ってはいないけれど、それに近いことを言っているわけです。

正直言って、藤沢さんは厳しいなと思いました。藤沢さんが茂吉に対して厳しいのは、山を越えた向こうの人だからかな、と。茂吉が酒田か鶴岡の人だったら違っていたかな、と思うわけです。

もう一つ甘かった理由として考えられるのは、藤沢さんは級長として「戦争に行こう」とアジったことで責任を感じていたんじゃないかというのですが、石原莞爾という人はいちばんアジった人ではないかと思うわけです。鶴岡でこういう話をするのは、ほとんど命懸けです。私は、命懸けが好きなところもありますが……。

私は、『石原莞爾　その虚飾』（講談社文庫）という本を書きました。ニューヨークの〝九・一一〟を忘れるなとか言うけれども、私は、日本人が忘れてならないのは、〝九・一一〟よりも〝九・一八〟だと言いたい。

みなさん方は「何、その日？」と思うかもしれませんが、一九三一年九月十八日に、日本は中国への侵略を、満州事変をきっかけにして始めるわけです。

中国には〝九・一八〟記念館というのがあって、そこにはたった二人の日本人の写真が飾ってあります。

板垣征四郎と石原莞爾です。

東條英機より許せない

中国人から見て、石原莞爾は、東條英機よりも許せない人なのです。この二人の日本人を絶対許すことができないと書いてあるのです。みなさんご承知のように、その後、石原莞爾は東條と対立して軍を追われ、最後には遊佐町吹浦《ゆざまちふくら》の西山で終戦工作、平和工作にタッチしたと言われますけれども、それは私に言わせれば放火犯の消火作業です。こういうふうに話すと、ほとんど容易でないことになるのですが、火をつけた人が消火作業を手伝ったからといって許されるのか、という話です。

石原莞爾は、酒田、鶴岡じゃ神様ですから、「佐高信の人格を疑う」ということになります。二〇〇三年に亡くなった親父にも、「言いすぎだ」と言われてきました。

ただ、やっぱり石原莞爾は持ち上げられすぎです。残念ながら藤沢さんも、三人の予言者と言って持ち上げてしまっている。藤沢さんに唯一異論を唱えたいところです。

ついでに言えば、指揮者の小澤征爾の名前は、板垣征四郎と石原莞爾の名前をとって征爾と名付けられました。父親の小澤開作《かいさく》は歯医者さんで、満州に王道楽土を、というのを真っすぐ信じて満州青年連盟をつくり、そのリーダーでした。板垣征四郎と石原莞爾を大尊敬していて、それで息子に二人の名前をとって征爾と名付けたのです。そのことを小澤征爾は喜んでいるのかどうか、機会があったら聞いてみたいと思っています。

石原莞爾は中国侵略不拡大を言ったが、その言葉以前には、自分がいちばん中国侵略を進めていたんです。

中国強硬政策をとった武藤章は、中国侵略不拡大を言い始めた石原に、「異なことを申される。私はかっての石原さんの真似をして、むしろ誉められると思ってやっているんだ」と言った。そこを藤沢さんはどう思っていたのだろうか、という感じもします。

アジるということで言えば、イラクの人質事件が起こったときに、自己責任という議論がバアーっと広がっていきました。考えてみれば、たとえば当時十八歳の今井紀明君は、自分のことだけを考えずに、世界平和のためにわざわざイラクまで行った。ものすごく立派な人です。右翼の人たちは「自分のことだけ考えらゃだめだよ」とよく言いますが、あれは見事に自分のことだけを考えた行為じゃなかった。それが、自己責任というバッシングの嵐。

あえて言えば、藤沢さんは、自己責任のバッシングなどはしない。それこそ苦しいなかで、一所懸命人生を生きている人は、みんな自己責任で生きている。国民とか個人が自己責任でやれない部分を補うために、政府はあるんです。その政府、政治家や役人が雇い主である国民に対し、自己責任を求めるとは何事か、と。

そんなことは、彼ら自身の自己否定になります。国民が自己責任をすべて果たしたら、政府なんていらない。だいたい言い出したのが、当時の外務省事務次官の竹内、小泉総理、福田、安倍、麻生、中川昭一と、全部二世、三世。親の足駄履いて出てきた自己未熟な奴らが、どうして自己責任なんて言えるのか。

そういうのに乗っかって、羽田に「税金泥棒」などというプラカードを書いて持って行って人もいたわけです。そんなに「税金泥棒」のプラカードを持ちたければ、銀行の前に持って行け、と私は言うわけです。税金で助けてもらっているのは、銀行です。

藤沢さんは、叩きやすいところを叩いたり、自己責任などと言う人では決してありません。

「二君に仕えず」に反する

明治維新というのは、荘内藩にとって維新と呼ぶのかどうかを前提として考える必要があります。明治維新は、侍の世が終わって云々、ということになりますが、私は偽官軍から考えたいと思います。

偽官軍とは何かと言いますと、明治維新でいう官軍・薩摩、長州の人たちには、徳川幕府を倒すというときのために、当時八割を占めていた農民、百姓のエネルギーをどっちの味方につけるのかが大問題だったのです。西郷さんは知恵の働いた人で、薩長の世になれば年貢は半分になる、つまり年貢半減令を打ち出すわけです。しかもこっそりやる。

当時、武士と農民のあいだに坂本龍馬のような郷士がいて、各地に郷士隊というのが作られています。その郷士たちに年貢半減令の情報を流す。維新になれば年貢が半減になると聞いて、農村百姓の苦しさを知っている郷士たちは、それに乗っかるわけです。薩長官軍側の味方をするようになる。そして幕府が倒れると、年貢が半分になると思うわけです。

ところが、政府は年貢半分じゃやっていけない。どうしたかというと、約束もしていないことを勝手に言い触らしたとして、偽官軍の汚名を着せて、各地で殺しちゃったわけです。郷士隊の一つ、相楽総三《さがらそうぞう》が隊長を務めた赤報隊も相楽総三ともども惨殺《ざんさつ》されます。信じて官軍に味方した農民のエネルギーは、やり場がなくなってしまった。だから歴史というものの残忍さ、非情さを伝えるのが、この偽官軍始末記なのです。

ほんとうは、明治維新は百姓や農民の立場から見れば、裏切られた革命であって、葵が菊に変わっただけだ、というようなことを大衆小説家の長谷川伸という人が、『相楽総三とその同志』（中公文庫）で書いています。

藤沢さんがなぜ純文学をやらないで時代小説を書いたか。藤沢さんは、聖職の教師からいわば〝濁〟の世界に入ったときに、聖なるもの、純なるものの空しさを徹底して知っていますから、書けなかった。書くつもりもなかっただろうと思うのです。

つまり、歴史の姿は、長谷川伸たちのほうが、いわば敗者の歴史を伝えています。勝者の歴史ではなく、敗者の歴史を紡《つむ》いでいく大衆小説家、いわゆる俗なるもののほうに真実があります。藤沢さんは、純文学というある種ひ弱なもの、空虚なものを書く気はまったくなかっただろうと思います。書けなくなっていたという解釈は、嘘っぽい感じがします。

当時の狂歌のなかに、「上からは明治だなどというけれど、おさまるめいと下からは読む」というのがありますが、藤沢さんは、この「おさまるめい」のエネルギーを書いたわけです。それはご承知のように、『回天の門』でもはっきりしていて、私は『司馬遼太郎と藤沢周平』（光文社・知恵の森文庫）という本のなかで、同じ清河八郎を二人がいかに違うように書いているかを指摘しました。

清河八郎の地元の立川町で講演をしましたが、そのときに司馬遼太郎は、清河八郎を滅茶苦茶に書いていると話しました。「あれは成り上がり者で売名居士とか無位無冠の輩が」とか書いていますから、私はもうカッとしました。

無位無冠というのは、物書きにとっては最大の勲章です。それを無位無冠という言葉を非難する言葉に使うとは、いかに司馬遼太郎という人が上の権力者の代弁者かということです。ですから、少なくとも清河八郎の地元の立川の人が、司馬遼太郎をありがたがっていてはだめだ、というのが私の講演の勘どころだったわけです。

みなさん、「司馬遼太郎も良いし、藤沢周平も好きだ」とかは、いけません。それでは、「二君に仕えず」に反することになります。

あとがき

『プレジデント』の一九九四年七月号で、経済評論家の神﨑倫一《こうざきりんいち》さん、作家の常盤新平《ときわしんぺい》さんと池波正太郎についての座談会をした。そこで私は「池波派」と「藤沢（周平）派」があるとすれば、自分は「池波派」だと宣言している。

常盤さんには「近親憎悪じゃないか」と冷やかされたが、神﨑さんは、

「佐高さん流の分類をすれば、僕はどちらかというと藤沢ファンだなあ」

と言っていた。

その私が、この本では、最初から藤沢派だったようにして、司馬遼太郎との対比を書いたり、語ったりしている。宗旨替えしたのかと詰問されそうだが、藤沢の死に接して、改めて身近だったことを発見したところがある。やはり、〝近親憎悪〟的な感じで敬遠していたのかもしれない。

それはともかく、司馬と対置させるためには、池波ではなく、藤沢でなければならないと思った。

端的に言えば、司馬は商人であり、藤沢は農民である。そして、池波は職人である。職人と商人をコントラストさせることはできない。いささかならず調子のよい商人に対抗するためには、寡黙に働く農民のエネルギーをもってこなければならないのである。

「藤沢さんは架空の海坂藩の坂道をみぞれ混じりに背中を丸めて歩いているという感じ」がすると、神崎さんは前記の座談会で語っている。そこで私はこんなことも言った。

「私はね、雪国に生まれたことに理不尽な怒りがあるわけですよ。絶対消えない恨みがある。雪国でない人は恵まれていて、あいつらはけっして許せない気持ちかどこかにあるんです。そんな意識を藤沢さんにも強く感じます」

おそらくというか、きっと、「雪国でない人」からは反発を買うだろうが、不利な条件を背負わされている人、あるいは不幸な境遇にある人にすぐに親近感を抱《いだ》いてしまう藤沢の性向は、雪国生まれと無縁ではない。

『味の手帖』の一九九七年五月号で、アサヒビール会長の樋口廣太郎さんと対談したとき、司馬と藤沢の話になって、樋口さんが、

「司馬さんは好きだけど作りすぎるの。『坂の上の雲』にしても何にしても栄光を当てようとするでしょう。だから藤沢さんとぜんぜん違うんだよ。藤沢さんの小説は、自分が暗いときに読むともうたまらないんだなあ。居ても立ってもいられない」と述懐したのは印象深かった。

「藤沢周平はきれいですよ。美意識が最後まで残っている。だけど辛いね、あれは。あまりにもきれいすぎて」

とも樋口さんは語っていたが、記憶に残る発言である。

同郷ということも影響しているのか、この本で私は明らかに藤沢に寄って書いている。ただ、「司馬遼太郎がなぜ読まれるか」も色川大吉さんや石川好さんとの対談を含めて、かなり深く追跡したつもりである。

最後を、藤沢周平についての宮部みゆきさんとのしみじみ対談で締めさせてもらったのもありがたかった。

先ごろ、作家の吉村昭さんが「司馬遼太郎賞」の受賞を断わったという。司馬さんの作品をほとんど読んでいないので受賞する資格がないと言ったらしいが、なかなか、できることではない。同賞は第一回が立花隆さん、第二回が塩野七生《しおのななみ》さんに与えられている。これを契機に司馬遼太郎論が活発に展開されるかもしれない。この本がその素材になれば幸いである。

一九九九年五月二十八日

佐高　信

文庫版へのあとがき

特に司馬遼太郎批判の部分について、予想以上の反響があった。『北海道新聞』の一九九九年九月十九日付の読書面でそのことを語ったが、その部分を次に引こう。

「驚いたのはこの本を読んだという読者から出版社にたくさんの手紙などが寄せられたことです。手紙の八割が、司馬ファンからの抗議的な内容で、こんな本買って損したと。そう言いながらよく読んで長々と批判して書いてきています。ファンにとって司馬さんは導いてくれる神様なんでしょうね。神様を求める心というのが、情けないじゃないかというのが私の書き方ですからね。あらためて司馬さんの罪の深さを思いました。ある作家からよく書いたねと電話をもらいましたが、批判はある種の文壇タブーになっているんでしょうね。一億冊以上の本が売れ、国民的作家といわれる司馬さんをめぐっての翼賛体制といえるのではないですか」

このインタビューの見出しは「司馬遼太郎が読まれる不幸」である。同紙編集委員の谷地智子さんは、この本を手に取って「あの辛口の評論で名高い」私が文芸評論をするのかとちょっと意外に思ったという。しかし、「読んでみると二人の作家をさまざまな角度から比較検討した作家論であり、特にものの見方の両者の差異を作品などを挙げながらくっきり際立たせたところが面白い」と書いてくれている。

では、「すしならさび抜き」と小見出しがついた同紙の私の発言で結ぼう。

「二人の対比を象徴的にいえば、江戸城はだれが造ったのかというときに、太田道灌と答えて迷いがないのが司馬さんで、大工と左官と答えてそれを笑い話にしないのが藤沢さんだろうということですね。司馬遼太郎が読まれる不幸、持ち上げられ過ぎている不幸というふうなものを書きたかったということもあります。司馬さんは日本の歴史を見るときに天皇の問題をはずすとよく見えると言っていますが逆だと思います。すしで言うとさび抜きみたいなもんですね。そこに安心して政財界の腐敗エスタブリッシュメントが読む理由もあるんだなということです」

二〇〇二年一二月二十五日

佐高　信

〔**初出について**〕

一九九九年六月単行本として、二〇〇二年五月「知恵の森文庫」として光文社より刊行された『司馬遼太郎と藤沢周平　「歴史と人間」をどう読むか』の第一章～第三章、および第五章(1)を本書第四章(2)として収録、文庫版を底本とした。二〇〇八年八月、イースト・プレスより刊行された『拝啓　藤沢周平様』の第三章「寒梅忌によせて」、第五章「藤沢周平の濁のエネルギー」を本書第四章(3)(1)に収録した。

［解題］

悪を描いた藤沢周平と描けなかった司馬遼太郎

ジャーナリストとしてイラクへ行き、捕われて苦難の末に還って来た安田純平は、その後の一年間、藤沢周平の作品ばかり読んで過ごした。

その安田に尋ねると、拘束された時には、しきりに藤沢の『よろずや平四郎活人剣』を思い出していたという。

知行千石の旗本の家に生まれながら、妾腹の子だったために冷や飯食いの平四郎は「喧嘩五十文、口論二十文、とりもどし物百文、よろずもめごと仲裁つかまつり候」の看板を掲げて、塩からい世の中を渡っている。

「剣と弁口にはいささか自信がある」が、奇妙ななりわいである。

「無謀に突っ込んでいく人間が社会には必要なんです」

こう語る安田も、異国の地にあって明日知れぬ日々を送る中で心なえる時もあっただろう。そんな折によみがえったのは『蟬しぐれ』等の主要な藤沢作品ではなく、不思議なユーモアをたたえた平四郎の世界だった。宮部みゆきも「すごく好き」と言っている作品である。

いずれにせよ、安田がカムバックというかリハビリのために読むのは藤沢作品であって司馬作品ではなかった。

その違いを私はこの本で書いた。

『プレジデント』の一九九七年三月号臨時増刊「司馬遼太郎がゆく」の座談会で、明治前半の「楽天的な時代」を描いた司馬に対し、会田雄次はこう注文をつけている。

「楽天性もいいけれどももうちょっと悪人を書いてもらいたかった気がする。司馬作品の中には、本質的な悪人がまったく出てこないでしょう」

これは司馬に対する根源的な批判だろう。つまり、人間観が深くないと会田は言っているのである。

「男にとって本質的に悪」だと会田の言う「女」を藤沢が一般の男以上に好きだったかどうか私は知らない。しかし、藤沢ファンに女性が多いことは確かであり、それは女性ファンが極端に少ない司馬と比べるとはっきりする。

その理由には、司馬があくまでも女性を脇役というか従者としてしか登場させていないことも挙げられる。

それに比べて、藤沢作品では主役としても登場する。たとえば、私との共著で『拝啓　藤沢周平様』（イースト・プレス）を出した田中優子は藤沢の「榎屋敷宵の春月」（文春文庫『麦屋町昼下がり』所収）を挙げ、こう語る。

「これを読んでおもしろかったのは、女性を中心として描いていること。田鶴という女性がいて、その人が下級藩士のところにお嫁に行くんです。夫は出世したい。組頭から家老になるチャンスが訪れるんですが、ある日、自分の家の前でだれかに追いかけられ、刀で切られた旅姿の青年を田鶴が助ける。助けたあとに、その青年は殺されてしまう。だれに、なぜ殺されたのだろうと真実を追求していって、ついにその犯人をつきとめるのですが、でも、その結果は夫の出世に絡んでくる。女性中心の物語は非常に珍しいのですが、それはほかの作品の女性とそんなにイメージが違わないんです。それは何かと言うと、強さがあって、男性に対してあまり要求がなくって、すぐ自分で物事を片づけるところです」

藤沢文学の魅力の一つは悪人、悪党を描いたことであり、それゆえに「男にとって本質的に悪」である女性の読者を獲得したことであると言ったら、女性ファンはもちろん、藤沢自身もけげんな顔をするだろうか。

善も悪も紙一重であり、生きることにおいてそれほど乖離してあるものではない。多分、藤沢はそう思っていた。そして、自分の中に、はっきりと悪に惹かれる心持ちがあることを意識していた。

そうでなければ『天保悪党伝』(角川文庫)で、あんなに生き生きと悪党たちを描けるはずがない。

河内山宗俊、片岡直次郎、金子市之丞、森田屋清蔵、くらやみの丑松、そして、おいらんの三千歳の六人の「悪党」の名は、読者にもなじみが深いだろう。二代目松林伯円で人気を博した「天保六花撰」という講談を、明治になって河竹黙阿弥が歌舞伎に移し替え、現在まで何度も演じられているからである。

それを藤沢が、いわば本歌取り的に描き直した。最大のワルの河内山宗俊でさえ、何か憎めない気がするのは、根っからの悪人はいない、と藤沢が思っているからだろうか。

悪人にならざるをえない事情も藤沢は丹念に描く。つまりは生活《くらし》を書いていくのである。たとえ、悪党たちの手前勝手なものであっても、人は日常のくらしの中から、悪への動機を育てる。それを藤沢は裁かない。司馬のように、一段上の位置から裁いたりはしないのである。

藤沢自身が悔い多い人生を送ってきたからでもあろう。昭和二年生まれの藤沢は、軍国少年として級友をアジり、一緒に予科練の試験を受けさせたりした悔いが、十数年経っても消えないとして、こう書いている。

「以来私は、右であれ左であれ、ひとをアジることだけは、二度とすまいと心に決めた。近ごろまた、私などにはぴんと来る、聞きおぼえのある声がひびきはじめたようだが、年寄りが若いひとをアジるのはよくないと思う」

『藤沢周平短篇傑作選（巻二）』へ寄せた巻末エッセイ「『美徳』の敬遠」（『ふるさとへ廻る六部は』所収）の中でそう警告を発し、

「私が書く武家物の小説の主人公たちは、大ていは浪人者、勤め持ちの中でも薄禄の下級武士、あるいは家の中の待遇が、長男とは格段の差がある次、三男などである。つまり、武家社会の中では主流とは言えない、組織からの脱落者、あるいは武家社会の中で呼吸してはいるものの、どちらかといえば傍流にいる人びとなどを、主として取り上げているということである」

と告白しているが、悪党たちは傍流でさえないはみ出し者ということになるかもしれない。そうした人たちを、しかし、藤沢は突き放さない。

あえて言えば、河内山宗俊は私だ、森田屋清蔵も私だ、と思わせるほどに身近な者としてて藤沢は描いている。そこから痛いほどに伝わってくるのは悪人の魅力ではなく人間の魅力である。

主流にいる者が愛する司馬とはそこが違っている。

また、司馬は青春を描いた。『竜馬がゆく』に象徴されるように青春小説である。それに対し、藤沢の代表作は『三屋清左衛門残日録』であり、晩年を主に描いた。その違いも興味深いテーマだが、それは稿を改めなければならないだろう。

西郷隆盛（さいごう・たかもり）

一八二八年鹿児島県生まれ。明治維新の指導者。

第一次長州征討では幕府側の参謀として活躍したが、以後、討幕へと方向転換をはかり、坂本龍馬の仲介で長州の木戸孝允と薩長同盟を結ぶ。

勝海舟とともに江戸城無血開城を実現し、王政復古のクーデターを成功させた。

新政府内でも参議として維新の改革を断行。一八七三年征韓論に敗れ下野。

郷里の私学校生徒に促されて挙兵（西南戦争）するが、政府軍に敗北し、七七年自刃。

西郷隆盛伝説

西郷隆盛伝説

目次

序　章　南洲墓地に眠る荘内の少年藩士……164
伴兼之と榊原政治／西郷をかついだ「子供ら」／仇敵の荘内藩と薩摩藩／いまも生々しい弾痕／荘内藩がまとめた「南洲遺訓」

第一章　四つの南洲神社、秘史……174
長谷川信夫と酒田の南洲神社／敵味方に分かれた兄と弟／創建者・成沢信夫の開眼／長谷川信夫の南洲遺訓体験／内村鑑三の挙げた「代表的日本人」／荘内南洲会顧問・安岡正篤／日本農士学校での出会い／古書店「敬天堂」／敵となり味方となるも運命なり／死に代えての出版

第二章　西郷隆盛、二つの系譜　安岡正篤と四元義隆……193
安岡正篤と田中清玄／生粋の会津人・田中清玄／西郷が祀られていない靖国神社／西郷を衆院議長に擬した安岡／四元義隆と池袋正釟郎の「敬天庵」／北一輝が軽蔑した〝白足袋の革命家〟／「密告」で累は及ばず／四元義隆、二つの背反／総理の座を蹴った伊東正義／西郷党の伊東正義／西郷ファン必ずしも西郷ならず／「住友の西郷隆盛」、伊庭貞剛／「少壮と老成」／西郷の犬好き、安岡の猫嫌い

第三章　西郷を憎む会津、西郷を愛する会津……221

会津藩主・松平容保と蛤御門の変／容保の受けた御宸筆と錦旗／会津藩士の血を引く伊東正義／会津人、柴五郎の遺書／西郷の最期に同情しない柴五郎／故意に抹殺されたる記録／白虎隊の悲劇／禁じられた遺体の埋葬／戦場の悲惨と「地獄への道」／飢餓の地、斗南へ／小説『流星雨』／「落花は枝に還らずとも」

第四章　薩長閥政府に挑む「北方政権」の夢……244
「勝てば官軍、負ければ賊軍」／奥羽越列藩同盟の成立／新政府軍参謀・世良修蔵の「人格」／薩長の〝生贄〟／朝敵の「等級」／安井息軒と雲井龍雄／「討薩ノ檄」の存在／雲井の檻車、墨河を渡る／容保の実弟、桑名藩主松平定敬／但木土佐の失策／色川大吉の司馬遼太郎批判／「秋田の変心」非難／「勝者」なき東北戊辰戦争／北方政権の合議制構想／長岡藩家老・河井継之助／雪国の怨念／教科書の記述

第五章　荘内藩と大西郷の攻防……277
長岡の河井継之助、荘内の菅実秀／評価の分かれる難物／薩摩藩邸焼き討ち事件／荘内藩の取るべき道／勝算なき下策／菅実秀の受けた密命／小栗上野介と菅の因縁／「西郷刺殺」の内命／寒河江、柴橋事件／荘内征討の真相／荘内の「鬼玄蕃」、酒井吉之丞／「大入道」西郷隆盛、現る／『大西郷全集』の誤り／西郷の忠僕、永田熊吉／死人を首謀者にした荘内藩

第六章　荘内藩転封騒動……304
会津への移封命令／移封阻止に動いた菅実秀／〝天保義民一揆〟の真実／転封一揆のシナリオライター／転封中止代は七十万両／大隈重信への転封阻止工作／返された「献金」の行方／御家禄派が秘したいワッパ一揆／どちらが義民か／近江商人と〝正史〟の陥穽

第七章　西郷と菅と本間郡兵衛……322
西郷と菅実秀の邂逅／薩摩へ向かった荘内藩士／菅の「開墾事業」／度重なる西郷への東京招聘／大隈重信の猜疑／洋学者、本間郡兵衛／黎明の人、郡兵衛の交友関係／自由奔放なる人／福沢諭吉らとの夷情探索／「COMPANY」構想／酒田の傑物・本間耕曹／本間家の家督相続争い／敵味方に分かれた西郷と菅／御一新に対する考えの違い
第八章　明治六年の政変……348
岩倉使節団の失敗／世間へ対し何と岩倉／機略の人、江藤新平／征韓論ならぬ遣韓論／「派兵は決して宜しからず」／ねじまげられた遣韓論／勝海舟の証言／大久保と西郷の応酬
第九章　西南戦争前夜……362
大久保利通と三島通庸／「闕を辞す」の詩／「吾の源は菊池なり」／白虎隊士、山川健次郎の幕末維新／秋月悌次郎と奥平謙輔／アメリカへの道を拓いた黒田清隆／「芋侍にもいい奴はいる」／ニューブランスウィック／南部出身の田中館愛橘／千鈞の重みのある戦争論／『鶴岡日報』の山川批判／「悲壮な最後」と「利巧な帰順」／健次郎批判の独断的論難を排す／山川健次郎の反骨
第十章　西南戦争と荘内……389
荘内の豪傑、松本十郎／黒崎馨の願い／黒田清隆の手紙　／荘内は呼応せず／菅実秀の「起たざる理由」／田原坂の決戦／『城下の人』に描かれた西南戦争／「一貫す唯々の諾」／政府へ尋問の筋これ有り／山県有朋の自裁の勧め／菅実秀の述懐

第十一章 「列外の人」、相楽総三と西郷……410
仕掛けられた関東擾乱／〝裏切られた革命〟と〝ニセ官軍〟／相楽の孫、木村亀太郎／信州下諏訪の相楽塚／「悪人」の石碑／伯爵・板垣退助の沈黙／大山巌元帥の謝絶／西郷の「方策」のもとに／幕末の博徒「黒駒の勝蔵」／潰された理想主義／昭和の「赤報隊」への疑義／「殺す前に舐めさせた飴」／百一年目の復権／それでも西郷を信じたか／柳の枝に咬みついた相楽の首／相楽風邪と涙雨／赤報隊の生き残りが語る相楽／過去を忘れようとした隊士／渋沢栄一が評した不幸な英傑／板垣頭取、西郷座元にての狂言
終章 さまざまな西郷観……446
隠遁願望／石原莞爾と大川周明への影響／勝海舟の見た西郷星／「朝蒙恩遇夕焚坑」の碑／福沢が見た「抵抗の精神」／抵抗の精神を見た中江兆民／北一輝の明治維新論／読んでいた聖書／松本清張の「西郷札」／『仁義なき戦い』の笠原和夫／実像が名声を追いかける旅／島妻、愛加那／上野公園の西郷像
おわりに……471
文庫版あとがき……474
ソフィア文庫版あとがき……478

序章　南洲墓地に眠る荘内の少年藩士

伴兼之と榊原政治

『南日本新聞』の招きで、鹿児島の政経懇話会で最初に講演したのは何年前のことだったろうか。あの時も城山観光ホテルに泊まったなと思いながら、鹿児島市上竜尾町《かみたつおちょう》にある南洲《なんしゅう》墓地に車を走らせる。さすがにこの地ではタクシーまで「南洲タクシー」である。

ほどなくして着き、墓地の隣の「西郷南洲顕彰館」を訪ねると、館長の高柳毅《たかやなぎつよし》が迎えてくれた。『南日本新聞』のOBの高柳は『西郷隆盛伝――終わりなき命』（新人物往来社）という懇篤で刺激的な著書を持つ南洲研究家である。

その高柳の案内で南洲墓地にある二人の荘内《しょうない》藩士の墓に詣《もう》でる。西郷の墓よりちょっと下った左手にそれほど大きくはない墓が二基並んでいる。

初めてこれに出会った時の衝撃を私は忘れることができない。私が飛行機で飛んで来た東京よりさらに遠く、私の郷里の庄内（酒田市と鶴岡市を中心とする山形県の日本海寄りの地域の呼称）から、明治初年にこの地まで来て、西郷に殉じた若者がいたことを知らなかっただけに、私はしばらくその二基の墓の前を離れることができなかった。西郷南洲とはそれほどに魅力のある人物だったのかという思いと共に、同郷の二人の青年に、知らなくて申しわけありませんでしたという慚愧《ざんき》の念もこみあげてきた。

以来、二度目の墓参りである。

左に「羽前《うぜん》國荘内人」「榊原政治墓《さかきばらまさはる》」とあり、右に「大泉人」「伴兼之招魂碑《ばんかねゆき》」とある。碑銘の違いは後述するが、まず、墓の傍らに建っている説明板を紹介しよう。

横書きで「荘内藩士（山形県）」。

「伴兼之　明治十年三月二十日肥後植木で戦死。二十歳。

榊原政治　肥後御船で負傷。五月十日延岡病院で戦死。十八歳」

現在で言えば、高校生か大学生である。そして説明は次のように続く。

「明治八年他藩士ながら特に私学校入学を許された。西南の役が起こると帰国するよう説得されたが、敢《あ》えて従軍した」

つまり、西郷のつくった私学校に入ったのは、さらに若い十八歳と十六歳の時ということになる。

しかし、南洲墓地に眠る戦死者には、もっと若い、少年と言った方がいい人たちもいる。痛ましさでいっぱいになって私はそれらの墓に手を合わせた。その象徴とも言えるのが「少年烈士」という説明板に書かれた少年兵士である。

「伊地知末吉　明治十年三月三十日　肥後松橋で戦死。十四歳六月。

池田孝太郎　明治十年九月二十四日　城山で戦死。十四歳十月。

新納宗次郎　明治十年三月二十一日　肥後鏡で戦死。十四歳十一月」

おわかりかと思うが、荘内藩士の榊原は骨があったから墓となり、それのない伴は招魂碑となった。

西郷をかついだ「子供ら」

遠く山形の地から西郷を慕って鹿児島に渡り、西南戦争で二十歳と十八歳の命を散らせた伴兼之と榊原政治について、明治四十四（一九一一）年発行の黒龍会本部編『西南記伝』（発行者は内田良平）は「党薩諸国将士伝」に次のように書く。まず、伴である。

「伴兼之、通称は駒吉、羽前の人。伴兼定の子。安政五年十一月、西田川郡鶴岡町に生る。明治八年、同郷の士榊（ママ）政利（ママ）と共に、鹿児島に遊び、篠原國幹《しのはらくにもと》の家に寓して、賞典学校に入り、文武を研修す。十年の役、薩《さつ》軍に従ひ、五番大隊一番小隊長河野主一郎の麾下《きか》に属して熊本城攻囲軍に参加し、三月三日、転じて田原《たばる》方面に応援し、植木を守り、二十日、田原の陥いるや、官軍と戦ひ、敵弾に中りて之《これ》に死す。年十七。

十年の役起るや、兼之、榊原政利（ママ）と共に従軍を篠原國幹に請ふ。國幹、二人の年少なるを以《もっ》て、懇《ねんご》ろに之に諭し、二人をして郷里に帰らしめんとす。二人共に肯《がえ》んぜずして曰く『吾人、一身を西郷先生に托し、其《その》恩を受くるや大なり。而《しか》して今や、國家事あるに際し、身を以て難に赴くは、先生に報ゆる所以《ゆえん》にして、亦《また》國家に貢献する所以なり』と、固く請て止まず。國幹、其決心の奪ふべからざるを知り、之を許す。是《ここ》に於て、二人、欣然《きんぜん》として戦地に赴きしと云ふ。

兼之の父兼定、戊辰《ぼしん》の役、東軍に属し、福島出陣中、病に罹《かか》りて歿す。子五人あり。長兼吉、家を嗣《つ》ぎ、次成信、鱸《すずき》氏の嗣と為り、陸軍少尉と為り、十年の役、四月六日、植木に戦歿す。次親兼、秋保氏の嗣と為り、郷里より選ばれて衆議院議員たること二回。次、兼之、次兼治なり。兼治年二十三にして歿す。

兼之、私学校に在るや、文武を講究し、傍ら佛学を修め、俊秀の聞《きこえ》あり。性、質実にして寡黙、精力人に絶す」

最後の「兼之、私学校に在るや」以下には傍点が付してある。この伝記は、榊原政治を政利としたり、伴の没年を十七とするなど、細かい点で間違いがあるが、大筋においては伴少年の人柄をよく伝えていると言えるだろう。

ちなみに篠原國幹については、ここでは、南洲墓地で西郷を守るように墓が並んでいる一人とだけ記しておこう。

この墓地の入り口にある「勝海舟歌碑」も印象的なものだった。

「ぬれぎぬを
干そうともせず
子供らが
なすがまにまに
果てし
君かな」

見事なまでの達筆の「海舟歌碑」である。

西郷をかついだのは、少年たちと言うより「子供ら」だったと勝は喝破した。

まともすぎるほどにまともなその情念を西郷ははずさずに受けとめ、彼らと共に城山に散った。

仇敵の荘内藩と薩摩藩

南洲墓地に西郷のつくった漢詩「偶成」が掲げてあったので、「西郷南洲顕彰館」で求めてきた山田尚二《やまだしょうじ》編の『新版西郷隆盛漢詩集』(西郷南洲顕彰会発行)を開く。

「偶成」という題の漢詩はいくつもあるが、紹介してあるのは次のそれだった。仮名まじり文にして示そう。

我が家の松籟塵縁《じんえん》を洗い
満耳の清風身僊《せん》ならむと欲す
謬《あや》って京華名利の客と作《な》り
斯《こ》の声聞かざること已《すで》に三年

口語訳すれば、こうである。

「自分の家の松風の音が浮き世の塵《ちり》の縁を洗い去り、清らかな風が耳いっぱいに吹き入って、すがすがしい気持ちになり、いつのまにか仙人になってしまいそうな気がする。思えば、自分は今まであやまって都に出て、名誉利益を追う旅の人となり、この松風の音を聞かないこと早三年になる」

自分の自慢話ばかりするギラギラした大人と西郷は違っていた。自然体で名利を遠ざけ、清風を身にまとっているような笑顔で、「子供ら」を引きつけた。

その風に誘われ、遂には西郷に殉死することになった荘内藩士、伴兼之について、その兄の秋保《あきほ》親兼《ちかかね》が明治四十三(一九一〇)年九月発行の『日本及日本人』臨時増刊「南洲号」に、「南洲先生と荘内藩」を書いている。

それによれば、明治維新前の薩摩藩と荘内藩は仇敵《きゅうてき》の間柄だった。討幕の先頭に立つ薩摩と徳川幕府の重鎮だった荘内では鋭角的な関係になるのも無理はない。

後でまた触れるが、鳥羽伏見《とばふしみ》の戦いを導くことになった三田の薩摩屋敷焼き討ちも荘内藩がやったわけで、互いに憎悪を剥《む》き出しにする状況になっていた。

そして戊辰《ぼしん》戦争に突入し、荘内藩は周りの天童、新庄、横手、亀田、屋島、本荘等の諸藩を撃破して秋田に迫り、その強兵ぶりを四方に轟《とどろ》かせた。しかし、多勢に無勢である。謝罪降伏の止むなきに至って、いわゆる官軍より、参謀の黒田了助が来る。

「其の機敏にして大胆なる行動と、悠揚謙譲なる態度とは、痛く我が一藩人士の心を動かした。而かも其の公明寛大なる処置には全く敬服の念を禁じ得なかつたのである」と秋保は最大級の賛辞を黒田に献じているが、荘内藩に対して「公明寛大なる処置」をしたのは黒田ではなかった。

降伏の翌年、「藩の大夫」菅実秀《すげさねひで》が東京に上り、黒田に謝礼に行くと、菅は黒旧からこう言われたのである。

「イヤ飛んでもない、あれは皆な西郷先生の指図に出たもので、私などは唯《た》だ其の通りに遣《や》つた迄で御礼など受ける訳はありません」

そこで初めて西郷が聞きしに勝る大豪傑であることがわかり、今後の藩の指導を託《たく》するのは西郷を措《お》いて他にないと、堅く藩議を定めることとなった、と秋保は書く。

いまも生々しい弾痕

西郷のつくった鹿児島の私学校は、いま、鹿児島医療センターに姿を変えている。しかし、石垣等はそのままで、「明治十年戦役」の弾痕《だんこん》が生々しく、戦いの激越だったことを伝える。その戦争で二十歳の命を散らせた荘内藩士、伴兼之の兄、秋保親兼が「南洲先生と荘内藩」に書いたように、官軍が賊軍の荘内藩に対して格別の「公明寛大なる処置」をとったのは参謀の黒田了助のおかげと、最初、荘内藩では思っていた。だから、西郷は交渉の表には立っていなかったのである。

たとえば、昭和五（一九三〇）年春発行の太政官編纂、東京帝国大学蔵版『復古記』の「奥羽戦記」明治元（一八六八）年九月二十七日の項にはこうある。

「是ヨリ先、酒井忠篤《ただずみ》、酒井忠良、越後口総督ノ軍門ニ就テ降ヲ乞フ、越後督府、乃《すなわ》チ忠篤ヲ城外善龍寺ニ幽ス、是日、参謀大山綱良《つなよし》、清川口ノ諸軍ヲ率キテ鶴岡ニ入ル、越後口参謀黒田清隆《きよたか》モ亦、兵ヲ率キテ来会ス、綱良乃チ清隆ト与《とも》ニ城中ヲ検シ、城及ヒ兵器ヲ収ム、松山口官軍モ亦、進テ松山ニ至ル、忠良城ヲ致シ、屏居《へいきょ》シテ罪ヲ待ツ、処分一ニ庄内ノ例ノ如シ、明日、官軍酒田ニ至リ、亀崎城ヲ収ム」

いささか地名の注釈をつければ、鶴岡は荘内藩酒井公の城下町であり、清川は新庄からの入り口で、維新の妖傑《ようけつ》、清河八郎の故郷である。酒田と鶴岡の間にある松山には酒井の支藩があった。

黒田清隆は黒田了助ならぬ了介である。この付記に「西郷吉之助、黒田了介、（大山）格之助」らが「鶴ヶ岡」へ繰り込んだと書かれている。そのため黒田は「皆な西郷先生の指図に出たもの」と言ったのだった。

ここでまた秋保の「南洲先生と荘内藩」に戻る。仇敵変じて一気に西郷へ大傾斜した荘内藩では、明治三年、藩公自ら西郷の教えを受けることになり、藩士約七十名も砲術修業という名目で薩摩に入る。翌五年に西郷は近衛《このえ》都督となって上京したが、まもなく征韓論ならぬ遺韓論争で下野することになる。しかし、西郷と荘内の関係は切れるどころか、ますます深くなった。秋保の筆によって、その間の事情を伝えよう。

「是より先き我が藩では六人の少年を選んで東京に留学させて置いたが、西郷先生が帰薩せらるゝに及んで、此の中より更らに榊原政治、伴兼之の二人を選んで鹿児島に遣り、先生に教育を御頼みする事にした。先生は、他藩の事なら此の際御引受は出来んが、貴藩は格別の事だから承知しますと云はれたと云ふ事である。（中略）

此の二人の少年の中、伴は私の実弟で鹿児島に往く時十八歳、榊原は十六歳であつたと思ふ。二人は篠原〔國幹〕氏の家に厄介になつて居て、賞典学校で勉強して居た。十年の事起るに及んで、先生始め篠原其他の人が頻《しき》りに帰国を勧めたが、断乎として肯せず、篠原の部下に属して各所に転戦し、伴は三月二十日肥後の植木の敗軍の時、流弾に中つて殪《たお》れた」

荘内藩がまとめた「南洲遺訓」

伴兼之の兄・秋保親兼の「南洲先生と荘内藩」は、弟が流れ弾丸《だま》に当たって倒れた後を次のように記す。

「官軍は大挙して追撃して来たが、榊原（政治）は奮然として、我等二人西郷先生の教を受くる為めに、千里を遠しとせずして来り、相携へて軍に従ひながら如何に大敵とは云へ友の屍を見捨てゝ逃ぐる訳に行かないと、唯た一人面ても触らずに簇《むら》かる大軍の中に漸り込んだ、味方も壮烈なる此一言に感奮して勇気を振り起して引き返し、遂に官軍を撃退して了《しま》ひ、榊原は伴の死骸《しがい》を負ふて安全の地に至り深く埋め、一夜其所に通夜して呉れたと云ふ事である」

弟の死骸《しがい》を背負って歩き、安全の地に至って埋めてくれた「勇ましき少年」榊原政治に対する深甚なる感謝の念が伝わってくる秋保の筆遣いである。その榊原もすぐに伴の後を追うことになった。

明治十二（一八七九）年、秋保が西郷の墓に詣で、二人の死状を聞くために鹿児島の人に会ったら、口々に、

「お気の毒をしました。二人には帰国をお勧めしましたが、どうしても肯《うなず》かれませんで」

と言われたので、秋保は、

「イヤ、武士として当然のことです。ムザムザ帰るようなことでは私共が唯で置きません」

と返した。すると、

「それでこそ西郷先生が深く貴藩を信ぜられた訳です。お二人も実に至る所奮戦せられて実に美事な御最期でありました」

と薩州男児から大いに賞賛されて、秋保は恐縮したという。だからこそ、西南戦争が起こった時には秋保たちも燃えたのだろう。

「薩南の一隅に愈々《いよいよ》烽烟が揚つたと聞くと荘内藩の我々壮年の者共は、そりや来たやるべしと云ふ勢いで刀を砥《と》き銃を磨いて今度こそはと骨鳴り肉動くの概に堪へなかつたが、藩の死命を握つて居る菅（実秀）は如何に迫つても、決して動かなかつた」

それはなぜだったか、そしてまた、政府軍が荘内を爆発させないためにどんな手を使ったかは、第七章で詳述しよう。ともあれ、あまり時も経たぬ間に「西郷と荘内藩」はそこまで一体化した。再び秋保の筆を借りる。

「兎《と》に角《かく》西郷先生の偉大なる人格は、幾百里を隔つる我か荘内一藩を感化し、数年前までは仇敵啻《ただ》ならざ

りし幾千の人士をして慈父の如く景慕せしむるに至つた徳望は、到底所謂《いわゆる》英雄豪傑の企て及び難い所である。先生死後我か荘内では、直接先生の教を受けた連中が各々其の記憶をたどり手記を調べて、一人斎戒沐浴《もくよく》の上之れを清書し、南洲遺訓と題して副島伯の序文を乞ひ、印刷に附して有志に頒ち、皆之れを万古の金言として珍蔵し、永く子孫に伝へる事になつて居る」

いま、岩波文庫に入って版を重ねている『西郷南洲遺訓』がこういう経緯で生まれたことを知る人は少ない。

第一章　四つの南洲神社、秘史

長谷川信夫と酒田の南洲神社

大正八（一九一九）年の生まれというから、平成十八（二〇〇六）年に米寿のはずである。その伊地知義夫が還暦を過ぎたばかりの私より元気に、かなりな急勾配《こうばい》の石段を登って行く。宮崎県は都城市《みやこのじょう》の庄内町にある南洲《なんしゅう》神社はそれを登り切った広い公園の中にあるが、雨模様の新緑の中を、庄内南洲会会長の伊地知に案内してもらった。四月二十七日のことである。

平成十八年に植えたばかりというクスノキ、マンリョウ、ヤマザクラ、ヤブツバキ等の幼木に囲まれた「南洲神社建設記念碑」には、こうあった。

「此の南洲神社は昭和三年当時の西区先輩有志が南洲翁の遺徳と気風を忍ぶ為、鹿児島の南洲神社の分神を此の城山の一角に遷座せしめ以来西区の氏神として崇拝し来るも昭和五十三年十一月突然の出火に依り全焼せり

然《しか》るに之《これ》が復興再建を望む熱意強く此《こ》の要望に応《こた》えんが為区民を初め各地区有志の篤志協力を仰ぎ再建に着手し、昭和五十五年十二月二十四日竣工せるものなり」

都城はかつて薩摩の領土だった。だから南洲神社があると言えばそれまでだが、しかし、薩摩領のどこにでも南洲神社が建立されているわけではない。

そもそも、南洲神社は日本に四つある。建設順に並べれば、本拠地の鹿児島が最初で、次に西郷が三度目に流された沖永良部島《おきのえらぶじま》、そして三番目が都城で、四番目が酒田である。

都城の南洲神社の、いわば堂守的な存在である伊地知は、

「他の神社に比べると、ウチの神社は小さくて」

と肩を落とすが、どうしてどうして、私の生まれ故郷の酒田の南洲神社と比べても、ヒケをとるものではない。

伊地知に渡された資料には、山形県の酒田市から荘内南洲会（奇《く》しくも、酒田と鶴岡を中心とする日本海寄りの地域を荘内地方と言い、都城の庄内町に庄内南洲神社はある）の人たちが来た時、歓迎の意味で南洲太鼓を演奏した写真が載っている。

昭和六十二（一九八七）年、地区の壮年会のメンバーによって南洲太鼓保存会が結成され、毎年九月二十四日の南洲翁の命日等に奉納演奏が行われているという。

また、平成十七年四月十一日、沖永良部の和泊《わどまり》西郷顕彰会の会員一四名が都城の南洲神社を訪れ、親しく交歓したことが写真入りで紹介されてもいる。

いずれにせよ、鹿児島、沖永良部、そして都城に南洲神社があるのは理解できるだろう。しかし、どうして酒田に南洲神社があるのか。もちろん、西郷が荘内藩に寛大な処置をしたことに起因するのだが、それにしても、酒井家の城下町である鶴岡にではなく、なぜ、酒田なのか。

私も不思議でならなかったその原因を尋ねると、一人の人間にたどりつく。長谷川信夫という人である。

敵味方に分かれた兄と弟

南洲神社のある都城市庄内町から遠くない前田町に西南の役の招魂塚と勝海舟がつくった漢詩「明治十四

年の回想」の碑が建っている。こちらも見事な書である。

仮名まじり文に直せば、

惨憺たり丁丑《ていちゅう》の秋
思ひを回《めぐ》らせば一酸辛《ひとさんしん》
屍《しかばね》は故山の土と化し
凛《りん》として今に精神在り

となる。

西郷と勝も出会うべくして出会い、深くなるべき仲を時代によって裂かれた悲劇の友だろう。岡目八目的に言えば、西郷には勝が持っていたようなある種の軽さが欠けていた。それが西郷自身を追いつめていったのである。しかし、そうした西郷でなければ、後世にまで残る伝説的存在たりえなかったとも言えるのである。西郷は、プラスに見る人はそれを最大限に評価し、マイナスに見る人は逆に最大限に評価しない。絶対値のとてつもなく大きい人物だった。

私は絶対値だけで人間を判定したくない。しかしまた、プラスマイナスの符号だけでも判定したくないのである。

ところで、前記の招魂塚は西郷軍として戦死もしくは病死した百三十四名の慰霊碑だが、もちろん政府軍の戦死者もいた。

たとえば、西郷に殉じた荘内藩士、伴兼之の兄、鱸成信である。伴家は長男が兼吉で、次男が鱸家に養子に入った成信、そして三男の藤三郎が、やはり秋保家に入った秋保親兼で、秋保が『日本及日本人』の臨時増刊「南洲号」に書いた一文はすでに紹介した。

兼之は四男である。ちなみに、私が大学を卒業して郷里の庄内農業高校に勤めていた時、同じ田川地方の鶴岡西高で教鞭《きょうべん》をとっていたのが、伴兼吉を曾《そう》祖父とする伴兼彌だった。組合運動で顔を合わせることも少なくなかったが、その曾祖父の弟たちが敵味方に分かれて争ったことなど、もちろん当時は知らなかった。

これはこの兄弟に限らず、西郷自身も弟と戦ったわけである。

田原坂《たばるざか》の激戦については改めて触れるつもりだが、その資料館に鱸成信と伴兼之の兄弟が一緒に写っている写真が飾ってある。

「写真は明治八年鹿児島留学直前、兼之が東京の兄成信を訪れ撮ったもの。これが兄弟の永遠の別れとなった」という説明が痛ましい。

兄成信については「山形県鶴岡士族　陸軍少尉」とあり、「四月六日（熊本県）植木町において戦死。七本の官軍基地に葬られている（三十二歳）。基地には、長男孫太郎の手による〝背おひの松〟の碑がたてられている」と説明されているが、鶴岡市立図書館の伴家からの聴き取り調査によれば、長男兼吉の通称は弥太郎であり、どこかで弥と孫がまちがえられたのではないかと思われる。成信と兼之はちょうど十二歳違いの兄し弟だった。

創建者・成沢信夫の開眼

酒田市の飯森山に南洲神社を創建した長谷川信夫は、大正二（一九一三）年八月二十四日、山形県西田川郡東郷村成田新田に生まれた。

飯森山は、私の小さいころ、学校の遠足などで行ったところだが、昭和五十一（一九七六）年六月八日に南洲神社が建った後、土門拳《どもんけん》記念館がつくられ、そして、東北公益文科大学が設立されて、現在は酒田のある種の文化エリアとなっている。但し、土門拳記念館を訪ねる人は多くても、近くの南洲神社に足をのばす人は少ない。

長谷川が生まれた東郷村成田新田は現在は全国方言大会などで知られる三川町となっており、黒森歌舞伎で有名な黒森に隣接している。

当時は成沢といった信夫は、地元の小学校を出ると、旧制鶴岡中学（現鶴岡南高校）に進み、冬の間だけ、鶴岡の家中新町に下宿した。そして、昭和三年一月、信夫が中学二年の時に、内村鑑三の弟子のクリスチャン、黒崎幸吉の講演を聞いたのである。黒崎は鶴岡中学の先輩で、父親の黒崎研堂は書家として知られ、「遺訓」を毛筆で書きとめたといわれる。

千人ほど入る公会堂での一般向けのその講演に聴衆が少なくては申しわけないと、主催者が鶴中の校長に頼み、全校生徒七百五十名が、いわば動員された。とても寒い日だったという。

自ら求めて聞いたのではないその講演が信夫のその後の人生を決めることになるのだから人生というものは不思議なものである。

それから六十年後、長谷川家に養子に入り、長谷川信夫となって鶴岡の中央公民館で行った「西郷先生と

「荘内」という講演で信夫は、「素晴らしい貴公子」の黒崎幸吉が演壇に立った光景が、まだ見える、と語っている。

その時、黒崎は鶴中生がほとんどの聴衆に向かって、

「若い諸君は南洲翁遺訓を知っていますか」

と尋ねた。

その由来を含めて、いわゆる士族の家の生徒は、それを家庭で与えられているので、知っているだけでなく、読んでいる者もいるが、農家の三男の信夫は知らなかった。

そして黒崎が、南洲翁遺訓は荘内藩士がまとめたのだと語るのを聞いて、衝撃を受けるのである。成沢信夫、十四歳の冬だった。

黒崎は告白した。

「私は今キリスト教の伝道をやっています。内村鑑三先生の無教会で、教会がなくても伝道はできるという教えでございます。お寺が無くても説教はできるよと、これと同じですね。そうしますと教会派の人たちが邪魔なものだから徹底的に迫害します。その迫害に耐えて、今日まで伝道を続けてこられたのは、二つの本によります。一つはもちろんバイブルです。それからこの南洲翁遺訓です。私は親からこの南洲翁遺訓を与えられて、読んでまいりました。そしてこれが私に如何《いか》なるものにも耐えることができる力を与えてくれたのです」

長谷川信夫の南洲遺訓体験

長谷川信夫こと成沢信夫が十四歳の時に聞いて衝撃を受けた黒崎幸吉の講演を続ける。

「その（南洲翁遺訓の）中で、命もいらず名もいらず官位も金もいらぬ人は始末に困るものである。この始末に困る者でなくては共に国家を論ずるに足らず、という一節があります。これが私をどのくらい励ましてくれたかわかりません。

正しいことをやるために、正しい道を踏む為に、命もいらず名もいらず官位も金もいらぬ、こういう者でなければだめなんだと教えられています。どんな迫害を受けても、自分は正しいのだ、正しい道を伝道するのだというこの信念が、この南洲先生の教えのこの一節が私を支えて参りました。こういうのがたくさんあります。そういう意味でまだ読んでない人は是非読んでください。読んでいる人ももう一回改めて読んで、これを何回も何回も読んでいるとその西郷先生の主旨がわかります。私から騙《だま》されたと思って、南洲翁遺訓を読むことを薦めます」

一時間半ほどのその講演で、とくにその最初の十分間が信夫少年の心に深く刻みこまれた。出会いとは不意にやってくるものなのだろう。但し、それを万人がつかめるとは限らない。

その日、信夫は興奮して下宿に帰った。下宿先は菅実雄といって、西郷と肝胆相照らす仲になる菅実秀の孫の家だった。実雄の実は実秀の実をもらっている。

そうした家に、信夫は自分の意志でではなく、偶然下宿していたのである。

それで、菅実雄に、

「黒崎先生に南洲翁遺訓を読めと言われました。しかしどこに行ったらあるのかわかりません」

と話したら、奥に引っ込んで、南洲翁遺訓を持って来てくれた。それを借りて、信夫は読み始める。しかし難しくてなかなか読めない。それでも、何とか、字引を引いたり、わからないところはとばしたりして、読み進めた。子供心に一生懸命な信夫のそんな姿勢がかわいかったのだろう。菅実雄は喜び、勉強が終わったころを見はからって、

「信夫ちゃ、こっちゃござへちゃ（信夫君、こっちへ来なさいよ）」

と茶の間に呼び、座布団を勧めて、茶飲み話に、西郷南洲、菅実秀、そして荘内藩のことを語ってくれたのである。

昭和六（一九三一）年三月五日に中学五年を卒《お》えるまで、それはほぼ毎晩のように続いた。その後、信夫は師範学校に進むことになっていたが、卒業免状をもらって下宿に帰って来ると、菅実雄は、西郷の書を掛け、家宝の日本刀を飾った奥座敷に信夫を呼び、テーブルの向こう側にすわらせて、「おめでとう、良かったの」と言った後で、お祝いに何をやればいいか、いろいろ考えたけれども、やはり南洲翁遺訓がいいのではないかと思って、これをあげます、と言われた。信夫が初めて手にした自分の本だった。

内村鑑三の挙げた「代表的日本人」

荘内藩出身の黒崎幸吉はともかく、なぜ、クリスチャンまでを西郷は惹《ひ》きつけるのか。黒崎の師の内村鑑三の『代表的日本人』（岩波文庫）から、その秘密をさぐってみよう。

西郷を「新日本の建設者」とする内村は、キリスト教信徒のペリー提督が外から戸を叩いたのに応じて、内からは「敬天愛人」を奉ずる勇敢で正直な将軍、つまり西郷が応《こた》えた、と説く。

「一八六八年の日本の維新革命は、永遠に価値のある革命すべてと同じように、正義と神の必然のはからいに出発しています。貪欲《どんよく》に対しては、かたくなに門を閉ざしていた国が、正義と公正とに対しては、自由にみずからを開いたのであります。深い魂の奥底からうながす声にもとづき、傑出した献身者が、その門を世界に開いたのであります」

キリスト教信徒であるというだけで、内村はこれほどペリーを賞賛することができるのか。信仰とは縁遠い私にはついていけない感じも残るが、「動作ののろい、おとなしい少年で、仲間の間では、まぬけで通って」いたという西郷が「大西郷」になるについて、陽明学を学んだことが大きいと、内村は解く。

「旧政府により、体制維持のために特別に保護された朱子学とは異なり、陽明学は進歩的で前向きで可能性に富んだ教え」なので、日本では禁止同然の目にあっていた。

それかあらぬか、高杉晋作は長崎で初めて聖書に接して、

「これは陽明学にそっくりだ。帝国の崩壊を引き起こすものだ」

と叫んだという。

「陽明学とキリスト教の類似性」は、そうした意味で西郷を理解する一つのポイントかもしれない。

「天の道をおこなう者は、天下こぞってそしっても屈しない。その名を天下こぞって褒めても奢《おご》らない」

「天を相手にせよ。人を相手にするな。すべてを天のためになせ。人をとがめず、ただ自分の誠の不足をかえりみよ」

内村は、西郷のこうした言葉をすべて「天」から直接聞いたものだと信ずる、と言っている。

「文明とは正義のひろく行われることである。豪壮な邸宅、衣服の華美、外観の壮麗ではない」と文明を

定義した西郷は、薩摩がすりの普段着に大きな下駄を履いて、どこへでも現れた。

内村の引いている西郷についてのある人の証言に私は西郷の真骨頂を見る。

「私は十三年間いっしょに暮らしましたが、一度も下男を叱る姿を見かけたことがありません。ふとんの上げ下ろし、戸の開け閉て、その他身の回りのことはたいてい、自分でしました。でも他人が西郷のためにしようとするのを、遮ることはありませんでした。また手伝おうとする申し出を断ることもありませんでした。まるで子どもみたいに無頓着《むとんちゃく》で無邪気でした」

荘内南洲会顧問・安岡正篤

酒田の南洲神社の標識は安岡正篤《まさひろ》が書いている。

「昭和丙辰《ひのえたつ》五月吉日」と日付のあるそれを、どうして安岡が書いたのか。鹿児島、沖永良部、都城に次いで、それほど深い関わりのない酒田に南洲神社を建てた長谷川信夫が安岡を師と仰いでいたからである。長谷川の後を継いで荘内南洲会の理事長となり、この神社を守っている小野寺時雄によれば、安岡は荘内南洲会の顧問となっていた。

安岡の名を知る人も少なくなったが、私は一九八三年の春から秋にかけて、『夕刊フジ』に「ジーンズが背広にかわるとき」(後に『KKニッポン就職事情』と改題して講談社文庫に収録)という「フレッシュマン物語」を連載した時、ある種の企業教の教祖として安岡のことを書いた。

安岡正篤とはいったい何者なのか?

かつて、毎月一回、百人近いトップ経営者が集まって、安岡の話に耳を傾ける「不如会」という会があった。『十八史略』などを教材とした勉強会で、のちに経団連会長となる東京電力社長（当時）の平岩外四《がいし》はじめ、新日鐵、野村證券等の社長が集まっていたのである。日本のエグゼクティブが敬慕した安岡を囲む会は、他にもウシオ電機の牛尾治朗、西武流通グループの堤清二、外務省の小和田恒《おわだひさし》、防衛庁（現防衛省）の佐々《さっさ》淳行《あつゆき》、建築家の黒川紀章《くろかわきしょう》、評論家の江藤淳《えとうじゅん》といった、当時としては若手の財界人や官僚が集う「而学会」など、いくつかがあった。

また、関西在住の安岡を囲む会としては「関西師友協会」があり、現会長は住友生命会長の新井正明と書き、その後をこう続けている。

新井は、戦場で片足を失って以来、人間の生き方について安岡に教えられ、心酔したが、

「私たち実業人は俗なことばかりやっているのですが、ときに大局的な観点から客観的に判断できるのは、安岡先生のお話を折にふれて聞くことができたからだと信じております。先生が大阪へ見えた時には、必ず御一緒してお話をうかがいました。久保田鉄工の広会長など、酒も飲めないのに同席して、克明に先生の話をメモしていました」

と傾倒の弁を語る。

明治三十一（一八九八）年生まれで昭和五十八（一九八三）年に亡くなった安岡は、マスコミにあまり登場しなかったが、歴代総理の指南役として知る人ぞ知る存在で、あのワンマン、吉田茂が、自分の方が二十歳も年長なのに「老師」と呼び、その吉田学校の生徒である池田勇人《はやと》、佐藤栄作らが「先生」と言って居ずまいを正すような、政官財トップの〝知られざる教祖〟だった。

池田から大平正芳《まさよし》に受けつがれた自民党の派閥「宏池会《こうちかい》」の名づけ親でもあり、首相時代に大平は、新聞

記者に、

「安岡氏は、右翼といわれるが、心酔してますか」

と尋ねられ、

「東洋哲学者でしょう。尊敬しています」

と答えている。

日本農士学校での出会い

酒田に南洲神社をつくった長谷川信夫が直接教えを受けた安岡正篤を「歴代総理の指南役」として紹介してきたが、ただ同じ自民党でも佐藤栄作、福田赳夫《たけお》、大平正芳ら、官僚出身のエリートたちと違って、田中角栄、三木武夫といった党人派の非エリートたちは、安岡に距離を置いていた。

東大や京大出のエリート宰相たちが安岡に「英断」を仰ぎ、田中、三木らの非エリート宰相が、結果はともあれ、より自分で決断した、とも言えるのである。

安岡は、次代の指導者養成を謳《うた》う「松下政経塾」（残念ながら、これは偽メール問題での前原誠司ら、卒業生のぶざまな対応によって〝松下未熟塾〟であることが露呈された）の相談役にもなっていたが、野村證券の社長だった田淵《たぶち》節也《せつや》など、

「先生の話を聞くと、指導者というものの原点を教えられるような気がします。もちろん、あんなにえらい人だから、個々の会社の問題なんか、話さない。要するに、私なんか先生に教わるというより、おそばに置いてもらっているだけでありがたいですね」

とまで言っていた。

安岡は大阪に生まれ、旧制の一高を経て、東京帝大法学部政治学科を卒業。在学中に独学で東洋哲学を修めた。一高時代の同級生には、全日空の社長をやり、日中友好に尽力した岡崎嘉平太《かへいた》や外交官の加瀬俊一、そして評論家の林達夫がいる。

安岡は二十代前半から陽明学者として政、財、軍の関係者に広く知られ、昭和二（一九二七）年、伯爵酒井忠正邸に「金鶏学院」という私塾を開いた。そのころ、一時、大川周明と共に拓殖大学の講師にもなっている。また、吉田茂の岳父、牧野伸顕《のぶあき》や、海軍大将の八代六郎らに師として遇され、弱冠二十七歳で海軍大学校に特別講座を持って「日本武将論」を講じた。昭和六年には、埼玉に日本農士学校を創設したが、この時のスポンサーは、三井財閥の池田成彬《しげあき》、住友財閥の小倉正恒《まさつね》、安田財閥の結城《ゆうき》豊太郎といった、錚々《そうそう》たる面々である。長谷川信夫はこの農士学校に学んだ。

翌七年、安岡は「共産主義インターナショナルの横行を擅《ほしいまま》にせしめず、日本精神に依って、内、政教の維新を図り、外、善隣の誼を修め、以て真個の国際昭和を実現せんことを期す」として「国維会」なるものを発足させ、四十歳の時には「現内閣は一青年学徒、安岡正篤によって動かされている。その安岡は金鶏学院において有名無名の人々に黙々、陽明学を講じている」と、ある新聞に報じられた。

戦争中は小磯《こいそ》（國昭）、鈴木（貫太郎）両内閣の大東亜省顧問を務め、終戦の時の「玉音放送」の文案を〝添削〟した。

戦後は戦犯として追放になったが、昭和二十六年に解除される。その二年前から「全国師友協会（設立時の名称は師友会）」を設立して、政財官各界の指導者の教化に乗り出す。最も新しい話では、平成という年号の命名者と言った方がいいかもしれない。

古書店「敬天堂」

西郷に傾倒した長谷川信夫は、安岡正篤の創設した日本農士学校を卒《お》えると、酒田で古書店を始めた。その名も敬天堂である。言うまでもなく、西郷の唱えた「敬天愛人」に由来する。

しかし、売れそうな本より、自分が欲しい本を集めるため、商売の方はうまくいかない。それを山形師範で同期生だった沢井修一が助ける。沢井は山形相互銀行（現山形しあわせ銀行）の社長だった。長谷川の後を継いで「荘内南洲会」の理事長となった小野寺時雄によれば、沢井と長谷川は「兄弟以上の仲」だという。沢井は安岡の強力なスポンサーでもあり、しばしば安岡を鶴岡に招いた。

敬天堂がいよいよ立ちゆかなくなって長谷川は往生する。そこでまた、沢井が手をさしのべる。

「オレから使われるのは厭《いや》だろうから」

と、山形相互銀行で雇うのではなく、大平興業に紹介するのである。長谷川は米沢支店で自動車のセールスなどをやり、鶴岡に戻って、支店長を務めた後、退職して昭和五十一（一九七六）年に酒田に南洲神社を創建する。その名を揮毫《きごう》した安岡が記した「昭和丙辰」である。前年に荘内南洲会を設立した長谷川は常任理事となっていた。初代理事長は菅原兵治《すがわらひょうじ》。菅原は昭和五十四年に亡くなり、二年後に長谷川が二代目の理事長に就任した。

三代目理事長の小野寺が語る如く、酒田の南洲神社は氏子はもちろん、宮司もいないし、宗教法人でも何でもない。荘内南洲会も、南洲翁遺訓を勉強しましょうという集まりに過ぎない。

長谷川が昭和六十三年に鶴岡で行った講演を中心にまとめた『西郷先生と荘内』（荘内南洲会）という本がある。その中で長谷川は、昭和六年春に旧制鶴岡中学を卒業する時に下宿先の菅実雄からもらった『南洲翁遺訓』を、以来、肌身離さず持っているとして掲げ、こう語っている。

「学校で教育する時も（長谷川は山形師範卒業後、教師をした）、農士学校に行って農業をする時も、あるいは敬天堂書店の経営の時も、どこに行く時も、これだけは肌身離さず持っていた。『南洲翁遺訓』を読めと言われたのは昭和三年で、今年は昭和六十三年ですから、ちょうど六十年になります。年月の長いことがそのままということはないですけれども、私個人にとっては、この六十年は本当にありがたい六十年であり、恵まれた動機であったと思っております」

長谷川の始めた敬天堂は、単なる古書店ではなく、勉強の好きな者たちの集いの場となった。その人たちを中心として昭和四十二年一月に「南洲翁遺訓を読む会」がスタートし、それが発展して「荘内南洲会」が組織される。長谷川は昭和四十四年から私費で岩波文庫の『西郷南洲遺訓』の頒布を始め、平成八（一九九六）年には二万五千冊に達した。そして翌九年八月二十四日、八十四歳で亡くなった。西郷が亡くなったのが、月は違えど、やはり二十四日である。

敵となり味方となるも運命なり

西郷隆盛を愛国者とすることに異論を唱える人は少ないだろう。しかし、その西郷が靖國神社には祀《まつ》られていない。政府軍に敵対した賊軍の将だからである。つまり、西郷に殉死した少年たちも、反乱軍に参加したのだった。とすれば、愛国を狭く狭く解することは西郷をその列から落とすことになる。言うまでもなく、愛国は愛政府ではなく、時の政府や宰相と対立し、それと戦うことこそが愛国になる場合もあるということである。

それについて西郷は「敵となり味方となること、一にこれ運命である」と言ったといわれる。維新の役における官軍と賊軍の呼称も、勝ったから官軍として歴史に残り、負けたから賊軍と貶《おとし》められたとも言えるのである。

反乱軍の総大将である西郷の愛国心を否定するのかどうか。昨今の愛国心鼓吹論者にはその点についての考察が著しく欠けているように思われる。

西郷が荘内藩に対して寛大な処置をとろうとした時、参謀の間には反対意見があった。

荘内藩は再び武力を回復して、また反乱を起こすのではないか。やはり、藩主は他藩に預け、官軍もしばらくとどまっていた方がいいのではないか。

そうした声を、西郷はにっこり笑ってしりぞけた。

「それは心配するに及ばない。武士が一旦兜《いったんかぶと》を脱いで降伏した上は、後のことは見るべきでない。もし乱を起こすなら、また来て討伐したらよいだろう。何も心配するに当らん。」

多くの幹部はこの意見に深く頷《うなず》いたが、なお、あまりにも寛大ではないか、と主張する者もいた。

それに対し、西郷は襟を正して答えた。

「荘内藩には、復古の大旨が通ぜず、朝旨のあるところが達しなかったのである。その実情は推察すべきものがある。敵となり味方となること、一にこれ運命である。今彼等が、ひとたび順逆の在るところを知って、このように帰順した以上は、兄弟も同様である。それを、どうして我々が尊大に構えて、彼を敵視することが出来ようか」

その西郷が明治十（一八七七）年に西南戦争を起こし、反乱軍の将として散ってから十年余り後の明治二十二年二月十一日、大日本帝国憲法発布の日に、西郷は明治天皇の特旨によって賊名を除かれる。これに歓喜したのが荘内藩士だった。

長谷川信夫は『西郷先生と荘内』に、「西南の役で西郷先生と共に死ぬべき立場を、今日迄耐えて来たその悲願を果たす時が到来した、として着手したのが『南洲翁遺訓』の刊行であった」と書く。しかし、この遺訓は西郷と敵対した政府要人にとっては好ましからざるものであり、出版の責任者だった赤沢源也（経言）が警視総監に呼びつけられる。

「遺訓の内容に訂正して欲しいところがあるがどうか」

と言われた赤沢は憤然として言い放った。

「一字一句でも手を入れられては、西郷先生の精神を失うから、堅くお断りする」

死に代えての出版

西郷の賊名が除かれたのを機に『南洲翁遺訓』を刊行しようとした荘内藩士に対し、時の警視総監は出版責任者の赤沢源也を出頭させて、多少の訂正を申し入れた。

しかし、赤沢はそれを断り、

「もし、それで悪ければ刊行を中止する」

と言って帰って来た。

数日後、再びの出頭を命ぜられて参上すると、このままの刊行で差支えない、とのことだった。

酒田に南洲神社をつくった長谷川信夫は、「赤沢源也のこの気概こそ荘内の人々の西郷先生を景仰する心の顕われであり、一言一句に全精神を打込んだ気魄ということが出来る」と書いているが、時の政府が折れたのは、やはり、衰えぬ西郷人気を恐れたからだろう。

それにしても、犬塚又太郎が『荘内と大西郷』（致道博物館）に、ある道友の言葉として紹介しているように、荘内藩士による遺訓の刊行は「正に死に代えての出版」だった。

その序文で副島種臣《そえじまたねおみ》は言う。

「南洲翁遺訓一巻は、区々たる小冊子なりと雖《いえど》も、今の時に当つて、故大将の威容の厳と、声音の洪とを観るに足るあるは、獨り此篇の存するによる。噫《ああ》、西郷兄の何を以つて蚤《はや》く死せる乎。茲の書を著す者は誰ぞ、荘内賢士太夫某々

明治二十三年一月」

これが刊行されるや、同年四月に酒井忠篤《ただずみ》公は、伊藤孝継と田口正次を東京に、三矢藤太郎と朝岡良高を中国地方から九州に、そして富田利騰と石川静正を北陸から北海道に派遣し、全国の心ある人たちに配付した。文字通り風呂敷《ふろしき》包みを背負っての弘布行脚だったのである。

その『南洲翁遺訓』がいまも読まれているのは、長谷川が師事した安岡正篤の思想遍歴が説明してくれる。旧制一高から帝大時代にドストエフスキーやニーチェ、そしてマルクスなどを耽読《たんどく》した安岡は、それに飽き足らず、焦燥の念に駆られて、変わり者扱いされながら、東洋の古典を読むようになる。知性偏重の近代西洋の学問が、何か人間の悪ばかりを強調するので違和感をおぼえ、一時はノイローゼみたいになったから

だった。それが、子供の時から学んだ論語や孟子《もうし》、あるいは王陽明や吉田松陰《よしだしょういん》のものに触れて落ちつきを取りもどす。

「ふっとそういう書物を手にとって読んだのです。ところが、何とも言い知れぬ満足感、落ちつきというものが腹の底から湧いて来るのです。ちょうど、腹が減って、もうふらふらになっておったのが、一杯の飯にありついたというか、のどがかわいて、もうこげつきそうになっておったのが、うまい水を一杯飲んだというか、とにかく飢を満たし、渇をいやす感じがしました」

こんな安岡も死の直前には正常な判断力を失い、いまを時めく細木数子に婚姻届を出され、安岡家がその無効確認を求めて調停を申し立てるという騒ぎを起こした。

第二章　西郷隆盛、二つの系譜　安岡正篤と四元義隆

安岡正篤と田中清玄

日本農士学校は秩父《ちちぶ》連山を仰ぎ、槻川《つきがわ》の清流に沿って広がる埼玉の菅谷《すがや》にあった。安岡正篤と、酒田に南洲神社をつくった長谷川信夫が師弟として出会ったところである。伊藤節子の『父安岡正篤を語る』(関西師友協会)によれば、安岡は、後年、

「わたしのやった事の中でこれだけは意味があったと自信を持って言えるのは、農士学校を作ったことだった。自分自身のためにもどれほど役立ったかしれん」

と述懐したという。

金鶏学院や農士学校をつくる時、安岡の頭の中には西郷のつくった私学校があったと思うが、娘の節子が結婚したばかりのころ、娘夫婦を前にして安岡は、

「男が誰にも頭を下げずに生きたいと思ったら決して肩書と金とを欲しがらないことだよ。それを欲しがったら下げたくない相手にも頭を下げなければならない時が来るからね。出世したい奴にはどうぞお先にと言ってどんどん先に出世させてやりなさい」

と語った。言うまでもなく、これは『西郷南洲遺訓』(岩波文庫)で三〇と番号のついている「命もいらず、名もいらず、官位も金もいらぬ人は、仕末に困るもの也。此《こ》の仕末に困る人ならでは、艱難《かんなん》を共にして国家の大業は成し得られぬなり」の考えに通ずる。

安岡について節子は「父はその言葉の通り誰にも頭を下げずに自由な男の生涯を生きたと思います」と指

摘した上で、こんな逸話を披露する。

若き日に安岡は、安岡を高く買っていた伯爵の牧野伸顕から、天皇の学問の相手役を務めるよう再三勧められて、困り果てたことがあった。

悩んでいた安岡に、牧野が席をはずした隙に、女官長がささやいた。

「お断りなさいませ」

その一言で安岡は辞退した。

「わたしではとても大人しく宮仕えして居られんものなぁ」

と安岡は笑っていたというが、「父の性格を女官長は見抜かれたのかもしれません」と節子はこの話を結んでいる。

この安岡は明治三十一（一八九八）年生まれだが、同じく右翼的な考えを持つと言われながら、鋭く対立するようになる田中清玄《きよはる》は明治三十九年に生まれた。そして、最初は安岡に学び、のちに田中の後を継いで三幸建設の社長となる四元義隆《よつもとよしたか》は明治四十一年に鹿児島に生まれている。

西郷に惹《ひ》かれる系譜に私は「安岡系」と「四元系」があると思うが、安岡とつきあいがあるかと問われた田中清玄はこう答えている。

「全然ありません。そんな意思もありませんしね。有名な右翼の大将ですね。私が陛下とお会いしたという記事を読んで、びっくりしたらしい。いろいろと手を回して会いたいといってきたけど、会わなかった。（中略）天皇陛下のおっしゃることに筆を加えるような偉い方と、会う理由がありませんからと言ってね」

（『田中清玄伝』文藝春秋）

生粋の会津人・田中清玄

田中清玄は『田中清玄自伝』（文藝春秋）で、かつては共産党員だったが、現在は右翼かと問われて、

「右翼。本物の右翼です。あんた、なんだと聞かれたら、今でも右翼だとはっきり言いますよ。右翼の元祖のようにいわれる頭山満《とうやまみつる》と、左翼の家元のようにいわれる中江兆民《なかえちょうみん》が、個人的には実に深い親交を結んだことをご存知ですか。一つの思想、根源を極めると、立場を越えて、響き合うものが生まれるんです」

と答えている。

田中は会津藩松平侯の家老の家に生まれた。それで、北海道生まれながら「生粋の会津人」と称していたが、昭和三（一九二八）年に秩父宮と松平家の勢津子妃との結婚が決まった時、会津の人たちは「これで賊軍の汚名は晴らされた」と泣いて喜んだといわれるがと質問されて、「その通り」と応じている。以下、清玄の語りを引く。

「もともと会津武士たちを賊軍扱いにしなかったのは、大本営にいた西郷隆盛さんですよ。実際の司令官で会津まで来ていたのは黒田清隆、その下に板垣退助、中島信行がいた。彼等は会津戦争の悲惨さを実際に見て知っている。田中の家の隣が西郷頼母《たのも》（西郷姓ながら、隆盛とは無縁の会津藩の家老）の家で、そのあたり一帯は梅屋敷と呼ばれていたのですが、西郷家などは、十二歳の少女まで二十一名全員が自決し、最後に奥方が命を絶っているんです。板垣、中島はここへも検分に来ていますが、あまりの悲惨さに、黙って手を合わせただけで出てきたという話も残っています。こうした様子を二人は、大本営にいた西郷隆盛さんにつぶさに報告したんだと思いますね。

ですからいくさがすんだ後は、函館《はこだて》の五稜郭《ごりょうかく》に立て籠った榎本武揚《えのもとたけあき》、大鳥圭介《けいすけ》以下、一人も殺されていないし、みな禁固二年とか四年ぐらいで出てきて、その後、北海道開拓使長官となった黒田清隆が会津の武士たちを積極的に取り立てています。

しかし、田中家としては中老・玄純《はるすみ》は北海道で亡くなり、大老・玄清《はるきよ》は会津で腹を切り、一族のものは散り散りばらばらですよ。それは悲惨なものでした。とくに新政府の命令で下北半島の斗南《となみ》にやられた者たちは大変でした。これはもう人間の住むところじゃないですよ。核燃料のリサイクル基地か何かにしようと、今もむつ小川原あたりでやっているが、大変な湿地帯のうえに土地が荒れて作物が育たないから、食べ物に難渋しましてねえ」

田中清玄の祖先の玄純の従兄弟《いとこ》に、会津藩の筆頭家老をつとめ、京都守護職となった松平容保《かたもり》に従って京都に行って新撰組をつくった田中土佐玄清がいるが、司馬遼太郎《りょうたろう》は、ある時、田中清玄と会って、

「私はあなたの先祖の田中土佐よりも、田中清玄その人に興味を持つ」

と言ったという。しかし、田中清玄は、長州に必要以上にのめり込んでいる司馬を、薩長代表の者として突き放している。

西郷が祀られていない靖國神社

明治新政府に反対し、兵を起こした西郷隆盛は靖國神社に祀《まつ》られていない。また、維新の役で朝敵の賊軍とされた会津藩の将兵も祀られていないのである。

会津出身を自任しながら、西郷を敬慕する田中清玄は『田中清玄自伝』（文藝春秋）で、靖國神社について

こう語る。

「靖國神社というのは、そもそも由来をたどれば、招魂社と呼ばれて長州など各藩のお社《やしろ》だった。いうなれば長州の靖國神社のような存在ですよ。それを大村益次郎（村田蔵六）が東京・九段に勧請《かんじょう》し、一般の神社が内務省管理下にあったのとは違い、陸軍省や海軍省が管理していた。したがって長州藩の守り神にすぎないものを、全国民に拝ませているようなものなんだ。ましてや皇室とは何の関係もない。俺のような会津藩の人間にとっては、何が靖國神社だぐらいのもんですよ。しかもどれぐらいこの勢力が、今も日本を軍国主義化するために動き回っていることか」

だから、現天皇は即位されて以来、一度も靖國神社に行っていないと清玄は言い、昭和天皇も敗戦直後に一度行っただけで、その後は行っていない、と続ける。

清玄によれば、昭和天皇の重臣たちを殺し、「陛下の政権を倒して、その平和政策を粉砕しようとした連中を神に祀るという」非常識なことを靖國神社はやった。

それで昭和天皇は、

「これでいよいよ私は靖國神社へは行けなくなった」

と言ったという。

学生時代に共産党員となった清玄を恥じ、母親は次のような遺書を残して自殺した。

「お前のような共産主義者を出して、神にあいすまない。お国のみなさんと先祖に対して、自分は責任がある。また早く死んだお前の父親に対しても責任がある。自分は死をもって諌《いさ》める。お前はよき日本人になってくれ。私の死を空しくするな」

この母親の血を受け継いだ熱血漢の清玄は、その後、転向して「本物の右翼」になった。そして、他の右翼にも一流の毒舌を吐く。たとえば、鄧小平《とうしょうへい》が日本に来た時に、陛下に会うのなら、その前に靖國神社にお参りせよ、と言った右翼も次のように叩《たた》かれる。

「陛下が訪中されて鄧小平さんに会う前に、四川省か山西省か、どこか田舎のお寺をお参りしてこい。そうでなければ会わさないと、まったく逆のことを言われたら、日本人はどう思いますか。それとおんなじことだ。これほど陛下をないがしろにする話はないじゃないか。これで何が皇室崇拝だ。嘘とごまかし、それに時間をかけてもみ消すことだけだ。なぜ政府や官僚どもは、こんなことを放置しておくのですか」

同じように西郷を評価する安岡（正篤）系列の人間と、田中清玄、四元義隆系列の人間で、大きく違うのは、中国への態度である。前者は否定的であり、後者は肯定的と言える。

西郷を衆院議長に擬した安岡

酒田に南洲神社をつくった長谷川信夫が学んだ日本農士学校で学生監を務め、安岡正篤に影の形に随うがごとく終生仕えた林繁之《しげゆき》が、『安岡正篤先生動情記』（プレジデント社）に、ある時、安岡が「標準内閣」を策定したと書いている。一覧風に示すと――

総理　徳川家康
法務　板倉内膳正《ないぜんのかみ》
外務　小早川隆景《たかかげ》

大蔵　白川楽翁《らくおう》
文部　熊沢蕃山《ばんざん》
郵政　松平信綱《のぶつな》
経済企画　佐藤信淵《のぶひろ》
厚生　上杉鷹山《ようざん》
農林　二宮金次郎
通産　島津斉彬《なりあきら》
運輸　伊能忠敬《ただたか》
労働　幡随院長兵衛《ばんずいいんちょうべえ》
建設　坂本龍馬《りょうま》
最高裁　大岡越前《えちぜん》

そして、衆院議長に西郷隆盛、参院議長に水戸《みと》光圀《みつくに》となっている。

なぜ、そうなのかの説明はないが、衆院議長の西郷には、いささか首をかしげる人も多いだろう。やはり、総理が西郷なのではないか。しかし、これはあくまでも安岡の考えた「標準内閣」である。

そんな安岡に金鶏学院で学び、のちに強烈な批判者となったのが四元義隆だった。安岡と同じように「歴代総理の指南番」といわれたが、とくに中曾根康弘《やすひろ》や細川護熙《もりひろ》と近かった。ちなみに田中清玄と親しかったのは田中角栄である。

『中央公論』の一九九五年六月号で「戦後五十年の生き証人」として四元が語っている。編集部のつけた四元の紹介にはこうある。

「一九〇八年鹿児島県生まれ。第七高等学校（現鹿児島大学）卒。東京帝大法科中退。三二年の血盟団事件に連座し入獄（懲役十五年）。四〇年恩赦で出獄後、近衛文麿《このえふみまろ》、鈴木貫太郎のブレーンとして活躍。農場経営を経て五五年から田中清玄の後を継いで三幸建設社長に就任。『一匹狼の非利権右翼』といわれている」

「僕は右翼じゃないです。あえて言えば、右のさらに右、左のさらに左」と語る四元について『血盟団事件上申書・獄中手記』（血盟団事件公判速記録刊行会〈業界公論社社内〉）を引いて興味深く書いているのが伝記作家の小島直記である。小島は『一燈を提げた男たち』（新潮文庫）に、四元と彼の親友だった池袋正釟郎《しょうはちろう》を中心に血盟団事件に関わった人たちを詳述している。

リーダーというか、盟主は井上日召《にっしょう》だった。当時三十六歳の元大陸浪人である。それぞれテロの対象とする人物を決めていたが、四元がねらったのは内大臣の牧野伸顕であり、池袋が追ったのが元首相の西園寺公望《きんもち》だった。

他に小沼正《おぬましょう》が元蔵相の井上準之助をねらって射殺し、菱沼《ひしぬま》五郎が三井合名理事長の團琢磨《だんたくま》を対象として射殺している。

やはり南洲神社のある都城に生まれ、旧制七高を経て東京帝大文科に入った池袋は「上申書」で「祖父は戊辰の役には官軍として、西南の役には賊軍即西郷方として従軍した戦争生き残りの勇士であつた。十五歳にして父親を失ひ、十七歳で母を失ひ、其後独力で貧窮のどん底にあつた家運を挽回して相当の財力を作つた努力の人」と語っている。

四元義隆と池袋正釟郎の「敬天庵」

ファッショ的国家改造をめざすテロリストの集団だった血盟団に、東京帝大生の四元義隆と池袋正釟郎は加わった。旧制七高（現鹿児島大学）で知り合った二人は、やがて共同で家を借り、「敬天庵」と名をつけて、白炊生活を始めるようになる。言うまでもなく西郷の説く「敬天愛人」から取った「敬天庵」である。

小島直記は『一燈を提げた男たち』で、池袋の上申書から、四元についてのこんな一節を引いている。

「僕は四元君の寡言にして落着いた人物であり、かつ気概に富み、情に厚い近頃珍しい青年であると思って、自分よりも三つも年下であったが、常に敬服していた」

二人が血盟団事件に連座するのは昭和七年だが、それ以前の昭和初年に日本主義団体敬天会を組織している。ここでも「敬天」である。そして東京帝大に進み、法学部教授の上杉慎吉を指導者とする「七生社」に加わった。「七生報国」にちなんでの「七生社」である。

その後、安岡正篤を知り、「この人は単なる学者にあらず、国家改造に志ある人物」と判断して、池袋は安岡の創始した金鶏学院に入る。四元も行動を共にした。

吉田茂の岳父、牧野伸顕と親交を結んだ安岡と、その牧野を射殺しようとした四元の、数奇な師弟関係がここから始まった。

井上日召を安岡に紹介したのは、金鶏学院の第一期生で、安岡の勧めで茨城県庁に就職し、社会教育主事となって井上を知った野口静雄だった。そんな縁で金鶏学院関係者が筑波山に旅行した時、井上も参加し、四元と池袋を惹きつける。

池袋によれば「井上さんをこの旅行に連れてきたのは、井上さんと安岡氏との懇親と革命運動への提携とをもくろんで藤井中尉の仕組んだもの」だった。藤井とは海軍中尉の藤井斉《ひとし》である。

この旅は、安岡と井上の「懇親と提携」にはならず、四元と池袋を強烈に井上に近づける契機となった。池袋は上申書でこう述べる。

「井上さんに接するようになって僕の観念論は粉微塵《こなみじん》に砕かれた。妄想は見事に吹飛ばされた。今まで自分では本当に革命運動をやるようなつもりでいながらも、実際は本当にやる気はなく、単に妄想を描き、自己陶酔であったことがはっきりわかった」

これはそのまま安岡批判である。そのころ、凶作に見舞われた東北の農村では娘を身売りする家が続出し、その悲惨は極に達した。それに涙し、肥え太る財閥の横暴を怒って「二・二六事件」を起こし、天皇の名によって処刑された革新青年将校の磯部浅一は「今の私は怒髪天をつくの怒りに燃えています。私は今は、陛下を御叱り申し上げるところに迄、精神が高まりました。だから毎日、朝から晩迄、陛下を御叱り申して居ります。天皇陛下、何と言ふ御失政でありますか。何と言ふザマです。皇祖皇宗に御あやまりなされませ」と『獄中手記』に炎の文字を書きつらねた。

北一輝が軽蔑した〝白足袋の革命家〟

「二・二六事件」を起こした磯部浅一《いそべあさいち》らに師と仰がれた北一輝《きたいっき》も西郷の傾倒者だった。北はその著『支那革命外史』の序に次のように書く。

「(明治維新の元老たちが)維新革命の心的体現者大西郷を群がり殺して以来、則ち明治十年以後の日本は聊《いささ》かも革命の建設ではなく、復辟の背進的逆転である。現代日本の何処に維新革命の魂と制度とを見ることが出来るか」

橋川文三が『西郷隆盛紀行』(朝日選書)で指摘した如く、北の国家改造の根本原理は明治維新の精神を明らかにすることであり、西南戦争は維新革命に続く「第二革命」と位置づけられていた。

その北が「かつて太陽が西より出でざるがごとく、古今革命が上層階級より起れることなし」と喝破して、〝白足袋《しろたび》の革命家〟安岡正篤を、平泉澄《きよし》と同じく、口に維新や革命の言辞を弄《ろう》しつつ、伝統的国家主義の一翼に寄生し、その手先となる口舌の徒として烈《はげ》しい侮蔑《ぶべつ》の対象としたのである。

知行合一の陽明学の泰斗が「口舌の徒」とはかなりの皮肉だが、この北の論難の当否はともかく、たとえば安岡がリーダーとなって昭和七(一九三二)年に発足した国維会のメンバーは、確かに貴族的上層階級と官僚に限られ、大衆とは無縁のものだった。

同じ西郷党の人間にも、安岡のような理屈派と北のような行動派があるのである。一度は安岡に学んだ四元義隆や池袋釖正郎も、明らかに北的になった。

血盟団事件の上申書で、池袋は次のように安岡を批判する。

「安岡氏は僕が(金鶏)学院に入った当時から革命のことを口にしていた。そしてそれを自分は頼もしく思っていた。例えば浜口首相が暗殺された時も、まだ二、三人はやらなければいかぬとか、革命は暗殺と暴動に始まるとか、何か自分で革命をやると言う口吻《こうふん》であった。

しかしそのやるところを見るに、革命を実行するに最も頼みにすべき青年を顧みず、ただ知事、局長などの小役人を集めたり、三菱や三井などの財閥の巨頭に接近したり、特権階級殊に牧野(伸顕)内府に親しくしたりして反革命的行動が多く、決死的同志の養成と言うことがないように思われ、少なからずあきたらず思うようになった。

ちょうどこういう気持になっていた時に井上（日召）さんに会い、その実行的気魄に接し、そのはっきりした具体的策を聞くに及んで安岡氏の駄目なることがはっきりわかってきた。かつ、自分で観念論から目醒めて実行的決意に入ると、安岡氏に実行的意志の何等ないことが手に取るごとくはっきりわかってきた。（中略）かくして昭和六年十二月頃は完全に安岡氏を見切ってしまった」

小島直記の『一燈を提げた男たち』からの引用である。

「密告」で累は及ばず

昭和七（一九三二）年に元蔵相の井上準之助や三井財閥の團琢磨を暗殺した血盟団の盟主、井上日召は、上申書にこんなことを書いている。

「私はかねて中国の郵便局に日本往きの郵便を投函させ、私が中国に居るよう偽装したので警視庁も最初はそう思いこんでいたのである。ではなぜ当局が事件の真相を摑んだかといえば、それは金鶏学院の安岡正篤が、時の警保局長に密告したからだ。事件には、もと彼の門下だった四元（義隆）や池袋（正釟郎）など数名が参画しているので、すぐに累の及ぶことを恐れた安岡は、あれは井上日召という者の仕業だ。井上さえ捕えれば片づくのだと当局へ通じた。これは当時、絶対秘密にされていたが、後日、私は警視庁の役人から聞いて知った」

これが事実かどうかわからない。しかし、事件の直前まで金鶏学院の生徒だった四元や池袋が参加しているにもかかわらず、安岡に累が及ばなかったことは確かである。

井上によれば、池袋は血盟団に入るや、

「革命児に学士号の必要もあるまい、死んで戒名に書くでもないから」

と言って直ちに東京帝大を退学し、四元も卒業論文の筆を投じて、行動に加わった。

ただ、二人ともすぐには金鶏学院を飛び出さず、安岡に対しても反抗的態度はとらなかった。その理由を池袋は上申書で次のように告白している。

「今まで先生々々とあがめてきた関係上急にはそんな態度には出られなかった。またそれが礼儀だと思っていた。しかし、前より議論では反駁《はんばく》することが多くなった」

「こちらからはっきり安岡氏と縁を切らさなかったもう一つのより重大な理由は、従前通り縁をつないで行くことによって安岡氏と彼を中心とする金鶏党の動きを知ると共に、安岡氏を通じて政界方面や上流階級の動きについて情報を得るために、今まで通り猫をかぶっておれとの井上さんの指金があったからである」

それで安岡は池袋に神宮皇學館教授の椅子を世話しようとする。池袋は断るのだが、それについて池袋はこう証言している。

「その時の安岡氏の心中を推し計るに、もちろん我々の同氏に対する気持の変わってきたことは少しもご存じなく、我々二人を手元におけば如何なる事を仕出かすかわからぬ。危険だ、しかし、全く捨ててしまうには惜しい、将来自分の役に立つ男達である、いつまでも自分の物として、しかも手元におかず、これを捉えておきたいという風であった」

神宮皇學館の前に池袋は岡山県立閑谷中学への就職も打診されている。非常に厳しい就職状況の中での推薦だった。

二度も無下に断った弟子に、安岡は、

「来年は行くだろう」

と尋ねる。皇學館から、是非来てくれ、待っているからと言われてのことだったが、池袋はそれをも断った。

四元義隆、二つの背反

厳しい不況の中で、安岡正篤から神宮皇學館教授の口を紹介された池袋正釟郎はそれを断り、その理由を次のように告白している。

「僕は地方には行かず、東京にいたいと思いますと答えたところ、同（安岡）氏は中央の事は自分がやるから、君たちはしばらく地方にいて俺のやった後へ師の屍《しかばね》を乗り越えて革命戦線を進むべきだといった。僕は腹の中で、なんだこの野郎、やる気もないくせに、口だけはなかなか甘い事を言うと思ったが、年取った者はいつまでたっても尻をあげぬから我々若い者が先に立って年取った者を引っ張らねばならぬ。先生等はどうせ我々の骨拾いでしょうといったら苦笑して黙ってしまった」

それでいて、池袋と四元義隆は安岡の主宰する金鶏学院を出ることはなく、院規を無視した傍若無人の振舞いを続ける。

「夜遅く門限後に門を乗り越えて帰るのは日常茶飯事、そのほか無断で外泊、夜遅くまで自室で話し合ったりした」

それも遂に終わる日が来る。池袋の病気入院中に井上日召と四元が金鶏学院の代表を殴るという事件が起き、二人は学院から去った。

「一人一殺」の血盟団で、四元がねらったのは内大臣の牧野伸顕だった。大久保利通《としみち》の次男であり、吉田茂の岳父である。牧野をターゲットにした理由を四元は上申書で語っていない。ただ、こんなことを述べている。

「三月中旬から四月中旬までの間に毎年袖ヶ崎《そでがさき》の島津邸に於て開かれる旧薩藩士の会には例年牧野大臣の出席することを知り、此の会に出席し得る私は此の時まで待てば確実なりと考えていました」

この牧野を安岡は『童心残筆』で次のようにほめあげる。

「近年会ったいわゆる名流の士の中で、初対面のとき、ああこれは好い風格だと感ぜしめられたのは、文官では牧野伸顕伯（当時宮内大臣）であった。宮相官邸の奥まった一室に敬虔《けいけん》を極めた態度で時を移して静談する老伯の眉の動きから眼の閃《ひらめ》きを白面の一書生であった私はしみじみ眺め入った。そしてその彫ったような姿、寂びた気分、荘重な会話に始めて国老と語ったという気分がした」

選りに選って、その牧野を四元は殺そうとしたのである。小島直記は『一燈を提げた男たち』で、こう指摘する。

「つまり四元は、恩師（の自分）を捨てて井上日召の下に走るという背反に加えて、安岡の尊敬する人物を殺そうとしたという背反を重ねた。それは安岡にとって、許せぬことではなかったか。その気持は戦後消滅したであろうか」

四元を指南役とした中曾根康弘は、一方で安岡にも接触を求めた。しかし、何度求められても会わなかったという証言もある。中曾根の後に四元の影を見たからだろう。安岡にとって、四元義隆は思い出したくもない名前だった。しかし、安岡も四元も、西郷山脈ならぬ西郷人脈の中にいることはまちがいない。西郷はどちらの要素も備えているということだろうか。

総理の座を蹴った伊東正義

安岡正篤を師とした大平正芳に対し、女房役の伊東正義《まさよし》は四元義隆に傾倒した。この絶妙のコンビが安岡系と四元系で交錯するのである。しかし、共に源流の西郷を敬愛することでは同じだった。

大平の急逝によって臨時首相代理を務めなければならなくなった時も、首相の椅子には一度も座らなかった伊東は、その後、リクルート事件で汚染された政界の救世主として首相に擬せられる。しかし、朝日新聞記者の若宮啓文の問いに答えて、

「本の表紙だけ替えても、中身が変わらなきゃしょうがない」

と言って、それを蹴《け》るのである。

その伊東と、元大蔵次官で東京証券取引所理事長をしていた長岡実《みのる》をまじえて、『週刊東洋経済』の一九九一年六月十五日号で「『現代の鬼平』世相・政治を斬る」という座談会をした時、伊東が、別なところに司令塔があるんだから、自分が引き受けても海部俊樹《かいふとしき》君と同じ傀儡《かいらい》だよと言うので、私は、

「いったん引き受けて司令塔を蹴飛ばすこともできたんじゃないですか」

と突っ込んだ。すると伊東は、

「できないことはないと思うが、おそらく党が割れたでしょうね。私が引き受けて私の頑固さでやれば」

と答え、さらに私が、

「党を割っちゃまずいですか」

と尋ねると、伊東は諭すように、こう付言した。

「党を割ってという自信はなかったからね。いろんなことがあったが、あれだけ国民から信用を失ったんだから、国民に謝るべきだと言ったんですよ。少なくとも党の三役以上は。竹下（登）君だけ分かってくれたけれども、あとの人（安倍晋太郎《しんたろう》、宮澤喜一《きいち》、渡辺美智雄《みちお》ら）は、刑法に触れないんだから、何も謝る必要はない、とこういうんだな。

政治というのはそうじゃないんだね。不公正、不公平というのは、国民からみればみんなおかしいぞ、ということなんで、そういうものはやっぱり国民に済まなかったと謝るべきじゃないか、と言ったんだけれども感触は全然違うんだ。だから、そういう人に後で支配されるなんて、という感じを持ったよ」

おなじ宏池会でも、宮澤と伊東の仲は決してよくなかった。宏池会には前尾繁三郎に近い人と大平をかつぐ人の流れがあり、宮澤は前尾系で、いうまでもなく伊東は大平直系。前尾から大平へ派閥が代替わりする時にかなり深刻な争いがあり、そのしこりはなかなか消えなかったからである。そんな因縁のある宮澤が伊東をこう「追想」している。

「何年かたって、総理大臣が何度も替わる世の中になって、総理大臣の名前を忘れてしまったなんていう笑い話がある中で、総理大臣にならなかった人、総理大臣を断った人の名前だけは、おそらく長いこと世間は忘れないだろうと思います」

西郷党の伊東正義

西郷を慕う西郷党の忘れ難い人物、伊東正義の話を続けたい。

長く秘書をやった的野澄男が『伊東正義先生を偲ぶ』(伊東正義先生回想録刊行会)で、頭を抱えた思い出を語っている。大平内閣の官房長官として伊東が初入閣した時、タキシードの用意がなかった。それまではまったく必要がなかったからである。

大平が、君はやらなくてもいいだろう、と言い、伊東も、ああいいよ、と答えて、みんなが就きたがる役職を求めなかった。

それで高島屋から五万円ほどでタキシードを借りることにしたのだが、伊東は何と、

「この洋服はチンドン屋の洋服だ。キャバレーの呼び込みはみんなこの洋服を着ているぜ」

と毒づいたという。また、三越で急いでつくってもらった燕尾《えんび》服も一度着たかどうか。挙句の果ては、

「こんなもの着るんだったら、宮中晩餐《ばんさん》会に行かない」

と言いだした。

「人間に一等から何等まであるなんておかしい」と勲章を拒否し通したのも有名な話だが、それは死後も貫かれ、輝子夫人が、

「政治家として名誉とかにこだわらない人で、生前もさまざまな勲章はもらおうとしませんでした。死去後、(衆院事務局から)打診がありましたが、本人の気持ちを尊重してご辞退申し上げました」

と語っている。

そんな伊東が「本当の日本人」として挙げたのが四元義隆だった。『文藝春秋』の一九九一年六月号で、

伊東は「常に私情を交えず」と題して四元をこう礼賛している。

「私が四元義隆さんと初めてお付き合いをしましたのは、戦後私が農林省の局長時代でありますので、いまから三十余年前であります。

四元義隆さんとの話は常に国家の将来についての展望、或いは若い政治家を如何にして育てるかというお話ばかりであり、それ以外のことを話した記憶はありません。常に心から日本の将来を憂えて居られる心情がよく解かります。憂情溢《あふ》れるお話であります。

私が大平内閣の官房長官当時も大平総理の施政について事ある毎に御意見を承りましたが、常に心から国を憂えての御忠告でありました。外務大臣、党の政調会長、総務会長当時も時々席を設けては御招待いただき、国の行くべき途《みち》、その時々の政治についての御意見を承りました」

そして伊東は総理に推された時、四元が推薦の手紙をよこし、それに断りの返事をするのが一番心苦しかった、と述懐する。

その後、西郷の「命もいらず、名もいらず……」を引き、「……と喝破された郷里・鹿児島の偉人大西郷翁に私淑して居られることもむべなる哉《かな》と思う次第であります」と続けている。四元は鹿児島県の出身だった。

「私も各界の人々とお付き合いしますが、常に全然私情を交えず天下国家の話をされるのは、四元義隆さんをおいてないと言っても過言ではありません。

四元義隆さんは明治四十一年鹿児島に生まれました。七高時代に国家主義運動に身を投じ、その後東大在学中に井上日召、権藤成卿《せいきょう》に傾斜、血盟団事件に連座して懲役十五年の判決を受けました。

現在、三幸建設工業株式会社の社長をして居られますが、私生活も誠に質素であり、鎌倉の円覚《えんがく》寺内の塔頭《たっちゅう》のひとつを住処として居られます。

戦前の四元義隆さんの行動は後世の歴史の批判に俟《ま》つべきものでありますが、戦後私がお付き合いをした四元義隆さんは正に日本人中の日本人に値する人物として心より尊敬して居ります。

四元義隆さんの御健康を祈って止みません」

最大級の賛辞と言っていいだろう。しかし、伊東は、四元の戦前の行動は「後世の歴史の批判に俟つ」というが、四元の中で戦前と戦後は切れていないのではないか。

「僕は出獄して以来、一日も生きていようと思ったことはない。人を殺し、同志をたくさん失って、なんで生きておれるか、という気持ちだった。だから、怖いものは何もない」

こう語る四元に、なぜ伊東は傾倒してしまうのか。

安岡正篤について福田赳夫が「淋しくなると会いたくなる人」と評したという。しかし、安岡にしても四元にしても、そうした位置にいていい人なのだろうか。

私には、伊東が四元を敬愛する姿勢は伊東の弱さとして映る。伊東ほどの人間でも、上司の判断を仰ぐように相談してしまうのかと、官僚出身者の持つ弱さと重なって見えるのである。

「僕は、マスコミに出るのは昔から大嫌いだ。出たって何もしゃべらない。何もしゃべらないから僕の存在理由がある」

四元は『中央公論』の一九九五年六月号で、こう言っているが、安岡と同じように晩年はよくマスコミに登場した。

中曾根内閣が六年も続いたのは後藤田正晴《ごとうだまさはる》と伊東正義が支えたからだ、という四元は、田中角栄を「私心の塊」として嫌い、福田赳夫を評価した。だから、福田総理実現のため奔走したが、「大平正芳とかが、田中を担いだりしたから」負けてしまった。大平については、田中と同種類の男だが、利口ではあった、とする。大平の腹心だった伊東はこれをどう聞いていたのだろう。

西郷ファン必ずしも西郷ならず

作家の石川好が『明日ジャーナル』の一九八九年六月二十三日号で指摘したように、澎湃《ほうはい》として起こった後継首相への国民的コールを、ガンとして拒否した伊東正義のガンコぶりは、この国の人たちを瞠目《どうもく》させた。

「伊東正義氏は、僕らに何を見せたのか」

こう問いかけて、石川は次のように答える。

「それは、金とポストだって、気にいらなければいらないという人間が、この世には居るのである、という単純な事実を見せつけたのだ」

取ろうとしても取れないポストを、上げると言ってもらってくれない人間がいることは、自民党の政治家たちを混乱させた、と石川は続ける。そして、こう結論づけるのである。

「多くの人があたりまえだと思っていることに対し、たった一人の人間でも『ノー』を発しただけで、これくらいのショックを与え得ることを、伊東正義氏は逆説的に教えたことになるのである。考えてもみよ、中国でもたった一人の青年が、戦車の前にたちはだかり、戦車部隊を止めたではないか」

この伊東に傾倒していた田中秀征《しゅうせい》が、私との対談で、安岡や西郷について非常に興味深いことを言った。

宮澤喜一のブレーンでもあった田中に、宮澤が「石橋湛山《たんざん》と緒方竹虎《おがたたけとら》を尊敬する」と言っていることに触れ、「石橋湛山は、ある意味で吉田茂とは政敵だった。それで私は、宮澤さんと会った時に、安岡正篤をどう評価していたかを聞いた。その時に私は好感を持ったのだけれども、安岡正篤や四元義隆のような〝魔術師〟に判断をあずける政治家が見られるなかで、宮澤さんは少年のように口をとがらせながら、安岡正篤には惹かれなかったと言ったのです」

と問いかけると、田中は、

「安岡正篤については、僕は、学生時代に読んだことがあるけれども、示しているものは政治家哲学なんだよね。政治哲学は、もっと公的なものだと思うのだけれども、政治家はどうあるべきかという、政治家の生き方のようなことを示している。政治家哲学をひけらかす政治家を、僕は、あまり信用できない。そういう人、いるんだよね（笑）。〝清潔さ〟なんていうのも、ある種そうだよね。宮澤さんは、政治家としての生き方を武器にして生きていくようなことは、恥ずかしいんだろうね」

と答え、政治家哲学に惑わされないほうがいいとして、さらにこう言葉を継いだ。

「僕も、年をとってくるにしたがって、訓示めいた色紙が嫌になってきた。なんとなく生き方を人に示したくなるものだけれど、西郷隆盛が大好きだという人が、西郷隆盛とは似ても似つかなかったりするものです（笑）」

いくら関係があったとはいえ、安岡正篤と細木数子を一緒にしては安岡ファンに叱られるだろうが、少なくとも、細木に自らの運命を占ってもらうような人にリーダーになってもらいたくはないだろう。

「住友の西郷隆盛」、伊庭貞剛

西郷のような人として「○○の西郷隆盛」という言い方がある。そのひそみに倣《なら》えば、伊東正義は「政界の西郷隆盛」だった。それに対し、実際に「住友の西郷隆盛」といわれた人がいる。伊庭貞剛《いばさだたけ》である。

日本の公害の原点となった足尾《あしお》銅山の鉱毒防止に、文字通り、その職（国会議員）をなげうち、身体を張って闘った田中正造《しょうぞう》は、足尾銅山経営者の古河市兵衛や政治家等を激しく攻撃しながら、しかし、住友の別子《べっし》銅山については次のように讃美した。

「伊予の別子銅山は鉱業主任住友なるもの、社会の義利をしり徳義を守れり、別子は銅山の模はんなり」

「これほど説いても判らぬのなら渡良瀬《わたらせ》川から鉱毒水を汲んで来て農商務大臣に飲んでもらおう」

とまで言った田中をして、この賛辞を吐かせた当時の住友の別子銅山に伊庭がいた。

「たとえ事業が潰《つぶ》れてしまっても害毒を起こしてはならない」という伊庭の下、住友では別子銅山を四阪《しさか》島《じま》に移転した。そのために二年間、減産をすることになっても、それを決行したのである。

「経済力が全く貧困で、工場の規模など今日とは比較にもならなかった明治二〇〜三〇年代に、単に『公害をなくする』目的だけのために、これほどの巨費（現在のカネで四百億円余）を投じた伊庭の英断は、どんなに偉大と讃えても誇張のそしりはないであろう」

と木本正次は『伊庭貞剛物語』（朝日ソノラマ）にも書いている。

明治二十六（一八九三）年秋、愛媛県新居浜地方の農民千人が煙害に抗議して坐《すわ》り込むなど、大争議もあって騒然たる中へ、翌年二月、まだ四十代だった伊庭がその収拾に赴く。叔父の広瀬宰平《さいへい》（初代住友総理事）のバトンを受けてだった。

あるいは生還を期しがたい出発に当たって、伊庭は心の友の峩山《がざん》和尚に後事を託した。峩山は大きく頷《うなず》き、何か山で読むものが欲しいという伊庭に『臨済録』一冊を手渡した。

「何も読まんほうがいいのだが」と言いながら渡してくれたのが、この禅の本だったのである。

伊庭を迎えた山は殺気立っていた。

しかし、伊庭は格別のことをせず、草庵《そうあん》をむすんで、ただただ、山の散歩と、読書と、そして謡曲に明け暮れた。

そもそも争議の収拾に赴くのに、連れて行ったのは謡曲の師匠ひとり。

散歩は、遠く離れた坑まで出かけ、坑夫たちに会うと、

「やあ、ごくろうさん」

と、にこやかに挨拶《あいさつ》した。もちろん、返礼はない。

一方、血の気の多い者が草庵に押しかけてきて、からんだり、脅したりしても、うるさがらずに相手をした。

不思議なことに、それを繰り返しているうちに、いつしか、山の空気がなごんできたのである。

「少壮と老成」

若き日に争議の絶えなかった別子銅山に行き、平静を装って毎日散歩していた伊庭貞剛であったが、内心まで穏やかだったわけではない。

大阪本社のある理事に宛てた手紙では「小生も独り心痛、意中を明し談ずべき友も得ず、寒灯の下に古今

治乱の因果を想起し、人生のはかなき有様を嘆じ、ひとり自ら慎むのほかなきこととあきらめ申候」と、その苦しさを述べている。

しかし、五年間で別子銅山を立て直し、住友の二代目総理事となった伊庭を、白柳秀湖《しらやなぎしゅうこ》は『住友物語』で、こう評価した。

「貞剛は人となり寡慾恬淡《てんたん》、気品清曜、故《ことさ》ら営為計画して功を一時に収めようとするやうなことがなく、物の自然に成り、事の序を逐うて熟するのを俟《ま》ち、機を逸せずして必要の施措に出るといふのが、その本領であつたらしく、維新大変動の際には広瀬宰平の如き営為籌画《ちゅうかく》の人が現れて住友家のために狂瀾を既倒にかへし、明治二十九年の改革で、住友家が立派な法治国となつてからは、その立法の精神にふさはしい伊庭貞剛の如き人が立つて、住友家の自然の発育を見守つた。殊に、友純の継嗣によつて新に住友家の親戚となつた西園寺公は、貞剛と同類同型の枯淡人で外《よそ》ながら住友家の顧問役となり、住友家の自然発育を見守つて行くには、貞剛と最も呼吸の合つた人である」

ここに出てくる西園寺公、すなわち西園寺公望を殺そうとしたのが、四元義隆の盟友、池袋正釟郎だったことは既述した。四元がねらったのが安岡正篤の敬慕した牧野伸顕である。

ところで、伊庭貞剛自身、裁判官から住友に入った転身組だが、伊庭は総理事になると、当時、未来の外務大臣とまでいわれた河上謹一《かわかみきんいち》を「東洋一の高給」で迎え入れるなど、スカウト人事を進めた。また、部下を信頼して、書類にはポンポン判を捺《お》したという。

そして、やはり転身組の小倉正恒（のちに総理事）が「商務研究のため欧米諸国に出張を命ず」という辞令をもらって総理事の伊庭のところへお礼に行くと、伊庭は、

「住友が君を洋行させるのは、一住友のためではなくて、国家のためによかれと希望するからである。従って君は、君の思う通りに研究して、日本で必要と思うことがあれば、それを身につけて帰られたらよい。辞令面は商務研究ということになっているが、こだわる必要はない。帰ってから住友にいようと思えばいるもよし、よそで働く方がよいと思うならば、自由に住友をやめてもよろしい」

と小倉がびっくりするようなことを言った。

伊庭は「少壮と老成」と題した一文で「事業の進歩発達に最も害をなすものは、青年の過失ではなくて老人の跋扈《ばっこ》であり、老人は少壮者の邪魔をしないようにするということが一番必要だ」と喝破しただけに、その退き際もあざやかだった。こうした人が「住友の西郷隆盛」と呼ばれたのである。

西郷の犬好き、安岡の猫嫌い

西郷が犬好きだったことはよく知られている。阿井景子著『西郷家の女たち』（文春文庫）によれば、明治五（一八七二）年には鹿児島の家に十二匹も犬を飼っていた。そのために人を雇い入れたほどで、毎日魚を買いに行き、麦飯に炊き込んで犬に与えるのがその人の仕事だったという。

西郷は家にいる時は櫛《くし》で犬の毛を梳《す》き、生卵を飯にまぜて犬にやるのを日課とした。

「この家《や》は、人よりか犬のほうがよかもんを食うとる」

などとも言われて苦笑いしたが、犬は「耳が立ち、口が尖《とが》り、瘦軀《そうく》だが温和で敏捷《びんしょう》な薩摩犬」だった。

上野の山に西郷の銅像が建った時、西郷の連れている犬がどの犬か、議論になった。西郷は特にツンという雌犬をかわいがっていたのだが、なぜか、銅像の犬には雄のシルシがついている。それについて、平成十八（二〇〇六）年の一月二十八日付『朝日新聞』（be）に「銅像にはタマがついた」というコラムが載っていて噴き出してしまった。筆者は茨城大学助教授の磯田道史《いそだみちふみ》。

明治初年、急に偉くなった新政府の元勲たちは競って愛妾《あいしょう》を蓄える。西郷はそれを憤り、「美妾を蓄へ、貨殖を謀らば、戊辰の義戦も偏《ひとえ》に私を営むの結果となり」、死んだ同志に申しわけがないと、巨体に似合わぬ涙を流した。

ところが、ある日、好色そうな来客を前に、東京の家で西郷が、

「おいも最近、二人の愛妾ばいれもんした」

と打ち明けたという。それで、その男が、

「ならば早速、面悦の栄を給わりたい」

と言うと、西郷はすくっと立って大きな声で呼ばわった。やがて来たのは二匹の雌犬。その頭をなでながら、西郷は、

「おいの愛妾はすなわちこれじゃ」

と大笑いしたとか。

ところで磯田は、すでに亡くなった西郷の愛犬をモデルにすることはできないので、薩摩出身の海軍中将、仁礼景範《にれかげのり》の愛犬をモデルにしたために「タマがついた」と書いているが、阿井景子は前掲書で、製作者の高村光雲が銅像の原型をとったのが明治二十六（一八九三）年（完成は三十一年）であり、犬のモデルは仁礼景雄《にれかげお》（枢密顧問官景範《かげのり》の子）所有の雑種の薩摩犬「サワ」と記している。これは後者の方が正しいのではないだろうか。

犬好きの西郷に感化されたのか、安岡正篤も犬が好きで、ゴローと名づけた犬と夢中になって遊び、娘の節子に、

「猫背、猫なで声、猫かぶり、猫ばば、猫可愛がり、猫のつく言葉にろくなものはないぞ」

と言っていたという。狂のつくほど猫の好きな私には許せない発言だが、西郷その人は猫に対しても、こんな悪罵《あくば》は投げなかったのではないだろうか。元祖と弟子の違いである。あえて安岡に反論すれば、忠犬はいても忠猫はいない。猫は独立独歩の自由人なのである。

第三章 西郷を憎む会津、西郷を愛する会津

会津藩主・松平容保と蛤御門の変

荘内と対照的な会津の悲惨を語るに際して、再び、北海道生まれながら「生粋の会津人」を自負した田中清玄の『自伝』を借りよう。

清玄の家は代々、会津藩松平侯の家老を務め、江戸末期の田中玄純が幕府の命を受けて北海道の陣将代(守護職代理)となり、日高の勇払《ゆうふつ》で病死して、箱館の高龍寺に葬られた。その従兄弟《いとこ》の田中土佐玄清が、玄純の死後、田中家を継いで会津藩の筆頭家老となる。

そのころ、松平容保は幕命によって京都守護職に就任する。これは、いわば押しつけられたものだった。幕府の力も衰えを見せていたし、そんな損な役まわりはどこの藩も引き受けようとしない。藩の幹部もほとんど反対だった。

しかし、「いくさにはしない。必ず平和を貫くから賛成してくれ」と容保に頼まれ、田中土佐や次席家老の西郷頼母《たのも》はやむなく、藩論を賛成にまとめる。そして、田中土佐が容保に従って京都に赴いた。田中清玄に言わせれば、その仕事はこうなる。

「京都警備のために三千人の市中見廻り組を組織し、近藤勇や土方歳三らの新撰組を作った。今でいえば三千人の常雇いを抱える大企業のようなもので、藩にとっては大変な財政負担ですよ」

それでも、京都へ行ったままではよかった。しかし、そこで起きた「蛤御門《はまぐりごもん》の変」によって、長州と公家の怨《うら》みを一身に買う。この両者によるクーデターを会津藩は桑名《くわな》藩や薩摩藩と共に粉砕したのである。これは

「禁門の変」とも言い、朝廷を固める会津や薩摩と、長州の間での戦闘だが、のちに官軍として手を組んだ薩摩にこの時の憎しみをぶつけるわけにはいかない。それで、長州の怨みが会津に集中した。

しかし、この時の功績で、松平容保は孝明《こうめい》天皇から御宸筆《しんぴつ》を賜る。

「堂上以下、暴論を疎《つら》ね、不正の所置増長につき、痛心たえがたく、内命を下せしところ、すみやかに領掌し、憂患掃攘、朕の存念貫徹の段、まったくその方の忠誠にて、深く感悦のあまり、右壱箱これを遣わすもの也。文久三年十月九日」

そして、錦《にしき》の御旗《みはた》も頂戴《ちょうだい》した。これは実際には「武士《もののふ》の忠誠のこころをよろこひてよめる」と詞書《ことばがき》のある、次の御製《ぎょせい》二首である。

・和《やわ》らくもたけき心も相生《あいおい》の　まつの落ち葉のあらす栄えん

・武士とこころあはしていはほをも　つらぬきてまし世々のおもひて

それから三年も経たずして会津は「朝敵」すなはち「朝廷の敵」とされる。これについて、田中清玄はこう語る。

「会津は正義派ですから、政権を握っていた岩倉具視《ともみ》や山県有朋《やまがたありとも》なんかは、自分らの立場がなくなるというので、孝明天皇から容保侯に下された御宸筆と錦の御旗を、なんとかして取り上げたかった」

なぜか、ここに西郷の名はない。清玄は意図的に西郷をはずしているのである。

容保の受けた御宸筆と錦旗

「会津を朝敵にしなければ、名実共に自分ら公家や薩摩、長州の政権とはならない」ので、「蛤御門の変」で公家と長州を撃退した会津に御宸筆と錦旗を与えた孝明天皇を〝毒殺〟してまで、薩長は会津を追い込んだと語るのは田中清玄である。『田中清玄自伝』で、田中は「(孝明天皇の死は) 文献ではご病死ということになっているが、我々が聞いているのは、あれは明らかに暗殺といわれています」と断言し、こう続ける。

「孝明天皇御逝去の後、明治天皇が十六歳で御即位されたが、側近は全部、薩摩と長州と公家です。もうこのときには大政奉還ですから、会津も京都からは引きあげて国へ帰っていました。それで会津に対して飲めない条件を無理に押し付けて、無理やり上野の寛永寺から戦争を始めたんです。

挑発に乗るなと言ったのが、会津藩では田中土佐や西郷頼母であり、全国的には勝海舟、土佐の坂本龍馬や中岡慎太郎もそうでした。しかし、その坂本も中岡も、討幕天誅を唱えるテロリストたちは殺してしまったんですから、馬鹿な話ですよ。彼等が生きていたら西郷(隆盛)や坂本や中岡の政権ができ、軍をしっかり握って、日本国中を戦場とする、あんな惨めなことにはならなかったでしょうね。その後、日本ももっと変わっていたでしょう」

田中はこう述べているが、会津人すべてが西郷を高く評価していたわけではない。実際に官軍と戦った人たちは、やはり、西郷にも憎しみをぶつけ、怨みを残していた。それについては後に触れるとして、孝明天皇が会津に賜った御宸筆と錦旗はどうなったか。

田中によれば、藩主の松平容保は家老の田中土佐と相談し、

「これは家老の一人、西郷頼母に預けよう。頼母は(容保が守護職として) 京都へいくことに反対の急先鋒《きゅうせんぽう》

だったし、最後まで尊王開国も主張していた。したがってこの西郷までが腹を切ったということになれば、官軍もこれを信じるだろう」

という筋書きを書いた。

西郷隆盛と会津の西郷頼母が混同されやすいので、これから頼母と書こう。

それで頼母はこの御震筆と錦の御旗を、徳川家康を祀《まつ》った日光東照宮の宮司に託そうとして、供も連れずに、一人陣地を抜け出す。

仙台生まれの郷土史家、星亮一は『会津落城』（中公新書）などで、松平容保や田中土佐たちに厳しいのだが、土佐の子孫の田中清玄は容保についても、こう弁護する。

「その後、容保侯は政権返還後に日光の宮司となり、先祖をお祀りすることになるのだが、会津藩への孝明天皇の御墨付きも守ってくださった。明治になってもずっと長い間隠していたので、とうとう取り上げることはできなかった。これが長州・薩摩の手に渡ってしまったら、会津藩は文字通り賊軍となってしまったでしょう。官軍はもちろん賊軍扱いをして過酷な処置をとりましたが、会津の武士たちにとっては、気持ちの上ではそんな事はまったくなかった」

会津藩士の血を引く伊東正義

笠井尚《かさいたかし》の評伝『最後の会津人　伊東正義——政治は人なり』（歴史春秋出版）によれば、伊東が学んだ旧制会津中学は鶴ヶ城のすぐそばにあり、西出丸が運動場として使用されていた。小さいころからこの城を遊び場にした伊東は、会津の、いわゆる〝滅びの美学〟を自然と身につけていく。

「石垣をつたったり、城の一角で野球をしたりね。この城は、その後のオレの人生にとっても、ずっとヘソみたいなもんだったよ。会津の人はみんなそうだけど、信じる道に殉じた、この城の滅びの美学みたいなものが好きなんだよ」

こう語った伊東は、自民党内の激しい四十日抗争を経て、盟友の大平正芳が第二次大平内閣を発足させた時、官房長官となる。背水の陣を敷いた大平の盾になるつもりだった。

大平も伊東も西郷を敬愛していたが、そのとき伊東は、西南戦争で西郷軍に加わった中津藩の隊長、増田宋太郎と同じような気持ちだったろう。

敗色濃くなって部下を故郷に帰し、自分だけ残ることになった増田は、部下から、なぜと尋ねられて、

「一日西郷に接すれば、一日の愛生ず。三日接すれば、三日の愛生ず。親愛日に加わり、今は去るべくもあらず。ただ死生をともにせんのみ」

と答えたといわれる。

会津の悲惨は上層部の不明によると伊東は指弾していたというが、筆舌に尽くし難い悲惨を語り継がれたためか、徹底したハト派だった。

官房長官として、国家機密法とも呼ばれたスパイ防止法の成立を阻止しただけでなく、靖國神社へも公式参拝はしなかった。次兄が太平洋戦争で亡くなったのに、個人として以外は靖國神社には参拝しなかったのである。

前掲の評伝で笠井が書いているように、「会津藩士の血を引く伊東の胸のうちには、信仰の自由をめぐっての論争だけでなく、ある種のこだわりがあった」のは確かだろう。

長州藩の守り神に過ぎない靖國神社に素直には参拝できなかった。

『伊東正義』の「憲法順守の伊東」の節から引く。

「戊辰戦争の東軍、つまり会津藩を含む奥羽列藩同盟側の戦没者は、賊軍ということで（靖國神社には）合祀されていない。唯一の例外は、京都の御所を守備して戦死した、元治元年の禁門の変の会津藩士だけである。しかも、大正初年までは例大祭は、十一月六日に行われた。それは、鶴ヶ城の会津藩が降伏して白旗を掲げた日であった」

そして伊東は、官房長官として、大平内閣の閣僚全員に対して、五月三日の憲法記念日に、自主憲法制定国民会議などの改憲派の集会に参加しないよう指示したのである。

その伊東は、会津中学時代に、会津藩士として辛酸を嘗《な》めた山川健次郎（東大総長）と柴五郎（陸軍大将）の講演を聴いた。

会津人、柴五郎の遺書

「最後の会津人」伊東正義が会津中学時代にその講演を聴いた、後の東大総長・山川健次郎は白虎《びゃっこ》隊の生き残りであり、いま一人の柴五郎は〝賊軍〟出身者として初めて陸軍大将となった人だった。

二人は、戊辰《ぼしん》戦争で敗北した会津藩士が下北半島の火山灰地に追いやられ、いかに苛酷《かこく》な生活を強いられたかを語り、「権勢富貴なにするものぞ」と反骨の精神を説いて、伊東たち会津の若者の奮起を促した。

石光真人《いしみつまひと》が編んだ「会津人柴五郎の遺書」は『ある明治人の記録』という題で中公新書に入り、いまも版を重ねている。

「いくたびか筆とれども、胸塞がり涙さきだちて綴るにたえず、むなしく年を過して齢《よわい》すでに八十路《やそじ》を越えたり」

こう始まる柴五郎の「遺書」はまさに「血涙の辞」である。生き地獄を見た七十有余年前を回想しながら、柴は続ける。

「非業の最期を遂げられたる祖母、母、姉妹の面影まぶたに浮びて余を招くがごとく、懐かしむがごとく、また老衰孤独の余をあわれむがごとし。

時移りて薩長の狼藉《ろうぜき》者も、いまは苔《こけ》むす墓石のもとに眠りてすでに久し。恨みても甲斐なき繰言《くりごと》なれど、ああ、いまは恨むにあらず、怒るにあらず、ただ口惜しきことかぎりなく、心を悟道に託すること能《あた》わざるなり。

過ぎてはや久しきことなるかな、七十有余年の昔なり。郷士会津にありて余が十歳のおり、幕府すでに大政奉還を奏上し、藩公また京都守護職を辞して、会津城下に謹慎せらる。新しき時代の静かに開かるるよと教えられしに、いかなることのありしか、子供心にわからぬまま、朝敵よ賊軍よと汚名を着せられ、会津藩民言語に絶する狼藉を被りたること、脳裡に刻まれて消えず」

消えないことの中には、わずか七歳の妹までも自害したことがあった。十歳だった柴五郎は、叔父《おじ》からその最期の様子を知らされる。柴の長兄太一郎は軍事奉行であり、五郎を含めて「男子は一人なりと生きながらえ、柴家を相続せしめ、藩の汚名を天下に雪《すす》ぐべき」と教えられていた。

叔父は居ずまいを正して、五郎に言った。

「今朝のことなり、敵城下に侵入したるも、御身の母をはじめ家人一同退去を肯《き》かず、祖母、母、兄嫁、姉、妹の五人、いさぎよく自刃されたり。余は乞われて介錯いたし、家に火を放ちて参った。母君臨終にさいして御身の保護養育を委嘱されたり。御身の悲痛もさることながら、これ武家のつねなり。驚き悲しむにたらず。あきらめよ。いさぎよくあきらむべし。幼き妹までいさぎよく自刃して果てたるぞ。今日ただいまより忍びて余の指示にしたがうべし」

いまで言えば小学生の五郎はこれを聞いて茫然《ぼうぜん》自失となり、涙も流れずに、めまいを起こして倒れてしまった。そして、叔父に肩を叩《たた》かれるまで気がつかなかったのである。

西郷の最期に同情しない柴五郎

七歳の妹まで自害したと聞いて卒倒してしまった十歳の少年、柴五郎は、会津落城前に、叔父から、こう言われる。

「敵、城下を焼きはらい城を包囲せば、かならず城外にある藩士を捜索せん。町人、百姓の女まで殺す下郎どもなり。道々殺されたる女を見れば、百姓どもさえ、ひそかに蓆《むしろ》をかけて逃げかくるるほどなり。芋武士奴《いもざむらいめ》、何をしでかすかわかり申さぬ。御身のその姿にては一見武家の子たること明瞭なり。母君のご遺言もあり、御身の安全のため百姓の姿に改めよ」

そして五郎は丸坊主にされる。「わが生涯における武士の子弟最後の日」となったはずだったが、その後、下北半島の不毛の地に移され、犬の死体まで食わざるをえなくなる。

『ある明治人の記録——会津人柴五郎の遺書』（中公新書）によれば、それを「口中に含みたるまま吐気を催す」状態の五郎を見て、父親が大喝した。

「武士の子たることを忘れしか。戦場にありて兵糧なければ、犬猫なりともこれを喰らいて戦うものぞ。ことに今回は賊軍に追われて辺地にきたれるなり。会津の武士ども餓死して果てたるよと、薩長の下郎どもに笑わるるは、のちの世までの恥辱なり。ここは戦場なるぞ、会津の国辱雪《そそ》ぐまでは戦場なるぞ」

乞食小屋のような住居で二十日間も犬の肉を食いつづけたためか、五郎の頭髪は抜け、「坊主頭のごとく全体薄禿《うすはげ》」になった。

「余幼くして煩瑣《はんさ》なる政情を知らず、太平三百年の夢破れて初めて世事の難《かた》きを知る。男子にとりて回天の世に生まるること甲斐《かい》あることなれど、ああ自刃して果てたる祖母、母、姉妹の犠牲、何をもってか償わん。また城下にありし百姓、町人、何の科《とが》なきにかかわらず家を焼かれ、財を奪われ、強殺強姦《ごうかん》の憂目をみたること、痛恨の極みなり」

まさに塗炭の苦しみを嘗め尽くした柴五郎には、いわばその子や孫に当たる田中清玄や伊東正義に見られるような西郷への親近感はない。明治十一（一八七八）年五月に大久保利通が暗殺されたことについても、西郷と並べて、こう断じている。

「大久保は西郷隆盛とともに薩藩の軽輩の子として生まれ、両親ともども親友の間柄なるも、大義名分と情誼を重んずる西郷と、理性に長《た》けたる現実主義政治家たる大久保とは、征韓論を境に訣別《けつべつ》し、十年の西南戦争においては敵味方の総帥として対決し、しかも相前後して世を去る。余は、この両雄維新のさいに相謀りて武装蜂起《ほうき》を主張し『天下の耳目を惹かざれば大事成らず』として会津を血祭りにあげたる元兇《げんきょう》なれば、今日いかに国家の柱石なりといえども許すこと能《あた》わず、結局自らの専横、暴走の結果なりとして一片の同情も湧かず、両雄非業の最期を遂げたるを当然の帰結なりと断じて喜べり」

当時、こう思ったことを柴は「青少年の純なる心情の発露にして、いまもなお咎《とが》むる気なし」と追認している。

故意に抹殺されたる記録

前掲『ある明治人の記録』に、若き日の柴五郎の日記が載っている。

「真偽未だ確かならざれども、芋（薩摩）征伐仰せ出されたりと聞く、めでたし、めでたし」

これは明治十（一八七七）年に西郷が挙兵したことに対し、討伐の詔勅が下ったことを指している。「めでたし、めでたし」と書いた柴五郎に、西郷への親近感はない。それどころか、五郎のすぐ上の兄、四朗（のちにアメリカに留学し、東海散士の筆名で『佳人之奇遇』という政治小説を著した）は、五郎にこんな手紙をよこした。

「今日薩人に一矢を放たざれば、地下にたいし面目なしと考え、いよいよ本日西征軍に従うため出発す。凱旋《がいせん》の日面会すべし。学業怠るなかれ」

病弱なのに四朗は床を蹴《け》って出陣したのである。それほどに薩摩（西郷）への怨《うら》みは深かった。それについて五郎はこう書く。

「まことに心痛の極みなれど、余もまた征西の志、胸中にたぎり、闘志炎となれる砌《みぎり》なれば、あえて兄の壮途を止《とど》めず、ただ無事凱旋されんことを祈るばかりなり」

もちろん、星亮一が『会津落城』に記す如く、会津攻撃に際しては、長州はあまりに会津への私怨《しえん》が強すぎるからと、西郷が参謀に土佐の板垣退助を起用するというような配慮を見せたともいわれる。しかし、板垣はあくまでも「長州の代理人」であり、柴五郎らの会津藩士にとっては、薩長は同罪だった。処分についても、薩摩と長州とで「微妙な違い」があり、長州は会津に、藩主松平容保の斬首、鶴ヶ城の開城、そして領地の没収を迫った。それに薩摩が「若干の異議」を唱え、首謀者の首を差し出し、国境の軍備を撤収して城を開けば、容保の死一等を減ずるとなったのである。

「会津人」を自負する田中清玄や伊東正義ら、柴五郎の孫の世代は、藩主を含む幹部らの愚かさもあって悲劇は生まれたのだし、西郷の配慮は評価する立場に立てるが、柴五郎らにとっては、薩長の「微妙な違い」は「違い」とは言えず、処分についての薩摩の「若干の異議」など、「異議」として認められるものではなかった。

柴は前掲の「遺書」に憤激の血文字をつらねる。

「後世、史家のうちには、会津藩を封建制護持の元兇のごとく伝え、薩長のみを救世の軍と讃え、会津戦争においては、会津の百姓、町民は薩長軍を歓迎、これに協力せりと説くものあれども、史実を誤ること甚だしきものというべし。百姓、町民に加えたる暴虐の挙、全東北に及びたること多くの記録あれど故意に抹殺されたるは不満に堪えざることなり」

言うまでもなく、歴史は勝者によって書かれる。敗者のそれは「故意に抹殺され」て、闇に沈みがちなのである。

白虎隊の悲劇

「会津人柴五郎の遺書」によれば、会津藩は「散華壊滅を覚悟の布陣」を敷いた。その主力の隊の編成は次のようなものである。

（東）青竜隊　三十六歳より四十九歳（西）白虎隊　十六歳より十七歳（南）朱雀《すざく》隊　十八歳より三十五歳
（北）玄武隊　五十歳以上

隊名は東西南北の神の名に由来しているが、青竜隊は国境守護、朱雀隊は実戦、玄武隊は城内守護の役目を負い、白虎隊は予備だった。しかし、とくにこの白虎隊を悲劇が襲う。

戦いに敗れ、城北の飯盛山にたどりついた白虎士中二番隊の十九人が、武家屋敷の炎上を鶴ヶ城の落城と思い、次々に切腹して果てたのである。それが美化され、明治十六（一八八三）年からは小学校の国史の教科書に載っただけでなく、翌十七年の八月二十五日には、旧藩主の松平容保も出席して（白虎隊をはじめとした犠牲をよそに藩主は生きていた。いや、犠牲と引き換えに生き延びたのである）行われた墓前祭では、旧会津藩士の佐原盛純《さはらもりずみ》が「少年団結す白虎隊」と始まる漢詩「白虎隊」を十九士の霊に捧げた。

やはり、会津藩士の秋月悌次郎《ていじろう》を描いた中村彰彦《あきひこ》の『落花は枝に還らずとも』（中央公論新社）から、人口に膾炙《かいしゃ》した次の詩句を引こう。

南鶴城《つるがじょう》を望めば烟焔颺《いんえんあが》る
痛哭《つうこく》涙を呑んで且《しばら》く彷徨《さまよ》う
社稷《しゃしょく》亡びぬ以《もっ》て止むべしと
十有九人腹を屠《ほふ》りて死す

この詩句を少し変えて中に入れた島田磬也作詞、古賀政男作曲の「白虎隊」という歌もある。霧島昇が

歌ってヒットしたこの曲は、

〽戦雲晦《くら》く　陽は落ちて
　孤城に月の　影悲し

と始まり、三番は、

〽忠烈今も　香に残す
　花も会津の　白虎隊

と結ばれる。

少年兵を死なせた、実は残酷な「白虎隊」の話は、軍国主義にとっては極めて都合がよかったのか、飯盛山にはナチス・ドイツより贈られた記念碑や、ムッソリーニが次のように書いて寄贈した記念塔が建っている。

「文明の母たるローマは、白虎隊勇士の遺烈に不朽の敬意を捧げんが為、古代ローマの石柱とローマの権威を顕すファシスタ党章のマサカリを飾り永遠偉大の証たる千年の古石柱を贈る」

これは戦後、米軍によって破壊されたが、後に復元された。しかし、「紅顔可憐《かれん》の少年」たちを犠牲にするファシズムを「復元」させてはならないだろう。

西郷をその象徴としてかつぎたがる者たちへの批判として私はこの「西郷伝説」を書き進めている。

星亮一は『会津落城』に、夫と共に死ななかった女性のことを書き、「会津の女性がすべて死を選ぶよう教育されていたわけではない。一家の主人や妻の考え方いかんであった」と特記している。

禁じられた遺体の埋葬

薩摩や長州は会津に降伏さえも許さなかった。その動きがあった時も、参謀はそれを奸計《かんけい》であるとして、次のような布告を出す始末だった。

「賊徒種々の奸計を巧み、我が兵士を怠らしめ、間を窺《うかが》い、突撃の策これあるやに薄々相聞こえ、実に容易ならざることにつき、ただ今より番兵ら怠らずよう精々部下へ示し聞かせるべし」

会津にも「薩長軍は官軍にあらず、官賊だ」と指弾して最後まで抵抗した佐川官兵衛のような豪の者もいたから、戦場に於ては、薩長だけを非難できないかもしれない。

最終的に会津藩は秋月悌次郎らを使いとして米沢藩経由で白旗を掲げる。その申し出を受けた土佐藩は、それまで条件としてきた藩主、松平容保の斬首を引っ込める。星亮一は『会津落城』に、それは一参謀の板垣退助の独断で示せるはずがなく、「明らかに西郷隆盛、大久保利通、木戸孝允《たかよし》、岩倉具視らの間で決められていた内容だった」と記している。

会津の人たちがいまも怨みを深くしているのは戦いで死んだ者の埋葬を許さなかったことである。星の筆を借りる。

「占領軍（薩長軍）は犯罪者という理由で、会津藩兵の遺体の埋葬を禁じた。このためあちこちに放置された遺体は狐や狸、野犬に食いちぎられ、鳶《とび》や烏につつかれ、腐乱が進み、一部は白骨化し、城下とその周辺は、死臭ただよう地獄と化し、人々は鼻をふさいで歩いた。

飯盛山で自刃した白虎隊士の遺体も、同じだった。

滝沢村の肝煎《きもいり》吉田伊惣次《いそじ》の妻が、放置された遺体を哀れみ、ひそかに埋葬したが、密告する者がいて伊惣次が捕らえられ、遺体は掘り起こされて、ふたたび放置された」

一方、占領軍は会津城下の融通寺に薩長軍墓地を設け、埋葬しているのである。その残酷限りなき対照に、西郷は気がつかなかったのだろうか。

西南戦争の時、警視庁巡査精鋭百余名で組織された「抜刀隊」は旧会津藩士が中心だった。俗に「会津抜刀隊」と称されるが、外山正一《とやままさかず》作詞による歌がつくられ、これは日本最古の軍歌として、いまも自衛隊などで演奏されることがある。途中まで引こう。

〽吾は官軍我が敵は
天地容れざる朝敵ぞ
敵の大将たる者は
古今無双の英雄で
これに従うつわものは
共に慓悍《ひょうかん》決死の士
鬼神に恥じぬ勇あるも

天の許さぬ反逆を
起せし者は昔より
栄えしためし有らざるぞ

「古今無双の英雄」が西郷を指すことは言うまでもない。西南戦争では西郷が「朝敵」となった。

戦場の悲惨と「地獄への道」

明治十一(一八七八)年八月二十三日に起こった「竹橋事件」を知る者は少ない。この「忘れられた近衛《このえ》兵士の叛乱《はんらん》」を追って『火はわが胸中にあり』(文春文庫)を著した澤地久枝は、「明治六年の徴兵制実施と不公平なその実態が竹橋事件として激発する胎動を生み、さらに西南の役を契機として、党を結んで密議をつみかさねる兵営内の動きとなり、それが事件の前景となっている可能性」を指摘する。

それにしても参加者への処分は西南戦争への参加者に比して格段に苛酷《かこく》だった。まず、二ヵ月足らずで、五十三人が銃殺刑に処せられる。それについて澤地は書く。

「前年、八か月にわたった西南の役の叛徒は、禁錮以上の処刑者二千七百六十七人に及ぶが、斬罪に処せられた者は二十二人に過ぎない。二つの事件の規模と衝撃の度合いを比べ、処刑者の数字を並べてみれば、竹橋事件がいかに政治権力によって憎まれるものであったかがうかがえよう。竹橋事件の処刑には見せしめの意図が濃厚にある。百姓一揆《いっき》の結末と同じく、関与の程度を問わぬきわめて苛酷な断罪がなされたのである」

竹橋事件については、是非、澤地の『火はわが胸中にあり』を読んでほしいが、澤地は、薩軍であれ会津軍であれ、戦争がいかに人間を残虐にするかに触れる。

西南戦争の際に、薩軍の包囲によってほとんど全滅となった部隊の兵士たちは、首を斬られたり、腹を割いて腸を引き出されたりしただけでなく、手足を切断されるなどのむごたらしい姿で発見された。

澤地の指摘するように「勝敗に関係ない嗜虐の嵐が戦場を席巻《せっけん》した」のだった。しかし、逆に熊本鎮台の政府軍が勝った戦場では、やはり、賊軍の死体が陵辱され、『小原正恒自叙伝』によれば、男根を切って口中に入れる者まで出たという。

澤地はまた、林董《ただす》回顧録の『後は昔の記』を引いて、会津、越後などの戦場では、敵味方ともに残虐を極め、捕虜の眼睛《がんせい》を抉《えぐ》り、頭に釘《くぎ》を打ち込み、手足の指を斬り落とすといったことが珍しくなかったと書く。

それが戦争だった。白虎隊の少年兵にしても、死後、自分たちがヒトラーやムッソリーニにまで礼賛されたと知って喜ぶだろうか。

ともあれ、会津藩は焦土とされた上に、下北半島の火山灰地に追いやられる。

「会津人柴五郎」は「遺書」の『ある明治人の記録』に、「地獄への道」と題して、こう記す。

「明治三年五月の半ば、準備成りて新領地に移る。佐幕の南部藩より処罰として陸奥国《むつのくに》二戸《にのへ》、三戸《さんのへ》、北の三郡を割き、これを旧会津藩に与えたるものにて、斗南《となみ》藩と名付く。北海道以南各藩領ありといえども、ことごとく天子の領土なれば『北斗以南皆帝州』と称す。今回北遷さるるも天皇の領地より追放されたるにあらずとの意なり」

しかし、そこは想像を絶する苛酷な地だった。

飢餓の地、斗南へ

毎日新聞社元社長、北村正任《まさとう》の父親の正哉《まさや》は青森県知事だった。星亮一著『会津藩　斗南へ』（三修社）の末尾に、その北村にあるテレビ番組で会津武士の末裔《まつえい》としての誇りを語ってもらった記録が載っている。北村によれば、知事選挙の度に伊東正義が応援に駆けつけたという。もちろん、会津の連帯である。

「君、正統な会津武士は、斗南の方々だよ」

伊東はいつもこう言っていたとか。

「今日はじっくり北村さんに会津の事をうかがいたい」という問いかけに、北村は、

「私は純血でして、親父もお袋も皆会津、一族どっちを向いても会津です。いまでは少なくなりましたが、両親は会津弁で喋《しゃべ》っていました」

と答えている。

旧会津藩士が斗南《となみ》藩に移って来た時、その末裔が青森県知事になる時代が来るなどとは考えられもしなかった。官界から締め出された会津人は、教育界に進出したり、軍人の道を歩む。北村の述懐をつづける。

「私は軍人だったので戦後公職追放にあいました。太平洋戦争というか大東亜戦争というか、あの戦いで日本は敗れたわけですが、親父やお袋は会津が負けたときは、こんなもんじゃない、もっとひどかったそうだといっていました。親父、お袋が会津戦争を直接体験したわけではないのですが、親から聞いて育ったわけです。会津は国破れて山河なしになったのですから。会津は斗南に移封され、食べるものがなかった。ガダルカナルやインパールと同じじゃなかったかな」

下北半島の不毛の地で、北村の先祖たちが苦労の末に始めたのが牧場経営だった。

「明治のはじめのころに牛肉を売るなどということは、大変な先どり精神だと思います。もともとこの斗南地方は、林業、水産、牧畜が主な産業で、稲作や野菜はだめでした。原野が多かったものですから十和田、三沢地方はいたるところ自然の牧場でした。気候も牧畜に向いていたのでしょうね。牧畜は豪州、カナダ、中近東、モンゴルといったところが盛んなのです」

血のにじむような先祖の奮闘を北村はさらに振り返る。

「会津の人々は斗南に移住してきてひどい目に遭った。それで引き下がってしまったのなら面白くないのだが、それではということで立ち上がった。陸奥運河の構想を立てたり広沢牧場のようにイギリス人二人を雇って国際的な牧場をつくる。八戸では神田重雄《かんだしげお》市長、この方も会津人ですが、大八戸港湾計画を立てた。それが今日の八戸港なんです。皆先どりというか、将来に向けて運命を開拓する。

二年ほどモタモタしましたが、東京に出たり、会津に戻ったりせずに多くの人が立ち上がった。師範学校に入り教育者になる。また軍人になる。柴五郎大将、畑俊六《はたしゅんろく》元帥、出羽重遠《でわしげとお》大将ら皆会津ですよ」

小説『流星雨』

「最後の会津人」伊東正義が周囲の人間にすすめた小説がある。津村節子の『流星雨』（岩波書店「津村節子自選作品集」4）である。主人公は会津藩士の娘、上田あき。彼女は明治元（一八六六）年の会津落城の際に一五歳だった。「女に生まれたため、実戦はもとより、城内の守備にも役に立たぬ者として除外されていることが無念」と歯噛《はが》みするような少女である。その眼は見なくてもいいものを数多く見た。

「鳥羽伏見の戦いで、旧幕軍を見捨てて逃げ出し、幕軍の先陣を切って戦い多くの死傷者を出した会津藩を裏切って、ひたすら恭順を示した将軍さまのお家は安泰で、なぜ会津一藩が朝敵の汚名をかぶせられ、追討令が下されたのだろう」

上田あきとほぼ同年齢で日本の敗戦に遭遇した津村節子は、多分、自らの思いに重ねてこの作品を書いている。津村も進駐軍の黒人兵を初めて見て、あんなだらしのない兵隊たちに負けたのか、と唇を嚙む少女だった。

そして、昭和二十（一九四五）年八月二十八日に、当時の東久邇宮《ひがしくにのみや》首相が記者会見で、

「私は軍官民、国民全体が徹底的に反省し懺悔《ざんげ》しなければならぬと思ふ、全国民総懺悔をすることがわが国再建の第一歩であり、わが国内団結の第一歩と信ずる」

と言ったのに、こう反発した。

「なぜわれわれ国民が懺悔をしなければならないのだろう。私たちは月に一日だけの電休日以外、朝八時から残業して毎夜十時まで働き通し働き、牛馬の飼料のような芋がらや麩《ふすま》を食べ、大東亜共栄圏のため、東洋平和のための聖戦と信じて銃後を守って来たのだ。神風特攻隊や神潮特攻隊で、自ら爆弾となって死んで行った若者たちや、沖縄で重要な戦力となって死んで行った中学生や女学生も、懺悔せよというのであろうか」

母と祖母、そして八歳の妹のかよと一緒のあきの逃避行は、もはやこれまでと覚悟せざるをえない場面が何度も訪れた。その度に母は、娘たちを殺し、自らも死のうとする。

あきは、せめて妹だけでも、預かりたいと言った下女のウメに預けてはと申し出たが、母に、「かよ一人

残しておいては気がかりです。身寄りが死に絶えては、百姓の子として生きていくことになる」と一蹴《いっしゅう》される。

しかし、百姓の子としてでも、生きていければよいのではないか。あきはそう思うのだった。

「百姓は、こんないくさの間にも、稲刈りに出ている。天子さまの信任がとりわけ厚かった会津藩が、一転して賊軍と呼ばれるようになり、お城も町も砲撃に曝《さら》されて焼け、いくさに関係のない年寄や女子供たちまで殺される。こんな理不尽なさむらいの子であるよりは、ウメの家で貧しくても平和に生きたほうがいいかもしれない、という思いが、唇を引き締めて懐剣をかまえている幼い妹の姿を見て突き上げてきた。しかし、それを口にすることはできない」

「落花は枝に還らずとも」

「会津落城」を描いた小説には、先に津村節子の『流星雨』(岩波書店)があり、後に中村彰彦の『落花は枝に還らずとも』(中央公論新社)がある。後者の主人公、「会津藩士・秋月悌次郎」は実在の人物だが、大政奉還をした徳川幕府をさらに追討しようとする薩摩の動きを監視するべく、一計を案じた。

「在京薩摩藩討幕派の領袖格として種々画策しているらしい西郷吉之助、大久保一蔵の面体をよく知る蛤門警備の会津兵の一部を物乞いに変装させ、薩邸近くの軒下に臥《ふ》せさせることにしたのである」

すると何日かして、薦《こも》を身体に巻きつけた者たちが注進にやってきた。

「薩摩屋敷からは小松帯刀《たてわき》、西郷吉之助、大久保一蔵の三人がぶっさき羽織にたっつけ袴の旅装でそろって飛び出し、南へ去りました。にわかに帰国せねばならぬ事情ができたものと思われます」

さらに、その原因は島津久光の死亡という情報がもたらされたが、それらは虚報だった。会津の密偵に気づいて意図的に薩摩藩邸から流された可能性もある。

いずれにせよ、会津の悲劇へ向かって、容易に押しとどめられない動きがあった。『落花は枝に還らずとも』には、こんな一節もある。

「薩摩の西郷吉之助は、かねてから息のかかった尊攘激派浪士およそ五百を江戸に下らせ、無謀な御用金の調達、江戸市中取締りにあたっている荘内藩お預かりの新徴組に対する発砲事件などを起こさせていた。旧幕府側から開戦させ、受けて立つという美名の下に一挙にことを決するための挑発である」

そして、幕府の責任を一身に負った形で会津は落城し、藩士や領民は地獄の苦しみを味わう。『流星雨』は落城後の物語である。

明治三（一八七〇）年になって旧会津藩士四千七百余名は謹慎を解かれ、斗南に移住することを許される。しかし、斗南はすべての藩士が移住するには、あまりに貧しい火山灰地だった。希望者を募ると、約二千八百名、家族を含めて一万数千人が移住を願い出た。北海道に渡る者や東京に出る者もいる。

『流星雨』の主人公、上田あきの祖父は、藩主に従っての移住を決意した。そして、あきは見なくてもいいものを見てしまう。

「男も女も、ここまで転落させるのがいくさというものであろうか。敗戦のあとに、大砲や銃よりももっと恐しいものが待っていたことを、あきは痛感した。薩長は、会津の町や山野を焼き払ったばかりではなく、生き残った人々の精神まで滅ぼしてゆく。

なぜ会津は、ここまで痛めつけられねばならないのか——」

やはり旧会津藩士で北海道開拓使庁に勤める相賀重盛が、あきの救いの神として現れる。相賀はあきに、これ以上ない縁談を持って来たが、迷いながらも、あきはそれを断る。理由を尋ねる相賀にあきは言った。

「斎藤さまは、薩摩藩士でいらっしゃいます」

第四章　薩長閥政府に挑む「北方政権」の夢

「勝てば官軍、負ければ賊軍」

岩手出身の平民宰相、原敬《たかし》の号は一山である。これは戊辰《ぼしん》戦争の敗北以来、「白河以北一山百文」と蔑《さげす》まれた地に生まれたことに由来する。侮りを見返す意味での命名だった。

原は大正六（一九一七）年九月八日、自ら祭主となって南部藩戊辰戦争殉難者五十年祭を行う。当時、原は政友会総裁であり、翌年首相に就任している。

式典が開かれた盛岡市の報恩寺には、およそ八百人が参集した。そこで原が読みあげたのが次の祭文である。

「同志相謀り、旧南部藩士戊辰殉難者五十年祭、本日をもって挙行せらる。顧みるに昔日もまた今日のごとく国民誰か朝廷に弓を引く者あらんや。戊辰戦役は政見の異同のみ、当時、勝てば官軍、負くれば賊軍との俗謡あり。その真相を語るものなり。今や国民聖明の沢《たく》に浴し、この事実、天下に明かなり。諸子もって瞑《めい》すべし。余たまたま郷にあり、この祭典に列する栄を荷《にな》う。即ち赤誠を披瀝《ひれき》して、諸子の霊に告ぐ。

大正六年九月八日

旧藩の一人　原　敬」

戊辰戦争から、ほぼ五十年経っての祭典だった。原の頭の中には、南部藩の家老として薩長に対抗する北方政権をつくろうとした楢山佐渡《ならやまさど》の姿があった。

星亮一は『奥羽越列藩同盟』（中公新書）の「まえがき」に、「薩長藩閥政治に真っ向から挑んだ原敬は（中略）東北・越後初の総理大臣に就任、楢山佐渡の恨みを晴らすのである」と書いている。

会津藩を主軸に、仙台藩や荘内藩などが加わった奥羽越列藩同盟は、薩摩や長州の、いわゆる官軍と比して、決して遜色《そんしょく》がなかった。だから、戊辰戦争を前に、アメリカ公使のヴァン・ヴォールクンバーグなど、「日本に二人の帝が誕生した」と本国に伝えたほどだった。二人の帝とは薩長が擁する明治天皇と、列藩同盟が立てた輪王寺宮公現法親王《ほっしんのう》である。

ただ、奥羽越列藩同盟の結束は最初から最後まで固かったわけではない。同盟に加わってからも、南部藩は薩長と対決するとは決めていなかった。会津救済を成功させて引き返せないかとも考えていたのである。

だから、ある日、西郷への面会を求めて、佐渡は京都の薩摩藩邸を訪ねた。

通された部屋で、西郷は数名の薩摩藩士と牛鍋を囲み、談論風発の様子である。

南部藩家老といえども、西郷には田舎侍にしか思えなかったらしく、ほとんど相手にしてもらえなかった。

感情を害した佐渡は、

「まったく呆《あき》れ果てた連中だ。あれで天下の政治を執れるものか」

と同行者にもらしたという。

そのとき佐渡は、すべての命令が朝廷の名において出されているが、一切を取り仕切っているのは、西郷を含む薩長の参謀たちだ、と悟った。そして、また、公卿《くぎょう》という狐狸《こり》たちもそこにからんでいることを知らされる。

奥羽越列藩同盟の成立

会津を救う形で奥羽越列藩同盟が成立し、薩長を中心とした官軍と対峙《たいじ》する形になっても、諸藩はまだ抗戦派と恭順派に揺れていた。徳川最後の将軍、慶喜《よしのぶ》でさえ、その間を行きつ戻りつしたのだから、あるいは仕方のないことかもしれない。

その揺れにまた外国もからんだ。星亮一は『会津落城』（中公新書）に、横浜で亡くなったイギリス人画家チャールズ・ワーグマンの風刺画を引く。

その一枚で、プロシヤのフォン・ブラント公使が、

「我々は、かの若いミカドなど支持はできない。狭い京都に閉じ込めておけ」

と叫び、イタリア公使も、

「我々も立つ、新潟でともに戦わん」

とそれを支持するさまを描いている。

そのころイギリスは薩長側に付き、フランスは幕府寄りだった。だから、遅れて来たプロシヤやイタリアは北方政権に賭けたのである。いや、賭けざるをえなかった。

曲折を経て奥羽越列藩同盟が成立するや、会津城下では〝都見たくばここまでござれ、いまに会津が江戸になる〟などという俗謡まで唄われたという。

この成立の重要な契機をつくったのが、仙台に乗り込んだ奥羽鎮撫《ちんぶ》総督府下参謀の世良《せら》修蔵だった。薩長の新政府は、会津と荘内攻撃のため、公卿の九条道孝《みちたか》を総督とする奥羽鎮撫使を仙台に送った。それを実質的に長州藩参謀の世良が仕切っていたのである。

世良は仙台藩に会津攻撃を命じ、渋ると、

・竹に雀を袋にいれて
　後においらのものとする

という歌を詠んで、その臆病《おくびょう》を嘲《あざけ》った。竹に雀は仙台藩の紋所である。さらに、仙台藩公主催の花見の宴で、

・陸奥《みちのく》に桜かりして思ふかな
　花ちらぬ間に軍《いくさ》せばやと

と愚弄《ぐろう》したのである。

その傍若無人な態度に、一度は新政府の意向を汲《く》んで会津攻撃の兵を出した仙台藩も逆上する。中心人物が奉行（家老）の玉虫左太夫《さだゆう》である。

星の『奥羽越列藩同盟』（中公新書）によれば、玉虫は奥羽がなぜ起つのかという太政官建白書をしたためた。

まず、世良と薩摩出身の大山格之助（綱良）の両下参謀について、「酒色ニ荒淫、醜聞聞クニ堪ザル事件、枚挙仕リ兼」と厳しく弾劾し、討会討荘、つまり会津と荘内を討つのは薩長の私怨《しえん》であり、天皇の意志に

よるものではないと指摘した。そして、薩長を君側の奸《かん》とし、「虚名ヲ張リ、詐謀ヲ飾リ、陰ニ大権ヲ窃《ぬす》ミ、暴動ヲ恣《ほしいまま》ニシ候国賊」と断じたのである。

綱淵謙錠《つなぶちけんじょう》は『戊辰落日』（歴史春秋出版）に『仙台戊辰史』を引いて、二人の参謀の「威権赫耀《かくよう》当ルベカラザル有様」とし、とくに世良の「止め度ない思い上がり」については、「高慢などという程度のものではない」と記している。

新政府軍参謀・世良修蔵の「人格」

慶応四（一八六八）年閏《うるう》四月十九日、奥羽鎮撫総督府下参謀の世良修蔵は福島第一の妓楼《ぎろう》、金沢屋に遊んだ。『会津戊辰戦史』によれば「修蔵大に悦び意気揚々として来り臨む、美酒佳殽《かこう》を陳《つら》ね、美妓席に侍し、歓待《かんたい》至らざる所なし」だった。

しかし、これはある目的をもっての饗応《きょうおう》だったのである。とくに仙台藩に対する世良の見下した態度に、仙台藩士たちの憤激はその極に達していたが、福島藩がそれに同調する。綱淵謙錠は『戊辰落日』に、思い上がった世良は「腰抜け揃いの仙台藩士が自分を殺害するなどとは夢想だにしない」と書いているが、すでに、仙台藩と福島藩の密命を受けた者たちによって刺客団は編成されていた。

それとも知らず世良は、刺客の一人の福島藩士に書状を預ける。荘内藩討伐のため羽州にいる大山格之助に宛てたものだった。刺客たちはそれを開く。それにはこうあった。

現在総督府の兵は一人もいないので、無理押しすると、仙台、米沢の両藩が会津藩と手を握ってしまう恐れがある。宇都宮の方でも賊が蜂起《ほうき》しているが、官軍がまだ来ないので困っている。この上は、京都に行き、奥羽の情勢を報告し、「奥羽皆敵ト見テ逆撃之大策ニ致度候ニ付」、およばずながら自分が大急ぎで江戸へ行き、「大総督府西郷様へも御示談致候上」、京に上り、大坂までなりとも足をのばして「大挙奥羽へ皇威之赫然致候様」にしたい。

「勿論弱邦二藩（仙台と米沢）ハ不足恐候得共《おそるるにたらずそうらえども》会ヲ合シ候時ハ少々多勢ニテ始末六ヶ敷《むつかしく》」、なるたけ仙米二藩は穏便に謀るべきである。もっとも両藩には二、三人のほかは賊徒の首魁《しゅかい》たるべき人物はいないし、主人も好人物らしい――。

まさか読まれるとは思わずに世良は書いたわけだが、「奥羽皆敵」「弱邦二藩不足恐」といった文字が刺客団をさらに昂《たか》ぶらせた。

世良と寝ていた娼妓《しょうぎ》を急用だと言って呼び出し、刺客たちは世良を討つ。素っ裸だった世良は跳ね起きてピストルを構えたが、不発だった。縛り上げられた世良は土色の顔で、『仙台戊辰史』によれば、「引立テラレテ庭上ニ蹲《うずく》マリ、戦慄《せんりつ》シテ已《や》マズ、曰ク、密書露顕ノ上ハ是非ニ及バズ、不心得ノ段ハ深ク謝ス、希《ねがわ》クハ広大ノ慈悲ヲ以テ一命ヲ救ハレンコトヲ」と願ったという。

しかしもちろん、許されるはずもない。阿武隈《あぶくま》川の河原で世良は斬首された。たまたま来ていた会津藩の中根監物は感動して涙を流しながら世良の頭髪を国許《くにもと》へ持って帰ったという。

白石本営で世良の首を見た仙台藩の玉虫左太夫は、

「その首を予に貸せ」

と叫び、何をするのだと尋ねると、

「厠に持って行って糞壺の中に漬けてやるのだ」

と答えたという。憎しみの連鎖はとめどがないのだった。

薩長の〝生贄〟

首を刎《は》ねられた世良のその時については、佐々木克が『戊辰戦争』（中公新書）に記す如く、「東北人の怨念を一身に背負った世良であるだけに」相当の脚色がほどこされている。たとえば『会津戊辰戦史』には、こうある。

「修蔵の敵娼《あいかた》に旨を含めて乱酔せしむ。時あたかも五月雨の節にして、敵娼の好遇にうつつを抜かしたる彼は、遂に征旅の憂さも忘れ、歓楽狂舞の末、裸踊りを為すにいたる。此間敵娼は彼の佩刀を他に移せりという」

「裸踊り」をした末に捕えられるや、命乞《ご》いをしたというのだが、果たしてそうか。

逆に世良の出身の長州藩には、死を前にして訊問《じんもん》には答えず、早く殺せと言ったという話が伝わっているのだから、どちらから見るかで歴史上の登場人物もまったく姿を変えるという見本のような例だろう。

たしかに、世良は地位をひけらかして横暴であったかもしれない。それによって斬殺され、一気に東北諸藩の結合を強めることになったのだが、薩長の側は、世良を生贄《いけにえ》にして自らの意図を貫徹させたとも言える。

会津と荘内を討つのが薩長の目的だった。それを世良は性急に実現させようとしただけであり、薩長を中心とする新政府の命令、すなわち朝敵処分という政策に反していたわけではない。責められるべきは、その性急さのみなのである。

だから、佐々木克は前掲書にこう書く。

戦争が終って何年かたって東北戦争をふり返ったとき、この戦争は避けられたかも知れない契機がいくつかあったことに政府側の当事者も気がついた。しかも東北諸藩の薩長軍に対する怨みは依然として根深く残り、世良への非難が衰えなかった。そこで〈官軍〉側は戦争の責任を世良におおいかぶせることによって、東北人の目を死んだ世良の一身に注がせようとしたのである。世良に同情するつもりはないが、彼はいかにも不運な役廻りであったと思う」

この世良の墓は宮城県白石市の郊外にあり墓碑銘には次のように刻まれているという。

「明治戊辰年閏四月二十日於奥州信夫郡福島駅□□所殺年三十四

奥羽鎮撫《ちんぶ》総督参謀長州藩士世良修蔵之墓」

佐々木克によれば、□□の部分は削り取られて判読できないが、「為賊」の二字であったといわれている。もちろん、建立したのは〈官軍〉だろう。

しかし、「賊」と呼ばれて怒った者がいたのである。むしろ、官軍を「官賊」と称していた東北人にとっては、それは許し難いことだった。だから、削ったのではないか。

「自分の手でそのえぐり取られた個所にさわってみた時、私には人目を避けて墓碑をにらみつけながら削っているその音が聞こえてくるようであった」と佐々木は記している。

朝敵の「等級」

鳥羽伏見の戦いでは、幕府軍と薩長軍の勝敗のゆくえはそれほどはっきりしていたわけではない。だから、初戦の薩長の勝利に喜んだ西郷が伏見口の戦場まで出かけ、そのことを謝罪がてらに大久保利通に送った手紙が残っている。西郷も大久保も生まれたばかりの新政府の参与だった。多分、総大将に万一のことがあっては困るから、前線に出てはいけないと、西郷は大久保に釘《くぎ》を刺されていたのだろう。

「今日は御叱を可蒙事と相考候得共、戦之左右を承候処、たまり兼伏見迄差越、只今罷帰申候、初戦ニ大捷、誠皇運開立基と大慶此事ニ御座候、兵士之進退、実感心之次第驚入申候、追討将軍之義、如何ニ而御座候哉、明日ハ錦旗を押立、東寺ニ本陣を御居被下候得は、一倍官軍之勢ひを増し候事ニ御座候間、何卒御尽力被成下度奉合掌候　頓首

正月三夜　　西郷吉之助

大久保一蔵様」

やはり西郷は血が騒ぐ人だったのか。

総裁、議定、参与のいわゆる内閣三職会議で、徳川慶喜の処分などをめぐって会議が紛糾すると、西郷は別室で、

「短刀一本あれば片付くことではないか」

と平然と言っていたらしい。

いずれにせよ、新政府が発表した「朝敵」処分は、およそ五等に区分された。

第一等が徳川慶喜

第二等が会津の松平容保と桑名の松平定敬《さだあき》

第三等が予州松山の松平定昭《さだあき》、姫路の酒井忠惇《ただとし》、備中松山の板倉勝静《かつきよ》

第四等が宮津の本荘宗武

第五等が大垣の戸田氏共《うじたか》、高松の松平頼聡《よりとし》
一、二等は鳥羽伏見の戦いで敵対した主力であり、三等は藩主が大坂に居て幕府軍に人数を出し、政府軍に発砲した上に、慶喜が江戸に帰るのに同行した者、または出兵もせず発砲もしなくても、藩主が大坂に居て慶喜に随行して江戸に帰った者である。あるいは幕府の閣老や要職にあって慶喜の逆意を補佐した者などで、この三等までを重罪として、追討して開城させ、領地を没収すると決めた。
四等は藩主が大坂にいた時に出先の家来が不心得から発砲したが、慶喜追討の大号令を拝して直ちに帰国し、不心得の家来を謹慎させ、自身が京都に来て謝罪した者。五等は藩主は国元にいるのに大坂の家来が不心得で発砲したので、すぐにその家来を謹慎させ、自ら上京して先鋒願い等を申し出て謝罪した者である
●佐々木克『戊辰戦争』)。
平成十八（二〇〇六）年七月二日に桑名で講演があった。名古屋で乗り換えて桑名に向かう途中、自分の中で、日本の地図が変わっているのに気がついた。荘内藩の出身であるためか、会津と桑名に妙に親近感をおぼえるようになっているのである。やはり、桑名ではいまでも薩長に対する憎しみが消えていないという。それはお互い様の部分もあるのだが、その点、西郷崇拝者が絶えない荘内は、会津と桑名からは異端視されているかもしれない。

安井息軒と雲井龍雄

安井息軒《そっけん》といわれると、その娘の少琴女史が広瀬淡窓《たんそう》に送った相聞の詩が浮かぶ。

扶桑第一ノ梅
今宵　君ガタメニ開カントス
花ノ真意ヲ識ラント欲セバ
三更　月ヲ踏ンデ来タレ

訳せば、日本一の梅の花、すなわち私の心が、今宵、あなたのために開こうとしている。その真意を知りたかったから、深夜に月影を踏んで、わが庵《いおり》を訪ねよ、となる。

なかなかに情熱的な詩だが、この娘を訓育した安井息軒は、長州の桂小五郎（のちの木戸孝允）や品川弥二郎《やじろう》の師だった。そして、奥羽鎮撫《ちんぶ》総督府下参謀として、奥羽諸藩の怨《うら》みを買い、斬殺された世良修蔵も、息軒の三計塾に学んでいたのである。もう一人、息軒の門下生として挙げなければならない人物がいる。米沢藩の雲井龍雄《たつお》である。藤沢周平は雲井を主人公に『雲奔《はし》る』（文春文庫）を書いた。そこで藤沢は、雲井と世良を対面させ、世良を「戦場の匂いのようなもの」を放つ三十ぐらいに見える男として描いている。

かつて、尊皇攘夷《じょうい》を唱えた安井息軒を、幕府の役人はねらっていた。『雲奔る』で、雲井を前に、七十に近い息軒は次のように語る。

「殺されて惜しい年ではない。十分に生きた。しかし後世何のために殺されたか、分明でないような蒸し殺しに遭うのは心残りだと日頃考えている」

「私は、究めた学問の立場から、天下の大勢を論じたわけだが、狭量な幕吏は、己れが持つ秤《はかり》でしか人を測ろうとしない。私の論議をつぶすために、さまざまな奸策を弄《ろう》してきた。私が正義家、憤慨家と世に言われるのは、彼等がそのように私を仕立てたので、私は自分から正義家と名乗ったことはなかった」

「憂うべきは、天下の正論を言うものが、このような成り行きで圧迫されて、やがて一人の正義家も、なくなる事態になりはしないかということだ」

声低くこう語った息軒に教えられた雲井には、薩摩の動きは理解できなかった。薩摩は長州追い落としの張本人であり、禁門の変でも会津と組んで長州を叩《たた》きに叩いた公武合体派の雄藩である。ところが、今度はにわかに討幕を唱えて長州と結んでいる。急速に権威を失った幕府を見ての狡猾《こうかつ》な変身と、雲井には映った。

薩摩に対する不信を募らせている雲井の下に、衝撃的な知らせが届く。

「国元で、会津征討を引きうけてしまった」

同じ米沢藩の宮嶋誠一郎の言葉に、雲井は思わず、

「そんな、馬鹿な!」

と口走った。

これまでも奥羽鎮撫使から会津討伐命令は来ていた。しかし、今度は黙殺を許さぬ形で来たので、それに従うかどうか、米沢藩では藩を真っ二つにする激論が展開された。しかし、会津との友誼《ゆうぎ》を貫くべきとする論は敗れ、先鋒となって会津を討つことが決定されたのである。

「討薩ノ檄」の存在

藤沢周平は副題が「小説・雲井龍雄」の『雲奔る』の「あとがき」に、「私の郷里から、明治維新と呼ばれる激動期に、志士として積極的にかかわり合った人が二人いる。一人は清河八郎であり、一人が雲井龍雄

である」と書いている。藤沢は、「尊皇の志士」として雲井の名を記憶したが、その後、その姿は維新史の中に隠れてしまったようで、それを異様に感じていた。

「事実（雲井）龍雄処刑のあと、郷里米沢では、龍雄の名を口にすることを久しくタブーにしたという。龍雄に対する、長い間の一種の気がかりのようなもの、それがこの小説を書かせたことになろうか」と藤沢は述懐している。

漢詩をよくした雲井の名がいまに残るのは、その悲劇的な最期もさることながら、義憤を一気に吐き出した次の「討薩ノ檄《げき》」によってである。これは奥羽越列藩同盟の結束を否が応にも昂《たか》めたのだった。それは、薩賊、つまり薩摩を賊として呼びかけられる。

「――薩賊、多年譎詐《けっさ》万端、上は天幕を暴蔑《ぼうべつ》し、下は列侯を欺罔《ぎもう》し、内は百姓の怨嗟《えんさ》を致し、外は万国の笑侮を取る。其の罪、何ぞ問わざるを得んや。……苟《いやしく》も王者の師を興さんと欲せば、すべからく天下と共に其の公論を定め、罪案已《すで》に決して、然《しか》る後徐《おもむろ》にこれを討つべし。然るを倉卒の際、にわかに錦旗を動かし、ついに幕府を朝敵に陥れ、列藩を劫迫《きょうはく》して征東の兵を調発す。これ、王命を矯《た》めて私怨を報じる所以《ゆえん》の姦謀なり。其の罪、何ぞ問わざるを得んや。

薩賊の兵、東下以来、過ぐるところの地侵掠《しんりゃく》せざることなく、見るところの財、剽窃《ひょうせつ》せざることなく、あるいは人の鶏牛をぬすみ、あるいは人の婦女に淫し、発掘殺戮《さつりく》、残酷きわまる。その醜穢《しゅうわい》、狗鼠もその余りを食わず。なおかつ靦然《てんぜん》として官軍の名号を仮り、太政官の規則と称す。これ、今上陛下をして桀紂《けっちゅう》の名を負わしむるなり。その罪、何ぞ問わざるを得んや……。

ここにおいて、あえて成敗利鈍を問わず、ふるってこの義挙を唱う。およそ四方の諸藩、貫日の忠、回天の誠を同じゅうする者あらば、こいねがわくは、わが列藩の逮《およ》ばざるを助け、皇国のためにともに誓ってこの賊を屠り、以《もっ》てすでに滅するの五倫を興し、すでに斁《やぶ》るるの三綱を振い、上は汚朝を一洗し、下は頽俗《たいぞく》を一新し、内は百姓の塗炭を救い、外は万国の笑侮を絶ち、以て列聖在天の霊を慰め奉るべし」

難しい漢字を使ってわからないことがあっても、勢いとリズムで納得させられるだろう。しかし、列藩同盟は敗れた。雲井の「討薩ノ檄」も一時的なカンフル剤にしかならなかった。米沢藩を指揮した家老の千坂太郎左衛門に雲井は迫る。

「会津は領内いたるところ敵に蹂躙《じゅうりん》されながら、まだ戦っています。しかるに、領内にまだ一兵も敵を入れていないわが藩が、早くも降服を決めた。太夫、これはどういうことですか」

雲井の檻車、墨河を渡る

米沢藩の探索方、雲井龍雄は降伏を決めた家老の千坂太郎左衛門に

「(奥羽越)列藩の盟約書には、同盟を離間するなかれ、とあります。また大義を天下に伸ぶるをもって目的となす、とあります。奥羽の大義はどうなるのですか」

と詰め寄る。それに対して、戦場焼けして憔悴《しょうすい》した千坂は、苦しそうに答えた。

「要するにわが軍は負けたのだ。俺が国境までの撤退を命じた」

「だが全軍はまだ国境にいます。負けたとは思いません」

なおも食い下がる雲井に、千坂は言った。

「しかし藩論は降服謝罪と決まった。従うしかない」

『雲奔る』に、雲井が千坂を詰問した後、次のように考える場面がある。

「米沢が敗れ、仙台もやがて旗を捲《ま》くだろう。会津は落城し、孤軍荘内軍もいずれ大軍の前に屈する日を迎える。奥羽の連衡が音を立てて崩れ、その後に壮大な権力が立ち上がるのを、(雲井)龍雄は見た気がした。沈黙の中で、討薩の憤りが、そして王政維新の夢が、遠ざかる葬列のように、ゆっくりと眼の奥を通りすぎるのを感じる」

雲井は、年上の友である宮嶋誠一郎にも迫った。

「会津も、荘内もまだ頑張っている。宮嶋さん、米沢だけがどうしてこんなに早く降服したんですか。追討軍の先鋒などは、俺は承服出来ません」

宮嶋はそれには答えず、旅先で勝海舟に会ったと告げる。

「勝は、奥羽が結束して冬まで持ちこたえたら、南国の鎮撫軍は戦うことが出来ないから、奥羽同盟に分があったろうに、と言ったよ。例のとおり、そんなことは解り切っていることじゃないかといった口調でな」

暗い眼を光らせる雲井に、宮嶋が続ける。

「西南諸藩の間に、反薩長の動きがあるそうで、奥羽がひと冬持ちこたえたら、天下の情勢が変っただろうとも言っていた」

実は荘内藩も雪を待っていたのである。それについては後で触れる。

いずれにせよ、激越な「討薩ノ檄」を書いて世に知られた雲井龍雄を、薩摩がそのままにしておくはずがなかった。捕えられて斬殺される。その判決文はこうである。

「其方儀、去ル辰年順逆ヲ誤リ、官軍ニ抗シ、謝罪ノ上寛典ニ処サルル上ハ、速ニ自新ノ効ヲ奏シ申ス可キ処、却テ宿怨ヲ抱キ、（中略）右ノ始末重々不届至極ニ付、梟首《きゅうしゅ》申シ付《つく》ル」

護送される車が墨田川を渡った時、雲井に詩想が湧いた。

秋天ニ駐ラズ
檻車墨河ヲ渡ル

かつては胸はずませて渡った川を、いまは捕われの身として渡る雲井であった。

容保の実弟、桑名藩主松平定敬

「会津は天下の強藩なり。其国は山々聳《そび》へ囲み、恰《あたか》も絶壁城の如くにして、其入口わづかに相通じ、嶮岨《けんそ》歩するに堪ざるの地なり。故に官兵寧ろ進んで之を討たんより、速かに和議して治平を計るに如くべからず。若し会津公一旦怒りて必戦を心となし、或は境を越へて兵を進る事あらば、実に日本の大事なり」

当時の新聞はこう書いている。旧幕臣が記者になることが多かったので、これほどに会津を高く評価し、奥羽越列藩同盟有利と予想していたのである。

しかしこれまで見てきたように、会津の抵抗の核となったのは「会津公」の松平容保ではなく、会津藩士だった。悲惨はすべて彼らが負ったのである。

そんな松平容保の実弟が桑名藩主、松平定敬だった。京都守護職を務めた容保の下で、京都所司代をやり、鳥羽伏見の戦いでは、会津と桑名が幕府軍の主力となった。その戦いに敗れ、将軍の徳川慶喜は江戸に帰ることを決める。松平兄弟もそれに随行するのである。ところが定敬の国許《くにもと》の桑名では、官軍に屈しない強硬派と、恭順しようとする謹慎派に、藩論が真っ二つに割れていた。結局、藩祖の神前で籤《くじ》を引き、藩主に随《したが》って藩士一同東下行と決する始末である。それでも恭順派は引き下がらなかった。定敬の代わりに先代の遺子を立て、朝廷に恭順した方がいいとして、藩論を一転させた。

これでは藩主の定敬は帰れない。抗戦派の藩士と共に彼は、桑名藩の分領がある越後の柏崎をめざす。越後には会津藩の飛地もあり、兄の容保との連絡もとりやすい。佐々木克は前掲『戊辰戦争』で、「桑名藩主従の柏崎行については、おそらく定敬・容保兄弟のあいだで綿密な話し合いがもたれたに違いない」と推測している。

約百名の藩士と共に定敬は、外国船に乗って横浜から出港し、箱館（現函館）を経て、一ヵ月近くかかって柏崎に着いた。この船には、列藩同盟の主役の一人である長岡藩家老、河井継之助《つぐのすけ》も藩士と共に乗っていたのである。それぞれが確たる見通しをもって行動していたわけではあるまい。将来が見えないだけに不安も募り、悲劇も生まれた。

桑名藩士の中の強硬派は国許を離れ、陸路、柏崎に向かう。逆に柏崎に行ったけれども、家老の吉村権左衛門《ごんざえもん》のように、恭順を唱える者もいた。国許からもそれを働きかける藩士が柏崎へ派遣される。

しかし、定敬と強硬派は聞き入れず、吉村を暗殺してしまった。徹底抗戦の道を選ぶのである。

その後、定敬は官軍と戦って会津に退却し、米沢を経て、仙台領の寒風沢《さぶさわ》から榎本武揚の軍艦に乗って箱館まで流れている。箱館戦争が終わると共に榎本軍に加わった定敬は横浜に護送されてきたが、いわば、領地を失った流浪の藩主だった。

但木土佐の失策

佐々木克著『戊辰戦争』によれば、奥羽越列藩同盟を最初にリードしたのはタカ派の仙台藩とハト派の米沢藩だった。官軍から主敵と目されている会津藩と荘内藩にとっては、ともかくこの同盟が維持されていればいい。

『仙台戊辰史』に仙台藩の玉虫左太夫らがつくった東北諸藩の統一的な行動計画書が載っている。それは「信州・上州・甲州までも手を延ばし、関東と協力の態勢をとり進取する事」とか、「加州・紀州との連合を実現し、政府軍の勢力をそぐよう手配する」とか、かなり壮大なプランだった。「仏・米・魯国を引きつけ海軍や兵器の手配を整える。仏米両国への接触は会津藩が担当する」「東北諸藩はもちろん、西南諸藩まで同志のものへ密使を派遣し、東西協力の策略を打合せ、敵の内部を切り崩す」ともしている。

そして、「秋田藩に異論があるようだが米沢藩が説得する」と付け加えられているのだが、この「異論」が事件を呼んだ。

奥羽鎮撫総督府下参謀の世良修蔵が斬首されたりして、総督の九条道孝が仙台で立往生していると見た薩長新政府は九条救出のため、佐賀藩士の前山清一郎が率いる小隊を仙台に派遣する。仙台藩の家老、玉虫左太夫らはこれを上陸させず打ち払うことを主張したが、主席家老の但木《ただき》土佐は前山らを受け入れ、九条に会わせてしまった。

星亮一は『奥羽越列藩同盟』で、但木の失態を次のように責める。

「九条総督は、仙台藩が手に入れた掌中の珠である。九条総督を仙台に止めて置けば仙台藩は薩長新政府に無言の圧力をかけることができた。場合によっては九条総督を前面に立て、薩長との政治折衝に臨むことができた。しかし列藩同盟の最高指導者、但木土佐にその政治感覚が欠けていた。仙台藩は掌中の珠をみすみす盛岡経由、秋田に逃してしまうのである」

そして、事件は秋田で起きた。

秋田藩も一枚岩ではなかったのだが、揺れる秋田藩に送った仙台藩の使節、志茂又左衛門らを、薩摩出身の奥羽鎮撫総督府下参謀、大山格之助が斬殺してしまうのである。ここでも但木の「甘さ」が露呈した。警護の兵もつけずに送り出したために、大山に非常手段をとられてしまった。大山はこう言って暗殺をたきつけたのである。

「仙台ノ使節志茂又左衛門等ノ一行ヲ斬リ殺シ、断ジテ列藩トノ連鎖ヲ断ツコトナリ。斯《か》クスレバ国論モ一定シ、諸君亦《また》、大イニ志ヲ伸ブルヲ得ベキ。諸君ガ志茂又左衛門ヲ使節トシテ見ルハ誤リ也。彼其名ハ使節ナレドモ其実ハ刺客也。彼等ハ毎夜潜行シテ五更（午前四時）ニ帰ルヲ常トス。是豈《これあに》大藩ノ使節ノ挙動ナランヤ」

仙台藩が世良修蔵を暗殺して列藩同盟のリーダーとなったのと逆に、秋田藩は志茂らを斬殺して、薩長側に組み入れられたのだった。

色川大吉の司馬遼太郎批判

「歴史の伏流」にも目を注ぐ優れた歴史学者の色川大吉《いろかわだいきち》と対談して、衝撃を受けたことがある。それは拙著『司馬遼太郎と藤沢周平』（光文社知恵の森文庫）に収録してあるが、そこで色川はこう指摘した。

「戊辰戦争にはいくつもの可能性があったはずです。軍事力からいえば幕府のほうが薩長よりも十倍くらい多かったのですから、幕府が勝つという可能性が大きかった。逆に、士気や経験などの面で薩長が勝つという可能性があった。しかし両方共倒れになる可能性もあっただろう。さらには、日本周辺にイギリスやフランスの艦隊が来ていましたから、内政干渉されて、内戦が外戦に転化するという可能性もあった。また、大坂の打ち壊し、各地の世直し騒動、武州一揆《いっき》といった民衆の力が出てきて、大混乱状態になる可能性もあったのです」

そんないくつもの可能性を追って当事者は悩んだのであり、「そうした可能性の問題を無視して、現実化した歴史の流れだけを追うと、どうしても権力者の歴史の追随になってしまう」と語る色川は、その感覚が欠けている司馬遼太郎の歴史小説には批判的である。

そして、司馬と会った時こう直言した。

「あなたが描いた新選組のイメージは新国家をつくっていくという維新の指導者らの向日性が投影されすぎている。新選組はあんなにからっとした単純なポジティヴな集団ではない。慶応三年〜四年というのは、封建国家の体制が崩壊しかかり、信じられるものがなくなってゆくという、一種の無秩序な混沌《こんとん》の状況にあった。新選組は、そういうときに京都守護職の松平容保なんかの金で尊攘派を殺すために集められた殺人者集団だ。その集団の中にあったものは非常に暗くてニヒリスティックな欲情や利己的野心だった。隊士相互も疑《うたぐ》りあっている。隊長の芹沢鴨《せりざわかも》すら仲間に殺された。自分の剣以外には同志さえ信じることができないという絶望や人間不信におちいっている。そういう集団を生み出したというところにこそ、あの時代の歴史の深さがあるのじゃないか。土方歳三もそうした一人で、尊攘派を捕まえてきてはリンチをやる、仲間を斬る、人をたくさん殺した。あなたの小説（『燃えよ剣』）では、そういうところも少しは触れているけれども、大きくとりあげていない。英雄礼賛のように、元気だけ出るように書かれている。違うじゃないか」

それに対して司馬は、

「いや、それは維新に対するあなたと私の考えの違いだ」

と反発したという。次のように迫る色川とは最後まですれ違ったのだった。

「歴史的可能性がどうして一つの現実になったか、それを描こうとするなら、民衆レベルの迷い、悩み、さまざまな人生の結び目に注目しなくてはならない。また可能性のままで終わってしまった無数の人生がある。それにも目を配って、現実となったものを相対化してみせること、それこそが歴史小説の役目なのではないか」

「秋田の変心」非難

民衆史を発掘する色川大吉は、たとえば『新選組始末記』（中公文庫）を書いた子母澤寛《しもざわかん》について、こう語る。

大正時代に新撰組《しんせんぐみ》の生き残りを探し歩いて話を聞いた子母澤は、ある時、その一人を訪ねて行ったら、昼日中から、雨戸を降ろして真っ暗な部屋の中に閉じこもっている。

子母澤が、

「昔の話を聞きに来ました」

と声をかけたら、

「貴殿は何藩の者か」

と問い返された。

それを聞いて子母澤はゾーッとしたという。いつも彼はおびえていて何十年も外には出ていないのだった。ある種の凍結人間である。

「そうした暗さ、不信と絶望の深さがわからなかったら、それを生き抜いて五稜郭まで落ちてきた土方歳三の、あの複雑で深みのある人間像が丸ごと書けないじゃないですか」

土方が主人公の小説『燃えよ剣』の著者、司馬遼太郎を、色川がこう問い詰めたら、

「うーん」

と唸《うな》った司馬は結局、それを認めず、

「色川さんの言うのは、歴史でしょう。それと歴史小説は違う。歴史小説というのは、読んでくれる方に楽しみの娯楽を与えるものであって、読んだら絶望してしまうようなのはだめだ」

と弁明した。

しかし、絶望をくぐってこそ、希望は生まれるのではないか。奥羽越列藩同盟を崩壊させた秋田藩の裏切りと離脱についてはすでに書いたが、星亮一は『奥羽越列藩同盟』（中公新書）に、吉田昭治の『秋田の維新史』から、秋田県雄勝《おがち》郡院内出身の老医師の話を引く。

「あれは明治三十四、五年の頃、仙台の第二高等学校に居た頃のことです。舎監をしていたのが旧仙台藩士でしてね、なかなか厳格な反面、優しいところのある爺さんで、生徒達にも人気がありました。私なども

入った当座は随分可愛がられ、世話になったもんです。ところが、私が秋田県の出と判ると、その途端態度がガラリと変わってしまいました。それからというものは、寮の中であろうが、学校の中であろうが、町の中であろうが、顔を合わせる度毎に、一日一回なら一回、三回なら三回、十回なら十回、とにかく会う度毎に凄い目で睨《にら》みつけて、破れ鐘のような声で、〝秋田の変心！　秋田の変心！〟と頭ごなしに怒鳴りつけるんです。私は山奥の百姓の倅で、仙台藩士の暗殺とは全く何の関係もないのに、いやあ、あれには参ったもんでした」

これについて星亮一は「仙台人の秋田に対する感情がよく出ている。仙台藩正使が理不尽に梟首《きゅうしゅ》されたのだから、秋田人を見ると睨みつけたくなるのも不思議ではなかった」と注釈している。それからさらに百年余りの時が過ぎて、怨念《おんねん》は消えたのだろうか。いや、残り火はいまも燃えていると言わなければなるまい。

「勝者」なき東北戊辰戦争

戊辰戦争から百三十年の平成十（一九九八）年八月二十八日、秋田県角館《かくのだて》町で「戊辰戦争130年:in角館」という催しが行われた。主催は角館町。宮城県白石市長（当時）の川井貞一を間に〝宿敵〟の会津若松市長（当時）の山内日出夫と長州は萩市長の野村興兒《こうじ》が同席して討論をしたが、和解とは程遠い内容だった。星亮一は『戊辰の内乱』（三修社）に「おそらく十年後にこうした討論会が開かれても、二十年後に開かれても、会津と長州が壇上で手を握り合うことは、ないかもしれないと思わせる山内市長の主張だった」と書いている。

この時、かなり思い切った発言をしたのが当時の秋田市長、石川錬治郎である。

「なぜ秋田藩が奥羽越列藩同盟から抜けたか、私は正しい判断をしたと思っております。江戸では西郷隆盛と勝海舟による無血開城で話がついているんです。ところがこの東北では白石に集まって同盟を結成する。最初は会津救済だった。秋田藩の藩論は最初から勤王か佐幕か、きちんと統一されたものではなかったが、最終的に勤王と藩論を統一した。それは世のなかの、世界の、日本の流れを見極めた上で、日本にこれ以上の内乱を起こさず、庶民を犠牲にしないという判断に立って、秋田は正しい選択をしたのです。会津の方、荘内の方々に厳しいいい方になるが、徳川のためではなく、世のなか、歴史の正しい新しい流れのために秋田は決断した。私はそう思っております」

そして、しかしながら「実は」と続けた。

「私の友人に会津出身の人がいるのです。彼は北海道大学農学部の教授をしているが、同窓の集まりがあって、彼とはよく飲む。すると必ず彼は、お前は裏切り者だという。私は、お前らは頑迷固陋《ころう》で徳川の犠牲になったんだと、いつも口喧嘩《げんか》をする。すると彼がこういう。薩摩、長州による武断的な明治維新は日本の歴史になにをもたらしたんだ。君は秋田藩は正しい選択をしたというが、征韓論だとか日清戦争、日露戦争、シベリア出兵、日中戦争、そして太平洋戦争、日本の近代の歴史は諸外国に対する侵略戦争の歴史ではないか。こういう政府が明治維新によってつくられたんだぞ、というのです。そうなると、秋田の選択が本当に正しかったのかと、いま考えているところです」

大日本帝国の侵略戦争に反対し、「小日本主義」を唱えた石橋湛山に傾倒する石川だけに、この反論は応《こた》えただろう。

星によれば、会場の参加者は皆、シーンとして聞き入ったという。

そして星はこう結ぶ。

「ということは、東北には、誰一人勝者はなく、皆、どこかに傷を受けたことになる。それが東北にとっての戊辰戦争であった。官軍となった秋田の場合も、心から喜べる明治維新ではなかった」

それにしても疵《きず》の度合いが深かったのは会津であり、市長選で長州との和解を主張した候補が落選したのは、そう昔のことではない。

北方政権の合議制構想

〽会津猪　米沢猿で
　新発田狐にだまされた

こんな戯《ざ》れ歌がある。猪武者の会津藩に、うまく立ちまわった米沢藩、そして、狡猾にだまして裏切った新発田《しばた》藩を皮肉った唄である。

星亮一は、会津藩士の荒川類右衛門の『明治日誌』を母体にした前掲『戊辰の内乱』の第一部に、その新発田についての類右衛門の日記を引く。

「新発田の裏切りは、憎むべき第一なり。最初、溝口侯江戸下りの折、若松七日町清水屋へ旅宿せられたり。その節、内藤大夫、梶原大夫、溝口侯へ再度拝謁のうえに、きっと御味方致すべくとの御答えに相成り、よって、西郷勇左衛門殿、総督として大勢人数警護、新発田までつきそい、同国家老へ面会ありて、なおまた固く定約を結ばれしを、ほどなく二心を抱きしは、言語道断というべし」

溝口侯とは前藩主の溝口直溥《なおひろ》であり、筆頭家老の溝口伊織以下を引き連れて帰国の途中、会津に立ち寄り、厚遇を受けたのだった。それだけに「ほどなく二心を抱きしは、言語道断」と怒っているのである。

前節で紹介した「戊辰戦争130年in角館」では、「なぜいま戊辰戦争か」というシンポジウムも行われた。出席者は東北大学名誉教授の渡辺信夫、京都大学教授（当時）の佐々木克、九州大学名誉教授の丸山雍成《やすなり》、鹿児島大学教授の原口泉、『広告批評』編集者で秋田県横手市出身の島森路子《みちこ》、そして司会が星亮一である。中で私は佐々木と原口の発言に共鳴した。まず、佐々木の発言。

「当時の人々は、勤王とか佐幕といっておりましたが、勤王といっても天皇のためにとか、朝廷のためとか、そういう意味ではないのです。佐幕といっても、幕府のために戦うというのではないのです。この点を皆さんにご承知おき頂きたい。これは大事な点です。

当時の日本は幕府の専制とか古代の天皇独裁というようなものを目指したのではなく、合議制でいかなくてはならないという共通認識がありました。その合議制をどのようにするかが問題でした。

幕府中心の合議制、大名、藩士、一般の民衆まで入れた合議制、列藩同盟のように大名連合が政府・国家を組織していくような構想の違いがあったわけです。

列藩同盟についていえばその主張は、いま内乱をやっている場合ではないんだ、会津藩が謝れば、内乱は避けられる、そういう声を奥羽越諸藩の世論として訴える、そして薩長討幕派中心の政府は専制的だと批判して、自分たちの理想とする合議制を基本とした政府・国家をつくろう、ということだったのです」

次に原口の指摘である。

「花は白河、難儀は越後といいまして、五月から七月までは死にもの狂いの泥沼の戦争でした。西郷隆盛の弟も現地で亡くなっています。双方でものすごい人が死にました」

そして原口は、この戦争で日本はどんな文化を失い、どういう対応性を失ったのかを検証する必要がある、と訴えたのである。

長岡藩家老・河井継之助

「蒼竜ノ一身、東北諸藩ノ軽重ニ係ワル」

会津藩の外交官ともいうべき秋月悌次郎にとって、年来の友人である越後長岡藩の河井継之助が家老となって、長岡藩を「奥羽越列藩同盟」に入れるかどうかはまさに「東北諸藩ノ軽重ニ係ワル」課題だった。だから、雅号の蒼竜窟《そうりゅうくつ》から「蒼竜ノ一身」と言ったのである。

師の山田方谷《ほうこく》に「あの男には長岡藩は小さすぎる」と評された河井継之助を主人公に、司馬遼太郎は『峠』（新潮文庫）を書いた。

その中に福地源一郎の紹介で、福沢諭吉と河井が会う場面がある。

町人のような服装で現れた福沢は、

「侍という身分を無くしてしまわなければ日本はほろびると私は思っている。ただそれだけでこのかっこうだ。河井さんは、どう思います」

と尋ねた。すると河井は、

「賛成ですよ。薩長が勝とうが徳川が勝とうが、いずれが勝っても侍はほろびますな」

と持論を述べ、さらに、

「町人の世が来るでしょう。身分はおそらく一つになってしまうにちがいない」

と続けた。最後に福沢がまとめる。

「なにしろあなた、江戸、諸国をまぜあわせ、足軽までふくめると十人に一人が武士ですぜ。九人が、米や銭を出しあって一人を養っているのだ。十人のうち一人は、何もしない。旧弊なごたくばかりならべて暮らしている。こういう遊民がこうもたくさん居ちゃ、それだけで西洋に負けますよ。この福沢の敵は、薩長でも朝廷でも徳川でもない、侍というものさ。封建というものかね。こいつはこの福沢諭吉にとっちゃ親のかたきも同然です」

福沢より過激な思想家の安藤昌益《しょうえき》は、耕さず貪《むさぼ》り食う輩《やから》を「不耕貪食の徒」と称したが、侍がその代表だということとだろう。

この福沢や河井と違って、西郷隆盛はそこまで侍を敵視してはいなかった。やはり、新時代の主役も侍がになうと思っていたのである。それで、徳川慶喜が大政を奉還して隠居すると言っても、僚友の大久保一蔵（利通）に次のような手紙を出す始末だった。

「慶喜（呼びすてである）が退隠したいといってきているようであるが、はなはだもってふとどき千万である。ぜひとも切腹まで参らせねば事は相済まず」

司馬遼太郎は、西郷の革命観として「日本中を焦土にする覚悟でかからねばならない。天下は灰になり、民は苦しむ。しかしその灰と苦しみのなかからでなければあたらしい国家をつくりあげる力は湧いてこない」を挙げる。

それが慶喜の、いわば肩透かしにあって、西郷は「戦さが、したらぬ。これでは日本はどうにもならない」と語るようになったというのである。その結果が西南戦争なのかもしれないが、こうした非情な革命観と江戸城の無血開城などとはどう結びつくのか……。

雪国の怨念

司馬遼太郎は『峠』で主人公の河井継之助に「北国は、損だ」と言わせている。奥羽越列藩同盟の中心となった会津も荘内も、そして河井が家老の越後長岡も、北国であるだけでなく、雪に降りこめられる地だった。

薩長に対する北方政権のエネルギーは、雪国の怨念によって燃えているとも言える。私は大分前にこんなエッセイを書いたが、あるいは非雪国の人には理解できない怨念かもしれない。

〈車は山陰の海岸を走っていた。前日、鳥取で講演し、いま、米子に向かっているのである。窓から見える海は、どんよりと垂れこめた空と区別がつかないほどに暗い。それを見ながら、ああ、わが郷里、酒田の海と同じだなと思った。やはり、暗くなくては日本海ではない。

「哀しみ本線日本海」などという歌があったと思うが、演歌ならぬ怨歌もまた、表日本の明るい海にはふさわしくないのである。南の海はノーテンキなまでに明るい。

怨歌が北を目ざすように、哀しみも北から生まれる。もちろん、木枯らしも、北、もしくは裏のものである。たとえ、寒い時でも、太平洋を渡る風を、私は木枯らしとは呼ばない。

故あって私が故郷を棄てたのは、二十七歳の夏だった。ほとんど勘当という感じで家を出て、しばらくして、山口誓子の「海に出て木枯帰るところなし」という句を知った。書家の父が書くかな文字の色紙によってだったと思う。読んだ瞬間、ズーンと背中を電流が走った。あったかい電流ではなく、冷たく重い電流だった。しびれるほどの衝撃を受けた。

まぎれもなく、オレのことを詠んだ句だ。そう思った。

日本海に出た木枯らしが陸に戻ることのないように、私も酒田には戻れない。

夏の日本海より、冬の荒れた日本海が好きで、時折り見に行った。すぐに身体全体がかじかんで、長くは見ていられない。

しかし、吠えるように逆巻く波浪を見ていると、不思議に気持ちが落ちついた。

この句は、木枯らしに託して、ある種の決意を語っている。それをムキダシにはしないで、自然の理《ことわり》としてうたっている。

木枯らしが海に出て帰らないのは当たり前であり、のこのこと戻るなら、それは木枯らしではない。

サインを求められると、この句を書いて来た。いまでも、しばしば書く。

俳人として誓子が好きかと問われれば、そうも言えないと答えざるをえない。西東三鬼や村上鬼城の方が好ましいからである。

しかし、この句には全身を揺さぶられた。誓子は日本海で詠んだのではないだろうが、私にはどうしても日本海である〉

越後長岡藩の河井継之助も、引き返せない道として奥羽越列藩同盟に加わった時、「木枯帰るところなし」の心境だったのではないだろうか。そして、西南戦争に決起した西郷もまた……。

教科書の記述

薩摩や長州の人間には雪というものがわからない。雪国の人間にとって、雪は娯楽の対象ではなく、ある意味で憎しみの対象である。

越後長岡藩の家老、河井継之助も、もちろん、そのことを知っていた。

慶応四（一八六八）年閏《うるう》四月、越後国境に迫った薩長軍は、諸藩に軍資金の提供を求める。会津攻撃のためである。いわゆる官軍と、徳川の幕府軍のいずれに味方するかもまだ決めていなかった河井は、これに怒り、薩長と敵対することになる。

星亮一は『戊辰の内乱』に大正元（一九一二）年に文部省が出した『高等小学日本歴史巻二』を引く。そこでは、鳥羽伏見の戦いで、天皇の命令によって薩長が会津や桑名を破ったとか、その後も「順逆を誤り、官軍に反抗する者があった」とか、あまりに薩長に寄った歴史が語られている。東北に対する偏見もひどいのである。この教科書で習った全国の児童生徒は、会津の人を「悪い人」と思い込んだ、と星は憤激する。そして、こう主張するのである。

「東北や越後の人々は徳川のために戦ったのではない。会津藩などは慶喜も勝海舟も大嫌いで、徳川のためになどという人は、皆無に近かった。朝敵というういわれなき汚名を雪《そそ》がんと、遺書を懐に戦った。長岡藩の河井は、長岡も日本の政治に参加せんと戦い、南部藩の楢山は薩長の政治姿勢を糾弾せんと決起した。仙台藩の参謀たちは、錦旗のありかたに疑問を抱いた」

新発田藩の裏切りについては既述したが、星が新潟県加茂市のある寺に取材に行った時、茶をごちそうしてくれた品のいい老女が、

「私は長岡の生まれなもんですから、父や母から新発田の人は裏切り者だから口をきいてはなりませんと教えられて育ちました」

と言った。

「そうですか、それでいまでも新発田の方とはしゃべらないのですか」

と尋ねると、彼女は笑いながら、

「とんでもございません。お茶の集まりが新発田でよくございまして、出かけております。皆さんいい方ばかりで、おしゃべりして帰ってきます」

と答えたとか。

そうは言っても、すべての人が彼女のように〝新発田狐〟を許しているわけではない。

星は何年か前、長岡の「河井継之助を偲《しの》ぶ会」に呼ばれて話をした。終わって、事務局の人が、

「私たちは少数派ですよ」

と言う。なぜかと問うと、その人は、

「この町の研究者の多くは、河井否定論なのです。余計な戦争を起こして町を焼いた。それがいけないというんですね」

と答える。それで星が、

「そんなばかな、焼いたのは薩長の軍隊でしょう」

と怒ったというのだが、さまざまな見方があるということだろう。

第五章　荘内藩と大西郷の攻防

長岡の河井継之助、荘内の菅実秀

「会津と荘内とは、たとえ降伏しても、絶対に許すべきでない」

官軍ならぬ西軍の下参謀、世良修蔵は、同じ下参謀の大山格之助に密《ひそ》かにこう書き送った。京都の総取締役だった会津藩と、江戸の総取締役だった荘内藩は、薩摩と長州からそれほどに憎まれていたのである。

〽酒井左衛門様お国はどこよ
　出羽の荘内鶴ヶ岡

薩摩や長州が飼っていたとも言える浪士たちを掃滅する荘内藩士たちは、江戸の住民から、こんな俗謡で歓迎された。

しかし、それだけに薩長の怨《うら》みも買い、いわゆる荘内戊辰《ぼしん》戦争で征討の軍を向けられたが、その先鋒《せんぽう》役の天童藩や新庄藩、そして秋田藩の兵士たちをことごとく敗走させる。荘内藩には農民隊も組織され、次のような進撃の歌もあった。

〽荘内男児はナー
　ワランケ着たとてもナー

いくさをさせれば鬼じゃもの
いいもやぼた餅《もち》ひとかんじりだ

当時、官軍はフランケという新式の洋服を着ていた。それに対して農民隊は藁《わら》の、蓑《みの》わらじといういでたちで、フランケをもじってワランケと称したのである。「いも」は薩摩であり、「ぼた餅」はおはぎすなわち長州を指す。それらをひとかじりにすると気勢をあげたのだった。

犬塚又太郎の『荘内と大西郷』（致道博物館）によれば、「西軍は、この農民隊の勇敢さに恐れをなし、やがて、太鼓に合わせたこの歌声が遠くから聞こえて来ると、戦わずして逃げた、という話が伝えられている」とか。

この荘内に、後に西郷と肝胆相照らす菅実秀《すげさねひで》がいた。安藤英男は『菅実秀と荘内』（近代文藝社）に、菅と長岡藩の河井継之助を対比させて、こう書く。

「ところで、実秀が郡《こおり》奉行に起用されてから（家禄百五十石）、異数の昇進があいつぎ、中老の職（一千石）に上るまで、わづか七年である（文久三年―明治二年）。越後長岡の英傑・河井継之助は、郡奉行から家老上席に上るまで三年足らずであったから、河井ほどではないにせよ、実秀の昇進も驚異的である。けだし幕末の風雲は急を告げ、難局に処して門閥ではどうにもならなかった。人才を挙げるほかなかったのである」

その菅実秀の嫡流、菅秀二は、偶然、私が学生時代に入っていた「荘内館」（東京の駒込《こまごめ》にあり、荘内地方出身者が入る学生寮）の一年下だった。それで、いろいろ資料を提供してもらったが、菅実秀と西郷の親交について、同じ下級武士の共感があったのではないか、と指摘してもくれた。河井を含めて「異数の昇進」を遂げた者には、彼らにしかわからぬ風当たりの強さもあっただろう。その共感が荘内を悲劇から救った。あえて言えば、会津には菅に匹敵するリーダーがいなかったのである。

評価の分かれる難物

藤沢周平に「書きにくい事実」というエッセイがある。『小説の周辺』(文春文庫)に収められたそれは「小説は、たとえばモデル小説、歴史小説といった場合にも、事実そのままを写すわけではない」と始まり、「事実そのままを述べたように見えながら、そこにやはり作品化という一種の燃焼作用が加わっているものを小説と呼ぶわけで、事実を再現しただけのものなら、小説と呼ぶ必要もないわけである。しかしこうした小説の場合、事実が基礎であることは間違いないわけで、この素材をどんなふうに切ったり貼ったり、また色づけしたりして、読者にお見せするかということが、作者の腕のふるいどころになるだろう」と続く。

そして、その中でこんなことを書いている。

「書き辛いということで、私がいま難物だと思っているのは、幕末の荘内藩の動きを指導した菅さんという人のことである。会津藩とならんで最後まで朝敵とされたこの私の郷里の幕末史は、ぜひ一度とりあげたい素材なのだが、その中心人物だった菅さんという人は、いまだに評価が分かれているところがあって、この人を書くには相当の覚悟が必要のようである」

同じ郷里の人物でも『回天の門』(文春文庫)に描いた清河八郎《きよかわはちろう》は呼び捨てなのに、菅実秀のことは「菅さん」。自家薬籠《やくろう》中のものとして書くには、よほどの距離がある。

決して名門に生まれたのではない菅は、さまざまな挫折《ざせつ》を経て、その才幹を磨いていった。挫折の最大のものは、慶応三（一八六七）年秋のある事件である。

そのころ、江戸の治安を担当していた荘内藩の、いわば取締役として菅は江戸にいた。そこへ、藩御用達の米穀商、伊勢屋勘兵衛が来て、自分の別荘のある千住《せんじゅ》におびただしい数の雁が集まっているから、撃ちに来てはと勧める。しかし、江戸の周辺は将軍家の狩猟場とされ、親藩の荘内藩の者といえども銃猟は禁じられていた。ところが幕末になると、監視役の名主たちも、それを怠るようになり、密かに猟をする者が絶えなくなった。

そして伊勢屋が、名主たちには話をつけるから心配はいらないと盛んに勧めるので、菅もその気になり、猟に出かける。

もちろん、伊勢屋も名主たちには荘内藩の要職が行くから見て見ぬふりをしてほしいと頼んでいたのだが、名主に反感を持つ者がいて、幕吏に告げられてしまった。

そんなこととは知らず、菅が下男を連れて行き、待ち構えていた幕吏に逮捕される。驚いた下男が藩邸へ駆け込み、大騒ぎになった。

菅の上司の松平親懐《ちかひろ》はすぐに幕府と交渉する。幕府としても、捕えてみたら、幕府にとっての柱石である荘内藩の重要人物なので、困ってしまい、身柄を荘内藩に引き渡し、処分も藩に任せることにした。菅の異数の昇進を妬《ねた》む声は藩内にも多かったが、菅を側用人としていた藩主や老公が菅を救済する。

薩摩藩邸焼き討ち事件

幕府と藩公たちの計らいによって危うく助けられた菅がまだ監禁されていたころ、旧友の田辺儀兵衛（新徴組頭取）が見舞いに来た。

「貴様これで少しは懲りたろう」

と田辺が言うと、菅は白扇を取って、その心境をさらさらと書いた。

誤って羅網の裡に罹り
燕雀群を為して喧《かまびす》し
天若し羽翼を借さば
一挙乾坤に搏《はばた》かん

安藤英男の前掲『菅実秀と荘内』によれば、この漢詩の大意はこうである。

「幕府が張りめぐらした法網に、誤って引っかかり、身は一室に拘禁された。こうなると群小のやからは、やかましく非難の声を浴びせてくる。しかし、もし時運がめぐり、天が翼を与えてくれるなら、この境涯から一挙に脱出して、広い世界に自在にはばたくであろう」

やはり、菅は凡者《ただもの》ではない。

徳川幕府の弔鐘が鳴り始めたころ、それでも幕府は、会津と結んだ薩摩によって京を追われた江戸の長州藩邸を接収しようとする。その命を受けた荘内藩は家老の松平親懐以下、菅らが砲隊を率いて、赤坂の長州藩邸へ向かった。

しかし、応対に出た留守居役たちは、第一次長州征伐が始まって、長州は孤立無援になっていることを知らない。驚愕《きょうがく》して抵抗もせず、ただ、藩邸を出るに際して帯刀は許してほしい、そして、主君のいる本国へ帰還できるよう取りはからってほしいと申し出てきた。

とんでもないと、それを一蹴《いっしゅう》する意見もあったが、菅はこれを制し、武士の情けと、その願いを認め、帯刀のまま、長州藩士を米沢藩邸へ護送した。そして翌日、彼らの本国送還を幕府に申請したのに、幕府はこれを握りつぶす。その狭量を菅は大いに嘆いた。多分、徳川幕府の終わりも近いことを菅は悟っただろう。

そんな菅に、慶応三（一八六七）年も押しつまって、京都や大坂の情勢を視察して来いとの藩命が下る。菅が後にした江戸の治安はさらに悪化していた。

先に土佐の板垣退助が、藩主の山内容堂《ようどう》には無断で、相楽《さがら》総三ら百数十名の浪士を集める。万一の時に役立てようと江戸藩邸で彼らを養っていたのだが、板垣は容堂の命で江戸を去ることになり浪士たちを西郷に託す。

西郷は彼らを引き取って薩摩屋敷にかくまっておいた。益満《ますみつ》休之助らにその統制を命じていたのだが、血の気の多い浪士たちが言うことを聞くはずがない。市中を徘徊《はいかい》しては狼藉《ろうぜき》を働き、幕府も黙ってはいられなくなった。

その後もこぜりあいがあり、遂には幕命によって荘内藩を先頭に三田の薩摩屋敷を包囲し、砲撃を開始した。これが薩摩屋敷焼き討ち事件である。薩摩の挑発だから、その手に乗るなという意見も荘内藩の幹部には多かったが、やはり焼き討ちしてしまい、荘内藩は薩摩に憎まれることになる。

長岡藩の異才、河井継之助が重傷を負い、死を悟った時、側にいた花輪求馬に、藩の取るべき道をこう伝えた。

「会津も永くはもつまい、今後、ともにすべきは荘内だ、君らは努力して他藩から嘲《あなどり》を受けぬようにしてくれ。奥羽の諸藩もいずれは敗亡の運命となろうが、機を見て幼君をスネルの汽船に乗せフランスに渡航せよ。スネルには三千両渡してある。数年もフランスにおれば天下の形勢も一変する」

スネルとは幕末に暗躍した武器商人だが、星亮一著『奥羽越列藩同盟』（中公新書）によれば、河井はその後、

「世の中は大変に面白くなって来た。これからのことは商人が早道だ、思い切って商人になりやい」

と続けたのだった。それからまもなくして亡くなった河井は享年四十一。没地の只見町塩沢《ただみまち》にある「河井継之助記念館」にはいまも訪れる人が絶えないという。

その河井が「今後、ともにすべきは荘内だ」と言った荘内藩には菅実秀がいた。

菅は藩命によって大坂や京都の情勢を視察していたが、鳥羽伏見の戦いが起こって幕府軍が敗れ、薩長軍が進出して来たのを見て、急ぎ江戸に帰る。

そして、神田橋の藩邸にいた松平親懐らに、この変革期に藩はいかなる態度で臨むのか、と尋ねた。

これに対して松平は、徳川慶喜が謹慎して官軍への恭順を表明してしまったからには江戸にいても仕方がないので、国元へ引き揚げ、奥羽諸藩と連携して事に当たるつもりだと答える。藩主の酒井忠篤もまもなく江戸を引き払うことになっていると続けたが、菅はそれを黙って聞いていただけだった。

松平が、あえて意見を求めると、菅は口を開き、

「藩の方針が決定してしまった以上、今になって異存を唱えては、害あってこそ益にはなりませんが、しかし荘内藩の浮沈がかかっていますから敢て申し上げます」

と前置きして、こう述べた。

「すでに大政を奉還した今となっては、佐幕論を唱えて戦うのは無名の師《いくさ》というものです。無名の師を起こして、それぞれ複雑な藩情をもっている諸藩を糾合させることは、至難のわざというものです」

そして、荘内藩の取るべき道を三つ挙げた。

「一つは、藩主がみずから慶喜公の謝罪状を持って、東征大総督（有栖川宮《ありすがわのみや》）を東海道に迎え奉り、徳川氏の存続を懇願すること。これが忠にも義にも叶《かな》い、上策と思われますが、今となってはもはや、この方針に切り替えることは難しいでしょう」

私はこの節を安藤英男著『菅実秀と荘内』に拠《よ》って書いている。昭和二（一九二七）年、東京に生まれた安藤は、法政大学卒業後、銀行に入り、後に国士館大学教授となり、平成四（一九九二）年に亡くなっている。

勝算なき下策

鶴岡に生まれた加藤省一郎が書いた『臥牛《がぎゅう》　菅実秀』（致道博物館）に、菅の言葉として「志立たざれば経書も用をなさず、志立てば小説も益をなすなり」が引いてある。

そして、嘉永七（一八五四）年四月に、改めて菅は世子忠恕《ただひろ》の近習《きんじゅう》を命じられて江戸に上ったと書いてある。西郷隆盛が薩摩藩主島津斉彬《なりあきら》の中小姓として初めて江戸に来たのもこの年の三月だった。時に西郷二十八歳、菅は三つ下の二十五歳である。前年にはペリーが浦賀に来て開国を促し幕府の鎖国政策は根底から揺さぶられていた。

『臥牛　菅実秀』から、西郷と菅の〝出会い〟を引く。

「二人は偶然に時を同じくして江戸に出ていたのであるが、もちろん後年にあのように深い交りを結ぼうとは、このときは知るよしもなかった。一方は改新的な外様雄藩の一藩士であり、一方は幕府強化の線に立つ譜代親藩の一藩士であって、交わることのない政治路線の上に二人は立っていたのである。ただ隆盛は藩主斉彬の、下級の有為の士を求める方針によって登用された人であり、実秀も松平権右ェ門の眼識によって挙げられた人であって、いずれも小禄の藩士として、貧困な家庭に生い育った点では共通するものがあった」

その後、登用された菅が、家老の松平親懐に、幕末の変革に際して藩の取るべき道を問われ、三つあると答えた話は前節に書いた。

その一は、いまとなっては取れない道であることにも触れたが、『菅実秀と荘内』に従って、その二とその二を述べよう。

「もう一つは、当家は譜代の親藩でありますから、徳川氏と存亡を共にすることは、武門の習いとして義に非ずとは言われますまい。かりに徳川氏のために決戦しようと思うのなら、譜代の諸藩・旗本の硬派などを語らい、わが藩は先鋒となって箱根の天険を押さえ、これに拠《よ》って頑強に戦うことです。これなら、十に一つほどは勝算がありましょう。ただし、これは中策であります」

これが二つである。そして菅は続けた。

「もう一つは、江戸を引き払って荘内に割拠するということですが、薩長両藩は荘内藩に敵意をいだいていますから、必ずや征討軍を差し向けて来るでしょう。そうなっては北に退いて天下の大軍を引き受ける形になり、万に一つも勝算はありません。これは、策の下になるものです」

松平たちが考えた策を、菅は正面から下策だと言い切った上で、こう結んだ。

「しかしながら、ここで私が異論を唱えたのでは、藩の足なみが乱れて自滅するだけです。藩論が帰国と決した以上、悔いても及ぶものではありません。この上は貴方がたが先頭に立って、成敗を念願から去り、荘内を焦土と化し、城を枕に斃《たお》れるという決心を固めていただきたい。貴方がたがその覚悟なら、この私は異見など抛って、藩論の決定にしたがい懸命に努めるでありましょう」

菅実秀の受けた密命

既述のように藤沢周平は「書きにくい事実」と題したエッセイで「評価の分かれる難物」と書いた菅実秀を『雲奔る——小説・雲井龍雄』（文春文庫）に登場させている。

米沢藩の雲井が、武力で禁廷を占拠した薩摩藩のやり方に不満を募らせていたころ、羽州荘内藩の菅実秀は藩士六名を連れて大坂に着いた。

大坂は京都から退いた徳川慶喜が滞在し、会津藩と桑名藩の兵士が集結して騒然となっていた。

「関東方の藩兵がこんなに集まっているとは思わなかった。これなら心配することはないな」

数では確かにまだ薩長を圧倒している。しかし菅は、

「いや、その見方は少少浅いぞ」

と、それをたしなめた。そして、

「こういう非常の時には人の多いことなど決して頼みにならない。俊傑ひとりこそ頼みになる。ところが関東方と京都方の動きを見ていると、いつも関東方が京都方に機先を制されている。これは京都方に、何藩の誰とは解らないが、よほどすぐれた人物がいるに違いない」

と続けた。菅が、いわばその気配を察した人物が西郷隆盛だった。

後に荘内藩軍事掛として、戊辰の戦いを指導することになる菅は、この直前、幕府の禁猟区であるお留場に雁を撃ちに入り、幕吏に捕えられるという失態を演じていた。そのとき菅は舌を噛み切って死のうとし、多量の出血から昏睡《こんすい》状態に陥って危なかった。

それを助けたのが幕府にあっては小栗上野介《おぐりこうずけのすけ》であり、藩にあっては松平権十郎親懐である。菅の才を惜しむ老公忠発《ただあき》の口添えもあった。

菅は江戸留守居役として藩内の事情を幕府に通じ、幕府の意向を藩に伝える役を務めていたため、幕府の勘定奉行、小栗上野介忠順《ただまさ》と深く知り合うようになる。そして、小栗は荘内藩の江戸取締りに菅の功績大なることを知っていたので、荘内藩の懇請を受け入れ、菅の一件を不問に付した。

表向きはそういうことになっているが、ただ、それだけでは済まなかったのである。藤沢周平の『雲奔る』に戻ると、「捕えられて漸《ようや》く謹慎を解かれたばかり」の菅実秀が、なぜ、大坂に着いたのかについて、こう記している。

「実秀を大坂に派遣したのは小栗上野介で、小栗は実秀の罪を赦すかわりに、西郷を刺殺する密命を下したという。

十二月二十五日払暁、江戸市中取締りの荘内藩は、薩摩屋敷を焼打ちし、この焼打ちを契機に政情は一変するのだが、菅実秀はまだそれを知らなかった」

加藤省一郎の『臥牛　菅実秀』によれば、江戸取締りの総帥、松平権十郎（菅は参謀格）は美男だったため、「江戸の（市川）団十郎、荘内の権十郎」として、錦絵が売り出されたという。

小栗上野介と菅の因縁

失態を犯した菅実秀を許し、かわりに、ある密命を授けたといわれる小栗上野介について、いま少し記そう。

開国論者の小栗は徳川幕府最後の実力者だった。勝海舟とはライバル関係にあり、外国奉行、勘定奉行、陸軍奉行、軍艦奉行を歴任している。

『臥牛　菅実秀』から、北島正元編『江戸幕府』（人物往来社）に出ている小栗の人物評を孫引きする。

「慶応二年（一八六六）八月（注・幕府とフランスの間に）六百万ドルの借款契約（注・及び軍艦、武器の購入契約）が成立したころ、フランス公使ロッシュは、小栗を『大蔵大臣』とよんでいる。老中を大臣、若年寄を次官とすれば、勘定奉行は局長クラスである。小栗とはとくに親しかったロッシュが、彼の正確な職名を知らぬはずはない。それなのになぜあえて彼を『大蔵大臣』とよんだのであろうか。

当時、外国奉行の下役をしていた田辺太一は、小栗の人物についてつぎのようなエピソードを伝えている。

小栗は身体こそ小さかったが、はげしい気性で才気がすぐれ、自信が強く、少しもはばかることがなかった。勘定奉行をつとめていたとき、老中、若年寄が列席しているところで、国費の精算書を朗読報告する例になっていたところ、彼は『いま私がこれを朗読いたしましても、閣下がたにはおわかりにならないでありキしょう。この小栗がおります以上、おためにならぬことは絶対にいたしませぬゆえ、さようご承知下されたく存じます』と放言したという。小栗の眼中には、老中も若年寄もなかったのである。このような気慨《ママ》で、幕府最末期の困難な財政をきりもりした彼は、まさに事実上の蔵相であったということができよう。ロッシュがあえて小栗を『大蔵大臣』とよんだのは、この事実をふまえたものであると思われる」

小栗ほどではなくとも菅もまた自信家だった。ただ、上司に対して小栗のように露骨には鋭鋒《えいほう》を出さなかっただけである。たとえば、八歳下の松平権十郎を立て、江戸取締りも松平を主役にして、自分は脇役を演じた。しかし、小栗などは菅が〝主役〟であることを見抜いていた。こんな逸話がある。前記の幕吏に捕まった一件で、菅を妬《ねた》む声が藩内からあがり、失脚しそうになった時、酒井吉之丞《きちのじょう》（長州藩邸接収の際の二の手隊長）は動揺して父の了敏に、

「こういう事件を起こした以上、秀三郎（実秀）殿の身はどうなるかわからない、そうなっては藩の盛衰にかかわる大事になる――」

と言った。すると了敏は、

「秀三郎殿がいなくても、御家老の権十郎殿がおられるのだから心配はあるまい。」

と答えたが、それに対して吉之丞は思わず涙を流して、叫ぶが如く、こう言ったのだった。

「秀三郎殿あっての御家老です」

「西郷刺殺」の内命

「慶応三年十月、将軍慶喜は大政奉還を決行した。これは薩長藩に武力行使の口実を失わせ、討幕計画を

狂わせてしまった。そこで西郷隆盛の建策によって、幕府に対する挑発行動を展開した。三田の薩摩屋敷に命知らずの乱暴者をかり集めて、江戸中を暴れまわらせて幕府を怒らし、幕府の方から戦端を開かせようとしたのである」

加藤省一郎は『臥牛　菅実秀』にこう書き、次のように続ける。

「幕府では薩摩の挑発を極力、避けていたが、強硬論の先頭に立つ小栗上野介は、浪士の策動の根源をたつために薩摩屋敷の攻撃を強く主張していた。十二月二十三日の江戸城二の丸の炎上は薩摩浪士のしわざだという噂が流れ、また同じ夜に荘内藩警備隊の屯所を銃撃した暴徒を捕えたところ、薩摩屋敷でかくまっている浪士であることが判明したため、閣議は硬化し、ついに荘内藩に薩摩屋敷攻撃の命令が下った。十二月二十五日払暁、荘内藩の重臣石原倉右衛門のひきいる藩兵一千を主力とする部隊は、薩摩屋敷を包囲攻撃して焼き払ってしまった。薩摩と荘内の戦は、このときすでに始まったのだ。そして、これが翌年の戊辰戦争で、荘内藩に追討令が出た一つの理由ともなった」

小栗上野介が荘内藩に命じたこの薩摩屋敷焼き討ちが、西郷のねらい通りに、戊辰戦争の引き金を引くことになった。

先に、小栗は菅に「西郷刺殺」の内命を与えたと書いたが、『臥牛　菅実秀』には、菅に同行した重田範正の息子、鉄矢の次のような証言が引用されている。

「慶応三年、幕府の内命にて、菅実秀、石井有恒、朝比奈泰吉、俣野健八、神戸善十郎、菅沢八重治、私の父重田範正の七人、京都へ出張、討幕の主謀《(ママ)》者を暗殺すべき大任を帯び、十二月十一日、品川を出発、二十八日、大阪へ到着せしも、鳥羽伏見の戦争にて幕軍大敗後のこととて如何とも致しがたく、従って京都へ入ることも出来ず、使命を果しかねて、空しく慶応四年二月二日、江戸へ帰り復命致しました」『史談会速記録』からこれを引いた後、加藤は「『幕府の内命』がこのようなものであったとすれば、実秀の一行は、当然、討幕の首謀者西郷隆盛をねらったわけであるが、それをさらにたしかめる資料はない」と付け加えている。菅はこの「内命」を与えた小栗と親しく、後にはその「対象」と肝胆相照らすことになるわけだが、小栗は和議を唱える勝海舟と対立して免職された後、これからは政府に服従しない人民として一生を終わろう、と決めて、知行地の上州（群馬県）権田村に引きこもった。あくまでも薩長と対決しようとした小栗の身を気遣って、菅はひとまず荘内へ逃れることを勧めたが、小栗はそれを聞かなかった。そして、政府軍によって捕われ、「天地間に容るべからざる大罪人」として斬殺される。享年四十二だった。

寒河江、柴橋事件

明治新政府が奥羽鎮撫使を派遣しようと企てた時、その征討の目標は会津と荘内だった。しかし、会津はともかく、荘内についての名分はない。荘内は鳥羽伏見の戦いには参加していないし、その時点では〝朝敵名簿〟に載っていないのである。

ところが、荘内側が政府側に契機を与える事件が起こる。綱淵謙錠の『戊辰落日』から、『復古記』の一節を引く。その中の「奥羽戦記」の明治元年三月晦日の項に「荘内兵、出羽寒河江《さがえ》、柴橋二村二村並ニ旧幕府領ヲ剽掠《ひょうりゃく》スルノ報到ル、督府乃《すなわ》チ仙台、天童二藩ニ命シテ之ヲ討セシメ、薩摩、筑前、長門三藩兵ヲシテ之ニ応援セシム」とあるのである。

どういうことかと言えば、荘内藩が出羽村山地方の寒河江と柴橋の代官陣屋から、前年度までの年貢米二万三千余俵を持ち出し、最上川の舟運で酒田に送った、となる。綱淵によれば、『復古記』の編者はこれを「剽掠」と称し、『醍醐忠敬手記』に至っては、「羽州荘内賊徒、柴橋郡庁ヲ掠メ」と難じているが、荘内藩がそうするにはそうするだけの理由があった。

そのころ、「天領」といわれた幕府直轄領は奥州に約五十万石、羽州に三十五、六万石あったが、(羽州)村山地方にはその中の七万四千石があり、寒河江と柴橋の代官所がこれを管理していた。

明治と年号が改まったこの年の一月十日に、新政府は旧幕府領はこれからすべて朝廷が管理すると布告していた。しかし、これで事態が劇的に変化するわけではない。

そして、ほぼ一ヵ月後の二月九日に、旧と名のついた幕府が、朝廷に逆らうように、この二村を預け地として荘内藩に与えるのである。江戸市中取締りの功によってと、荘内藩に引き取らせた新徴組の扶持料《ふち》としてだった。

それで、ややこしいことになる。いわば二重支配になったのである。荘内藩は、今回の新政府の処置に異議は唱えないとしても、代官所が管理していた収納米は前年度までの貢租米であり、新政府が管轄する前のものだというのがその主張だった。

しかし、幕府は滅びているのだから、それが認められるはずもない。しめたとばかりに奥羽鎮撫総督府は仙台および薩長筑の四藩に命じて、荘内を追わせたが、荘内藩士は仙台藩から急報されて、さっさと荘内に戻っていた。

直ちに総督府は羽後の矢島藩に荘内藩征討の先頭に立てと言い、秋田藩にも征討に参加せよと命じた。しかし、先述したように、荘内は強く、秋田等は最初蹴散《けち》らかされる。

すでに軍事掛となっていた菅実秀は、まず第一に兵式の改革に着手した。刀から銃へである。前掲『臥牛菅実秀』には「この荘内藩の銃器の購入については、酒田の本間光美《こうび》（通称外衛《とのえ》）から巨額の献金があったために、予定以上の数量を購入することができて、他藩にも給与したほどであった」とある。

荘内征討の真相

会津に対してもそうだったが、荘内にもスパイが出没した。戊辰戦争前夜のころである。それを防ぐため、重臣たちはさらに警戒を強化するよう主張した。しかし、こう言って菅実秀は反論する。

「老職がたは、なんでそんなに間諜を恐れられるのか。政治さえ公明であるなら、わざとでも間諜に見せてやりたいものである。もし間諜が老職の評議を聞きたいなら、この席に連れてきて聞かせてやるぐらいの度量がほしいものである」

この菅が軍事掛だった荘内藩は北に南に、そして東に西に政府軍を撃破していく。

寒河江、柴橋事件の後、奥羽鎮撫総督から荘内征討を命じられた秋田藩の中にさえ、総督府に次のように迫る藩士もいた。

「先にわが藩に会津征討を命ぜられたときは、その罪状が掲げられておりましたが、このたびのお達しには何も触れられておりません。万一主人（佐竹義堯《よしたか》）からそれについて訊《たず》ねられたとき差支えますので、荘内藩の罪状の次第をお聞かせいただきたい」

綱淵謙錠の『戊辰落日』によれば、「勤王藩」ということで総督府が最も頼みにしている秋田藩ですら、荘内征討の大義名分が薄弱であることに批判的だった。

これに対して、総督府が答える。

「羽州荘内藩の罪状の儀は、徳川慶喜が天朝に対したてまつり暴発反逆の大罪を働き、関東へ遁《に》げ帰ったのちも、なお荘内藩は幕府の恢復《かいふく》を主張し、そのうえ、去年の冬、江戸見廻りの役にあったとき、理由のない疑いをもって諸藩邸内へ砲撃を加え、これを焼きはらった事件の罪状である」

綱淵はこの「公式回答」を「諸藩邸内へ砲撃」であって、「薩藩邸内」ではないのがいかにも苦しい、と皮肉る。

また、『仙台戊辰史』の筆者、藤原相之助《あいのすけ》は、

「荘内ガ徳川恢復ヲ主張シタルカ否カハ証蹟ナキコトニシテ、之ヲ天討ニ値ヒスル逆罪トハ断定スベカラズ、縦《よ》シ恢復ヲ主張シタルコトアリシトスルモ、慶喜已《すで》ニ謹慎謝罪シ、左衛門尉《じょう》（酒井忠篤）亦《また》国ニ就キテ謹慎シ、三万金ヲ総督府ニ献納シテ勤王ノ実効ヲ挙ゲンヿ《こと》ヲ冀《こいねが》ヒ居ル場合ニ、是等ノ理由ヲ以テ強《し》テ征討スルハ王者ノ師ト云フベカラズ」

と嘆き、征討の主眼が慶応三（一八六七）年十二月二十五日の江戸薩摩屋敷焼き討ち事件の報復にあり、「私怨《しえん》」であることは「問フニ落ズシテ語ルニ落ルノ類《たぐい》」だと怒っている。薩摩や長州は「私」を「官」にすりかえて、会津や荘内を討とうとしたのだった。

そしてまもなく、明治政府は荘内藩主の酒井忠篤の官位を奪い、家臣の者の一切の入京を禁じた。その罪状は〝賊魁《ぞうかい》〟松平容保やその他の兇徒《きょうと》と語らって忠篤が官軍と敵対したというものだった。そこには「言語道断之次第、天人倶《とも》ニ所悪《にくむところ》、不届之至《ふとどきのいたり》」といった激越な文字も見える。

荘内の「鬼玄蕃」、酒井吉之丞

新政府軍こと西軍から「鬼玄蕃《おにげんば》」と恐れられた勇将が荘内藩にいた。当時二十五歳の酒井吉之丞玄蕃である。長岡藩で山本帯刀《たてわき》（山本五十六の義父）が河井継之助に傾倒したように玄蕃も菅実秀を慕った。そして、二番大隊長として白河口に進発する時、軍事掛の菅に戦略を尋ねている。

赤沢源也述の『臥牛先生行状』によれば、菅の答は次のようなものだった。

「兵を用うるは、機事であり活物である。あらかじめ、とやかく申し難い。雲は風によって変化するように、ここは是非とも陥さねばならぬとか、この敵はどうしても破らねばならぬとか、固着するものではない。敵の実を避け、虚に乗じて流動することが、戦略の要点であろう」

「戦陣で食糧の乏しい時は、主将は一椀ですませても、兵には二椀の食を与える。このように、いつも兵士の労苦をいたわり、暖かい言葉をかけてやれば、兵士は死力を尽すであろう。それから、進むも駐まるも、つねに地の利に心を配ることを忘れてはならない。古《いにしえ》より良将は、みな地の利に目を注いでいる。これを忘れると、いたずらに兵士をそこなうことになる」

「一番大隊と二番大隊とは、いつも二手にわかれて、一隊は正兵となって正面から敵に当たり、一隊は奇兵となって敵の側面を攻める。側面から攻められるくらい、不気味なものはない。交互に奇兵は正兵となり、正兵は奇兵となって敵を疲れさせ、敵をして応接にいとまあらせず、一ヶ所に踏み止まるいとまを与えぬことである」

「鬼玄蕃」の異名と違って酒井吉之丞は長身細面の青年であり、すぐれた詩作家でもあった。激戦の中、幼な馴染《なじ》みの分隊長、大島武助が敵の銃弾に斃《たお》れるや、惻々《そくそく》たる次の詩をつくっている。その前書きから引こう。

「大島隊長亦た斃る。予、走りて之を見るに、銃丸腹を洞《つらぬ》き、眼光憧々《どうどう》たり。仰いで余を視て曰く、吾が事已《や》んぬ、君これを勧めよ。三軍の耳目、君に在り、余を以《もっ》て問うこと勿《なか》れと。予叱《しっ》して曰く、丈夫死中尚《な》お生を求め、以て明主に報ずるのみ、何んぞ早く死を以てせん。請う君これを忍べと。蓋《けだ》し君は結髪の友、中心慼々《せきせき》たり。涕涙潺湲《ているいせんかん》、自ら禁ずる能《あた》わず。将《まさ》に託する所を問わんとするに、銃丸雨集、鼓角前に起る。予匆々《そうそう》進んで兵を勒《ろく》し、退いて又、之を視れば、微息僅《わずか》に通ず、試みに之を問えば遂に応《こた》うる所無し。

　双眼我を仰いで胆《たん》尚お存す
黒貂《こくちょう》血は迸《ほとばし》る　桃花痕
強いて涕涙を収めて秋草を掃《はら》えば
鼓角前頭　言うに耐えず」

「黒貂」とは黒羅紗《らしゃ》の軍服のことであり、血痕を桃の花にたとえた桃花痕はそれを染めた血を指す。「結髪の友」の大島はもちろん二十代半ばの青年だった。その彼が「吾が事已んぬ」と告げなければならなかったのである。

「大入道」西郷隆盛、現る

「戦は坂上の車の如きものである。進まなければ必ず下る。これ必定である。今、各藩が帰城して相提携して、敵軍に当るとしても残念乍ら其の結果は知るべきである。左様であるならば、奥羽同盟を結んだ各藩は、最後の一人になるまで戦い抜き、皆城を枕にして討死し、天下に東北武士の神髄を知らしむべきである」

奥羽二十三藩が同盟して官軍に当たることにした時、菅実秀はこう言った。そして、荘内藩は「いも（薩摩）」や「ぼたもち（お萩＝長州）」を恐れさせるほど奮闘したが、遂に「最後の帰順者」となった。

荘内藩の説得役として派遣されたのは、米沢藩の家老、千坂太郎左衛門である。「討薩ノ檄」を書いた雲井龍雄が詰め寄った家老だが、荘内藩の信頼も厚く、なかなかの人物だった。

その千坂が荘内に入ろうとして、清川口で初めて西郷隆盛と会う。長谷川信夫の『西郷先生と荘内』（荘内南洲会）から、その折の千坂の述懐を引く。

「西郷は忍んで参られたので、表向きの仕事は皆黒田清隆に任せてあった様に思われる。私が西郷に会った時、西郷は頭を剃《そ》って坊主となって居ったが、身体が大きく肥満していたから、見上げる許りの大坊主で、それに汚れた白色の外套を着ていた処などは官軍の大参謀西郷吉之助隆盛とは思われませんでした。私だけでなく、土地の人は誰も西郷と知るものなく、西郷が往来を歩いている時、あの坊主が西郷だと教えてやったら、皆驚いて居りました」

そのころ、鶴岡市中に「大入道で西郷隆盛という人が来た」という噂が流れたが、それはあくまでも噂にとどまった。だから、西郷が荘内に来たことを伝える文献は極めて少なく、しかもそれが誤っている。その原因は『大西郷全集』にあると長谷川は指摘し、「この全集は全三巻であるが極めて刻明に伝記、著述、書簡等を集めて居り得難い文献ではあるが、事、荘内に関しては残念乍ら訂正せざるを得ない」と続ける。ではその第三巻所収「荘内藩降伏の一佳話」を引こう。

『東北戦争に関して、西郷の伝記中、省いてならぬ一佳話がある。それは、かの荘内藩が、降伏を勧められても容易に応ぜず、激戦数合の後、力尽き矢折れて、遂に降伏の議を決し、藩主自ら隆盛の陣営に来ることゝなつた。隆盛は出でゝこれに引見し、宛《さなが》ら賓客の礼を以てこれを遇し、極めて寛大な条件の下にその降伏を容《い》れ、直ちに令を下して兵を撤せしめた。当時、隆盛に随行して居た高島鞆之助《とものすけ》は、使者の帰つた後、『先生、今の応対は、余りに御謙譲に過ぎて、どちらが降伏するのやら分らんやうでありましたな』と問うた。すると隆盛は、心地よげに破顔微笑して、『戦に負けて降伏するのである。官軍に対しては、それでなくても非常に怖れを抱いて居る。彼の慇懃《いんぎん》な様を見い。それに対して言葉でも励《はげ》ましたら、その思ふ所を吐くことさへ出来まいではないか。』と言つた」

『大西郷全集』の誤り

酒田に南洲神社をつくった長谷川信夫は、『西郷先生と荘内』で、『大西郷全集』の誤った記述を、次のように怒る。

まず、荘内藩は力尽き、矢折れて、どうしようもなくなって降伏したのではない。荘内藩は官軍を薩摩、長州、土佐、肥前の私藩として考え、三百年の徳川家の恩義に報いるため、城を枕に討死せんとしていたのであり、士気も軍備も官軍に勝っていて、降伏など夢にも考えていなかった。ところが、信頼する仙台藩の勧告や、親交厚かった米沢藩家老、千坂太郎左衛門に官軍は私軍ではなく、時勢は幕府に味方していないと誠意をもって説かれ、のちに西郷の指示とわかる寛仁な処置もあって、帰順することにしたのである。『大西郷全集』に書かれている如く、「激戦数合の後、力尽き矢折れて、遂に降伏の議を決し」たのではない。

また、「藩主自ら隆盛の陣営に来」て、「隆盛は出でゝこれに引見し」たというのも事実に反する。第一西郷はお忍びで来ていたのではないか。

第三に、「彼の慇懃な様を見い。それに対して言葉でも励《はげ》ましたら、その思ふ所を吐くことさへ出来まいではないか」と西郷が言ったように書いているが、西郷はこの時点で荘内藩主と会っていないのだから、まったくのつくりごとである。つくりごとにしても、西郷の真意を知らぬこと甚だしいと長谷川は憤激して、次のように続ける。

「先生は此の様な誇り高かった人物では無い。戦い勝った負けた等はもう問題でない。官軍も賊軍も、戦い終わっては一切清算された。只先生の心中にあるのは、今後の一大革新後の新たな日本が如何にあるべきかの一点にあったのであると思う。

真意を知らないで反抗するものは飽迄平定するであろうが、戦い終わっては、上に天皇を仰いで万民斉しく維新後の日本の正しき建設の為の兄弟であり同志である。そこに差別等考えられもせぬ、と云うのが先生の心情であった事であると信じる。それから発しての処置処分であるから自らに寛大仁慈の事となったのであろう」

西郷は北越出征軍の総指揮官を拝命し、八月六日に春日丸で鹿児島を出発。十日に越後柏崎に着き、十一日に新潟に入った。長岡が落ちて北越方面がほぼ平定するや、新発田を発して九月十四日に米沢に入り、二十四日に会津が陥落したのを見届けて二十七日に荘内に入っている。

それにしても、たとえば、荘内藩の弱体化から、さらに解体を主張した大村益次郎（長州藩士）が西郷の地位にあったら、荘内は無血開城とはいかなかった。

新政府で兵部大輔となった大村は、手強かった荘内を恐れ、その解体を強調したからである。それは、焦土と化した会津への移封命令という形で表面化する。西郷の温情に接しただけに、その苛烈《かれつ》さは身にしみた。

西郷の忠僕、永田熊吉

西郷が北越出征軍の総指揮官として、越後柏崎を経て米沢に入り、荘内をめざす道中を西郷の忠僕だった永田熊吉は次のように記す。

「主人が越後表を発足して米沢に参られた時には、山路の為め道中非常に困難せられました。主人はあらかじめ道中の難儀な事を承知して居られましたから、出発の前に一つの軍令を出して、進軍の途中で足が痛む事があっても、駕輿を用いることは相成らぬ。此の地に滞在して後から来る様に、と云うことを触れました。それから主人は薩州勢八百人砲六門を率い新発田の本営を出発して八十里越に掛りましたが、聞きしに勝る難所を分けて十三峠などと云う所は峻坂険路相連りて、容易に越えることは出来ません。大砲も車より下して人の肩でかついで行く始末、主人はデクデクと肥満して居りますから山行は一層難儀がございました。併し自分が駕輿に乗ることは相成らぬと云う軍令を施かれたから勿論駕輿を用いず、峻しい山坂を歩行で参られました。尤も歩むと云うのも名ばかりで、峻しい坂などへ掛ると交る交る後から主人の尻を押して上らせたので、主人も『俺は歩むのでなくて只足を上げるだけだ』と笑いながら申されました」

尻を押される西郷の様子が目に浮かんでユーモラスだが、その後、米沢、寒河江と西郷は進み、最上川の沿岸、本合海《もとあいかい》に出る。新庄に近い所である。また、忠僕の筆を借りよう。

「主人が本合海に滞陣する時、黒田（清隆）さんが参られて、しばしば軍議がありましたが、五日目の朝（九月の二十六日）に至り清川の方から帆掛船が上って参りますから皆は何事であろうと思って居りますと、其の船が本合海の岸についいて上下を着た人が二人、羽織袴の士が二人上陸して本営に参り、今回荘内藩降伏に就き、御出迎えとして参りました、との口上がありましたので、私等は初めて荘内藩の降伏を知りました。しかし主人は黒田さんから今般の打合せがありまして、疾くに承知して居た事ですから夫れは大義なりとて使節を犒《ねぎら》い、九月二十七日の朝、本合海を出発して船で川を下り清川に着きましたが両岸には所々堅固な砲台を築いて大砲を据え、又清川の入口には敵の船を遮る為、水中に鉄鎖を沈めるなど防備行き渡って少しも手落ちがありませんから、主人も大いに感心せられました」

西郷は清川で上陸して九月二十七日の昼ごろに鶴岡に着き、民家に宿をとった。

「黒田参謀は、此の朝早く荘内に入り城受取りを了え、主人の旅宿に参って藩主其他の処分に就いて相談せられましたが、主人は万事黒田さんに委任して別段喙《くちばし》を容れません。只だ、藩主の処分に就いては黒田さんと意見を異にした様に聞きました。黒田さんは、藩主は隣国の大名（秋田か）に預けるがよかろうと申しますと、主人は『それはよろしう御座らぬ。荘内の藩主なれば荘内に預けるがよろしい』と云いました」

死人を首謀者にした荘内藩

「荘内の藩主なれば荘内に預けるがよろしい」

西郷のこの言葉を聞いて、参謀の黒田清隆は耳を疑った。西郷を敬愛すること人後に落ちぬ黒田だったが、さすがに驚いて、

「もし荘内が叛《そむ》けばどうなさる」

と問い返すと、西郷はにっこり笑って、

「ナニ心配は無用であります。其時は又俺が参るから」

と事もなげに答えた。

これには黒田も、西郷さんは器がとてつもなく大きい、と感服したのである。

敵兵を以《もっ》て藩主を警固させた会津と、荘内の明白な違いだった。以下、また、西郷の忠僕の叙述を引く。

「此の事は最も荘内人を心服せしめたもので、荘内人が今に至るまで、主人を慕いまするのも、斯様な事があったからであると思います。明治二年には荘内の藩主が八十名の兵士を引率して薩州に参られ英式の調練を学ばれ僅か二年ばかり滞在せられましたが、此間、薩州人と荘内人とは旧怨を忘れて、親友の様になりました。斯様な因縁から黒田さんが北海道の開拓使となった時にも荘内人は其の勧誘に応じて大勢北海道に移住した事がありました」

西郷の意を受けてだが、黒田は荘内藩が言上しなければならない「叛逆首謀《はんぎゃく》の者」に対しても寛大だった。

新政府からその指令を受けて、荘内藩では石原倉右衛門亡きあとの主席家老、松平権十郎親懐をという声がもっぱらだった。二名挙げよと言われれば、菅実秀もというのである。

松平はそれを当然のこととして応じようとしたが、菅がこう言って止める。

「このたびの敗戦は天下に恥辱をさらしたものである。ここでわれらは自重して、この恥辱をそそがなければならない、ことにわが藩随一の重臣である貴殿として、この際はいたづらに死すべきではない」

そして重臣会議でも、

「首謀者として腹を切るのは、若い人ではなくて老人がよかろう」

と言いきった。

『臥牛　菅実秀』の著者、加藤省一郎は「これは聞きようによっては随分ひどい発言のようではあるが、いま敗戦の荘内を救う者は、年老いた重臣ではなく、壮年の松平親懐や自分たちでなければならぬ。したがってこの際は死の易きをすてて、生の苦しみに耐えなければならぬと考えていたのであろう」と菅の胸中を推測している。

結局、荘内藩では「上下一体になりて事を謀りたれば、特に首謀と命名すべき者なし」と申し出たが却下され、すでに亡くなっていた石原を挙げる。新政府では、やはり松平をという声が強かったが、黒田が、「すでに降伏した者を、そうそう殺すべきではない。石原が先に戦死していようとも、荘内藩きっての重臣であるから、荘内の申し出の通り、石原でいいではないか」

と言って押し切った。

第六章　荘内藩転封騒動

会津への移封命令

黒田清隆と同じく西郷を慕う大山綱良（格之助）に、菅実秀は黒田の紹介で会った。大山は総督府下参謀として秋田口で荘内藩と戦った人だが、菅が、

「このたび、わが藩が無名の戦《いくさ》を起してしまったのは、まことに遺憾なことであった」

と言うと、大山は厳しい口調で、

「貴藩は幕府の親藩であって、三百年の恩顧のある徳川氏のために、国運をかけてその恢復《かいふく》をはかったのは当然のことであり、義においても、かくあるべきはずで、なにも恥るには及ばないではないか」

と返した。

菅はこれにハッとなり、大義名分のない戦いなどと言うべきではなかったと、終生、これを悔いていたという。

荘内藩の降伏によって、奥羽戊辰《ぼしん》戦争が終わった時、西郷は、

「朝旨を知って帰順した以上は、会津、荘内をはじめ旧領地にそのまま安堵《あんど》させよう」

と主張したが、長州がこれを許さなかった。なかんずく、大村益次郎である。菅を中心として荘内が薩摩の西郷を頼れば頼るほど、大村らは荘内に苛酷《かこく》に当たろうとするのだった。

加藤省一郎著『臥牛　菅実秀』（致道博物館）に、長州人と薩摩人の物の見方、考え方を対比して綴《つづ》った『佐佐木高行日記』の一節が引いてある。ちなみに佐佐木は土佐藩士で、後に明治天皇の侍補となった人で

ある。議論は、箱館の五稜郭《ごりょうかく》戦争を指揮した榎本武揚について起こった。

「榎本武揚釜次郎の御処置に付、議論あり。長州は一般に死罪の見込なりしが、薩人は反対なり。其の論は戊辰の役にも荘内藩降伏の節、西郷の説に、藩は去冬、荘内藩より芝の邸を襲撃せられたるも、王師に降りたる以上、私憤を以て処すべからず。矢張り其の論にて榎本は王師に降伏せり、寛に処すべしと。副島種臣等、薩の論を助く。佐々木高行《(ママ)》等も公平論とす。遂に寛典に処せられたり。長人は其の時、大いに不平ありたり」

加藤はこの日記を国分剛二の『西郷南洲と副島蒼海と菅臥牛』から孫引きしたらしいが、その後に、「公明正大な西郷と、陰あり後ろ暗き人の多き長州人とは、右の土佐藩士佐々木高行《(ママ)》の日記にもよく現われて居るではないか」と国分は書いている。しかし、西郷とて「公明正大」だけの人ではなかった。とかく西郷信者はこの国分のように、それ一色に西郷を染めたがるが、「至誠天に通ず」だけで伝説の人とはなれない。

ともあれ、明治元年も暮れようとするころ、荘内藩に対する新政府の処分が決定する。藩主の酒井家は一旦《いったん》断絶となり、忠篤の弟の忠禄《ただもち》（のちに忠宝《ただみち》と改む）が新たに家督を嗣《つ》ぎ、一二万石の新領地に移封されることになった。移封先は会津である。焦土と化した会津への移封は、後に兵部大輔《たいふ》となる大村益次郎のこれ以上ない厭《いや》がらせだった。

移封阻止に動いた菅実秀

ある程度覚悟していたこととはいえ、会津への移封命令は荘内藩の老公、酒井忠発《ただあき》はじめ、三千人の家臣とその家族にとっては強烈な衝撃だった。

忠発は菅実秀を呼んで、この苦境の打開を一任する。明治二（一八六九）年一月四日、正月早々に菅は鶴岡を出発して、移封阻止に江戸に向かった。しかし、加藤省一郎が『臥牛　菅実秀』に記す如く、「戦に敗れたものが、勝者の下した断罪を拒否し中止させるということは、ほとんど絶望的」なことだった。それでも菅は活動を開始する。当時、菅が鶴岡の松平親懐に送った手紙には、「老公（忠発）よりは冥加至極の御直書などを頂き小生だけのことは及ばずながら努力するつもりなれど、何分、自分一人だけでは、ろくなことは出来申さず、かつ大事件なので、もし不成功となれば、老公の御目利違い《おめききちが》（人選の誤り）ともなることゆえ、よくよく御考え願いたい」と、さらなる加勢を頼む言葉が並んでいる。また、「小生は御存知の通りの我儘《わがまま》者で、物好きを極め、口には我れ勝手なことをいい、とるところもなけれど、しかし心の我儘だけは致し申さず、三尺の体を四尺に致さんと思い」と、必死に新政府の要人に移封中止を請願する様子を伝えている。

その請願の要旨はこうだった。

「新たに領地として与えられた会津は、今回の戦争によって甚だしく荒廃し、兵火に焼かれて一家は離散し、身の寄せどころもない哀れな人々も多い。これらの流民に家を与え衣食を支給して、政府の民政局管下（新政府が接収した徳川家の領地）の人と同じように皇恩に浴させることは、小藩の微力を以てしては、とうていなしえない」

つまり、御一新によって等しく天皇の民となったのだから不公平があってはならないが、わが藩の微力ではそれは不可能だから、旧領地にそのまま留《とど》めてほしいというのである。

しかし、新政府の人間で、これに耳を貸す者はほとんどいなかった。

「皆、朝敵と嘲り、賊と卑しめて、取りあう者もすくなし」という状態だったのである。

頼みの西郷も、新政府の勢力争いに厭気がさして、鹿児島に帰ったままだった。そのころ、菅が酒井吉之丞に送った詩がある。

国辱を灑《そそ》がんと欲して荒城を出ず
回見すれば扶桑　陰復《ま》た晴
好し故山に到らば予が為に謝せよ
天を仰ぎ地に伏して蒼生に愧《は》づ

藩の存立を賭《か》けて鶴岡を出たが、新政府の雲行きは晴れるかと思えば曇り、見通しはつけにくい。君よ鶴岡に帰ったら、領民に合わせる顔がないと謝ってほしい。

こんな意味だが、もちろん動いたのは菅だけではない。酒田の豪商、本間は自家の運命にも関わることとして、三万両もの運動資金を出しただけでなく、京都の東本願寺に依頼して、岩倉具視《ともみ》や三条実美《さねとみ》にも働きかけた。

〝天保義民一揆〟の真実

荘内藩藩主、酒井家の移封もしくは転封騒ぎは、すでに天保《てんぽう》年間（一八三〇―四四年）にもあった。この〝天保義民〟に材を取った作品が藤沢周平の『義民が駆ける』（中公文庫）である。酒井の善政を領内の百姓たちが慕い、転封反対の一揆《いっき》を起こしたというのだが、藤沢は「あとがき」にこんなことを書いている。

「一方的な美談として聞かされたために、いつからともなくその話に疑問もしくは反感といったものを抱くようになったのはいたしかたのないことだった。たとえば百姓たちが旗印にした、百姓たりといえども二君に仕えずは、やり過ぎだと私には思えた」

封建時代の百姓ほど苛酷な生き方を強いられた存在はないのに、二君に仕えずには媚《こび》がある、と藤沢は不愉快になったのである。

その疑問を解いてくれたのが、郷土史家の黒田伝四郎（本名、高島米吉）だった。黒田の『荘内転封一揆乃解剖』（鶴岡書店）は二〇〇四年に復刻されて、いま私の手もとにある。これを読んで藤沢は著者に次のような礼状を送った。

「いまになれば、一揆の背後に本間家の力が動いたことは当然のように言われていますが、あの時代（昭和十年代）にそのことを指摘なされているのは、容易であったはずがないと感銘をうけました。今度の私の小説でも、背後関係をどこまで摑めるかという点がひとつの眼目でありましたので、高島さんの御本から大いに裨益《ひえき》を受けました。有難く思っております」

〽本間様には及びもないが
　せめてなりたや殿様に

こんな俗謡がある。殿様以上の本間様の勢威を伝えて余すところがないが、酒井と一体となっていた本間にとって、天保年間の酒井に対する長岡藩への移封命令は、自らの存立基盤を揺るがすものだった。『荘内転封一揆乃解剖』は、それについてこう記す。

「もし、この命令によって酒井氏が長岡に転封することになれば、本間家は酒井氏に持っていた莫大な債権を失う恐れがある。それなら、酒井氏に対する債権に執着して、酒井氏とともに長岡に移ったとする。その結果は、荘内農民に貸しつけていた莫大《ばくだい》な債権を失うことになる。本間家は進退きわまったのである」

それで本間は百姓たちを動かして、移封を阻止しようとする。「二君に仕えず」と主張する百姓たちが江戸まで出かけたが、それらは本間の日当つきの動員だった。

「本間家は、その持っている特権を、あくまでも維持しようとして、農民を動員した。動員の手段は債権の督促であった。一揆がかかげた『領主の善政』というのは、その特権を保護された本間家にとっての『善政』であって、百姓がかかわりを持つところではなかった」

債権を督促しないことによって動員された農民は転封中止を喜び、〝居据り餅《もち》〟をついて祝ったという。当面は一揆の債務整理による一家離散を免れたからだった。

転封一揆のシナリオライター

明治維新は、百姓にとって、支配者が「葵《あおい》」(徳川)から「菊」(天皇)に代わっただけだと考える立場に立って書かれたのが黒田伝四郎の前掲『荘内転封一揆乃解剖』である。

明治二(一八六九)年に荘内藩藩主の酒井は新政府に最後まで抵抗した者として、懲罰的に会津への転封命令を受けるが、これは天保十二(一八四二)年に、やはり転封命令を受けた時に阻止運動を展開し、荘内永領のお墨付きを得てから、わずか二十八年後のことだった。

前回の運動の際も、酒田の豪商、本間家の役割は大きかったが、今度もまた、本間が動く。奥羽戦争の時と同じように、酒井よりもむしろ本間が主役と言えるほどだった。

それについて、黒田はこう記す。

「薩長を主軸とする革新軍を、奥羽列藩がむかえ撃った後ろには、本間家が巨大にそびえ立っていた。ことに酒井氏は（明治）元年の四月十八日、軍用金の工面および軍需品の買い上げご用を本間光美（当主）に命じ、本間家の資力によってその戦闘力を維持していた。光美は弟の總助、午之助、一族の友三郎、多門などを手先として、プロシャ人ガルトネル（スネル）兄弟と手を握り、奥羽同盟軍、とりわけ酒井氏に兵器や軍艦を供給し、外人水兵さえも斡旋しようと奔走していたのである」

スネルはたまたま本間家を訪ねて、所蔵の砂金を見せられ、その量に肝をつぶしたといわれる。いずれにせよ、スネルは本間家を絶対的に信用し、ほとんど無条件で光美の注文を引き受けていた。

本間家が、いわば兵器ブローカーとして、兵器の仲介斡旋《あっせん》をし、多くの富を蓄えていたことは、越後で戦死した荘内藩中老、石原倉右衛門の懐から出てきた二通の文書によって明らかになった。これは明治政府に押収されたが、一通は本間友三郎（のちの耕曹《こうそう》）からスネルに宛てた兵器注文書の控えであり、もう一通は、このことを友三郎から光美の弟の總助に報告するものだった。

その他、本間家では私用の銃器も用意して薩長軍の進撃に備えていたという。停戦後、これらの兵器は畑の中に埋め、その上に人糞《じんぷん》をふりまいて隠したとか。

ともあれ、本間家が裏で筋書きを書いたことが明白な転封阻止の訴えは、天保のそれとかわりがなかった。脚本家が同じなのだから、当然だろう。今回はそれに朝廷が加わっている。横山村の百姓たちの訴状を引く。

「天子様は日本のおん父であられるとして、恐れ多くも毎朝礼拝しているが、ありがたいお恵みをいただきたく、どうか格別のお情けをもって、ご領主をこれまでの通り本来の領地に安住させてくださり、（田川、飽海《あくみ》の）両郡ともによみがえって永続できるようお恵みを頂戴できれば、この上なくありがたい極みで、どのようなことでも百姓の力のおよぶ限りは、ご領主へのご奉公に役立つように勤め、永久に朝廷のご高恩にお報いしたい」

転封中止代は七十万両

明治二（一八六九）年六月になって、新政府は荘内藩に会津ではなく、磐城平《いわきたいら》に移封せよと命じ、新藩主の酒井忠禄を磐城藩知事に任じた。そして、八月までに移封を終えよと指令したのである。

一難去ってまた一難というより、台風の後にまた台風が来たようなものだった。戊辰戦争による惨害は会津よりもひどい。

移封阻止に駆けずりまわった菅実秀は、束の間の憂さ晴らしに寄席に行くことがあったが、こんな詩をつくっている。題して「月を看《み》て感有り」。

誰か識《し》らん艱難《かんなん》　此の身に迫らんとは
朝《あした》に乱賊と呼ばれ夕に痴人
是か非か果して天か
仰ぎ見れば碧空　月復《ま》た新たなり

「痴人」とは阿呆《あほう》のことだが、このころ菅は政府の高官から「万事御一新の時代に旧領地に踏み止まろうとは阿呆ではないか」と嘲笑《ちょうしょう》されていた。

「是か非か果して天か」は『臥牛　菅実秀』の著者、加藤省一郎の注釈によれば、司馬遷が『史記』の中で伯夷《はくい》に託して述べている「天道はえこひいきなく、いつも正しい者を助けるというが、果してそれは本当なのか」を踏まえたものだろうという。

しかし、結びの「仰ぎ見れば碧空　月復た新たなり」には決してへこたれていない菅の姿が浮かびあがる。これについて加藤は「苦境に追いつめられたとき、猛然として碧空に飛び立っていくような心境を表現していることは意味深い」と記している。

その思いが通じたのか、万策尽きて先発隊が磐城平に移住していた七月二十二日、太政官名で荘内復帰の沙汰《さた》が下る。しかし、「格別の御詮議《せんぎ》を以て」のそれには、「金七十万両献納被仰付候事」という付録がついていた。これは、ほとんど荘内藩の一年の歳入に当たる莫大《ばくだい》な額の献金命令である。

菅は即座に次のように反論した。

「荘内藩民は、聖天子の御命令であるならば、生命をも献上するのを本分と心得ているから、献金などのことは、すぐでも献納するのであるが、目下、荘内藩民は戊辰戦争のために疲弊しているから、厳しく献金を命ずるということは、鬼どもが赤ん坊の腕を捩《ねじ》りあげるようなものではないか。かような無慈悲な仕方をするよりも、献金を免除して、新政府の有難さを万民にお示し下さるならば、荘内藩民は聖天子の御威光と御慈悲に感泣し、一層の奮励努力をし、この天恩に酬《むく》い奉るであろう」

この献金は、移封を止める代償として兵部大輔の大村益次郎が言い出したものだった。大村はこれによって兵学校を建てる計画だったというが、その大村が明治二年九月に、同じ長州藩士の刺客に襲われ、治療の甲斐《かい》なく十一月に亡くなった。荘内藩にとって、これは僥倖《ぎょうこう》だったのか。金《かね》だけの話なら、荘内には豪商の本間が控えていた。

大隈重信への転封阻止工作

早稲田大学の創立者、大隈重信《おおくましげのぶ》は、安藤英男著『菅実秀と荘内』では、「政商と結束して、リベートを貪る癖」のある人として登場する。

新政府の大蔵大輔となった大隈は、「朝敵藩」に対して厳しい処分を主張する一方で、火の車の政府財政を何とかしなければならなかった。会津から磐城平に転封先は変わっても、転封そのものの取り消しを求めて工作を続けていた菅は、そこに目をつける。

発足早々、政府は財政の窮迫から劣悪な貨幣を増鋳し、ために贋貨《がんか》も出まわって、外国公使から厳重な抗議を受け、損害賠償しなければならないところにまで追いつめられていた。

それで菅は、酒田の豪商、本間家の当主の光美と謀り、大隈に接触して、多額の献金を条件に荘内復帰を実現しようとする。とはいえ、大隈に会うのは容易ではなく、本間光美が面会できたのは十三回目に訪ねた時だったという。この間に荘内に対する強硬派の大村益次郎が襲撃されたことは既に述べた。

本間がいい感触を得たので、今度は菅が大隈に会い、五十万両なら手を打ってもよいということになる。

しかし、何日かして、その額は七十万両にあがり、太政官から布告された。もちろん、二十万両も上積みされることに菅をはじめ、荘内藩（このころ、最上川の北三郷は酒田県となり、それ以外は大泉藩と改称された）は抵抗した。

それについて、のちに大隈が話したことが『荘内』の第四号に載っている。

「我輩（大隈）から、献金の内命を菅に伝えると、菅は『それは大いに困る』といって、なかなか承知しなかったが、我輩は『ママアマアそれだけは承知するがよい、どうしても金が出来ない時には、出さねばよいではないか』といって、とうとう菅を承諾させたが、果して其の金は半分足らずしか出さなかったように記憶している。菅は智者だから、その辺の動きは、なかなか勝《すぐ》れていた」

ただ菅はこの渦中で、妻の芳恵に病没されている。三男三女を残して妻は逝った。それを含めてか、のちに菅は当時のことをこう回想している。

「なめくじが蛇のあたりをはいまわり、その痕を残しながら、段々と巻きつめていくと、蛇ははい出すこともできず、どのくらい苦しいものか、次第に体を縮め、取り巻かれた輪の中で棒立ちとなり、ついにハタとたおれて、そのまま死んでしまうと聞いていたが、移封問題や、それにつづいた献金問題を担当していたときは、まったく、この棒立ちになった蛇のようなものであった。しかし、棒立ちになるほど窮すると、かえって気持ちが定まり、はじめて意気も奮い立ってくるものである」

この間の働きを見てか、政府は菅に待詔院《たいしょう》下局出仕を命ずる。各藩から有能の士を集めるものだったが、菅に対する藩内の嫉妬《しっと》も並々ならず、菅はそれを辞退させられる。藩政改革を担当させるためというのが表向きの理由だった。

返された「献金」の行方

薩摩や長州の、いわゆる「官軍」の側から書かれた歴史に対して異を唱える「賊軍」の側の歴史にも、それは違うと声をあげる者がいる。歴史はどの立場に立つかで、さまざまな貌《かお》を見せるのである。

荘内藩の菅実秀や酒田の豪商、本間の活躍によって、荘内藩は七十万両の献金と引き換えに転封を免れた。『菅実秀と荘内』は、それについて、まず政府が三十万両の献金を督促してきたので、広く一般の士民から「寸志金」を募り、明治二（一八六九）年十月五日に三十万両の献納を済ませた、と書く。

「寸志金」を身分別に見ると、農民からの提供が最も多く、次いで藩士、町人となり、巨額な負担者は特権商人（本間家など）と大地主、上級武士で、農民の中には借金しても献金した者が少なくなかった、と記されている。

しかし、『荘内転封一揆乃解剖』によれば、事情は大分違う。

政府への献金命令を受けて、酒井は領内の豪農、豪商ならびに中農以上の者に、高割によって強制的に御用金を割り当てたというのである。多いのは一家に千両、少ない場合でも十両以上で、中農以下の者にもそれは割り当てられた。

そして強制徴収した七十万両のうち、半分の三十五万両を勘定奉行が付き添って東京に駄送（馬に荷を乗せて送ること）し、政府は一度これを受け取ったという。ところが、廟議《びょうぎ》（朝廷の評議）で、大久保利通らが反対し、三十万両の献金は荘内に返送されたとか。

黒田は『大久保利通日記』の次の記述を引いて、献金と転封の命令は、こうして撤回された、と断言する。

「荘内藩は朝敵の理由によって、七十万両のうち、三十五万両を献金するといっても、ひとり荘内藩だけに献金させるのは不合理である。また、転封を命じることは、至尊（天皇）の御仁政に背くことになるので、廟議において反対し、遂にこれを中止させた」

どちらが本当なのか。〝藪《やぶ》の中〟に踏み込むより、その後の黒田の記述を引こう。

「酒井氏は、献金命令の撤回と三十五万両返付の事実を極力秘密にした。転封の中止は、七十万両の献金とひきかえに実現したのだと領民に伝えたが、のちの荘内ワッパ騒動の遠因のひとつは、実にこの不可解な献金処理にあった。七十万両のご用金徴収には荘内農民もたいへん苦しんだが、この献金は、酒田県権大参事菅実秀らが旧藩士の生活を保証するために計画し、明治五年四月から始めた田川郡伊勢横内、斎藤川原、赤川三ヵ村の川原地三万坪、および同年八月から始めた月山麓東山の森林百余町歩などの開墾につぎこまれた。さらに返付の三十五万両は、旧酒井藩当局の私腹に納められたとも伝えられる」

のちにワッパ騒動（一揆）が起こったことは事実であり、菅はやはり武士の救済を第一に考えていた。ために百姓は反発したのである。

御家禄派が秘したいワッパ一揆

納め過ぎた税金がワッパ（木でつくった弁当箱のようなもの）に一杯分ずつ返ってくるとして明治六（一八七三）年末から荘内一円に起こった「ワッパ一揆」は、酒田県の旧県官、松平権十郎や菅実秀に対する闘争だった。板垣退助らと並ぶ自由民権家の森藤右衛門《とうえもん》（酒田出身）が代言人（弁護人）となって、それは訴訟に発展したが、森は当時の県令、三島通庸《みちつね》に、「石代納は人民の願次第（で金納か現物納）とすべきなのに、旧県官はこれを布達しないばかりか石代納（の金納）を要求した農民を捕縛して投獄した」など、十五ヵ条に及ぶ訴状を提出した。

『ワッパ騒動と自由民権』（校倉書房）の著者で、この一揆の研究者の佐藤誠朗《しげろう》は、私が大学を出て最初に赴任した庄内農業高校の社会科の同僚で、私は近代史研究の手ほどきを受けた。佐藤はその後、新潟大学教授となり、さらなる活躍を期待されながら、病を得て亡くなってしまった。夫人の手によって佐藤誠朗遺稿集『静かに雪の下に還るまで』が十年ほど前に刊行されたが、その中で佐藤は「私が青年の頃は天保義民と、そしてまた、明治初年の領主の転封阻止の運動は、農民の自主的自発的な藩主への思慕の念、敬愛の念から出たものであるというふうに教えられてきました。いまその神話はおそらく完膚なきまでに打ち破られたと思います」と語っている。

また、『ワッパ騒動と自由民権』の「あとがき」に佐藤が書いていることも、歴史を見る視点という意味で興味深い。

駄々っ子だった佐藤は、小さいころ、よく母の実家に預けられた。夕方になると、佐藤は昔大庄屋を務めたという本家まで祖母を迎えに行く。鍬《くわ》を手に帰ってくる祖母は無口な百姓女で、たいてい、「よく来たのう」としか言わなかったが、一度だけ、「お前は百姓のおかげでオママが食えるのだぞ、恩返しをしなきゃあなんねえぞ」と付け加えた。耳もとを離れないその一言を胸に佐藤は東京の大学に入る。

佐藤によれば、鶴岡では、維新後ずっと、旧士族の一派（これを御家禄派という）が町の実権を掌握し、彼らは子弟が大学に進むのを罪悪視していた。理屈を学ぶとよけいなことを考えると思っていたのだろう。

しかし佐藤は朝鮮戦争が始まった年に「平民」の分際で東大に入り、そして二年後、史学科に進む。父親はこれを喜ばなかった。

「西郷隆盛を尊敬してやまない、この旧士族の一派は、『天保義民』をほめそやしたが、『ワッパ事件』を口にすることを厳禁していた。明治のはじめ彼らをひどい目に合わせた農民騒動への関心で、私の若い血はさわいだが、彼らの教学の壁は全く固かった」

私は城下町の鶴岡ではなく、商人町の酒田の出身なので、〝御家禄派の威圧〟といったことは、もうひとつよくわからない。しかし、元気者の佐藤がこう述懐しているのだからやはり、よほどのものなのだろう。

どちらが義民か

「私は、さまざまな威圧を予測しながらも、ワッパ騒動の跡をたずねて、吹雪の村々をかけめぐった。目指す村へ行きつけることを念じて、ひとり私は、大声をあげて白銀を踏みわけた。ひたすらに歩き、そしてまた歩いた。

しかし私は、自分の目的を百姓たちに一度も洩《も》らさなかった。百姓たちは、明治はとっくに遠くなったというのに、お殿様にたてついた過去について語ろうとしなかった。もちろん町や村の当局者に協力を求めることはしなかったし、またできなかった。すべてが自前であった。白い眼を恐れつつも心はさわやかであった」

新潟大学教授だった佐藤誠朗は前掲『ワッパ騒動と自由民権』の「あとがき」にこう書いている。

あるいは、「さまざまな威圧」とか「白い眼を恐れつつ」はオーバーではないかと言う人がいるかもしれない。それに対しては、ワッパ一揆のリーダーの一人の剣持寅蔵《とらぞう》の跡をその村に訪ねた時、黒川能の太夫をしている百姓が「寅蔵は大泥棒と聞いていたが、義民なんだな」と答えたというのが、反証の一つになるだろう。

一揆の指導者たちを大泥棒呼ばわりしたのは、もちろん、菅実秀を含む旧士族である。私はこれまで菅について一定の評価をしてきた。それを否定しようというのではない。ただ、菅は西郷と同じように士族のゆくえには心を砕いたが、百姓がどうなるかにまでは考えを及ぼしていないということだけは注記しておきたいと思うのである。

たとえば、菅を顕彰した安藤英男の『菅実秀と荘内』では、荘内藩旧藩士で酒田県権大属《だいさかん》になっていた金井義郎（質直《ただなお》）が、その弟の栗原進徳（小二郎）および本多允釐《いんり》（小三郎）と共に次のように非難されている。

「金井義郎・栗原進徳・本多允釐をはじめ十余名が、酒田県官の不正、県政の不当を箇条書にして司法省へ訴えた。金井義郎らは、これより執拗《しつよう》に訴訟をくり返すのであるが、金井は旧荘内藩では蝦夷地郡代として時めき、行政的才知を大いに自負していただけに、現在の酒田県の下級官吏という地位には甘んじられないものがあった。これが松平―菅のコンビにたいする憎悪となり、その事業を妨害しようとの行動になったのであろう」

あるいはそういう要素もあったかもしれない。しかし、それのみで金井兄弟を難詰しては公平を欠く。金井兄弟は、農民側から見れば、代言人の森藤右衛門と共に強力な助っ人だった。そうなることに危険がなかったわけではなく、ここまで金井兄弟を貶《おとし》めて菅を持ち上げては、かえって嘘くさい。

「県官の不正」については、先ごろ宮城県知事をやめた浅野史郎が、それを追及するオンブズマンに対して「オンブズマンは敵である。しかし、必要な敵である」と喝破したのが忘れられない。

近江商人と〝正史〟の陥穽

新潟大学教授だった佐藤誠朗は『近江商人　幕末・維新見聞録』（三省堂）の「あとがき」に、戊辰戦争を扱った「大河ドラマ」などの多くは「口角泡を飛ばして悲壮美を競い合うかのように振る舞う武士たちと、戦火を避けて騒がしく逃げ惑うだけの庶民とを、対照的に映し出し、維新の勝者あるいは敗者の織りなす虚構の世界へ視聴者を誘《いざな》う」が、庶民はわけもなくいきりたったり、むやみやたらに逃げまわったりはしていなかったとして、『戊辰物語』（岩波文庫）の記述を引く。

そこには、江戸っ子が朝湯に入りながら、

「近い中に公方様と天朝様との戦争があるんだってなァ」

と手ぬぐいを頭にのせて話し合う場面が出てくるからである。

佐藤が取り上げた「近江商人」は小杉屋元蔵というが、その見聞録の安政《あんせい》五（一八五八）年から明治七（一八七四）、八年までに、高校の『日本史』の教科書に出てくる人物を佐藤は拾い出す。

それは優に五十名を超すが、これらの人物は元蔵の見聞録にはほとんど出てこない。

そして佐藤は「民衆史の切り口」という角度から、次のような問題提起をする。

「とりわけ桂小五郎（木戸孝允）・西郷隆盛・大久保利通・勝海舟ら維新の『立役者』・『功臣』・『元勲』や高杉晋作・坂本龍馬ら『志士』など、『飛翔する男たち』は、彼の『見聞日録』・『見聞集』に全く書き留められていない」

ならば、元蔵は「歴史」に関心がない男だったのか？　そう設問して佐藤は、いや、そうではない、と続ける。

「教科書の年表に載っている幕末・維新の主要事件について、元蔵は、和宮《かずのみや》降嫁（文久元年）、島津久光率兵上京（文久二年）、将軍家茂上洛・長州藩攘夷決行・薩英戦争（文久三年）、禁門の変・天狗党の筑波挙兵（元治元年）、条約勅許（慶応元年）、大坂・江戸打ちこわし・武州騒動・長州再征中止（慶応二年）、孝明天皇の葬儀・兵庫開港勅許・ええじゃないか・王政復古（慶応三年）、伏見鳥羽の合戦・東征軍進発・会津落城（明治元年）など、見聞きした様子を克明に書き残している。商人の情報網で、さらに輸入織物の取り引きを通して、薩英戦争・四国艦隊下関砲撃（元治元年）・将軍家茂急死（慶応二年）などを大名たちよりも素早く正確に知り、南北戦争や奴隷解放のことも聞き及んでいた。だが、元蔵や庶民の目が届かない舞台裏での、幕府・朝廷・薩長などがからむ権力闘争については、多くを記していない。元蔵ら庶民に名も知られていない件《くだん》の男たちは、維新後に『飛翔する男たち』に仕立てられ、教科書に刻み付けられることとなった」

私の耳にも痛い指摘だが、そして佐藤はこう皮肉を放つ。

「いわゆる優等生ほど、年表の重要事項と人物とを両軸にして綴《つづ》った教科書風の歴史が正史である、との錯覚のとりこになり、この固定観念から解き放たれることを恐れ、自縄自縛で歴史が見えなくなっているようだ」

第七章　西郷と菅と本間郡兵衛

西郷と菅実秀の邂逅

「荘内の西郷」と呼ばれるようになった菅実秀と西郷が、江戸改め東京で、初めて会ったのは明治四（一八七一）年四月から七月までの間とされる。安藤英男著『菅実秀と庄内』（近代文芸社）によれば、その様子は赤沢源也述『臥牛先生行状』が記すように「一見して果たして此の人なりと。交情、日々に厚く、夫子（菅）の翁（大西郷）を敬する兄の如く、翁の夫子《ふうし》を親む弟の如し」だった。この時、西郷四十五歳、菅は四十二歳である。

この間のある日、菅をはじめ、在京の何人かが西郷に招待され、たのしい時を過ごしたが、その席で西郷は自作の次の詩を書いて、菅たちに示した。人口に膾炙《かいしゃ》した「偶感」である。

幾たびか辛酸を歴《へ》て　志始めて堅し
丈夫は玉砕するも　甎全《せんぜん》を愧《は》づ
一家の遺事　人知るや否や
児孫の為に　美田を買わず《（ママ）》

最後の一節がとくに有名だが、丈夫、すなわちますらおは、玉となって砕けるとも、瓦《かわら》となって生きるのを恥ずるが二節目の意味であり、「児孫のために蓄財はしない」というのがわが家の伝統だと宣言している。

そして西郷は、「西郷がもしこの言に違ったなら、言行あい反する小人として、お見限り下さい」と言ったという。

安藤は「この詩には、大久保（利通）をはじめ大官たちが、功成り名遂げて、心ゆるみ、都下の悪風になずんで、奢侈《しゃし》に流れていたことを諷刺（あてこすり）する内意もあったであろう」と注釈している。

確かに西郷は、明治三年に荘内から派遣された犬塚勝弥《かつや》に、こんなことを言っていた。

「（政府は）あたかも鉄車がさびついたようなもので、ただ油をさしても廻らない。一度金槌《かなづち》を打ちつけ、その上で車が廻るような方法をとらなくてはならぬ」

度々の出府要請に対する批判も厳しかった。

「朝廷の役人は何をしているのか。高い給料を貪《むさぼ》り、大名屋敷に住んで、なにひとつ仕事をしていない。悪く言えば泥棒である。その泥棒の仲間になれというような申し出は、受けいれがたい」

ともあれ、西郷と菅は肝胆相照らした。懇望もだしがたく、ようやく重い腰をあげた西郷が中央に座ったのを確認して、菅は明治四年九月に鶴岡に帰る。

別れに臨んで西郷は次の詩を菅に贈った。

林疎《まばら》に　葉尽き　転《うた》た傷悲《しょうひ》す
明発　又　千里の離と為る
細雨　情有り　君善く聴け
人に替《かわ》って　連日　滴《したた》ること淋漓《りんり》

安藤の訳を借りよう。

「木の葉が落ち、林がまばらになり、ただでさえもの悲しいのに、明日は君が発《た》って、千里の遠い所に離れてしまうかと思えば、なおさら悲しいことである。しとしと降る秋の雨を、君よ耳を傾けて聞かれよ。人に代わって泣き悲しむがごとくではないか」

薩摩へ向かった荘内藩士

菅実秀が西郷と初めての出会いを果たす前、荘内から薩摩に派遣されて西郷と会った犬塚勝弥はその印象を次のように国元に書き送った。

「西郷氏は、さだめし話題の多い人であろうと思っていたが、案に相違して一口いいに要点だけをいう人であった。二十日間の滞在中に隔日ぐらいに西郷氏にお会いしたが、暑いの寒いのという天気の挨拶などは一度も聞かなかった。身なりなども一切かまわず、初めてお会いしたときは、筒袖《つつそで》の襦袢《じゅばん》に袴《はかま》という、きわめて簡素なものであった。一体の容姿では、天下に聞えた人とは思われなかったが、一たびお話を聞くと、すべてのことの大要をよくつかんでいるのには実に敬服した」

そのころ、荘内では老公の酒井忠発を大殿様、忠篤を中殿様、そして忠宝を殿様と呼んでいた。加藤省一郎の『臥牛　菅実秀』には、中殿様の忠篤が藩士の中から選抜した若者たちと共に鹿児島に行き、「一書生として西郷に師事し、一兵卒として桐野利秋《としあき》、篠原國幹、種田政明《たねだまさあき》、野津鎮雄《しずお》などの大隊長の指揮によって、鉄砲をかつぎ、スツポダンブクロを着けて調練に励んだ」と書いてある。

藩士と寝食を共にし、毎朝、握り飯も自分で握ったが、最初は水で手をぬらして握ることを知らなかったので、手についた飯粒の処置に困って左右に叩《たた》きつけたとか。

そんな姿も西郷に認められ、菅のおもんぱかりもあって、忠篤はのちに兵学研究のためドイツに留学することになる。

薩摩すなわち鹿児島での修行は荘内藩士にとって羨《うらや》ましいことだった。それで、東京に派遣された黒崎馨《かおる》が代表して菅に鹿児島に行かせてほしいと願い出る。

それに対して菅は一喝するように言った。

「一昨年のわが藩の降伏謝罪は天下に恥をさらしたものである。ところが国もとでは、この恥をいかにしてそそぐかと血眼になっている者は一人もいないではないか、ことに去年の転封が沙汰《さた》止みになってからは、すっかり気がゆるんでしまって、花見遊山に日を送っている者も出ていると聞いた。そんな腑《ふ》抜け者を、はるばる鹿児島にやっては恥の上塗りというものだ。中殿様から、どうしてこんな者をよこしたのだ、自分まで恥かしい思いをしたと仰せられたら、申し訳けのしようもないではないか。中殿様の御奮発は実に驚き入ったもので、従来の大名気習を一切かなぐりすてての御修行ぶり、一緒に行った外の人たちも負けず劣らずの大勉強だという。お前たちも本当に中殿様のあとを追って鹿児島に行きたいなら、第一に志を確乎《かっこ》と立て死物狂いの勉強をして、あれなら、どこに出しても恥かしくないといわれるようになれば、そのときはきっと中殿様に御願いしてつかわそう。わしはそれを見ている」

雷に撃たれる思いで黒崎は菅の言葉を聞いた。一時に血行も止まる気持ちだったという。

菅の「開墾事業」

菅実秀が旧藩士のために考えた開墾事業にも、政府の猜疑《さいぎ》の目は光った。それがとくに強かったのが肥前（佐賀）出身の大隈重信と長州出身の井上馨《かおる》である。彼らは、開墾を始めるに当たって菅たちが神前に誓約したことや集団的に帰農したことを捉《とら》えて、いつか不穏な動きをする証拠だなどと言っていた。

何かと言えば西郷に頼ることもおもしろくない。しかし、西郷は断乎《だんこ》として菅たちを擁護した。

たとえば明治六（一八七三）年五月に、西郷は菅の上司の松平親懐にこんな手紙を出している。

「先日承知仕り候御県酒田県の方へ他県より（県）令を置かれ候事件、果して御推察の通り、先生御申し立ての筋を以て大隈氏より談合これあり候に付き、鹿児島より願い立ての趣を以て論じ懸けられ、全く虚言の次第故、先生御案労在らせられ、再び論じ置かず候わでは、又間違いを生じ候わんと御配慮御座候得共、右様成り立ち候得ば、私にも必ず承るべき訳柄に御座候間、先ず御控え相成り候方宜しかるべき旨申し上げ置き、止め候次第委細申し解き、且又鹿児島県の者と親敷《したしく》相交わり候故を以て、是迄深く御嫌疑相掛り候得共、此の節鹿児島県下の者動揺致し候節も、大泉県の者相加わり候儀もこれなく、勿論《もちろん》士・卒族のものを開拓に振り向け、人々其の力にはげみ候様仕掛け候始末開拓によって自力で衣食するように仕向けたこと、其の他県治の次第、鹿児島県に比較致し候て、何《いず》れか甲・乙これあるべきや、此《ここ》に至り候ては、実に鹿児島県の者恥入り候次第に御座候。右等の処畢竟《ひっきょう》役人の振りはまり、心力を尽し候訳を以て、県の事業も斯《か》くの如く挙り候儀に御座候えば、御賞美もこれあるべき場合、却《かえ》って嫌疑を蒙《こうむ》り候仕合《しあわせ》、何か別に御不振筋これあり候事か論じ詰め候処、全く承り込み候処、間違いを生じ候に付き、此の儀は決して取り止め申すべきとの事に御座候」

少しだけ注釈すれば、荘内藩は酒田県と大泉藩に分けられ、松平や菅は酒田県のトップとなった。政府がこれを分けたのは、鶴岡が本拠の酒井と酒田の豪商、本間を引き離すためだったともいわれる。

ともあれ、西郷は菅たちの施策を、鹿児島が恥入らなければならないほど見事なものだと賞賛している。

そしてなお、手紙は続く。

「よき序《ついで》に御座候故、開拓の一条に付き盟《ちかい》を立て候儀を解放《ときはな》し候儀、大蔵省より内諭これありたる趣に御座候得共、畢竟開拓の儀は大業の事に候えば、最初に能々《よくよく》相堅め置き申さず候わでは、半途にして必ず怠惰を生じ、成就致し難く候に付き、同心協力の基を堅めんがために、神前において相盟い候儀、当然の事に候間、如何様御疑惑を蒙り候共、決して驚くべき訳にこれなく、若しや此の業相成らず候わでは、却って県内の恥辱に候間、今一層人心を堅め候方宜《よろ》しかるべく、此の儀において難事相起こり候わば、私（大西郷）引き受け致すべき旨相答え置く次第にて、何共気の毒の段申し述べ候処……」

度重なる西郷への東京招聘

旧士族の開墾を進める菅実秀らへの大隈重信らの疑惑に対して、徹底的にかばう西郷の、松平親懐への手紙は、そして、こう結ばれる。

「大隈氏も右等の儀を相咎《とが》め候訳これなく、決して故障はこれなき旨返答これあり、同僚中も一同盟いを咎め候儀、決してこれなきとの事にて、是又氷解致し候間、御案慮成し下さるべく候。右始末参を以て（参上して）御返答申し上ぐべき筈《はず》に御座候得共、略儀ながら書中を以て御意を得奉り候。頓首」

声望高い西郷に「納得したな」と詰め寄られれば「わかった」と言わざるをえない。しかし、大隈たちが

「氷解」したわけではないだろう。西郷はそう受け取ったとしても、彼らの心に沈殿するものはあったはずである。

この手紙が書かれたのは明治六（一八七三）年五月。西郷が度重なる要請を受けて東京に出て来たのはその二年前の四月だった。重い腰をあげない理由を西郷は、鹿児島を訪ねた荘内の犬塚勝弥にこう語っている。

「朝廷から、たびたびの御召しを受けているが、私ごときのものでも小使人として本当にお使いになるのなら決して辞退はしない。しかし、実際はそうではなく、私が鹿児島に引っこんでいると、何か悪いことでもやりだしはせぬかと疑い、中央に引っ張りだして金縄で縛りつけようとしているのである。だから役人になるつもりで東京に出ては、とんでもない見込みちがいになるので、しばらく見合せているのだ」

加藤省一郎著『臥牛　菅実秀』は、当時の政府の中心だった岩倉具視や木戸孝允、そして大久保利通らが、廃藩置県によって起こる混乱を抑えるためには、西郷自身の人気と、西郷が鹿児島で養った兵力がどうしても必要であったと解く。

しかし、西郷から見れば、大久保らの豪奢《ごうしゃ》な生活は苦々しい限りだった。大久保は四、五十人の召使いを抱えて、かつての苦難など忘れ去っている。

『西郷南洲遺訓』（岩波文庫）の次の一節は、当時の西郷の胸中からほとばしりでたものだった。

「万民の上に位する者、己れを慎み、品行を正しくし、驕奢《きょうしゃ》を戒め、節倹を勉《つと》め、職事に勤労して人民の標準となり、下民其の勤労を気の毒に思ふ様ならでは、政令は行はれ難し。然《しか》るに草創の始に立ちながら、家屋を飾り、衣服を文《かざ》り、美妾《びしょう》を抱へ、蓄財を謀りなば、維新の功業は遂げられ間敷也。今と成りては、戊辰の義戦も偏《ひと》へに私を営みたる姿に成り行き、天下に対し戦死者に対して面目無きぞとて、頻《しき》りに涙を催されける」

戊辰《ぼしん》戦争も義のためではなく私のためだったということになるではないかと西郷は涙を流したというのである。

東京の西郷の家があまりに粗末なので、

「参議ともあろう人が、こんな家にすんでいるとは、ちとひどい」

と言ったら、西郷は巨《おお》きな眼を剝《む》いて、

「日本という家は、もっときたのうごわす」

と返したという逸話もある。

大隈重信の猜疑

大隈重信らが菅らへの猜疑を「氷解」させていなかったことは、まもなくわかる。加藤省一郎が『臥牛菅実秀』に書く如く、「当時、政府の大官で、西郷と真直に眼を合わせて物を言える人はなかったといわれていたほどで、この巨岳のような西郷の存在をはばかって沈黙したに過ぎなかった」のである。

それを証明するように、土佐出身の権大書記官、北代正巨が松ヶ岡開墾場を視察しようとする。

それを知った菅は、北代を旅館に訪ねた。

「一昨年、藩兵が解隊され、藩士三千人が、にわかに報国の目的を失った上、生活の道も失ったので、軍隊の精神をこの開墾に移して志気を養い、他日、国家に事あるときに備えているものである。しかるにこの精神を無視して、ただ物産を調査するとは、はなはだ心外のことである」

と率直に申し入れた。

それに北代は感激し、涙を流して調査は中止されたが、大隈らの疑いは解けなかった。

明治六（一八七三）年の政変で西郷が政府を離れて、逆にその疑いは強まる。鹿児島へ帰る間際、西郷は腹心の黒田清隆に、

「静岡の徳川家と荘内の酒井家は、このわしに代って保護してくれるように頼む」

と言ったといわれるが、それは逆効果だったかもしれない。

翌明治七年一月、何を思ったか、政府は太政大臣三条実美の名で荘内開墾士族に慰労金を与えた。当時のおカネで三千円である。

これに対して、荘内では、こんな声も出た。

この賜金は大久保利通が考えたもので、荘内士族に恩恵を与え、政府になびかせて、西郷を信頼している勢力を離反させようとしているのではないか、と。

これは「当たらずといえども遠からず」なのか、「遠からずといえども当たらず」なのかはわからない。

しかし、それまでの政府の荘内への仕打ちから見れば、唐突の感じは免れないのである。

明治三十九年になって大隈が語った話が『荘内』の第四号に掲載されている。大隈は、菅という智者の活躍などに触れた後、薩摩つまりは西郷に傾き過ぎて方針を誤ったとしてこう指摘する。

「菅は天下の今一度、大いに乱れるを信じて、その機に乗ぜんとしたものらしい、十年の戦役（西南戦争）が過ぎても、なお其の迷夢が覚めなかった。我が輩が荘内に行った時（明治十四年、明治天皇御巡幸の際）松ヶ岡の開墾場を見て来たが、あれは若い者の筋骨を練るためだった」

つまりは、鹿児島の私学校と同じように、反政府軍の養成機関と見ていたということだろう。

「蟹は己れの甲羅に似せて穴を掘る」といわれるが、大隈という蟹はよほど小さい蟹だったようである。

洋学者、本間郡兵衛

『荘内の西郷』と呼ばれた菅実秀と西郷の触れ合いについて書いてきたが、「出羽の本間」として名高い酒田の本間家と西郷の関わりも深い。

殿様も及ばぬほどの豪商、本間家から変わり種ともいうべき人間が幕末に出た。明治元（一八六八）年に亡くなった本間郡兵衛である。

一九八八（昭和六十三）年六月十七日付の『荘内日報』に酒田市史編纂《へんさん》室長だった田村寛三がこの人のことを書いている。

本間家の初代、原光の次男、信四郎の家に生まれた郡兵衛は江戸に出て蘭学を学び、葛飾北斎《かつしかほくさい》に絵も習って北曜と号した。勝海舟に頼まれて勝塾の蘭学教師もしている。その後、欧米諸国を巡遊し、このままでは日本は外国に経済的にも蹂躙《じゅうりん》されるとして、株式会社の創設が急務と考えた。

ちょうどこのころ、薩摩藩の家老、小松帯刀《たてわき》が開成所の英語教師の推薦をグラバーに求め、郡兵衛が薩摩に赴くことになった。そして起草したのが「薩州商社草案」である。田村によれば「この草案が彼の生家である（本間）恒輔家に残っていて、郡兵衛が日本で一番早く株式会社を考えたことを物語る史料となっている」という。

石堂秀夫はこの郡兵衛を虚実とりまぜて『黎明の人』（蝸牛社）に描いた。そこに西郷が次のように登場するのである。

「北曜先生には、まだまだ薩摩のために働いてもらわなければなりませんな」

こう言って西郷は酒田に帰りたがる郡兵衛を牽制《けんせい》した、と。

また、西郷が黒田清隆にこう語った、とも。

「黒田君、羽州荘内とくに酒田湊は本間北曜先生の生まれた土地だ。政府軍に勝ちに乗じた醜行があってはなりませんぞ」

西郷が郡兵衛と会ったという確証はない。しかし、小松帯刀の要請を受けて薩摩の開成所の英語教師となり、「薩州商社草案」をつくったのだから、往来がなかったと考える方が不自然だろう。なぜ、西郷が荘内に対しては「配慮」をし、〝無血開城〟に至ったか。その疑問を解く一つのカギが本間郡兵衛の存在にあると言えるのではないか。

ただ、郡兵衛にとっては、その薩摩との関わりが逆に命取りとなった。

その薩州商社案が具体化し、郡兵衛は本間家にも資本を出させようと、久しぶりに酒田に帰る。郡兵衛には酒田港を東北の拠点にする心づもりもあった。

ところが、戊辰戦争直前の荘内藩である。薩摩は敵中の敵であり、郡兵衛は薩摩の間者と疑われて外出を禁止された。足軽目付に監視されて、目と鼻の先の本間本家に行くこともできない。たまりかねて、ある夜外出したため、鶴岡の親戚、池田六兵衛家に幽閉された。そして、藩医が置いて行った薬を飲み、急死する。毒薬とわかっていて飲んだともいわれる。享年四十七。荘内藩の〝無血開城〟まで、わずか二ヵ月のことだった。

黎明の人、郡兵衛の交友関係

ある種のフィクションをまじえて、幕末の洋学者、本間郡兵衛を描いた石堂秀夫の前掲『黎明の人』には、さまざまに興味深い場面が出てくる。

まず、北斎の弟子で北曜と号した画家でもあった郡兵衛は、嘉永六（一八五三）年に浦賀にやってきたペリー艦隊を描きに出かける。その時の細密な絵は、現在、酒田の本間美術館にある。そして、『黎明の人』では、佐久間象山《しょうざん》が郡兵衛の絵を前に、

「それにしても、本当に化け物のような船よのう」

と語りかけ、郡兵衛が、

「昨日、わたしが近くで見たところでは、この船の水かき車の直径は、およそ四間ほどあります。船の両側についているその車が、石炭を焚いた蒸気の力で回りながら水をかくんですな」

と答えるのである。

また、江戸で、母親を連れた同郷の清河八郎と会う。なつかしげに清河の母が郡兵衛に声をかける。

「本間さんは酒田のお方だそうですね」

「はい、酒田湊の生まれです」

「すると、あのお殿様をしのぐといわれる本間家の……」

「いや、私の方はその分家筋にあたります。ずい分昔の話ですが、本家と一緒に新庄藩に貸した金が焦げついて、以来、本間本家とは義絶という有様で……」

「それでも、手広くご商売はされておられるのでしょう」

「大したことはありませんが、家督を継いだ兄が何とかやっているようです」

そこで、八郎が割って入る。

「おふくろさん、そういう話はお客人に迷惑だ。今日は白金の先の目黒不動にお参りに行くんでしょう。早くしないと日が暮れますぞ」

また、長崎で郡兵衛が二人の武士に出会う場面もある。

「一人は会津藩士秋月悌次郎と名乗り、もう一人は越後・長岡藩士の河井継之助と名乗った。二人は、港で西洋人と話をしている郡兵衛を見て、この男にならば長崎を案内してもらえるのではないかと思ったという。会津も長岡も、郡兵衛の郷里の酒田からはかなり離れている。ともに歩いても三日か四日はかかる距離である。しかし、彼らは長崎で久し振りに会う〝北国の人〟であった。二人は別々に旅をしていたが、備中《びっちゅう》（岡山県）松山の宿で知り合い、以後、意気投合して二人で長崎見物にやってきた。郡兵衛が自分の郷里は出羽荘内の酒田だというと、二人は急に親しみをこめて彼の手を握り、ぜひ長崎の見どころを案内してほしいといった」

前節で紹介したように、郡兵衛はその後波乱の生涯を送る。本間家としては異端の人だが、長崎だけでなく欧米をまわることができたのも、分家とはいえ、本間の財力があったからだった。

自由奔放なる人

『荘内散歩』というタウン誌の一九七五年三月号に酒田市史編纂《へんさん》室の田村寛三が本間郡兵衛のことを書い

ている。「艶福の洋学者」としてである。

「いつぞや御酒のうへのおん事とおもひながらうれしくおもひ、そのうつりかも今にさりやらず、ただおんなつかしさ、その中に二人の人にせかれ、おそばへまへる事も出来かね、まことにけふ日のくやしさ……ただじれつたくのみ日をおくり参らせ候」

これは田村が郡兵衛を先祖に持つ本間恒輔家から発見した恋文だという。郡兵衛がもらったことは確かだが、差出人の名前はなく、日付もないので、いつ、どういう女性からもらったのかはわからない。

ただ、「郷士の生んだ洋学者、先覚者ということで、固い人物像を想像していただけに、私には新鮮な驚きであり、郡兵衛の人間性を垣間見たような気がした」と田村は書いている。

田村によれば、二十二歳の時、「酒田今町で遊び、兄からきびしく叱られる」。そして翌年、矢島藩士小番郡八の養子となり、矢島藩主の好意で江戸に上って蘭方医坪井信道《つぼいしんどう》の門を叩《たた》いた。しかし、「まもなく不身持のため矢島に返され、離縁」となったのである。

本間光喜から郡兵衛と改名するには、このような背景があった。

その後再び江戸に行き、蘭医平井元慶に学ぶが、慶応三（一八六七）年の「亀ヶ崎足軽御用帳」には郡兵衛の行状が次のように書かれているらしい。

「西洋学相学び居候処、不身持の儀これ有右同家立退、其の後別蘭家へ又随身修業いたし候処、悉《ことごと》く師匠の気に入りにて引立に相成り、同人長崎へ罷登り候節、公辺へ御届けの上郡兵衛をも引連れ同所へ罷在り候処、右医師の女房と心安く相成候より、同家へ罷在りがたく相成候て、又々立退き、……」

事情は大体わかるだろうが、他に十点もの恋文が残っているという。

薩摩の間者と疑われて郡兵衛が「毒殺」された後も、生家へ旅姿の年増美人が訪ねてきて、

「このあたりに本間郡兵衛様とおっしゃるお方はおりませんでしょうか」

と尋ね、兄の妻が出て、

「郡兵衛は亡くなりました」

と答えると、顔色を変え、ものも言わずに立ち去ったとか。

また、『ジョン万次郎漂流記』で名高い中浜万次郎からの「遊びにきて江戸節でもきかせて下さい」という手紙もあるが、万次郎については、ペリーが来航した時、通詞には彼が最適だったはずなのに、水戸藩主の徳川斉昭《なりあき》がこう言ってそれを阻止したといわれる。

「万次郎は長い間、アメリカ人に育てられたから、その恩義を感じて、アメリカのためになることしかしないかもしれない。だから、そんな男を絶対に通詞にしてはならない」

郡兵衛は啞然《あぜん》とし、日本人が日本人を信じられないのかと愕然《がくぜん》とした。

福沢諭吉らとの夷情探索

石堂秀夫著『黎明の人』（蝸牛社）には、本間郡兵衛がロシアに渡り、首都ペテルベルグにある「文学カフェ」で、イワン・ニコラェヴィチ・クラムスコイという画学生と会う場面が出てくる。通訳が、

「この人は、今度日本からやってきた使節団の一員で、本間郡兵衛さんという。日本で最も有名な葛飾北斎という画家のお弟子さんだった人だ。せっかくだからぜひとも、ロシアの第一級の絵が観たいというんでね」

と紹介すると、クラムスコイはまだ二十代のペローフという画家の絵を勧めた。これは『死の家の記録』を発表して評判になっている新進作家のドストエフスキーが激賞したという。

郡兵衛は美術アカデミーへ行って、「村の復活祭の十字架行進」と「村の説教」というペローフの二枚の絵の前に立った。それらの絵を指して、クラムスコイは、

「どちらも、ロシアの農民や一般の庶民を描いたものですが、昨年は『農奴解放令』が発せられてますし、わが国でも最近ようやくこうした風俗画が認められるようになったんです。それまでのロシアの絵は、どれも古典的な歴史の故事や、キリストにまつわる宗教画ばかりだった……」

と語った。

郡兵衛の遣欧使随行は紆余《うよ》曲折を経て決まった。幕府は各地に人材の推薦を求めていたが、長崎では医学伝習所のオランダ人医師ポンペと、フルベッキの英語塾に通う塾生たちが郡兵衛を推薦した。しかし、この話は一度消える。それが長崎の貿易商、伊勢屋八兵衛によって再浮上させられた。

外国との商取引きの際、郡兵衛に翻訳を頼んでいた伊勢屋は、外国語に堪能《たんのう》で、酒田の廻船問屋に生まれた郡兵衛に、ぜひヨーロッパの商法を勉強させてほしいと、長崎奉行に願い出たのである。費用は幕府と伊勢屋が二百両ずつ負担した。幕府が郡兵衛のように非公式の随員をかなり加えたのは「夷情《いじょう》探索」、つまり西洋事情を詳しく調査させるためだったという。

ペテルブルグでの同室者は幕府翻訳方御雇の松木弘安と箕作秋坪《みつくりしゅうへい》だった。松木と郡兵衛は、郡兵衛が長崎伝習所の連絡船、咸臨丸《かんりんまる》で薩摩の山川港を訪れた時に会っている。藩主の島津斉彬に付きっきりで記録方の御用をしていたのが松木だったからである。

箕作は、郡兵衛が江戸の洋学所で知り合った蘭学者の箕作阮甫《げんぽ》の婿養子だった。

また、隣室には、中津藩士の福沢諭吉、幕臣で外国奉行支配定役格《じょうやくかく》の福地源一郎、唐通詞の太田源三郎、そして箱館奉行支配定役の立広作《たちこうさく》がいた。

絵を見てきたという郡兵衛に福地が、

「なるほど……本間さんはオランダ語や英語もするかと思えば、絵師でもあったわけですよね。ロシアの絵を観るのも、われわれに課せられた〝夷情探索〟の一つというわけですか」

と言った。

「COMPANY」構想

本間郡兵衛に薩摩藩の開成所で英語を教えてほしいと頼んだのは薩摩藩士の石河確太郎である。

郡兵衛を描いた石堂秀夫著『黎明の人』で、石河が郡兵衛にこう語る。

「清河八郎や長州のような攘夷はいけませんな。ああいうのは、わたしにいわせれば〝小攘夷〟です。イギリスと戦争する前の薩摩藩もそうでした」

同郷の清河の名が出たので、郡兵衛がいささか感傷に耽《ふけ》っていると、石河は続けた。

「結局、薩摩があの戦争の結果、目先の〝小攘夷〟を捨てて、イギリスに学ぼうとすることはいいことです。今度の下関戦争で惨敗した長州も、きっと薩摩と同じ道を歩むことになると、わたしは思いますね。もう、やみくもに外国人を排斥するだけでは、やって行けないということが身にしみて分かったんです。だからといって、わたしは攘夷を全く捨てたわけではない。外国に学んで対等な実力を身につけることは、真の

〝大攘夷〟を実現させるための手段なんです」

そして二人が考え出したのが、藩を越えた日本全体の交易の構想だった。藩から独立した別の組織としてつくりたいと思う「COMPANY」である。

「あなたも、英語を学んでおられるから意味がお分かりでしょう。この言葉の正確な訳語は、まだ日本にはない。これは単にお客とも、芝居の一座とも、あるいは親しい仲間とも訳して間違いではない。しかし、わたしが言いたいのは、この言葉のもう一つの意味、すなわち商売の仲間というか、寄り合いというか、いや、もっと公の経済活動をともなった結社ということです。わたしは、仕方がないからとりあえず、この言葉を〝株式会社〟と訳している」

郡兵衛がこう言うと、石河は、

「ほお……確かに、そんなものは今の日本にはありませんな」

と答え、郡兵衛は、

「ご存知のとおり、外国語を学んでいると、日本にないものが沢山でてくる。だから翻訳に苦労する」

と言って、石河の同意を誘った上で、次のように説いた。

「偶然かも知れないが、わたしは西欧のcompanyというものがどういうものか、この目で見てきました。あちらでは、あなたの考える運送や交易のほかに、物を造ったり売ったりする商売の事業が、ほとんどこのcompanyによって行なわれている。しかも、それを支えているのは、株主といってお金を出し合った一般の人々なのです。会社は株主の代表によって運営され、株主は会社の儲《もう》けを、自分の持ち株の数によって、平等に受けることができるのです」

これほど先駆的な考えを持ち、薩摩と荘内を結んだ郡兵衛は、しかし、その後まもなく非業の死を遂げることになる。

酒田の傑物・本間耕曹

酒田の中心街、中町に最近、堂々たる病院が建った。本間病院である。創設者の本間誠は戦後すぐに共産党に入った本間家の変わり種だが、自らも「自分の家は本間一族と言っても特殊な別家なんだ」と語っていたという。この「山手の本間」からは、三人もの代議士が出ている。誠の祖父、光義、その弟光禮、そして曾《そう》祖父の弟の耕曹である。この耕曹が「変わり種」というより「遺り手」だった。

本間美術館に勤めていた佐藤七郎による紹介文を借りると、こうである。

「耕曹は明治四十二年の没。六十八歳の生涯は波乱万丈で、光丘文庫蔵の火術、近代軍事、陸軍の八十冊は耕曹若年の勉学。本間宗家には戊辰戦争に備えて、スネルを仲介して鉄砲弾薬を買入れた証書が、彼の活躍を伝えている。明治六年にはドイツに渡り、九年には家督相続の訴えを起こし、原告人であった。翌十年から警視庁に入り、二十五年から二十七年まで衆議院議員、小石川に住んで美術商をいとなんだ」

この耕曹より、本間郡兵衛はほぼひとまわり上だった。同じ本間一族であり、二人が会っていることは十分に考えられる、と田村寛三は二〇〇六年六月十四日付の『荘内日報』に書いている。既述したように、郡兵衛が薩州商社へ本間宗家からの協力を得るため、酒田に帰っていた時である。郡兵衛は四十代半ば、耕曹は三十代前半だった。

田村の推理を引く。

「郡兵衛は薩摩藩の用務でヨーロッパに行っている。英敏な耕曹のこと、この時、ヨーロッパのこと、北斎のことを聞いて大いに刺激を受けたに違いない。耕曹が北斎をはじめとする浮世絵に関心を持ったのは郡兵衛の影響と考えてほぼ間違いないのではなかろうか」

洋学者の郡兵衛は北斎に師事し、北曜と号した画家でもあった。

「フリーア美術館の北斎画と本間耕曹」と題した田村の一文は、「今年の一月中旬ごろ、ある美術館の女性学芸員から電話がきた」と始まる。その美術館とはワシントンにある国立フリーア美術館で、学芸員の名は更井貴子である。電話の内容はこうだった。

「明治三十七年にフリーア美術館の創立者（チャールズ・ラング・フリーア）が本間耕曹から約三十点もの北斎肉筆画を買った。このたび、この時買った北斎画を中心に北斎絵画展を開く。ついては本間耕曹という人物について知りたい。特に北斎の弟子だった本間郡兵衛との関係を知りたい」

田村によれば、耕曹は本間光和の次男として生まれ、高島秋帆《たかしましゅうはん》に学んで、その塾頭となった。明治六（一八七三）年には、東本願寺の大谷法主一行とともにヨーロッパに行き、九ヵ月間滞在している。一行の中には成島柳北《なるしまりゅうほく》や井上馨、そして沼間守一《ぬまもりかず》などがいたが、なぜ、ここで耕曹のことを詳述しているのか、西郷と何か関係があるのかという疑問が湧くだろう。その答えを出すまでには、いましばらくの紙面がいる。

本間家の家督相続争い

昭和三十四（一九五九）年、酒田に革新市長、小山孫次郎を誕生させたオルガナイザーは、小山の甥の本間誠だった。本間家の変わり種で、隠れもなき共産党員。本間病院を建て、農民の健康管理に尽力したが、金沢医科大（現金沢大医学部）の同級生、西田尚紀《にしだしょうき》によれば、誠の本間家への思いは屈折していた。西田著『酒田の医者の本間様』（本の会）に、こんな記述がある。
「農家をとりかこむ水田のはるかかなたには鳥海山が見える。その山に至るまでの広大な田地は殆ど彼の先祖の本間家のものであった筈である。そこに住む人々も殆ど本間家の小作であった筈である。彼は時として自分が農村で働くのは自分の祖先が荘内農民を収奪したことへの罪ほろぼしだと冗談めいて話した。然し、三百年もつづいた本間家は小作との間に一度も争議を起こしたことの無いのは有名である。彼の冗談に乗って本間家を悪し様《あざま》に言う者がいると彼はきまって不機嫌そうな顔をした」
この本に「本間家家督相続不順　本間耕曹の訴え」が収録されている。前節に記したように本間耕曹は誠の曾祖父の弟だが、なぜここにこれが付け加えられたか。西田は、現在の『酒田市史』の本間家家系図が、幕藩時代に本間家自身が荘内藩に届け出た書状と違うから、と記している。
西田の前掲書に出ている「本間家家督相続紛争の経緯」がわかりやすい。
一八〇〇（寛政十二）年から年代順に記されているそれを、年号をはずして引く。
一八〇〇年　光武第四代を相続する。四十四歳。同時に実子光弘（妾腹）を嫡子に。
一八一六年　光弘死す。行年二十か二十二。
一八一七年　光和生まれる。六十一歳の光武と妾喜知との子。
一八一九年　光武は自分の娘路久（侍婢松乃との子）を本間弥十郎光敬の二男源吉（後に五代目を継ぎ、光暉を名のる）に娶《めと》らせる。
一八二一年　光武喜知を正妻に。光暉を宗家に迎え養子とし実子光和（五歳）を光暉の嫡子とする。光暉二十四歳。
一八二五年　六十九歳の光武隠居し、二十八歳の光暉が第五代を継ぐ。
一八二六年　七十歳の光武死す。
一八二九年　光暉は光和（十三歳）を嫡子として御目見願を出す。
一八四〇年　光暉は光和（二十四歳）を嫡子、その子光貞を嫡孫とし庄内藩由緒方に届ける。この時自己の実子で長男光美（光貞より一歳年上）を二男とした。
一八四五年　二十九歳の光和死す。
一八五〇年　光暉は光貞を嫡孫として御目見させる。時に光貞十四歳。その後、光暉は突如として藩主酒井忠発の「思召《おぼしめし》」として嫡孫光貞をさし置き、実子光美を嫡子とする。

もつれはここから始まった。一度は嫡孫とされた光貞が宗家からはずされ、光貞の弟の耕曹も同時にはずされたのである。

敵味方に分かれた西郷と菅

嘉永《かえい》三（一八五〇）年に、本間家の第五代当主、光暉が、嫡孫と届け出ていた光貞を、藩主の思召を理由に宗家からはずし、自分の子供の光美を嫡子としたことから、本間家の家督相続争いは始まった。第四代の光武の娘と結婚しているとはいえ、光暉は養子だった。それで光暉は最初、光武の子の光和を嫡子とし、その子の光貞を嫡孫としていたのである。ところが、光和が二十九歳で亡くなるや、光暉は光貞を後継者とせず、文久（一八六三）年に光美に第六代を継がせた。

そして、慶応四（一八六八）年に徳川幕府は倒れ、新政府が誕生する。幕末の変動期を当主として乗りきったのは本間光美だったが、明治二（一八六九）年に光暉が七十二歳で亡くなると、光貞の弟の耕曹が中心となり、家督相続不順と、光美に掛け合うようになる。本流もしくは本家はこちらだというわけである。年代的に先に経緯を言ってしまえば、明治八（一八七五）年に四十歳の光美が隠居し、その子の光輝《みつてる》が第七代を継いだ。当時二十二歳。そして翌年七月に、耕曹が鶴岡裁判所に訴訟を起こし、十月に和議が成立して、訴訟は取り下げられている。

西田尚紀の前掲『酒田の医者の本間様』によれば、訴訟の主旨は「藩主が民家の嫡男承祖の伝統を勝手に踏み破るのは納得できない」というものだった。幕藩時代の「思召」が明治政府になっても通用するのかという主張でもあるだろう。

ともあれ、和議は成立し、

一、現在の本間宗家を認めること。

一、「光和らの系統の墳墓を宗家の中にもどし」且、この系統と他の本間分家との間には「相当の区別これあるべきこと」

という条件が実行された。この時、耕曹らには相当の田地と三千円もの一時金が渡されたといわれている。格別の扱いが認められたのだった。

本間家についての、ある種の定本となっている佐藤三郎著『酒田の本間家』（中央企画社）に、光美の時代に、光美が明治新政府から呼び出しを受けた、と書いてある。そして大隈重信らと相談し、五万両を献金した、と出ている。先に私は安藤英男著『菅実秀と荘内』などに拠《よ》って、「大隈に会うのは容易ではなく、本間光美が面会できたのは十三回目に訪ねた時だったという」と書いたが、「新政府から呼び出しを受けた」のなら、事情はまったく違ってくる。やはり、財政難の政府は「出羽の本間」の財力に最初から目をつけていたと考える方が自然かもしれない。荘内藩の転封中止代として七十万両を要求された時も、本間家は五万両を差し出した。これを合わせて三十五万両が政府に献納されたのである。

ところで、「本間光美日記」には、家督相続問題で菅実秀らに骨を折ってもらったとある。一方、本間耕曹側には郡兵衛の縁もあって、西郷が付いたといわれる。「荘内の西郷」の菅と西郷は果たしてこの問題で争ったのか。

御一新に対する考えの違い

養子系統が嫡流を追放して本間宗家を継いだことに対し、それを不順として訴えを起こしたのは本間耕曹だった。先に西郷は耕曹側に付き、本間家第六代当主の光美には菅実秀が味方して、西郷と菅はこの本間家家督相続争いでは意見が分かれたと書いたが、西郷は荘内藩主酒井忠発の「思召」によって決定が覆ったことに納得できなかったと推測される。自らを嫌って島流しにした薩摩藩主島津久光と酒井忠発の姿が重なったのではないだろうか。

『酒田の医者の本間様』は、その「思召」の伝達役は松平親懐だったと書く。親懐は明治七（一八七四）年の時点では酒田県大参事だが、その背後に菅実秀がいたことは言うまでもない。

明治七年二月に本間耕曹が宗家に掛け合いを始めるや、親懐は三月に耕曹に次のような手紙を送って諭している。親懐はまず、宗家の人は嫡流一統に対して非礼だと、耕曹をなだめる。

「外々ノ同姓トハ格別ノ筋ニテ、内実特別ノ扱方モ、コレアルベキノ所、ソレ等ノ廉《かど》相立タズ、ノミナラズ品々世評モコレ有リ、衆目ノ見ル所実ニ其ノ宜《ぎ》ヲ失フヨリシテ畢竟《ひっきょう》紛糾ヲ生ズルハ如何ニモ事情御尤モノ事ニコレ有リ」

つまり、他の本間分家とは違う特別の扱いをしなければならないのに、そうしなかったわけで、紛糾するのはもっともだ、と。

そう前提した上で、親懐は本音を述べる。

「……併《しか》シナガラ当時嫡ヲ奪ウノ儀ヲ固執シ、既住ノ命ヲ不正トシテ御一新ノ時ニ乗ジ審理裁判所ニ訴出ントスルハ儀ニオイテ甚ダ不穏当ニシテ、往事諸藩臣下ノ殺生スベテ其ノ君ノ心ニ有リ、其ノ主ノ心ヲ持テ臣下ノ進退トスル所ト致セシ儀ヲ、遠ク過ギ去リシヲ今日ニ至リ不服ノ趣キヲ以テ裁判所申シ出ルト雖モ、取リ受ケ裁判致スベキ様之レ無ク……」

耕曹と親懐では「御一新」に対する考え方が違う。耕曹は「御一新ノ時ニ乗ジ」て訴えを起こしたのではなかった。御一新となったのだから藩主の命（思召）によって嫡が奪われたのを元に戻してもらいたいと主張しているのである。

西田は親懐について「殿様と本間宗家の間にはさまれた昔気質の臣下という感じがある」と評している。菅実秀もまさにそうだった。彼らから見れば、「法」に基づく合理性を求める耕曹も「不遜《ふそん》の徒」としか思えなかったのである。

この違いはまた、菅と西郷の違いでもあった。西郷が起こした西南戦争まで、あとわずかだが、この違いはそれからの二人の関係に微妙な影を落とす。

なお、西南戦争の前年の明治九年八月十九日から二十一日まで、三条実美、伊藤博文、そして山県有朋が荘内を訪れ、三条は酒田の本間邸で一泊している。また、一件落着後、七代目を継いだ光美の長男光輝が鹿児島に行き、西郷の教えを受けた。

第八章　明治六年の政変

岩倉使節団の失敗

酒田に南洲神社をつくった長谷川信夫が、『西郷先生と荘内』（荘内南洲会）で、こう言っている。

「これ（『明治六年政変』中公新書）は今まで西郷先生は征韓論者だということでずっと言われてきましたものを、毛利敏彦《としひこ》先生が敢然として違うのだということの根拠を示した素晴らしい本です」

それでは九州大学教授だった毛利のこの本に従って、西郷が下野することになった政変を振り返ってみよう。

西郷が「泥棒の仲間にはなれない」と渋っていた新政府の中枢は、入ってみればやはり、権力争いの激しいところだった。薩摩の大久保利通、長州の木戸孝允、土佐の板垣退助、そして肥前の大隈重信がその中心人物であり、三条実美と岩倉具視がその上で怪しい動きをしている。長州閥で木戸の弟分の伊藤博文が途中で木戸に背いて、大久保に近づいたりもしていた。一方、西郷や大久保の主君だった島津久光は新政府反対であり、中でも自らの地位を奪った廃藩置県に激怒していた。もともと気に入らない西郷に暗殺の使者を差し向けたりする始末である。しかし、討幕に功績のあった久光をないがしろにはできない。

毛利は前掲書に「明治五年末から六年初めにかけて太政大臣三条実美を悩ませていたのは、島津久光、大蔵省（予算紛争）、台湾、そして朝鮮の四大問題であった。いずれも三条の手に余り、しかも、政府の大黒柱たる西郷参議は鹿児島に帰省して不在である」と書いている。

では、大久保や木戸はどうしていたのか。岩倉具視とともに各国を視察中だった。不平等条約の改正という名目はあったが、失敗に終わったものである。この「岩倉使節団」について、たとえば三宅雪嶺《みやけせつれい》は『同時代史』（岩波書店）で次のように酷評した。

「初め大使一行の日本を出発せし際、……必ず大に得る所あらんと期待せしに、米国にて改正の実地問題に触れ、早くも一行間に異議の起り、木戸が大久保及び伊藤の軽卒を難じ、大久保等は之に快からず、木戸の曩《さき》に同意せしを言ひて報い、相ひ反目するの形を呈す。互に他を責むるとて何等特別に為すべき事なく、前の抱負の幻滅しつつ、予《あらかじ》め照会せし諸国を巡回せざるを得ず。米国を去る時、事実上に漫然たる巡遊に過ぎざるを意識せるも、其の儘《まま》に中止すべくもなく、幾許《いくばく》か予想の狂へるに失望し、幾許か文明国の旅行に興味を唆られ、世界の形勢に通ずるを以て心に慰め、英国より仏国に渡りて新年を迎へ、……

大使及び副使は自ら徒《いたず》らに漫遊せず、為し得べき限りを為し来れりと考ふるも、留守居の大官より観れば純然たる漫遊と同様にして、……国事を余所《よそ》にし、花に戯れ月に浮かるゝとは何事ぞと責められぬ計《ばか》りにて、空気は頗《すこぶ》る穏かならず」

「留守居の大官」の一人である西郷は最初からこの使節団に期待していたようにも見えないが、一行は勝手に焦慮を深めた。

世間へ対し何と岩倉

岩倉使節団に対する三宅雪嶺の酷評を続ける。酷評というより適評というべきかもしれない。

「大使派遣が既に誤りにして、最初の一歩を誤り、互に他を責め、後は後ほど距離を多くし、（木戸と大久保とは）何の故を知らずして極力相ひ抵排するに至る。……大使一行中にさへ『条約は結び損ひ金は捨て、世間へ大使（対し）何と岩倉』といふ狂歌の行はるゝ位にて、内地に悪評少からず、恥の上塗とも取り沙汰せり。……（大使らは）何を為し来れるやを言ふに難く、言へば欧米の文明又は世界の大勢を説くべきのみ。留守派は漫然たる洋行話を聴くを欲せず……元はと言へば、一大使四副使同勢百人といふ大掛りにて出発せしの誤りに起り、……大掛りの観光団は後より顧みて思はざるも甚だしけれど、既に発せし矢は帰らず、齟齬《そご》の結果として何辺かに大破綻《はたん》の起るを禦《ふせ》ぐに由なし」

この「大掛りの観光団」の「漫然たる巡遊」は、そもそも、岩倉具視と大久保利通による強引な使節団編成に失敗の原因があった。鎖国からの脱却を焦るが故に、かえって万国の笑いものになる結果を招いたのである。

木戸孝允はある手紙でこう反省している。

「諺に云う生兵法大疵《なまびょうほうおおきず》のもとと申候も、此等の事にて、万事其始に思慮仕《つかまつ》り候事大事、況《いわんや》国家人民に関係仕り候事は、別《べっし》ての訳に之れ有り申し候」

岩倉を代表とする使節団に参加した大久保や木戸は留守居役の西郷や板垣に負い目を感じ、ギクシャクが深まっただけでなく、使節団の中でも、大久保と木戸は一時は口もきかないほど疎遠になった。この〝複雑骨折〟が「明治六年の政変」の背景にあるのである。いや、それが政変を惹起《じゃっき》したと言ってもいい。

毛利敏彦は『明治六年政変』にズバリと書く。

「通説では、六年政変における使節団メンバーの行動の動機について、使節一行が欧米文明に触発されて日本近代化の急務を痛感し内治優先を心に期して帰国したので征韓論に反対せざるをえなかったと説明しているが、それは政変の勝利者の行為を事後的に正当化するための歴史の歪曲《わいきょく》でなければ、史実と当事者の実感とを無視したきれいごとというべきであり、これまで見てきたように、現実の事態はそれほど単純ではなかったのである」

大体、「漫然たる巡遊」で使節たちが「欧米文明に触発され」るようになったとは思えない。「大掛りの観光団」が「内治優先を心に期して帰国」するはずがないのである。

毛利は、この一節を次のように結ぶ。

「もっとも、使節団に痛いつまずきがあったとしても、留守政府もまた低迷していたならば、使節一行の挫折《ざせつ》感もある程度相殺されたであろうが、現実には留守政府の施策が予想以上に成績をあげたので、それとの対比もあって、使節一行の立場はいっそう苦しくなったといえよう」

機略の人、江藤新平

岩倉具視や大久保利通ら、「大掛りの観光団」が欧米諸国を巡遊している間に、西郷を主柱とする留守政府は封建的身分差別を撤廃し、士族の特権を解消した。「秩禄《ちつろく》処分」という名の家禄削減も実行される。

こうした改革の遂行にめざましい働きをしたのは、西郷が司法卿《しほうきょう》に推した江藤新平《えとうしんぺい》だった。その江藤を徳富蘇峰《そほう》は『近世日本国民史』で次のように評している。

「江藤新平は、……機略の持主であり、且つ蚤《つ》とに法度改制に心を用い、眼敏手快、当代真に得易からざるの材であった。若《も》し彼にして生存せしめたらんには、明治憲章の美を済《な》したる勲功は、伊藤博文を待たずして、恐らくは彼に帰したであろう。……新政府草創の際、其の法度の整斉完美を要するに於て、最も彼の手腕を必須としたるのは論を俟《ま》たず。

惟《おも》うに彼は本来のラジカルである。持重、観望は、彼の決して屑《いさぎよし》とする所ではなかった。彼が論理的の頭脳と、彼が峻烈なる気象と、而《しこう》して鋭利なる手腕とは、向う所可ならざるはなき有様であった。江藤は其《その》力を専《もっぱ》ら法制の上に用いたるも、彼は本来政治家にして、決して刀筆の吏をもて、自《みず》から満足する者ではなかった」

江藤は天保五（一八三四）年の生まれで、大久保より四歳若く、明治五（一八七二）年には四十歳になっていなかった。

この江藤の改革に財源難を理由に立ちはだかったのが、とかくの噂のある大蔵大輔の井上馨だった。岩倉使節団の送別会で、西郷が、

「三井の番頭さん、一献いかが」

と呼びかけたといわれる井上である。

その後、井上は尾去沢《おさりざわ》鉱山払い下げ事件で江藤に追及され、辞職を余儀なくされる。

征韓論をめぐる「明治六年の政変」については後述するが、その前に、江藤の軌跡をたどっておこう。「政変」で江藤は、西郷、板垣退助、後藤象二郎、副島種臣と共に参議を辞し、故郷の佐賀に帰る。しかし、江藤をライバル視していた大久保は佐賀県権令に任じた岩村高俊《たかとし》を使って江藤を挑発し、「佐賀の乱」を起こさせる。途中で江藤は西郷を揖宿《いぶすき》郡の鰻温泉に訪ね、挙兵を迫った。しかし、西郷は応じない。その後、江藤は高知に逃れ、そこで捕まって梟首《きょうしゅ》された。

南日本新聞社編の『西郷隆盛伝』（新人物往来社）によれば、江藤の救援を拒否した理由を西郷はこう語ったという。

「江藤らは事を起こした。それに従うた士族は、二千五百、三千にも達したであろう。しかるに事敗るるに及んで、彼らを見殺しにし、見捨てておいて、おめおめと逃げてきた。そういう同情なき者に対し、どうして私が面会できるか。また大義を説いて聞かせる余地があるか」

面会し、諄々《じゅんじゅん》と説いたのに、西郷はこう言った。まさに、その数年後の西南戦争を予言したような言葉だろう。若者への「同情」が西郷を挙兵に追い込み、その命を散らせる結果となったのだった。

征韓論ならぬ遣韓論

さて、西郷の征韓論である。これは「西郷隆盛伝説」の最大の難問であり、急所だが、私は「征韓論」ではなく、「遣韓論」だったという説に与《くみ》する。西郷は単身乗り込んで相手と交渉することに自信を持っていた。たとえば勝海舟とやってのけた「江戸無血開城」である。だから、韓国へも丸腰で行くと主張していた。

この点にブレはない。では、なぜ、その問題をめぐって紛糾し「明治六年の政変」となったのか。

私は毛利敏彦の『明治六年政変』の次の指摘に賛同する。

「王政復古クーデタの当事者だった岩倉(具視)と大久保(利通)には、自分たちこそが明治国家を生み出したという特別の感情と自負心があったといえよう。それは、クーデタに参画していない三条(実美)や木戸(孝允)、あるいは板垣(退助)、大隈(重信)らにはないものであった。したがって、大久保を『一の秘策』に駆りたてたのは、俺がつくった政権を遅れてきた徒輩におめおめ渡してなるものかという執念だったといえよう。もはや、大久保にとっては、朝鮮使節の是非などは枝葉の問題だったにちがいない。大久保が政権争奪の敵手とみなしたのは、『ことに副島(種臣)氏、板垣氏断然決定の趣にて』と日記に書き留めた両人であり、さらに閣議でかれの議論に致命的な一撃を加えた江藤新平だったであろう。とくに、実践家大久保は、自分とは異質な江藤の論理的・組織的な卓越した才能に絶大な脅威を感じたのではなかろうか。ここに、かれは、『丁卯の冬』の同志西郷を巻添えにしてでも、反対派の一掃を決意したものと思われる」

大久保の反「征韓論」が平和的交渉重視故のものでなかったことは、すぐその後の台湾征討で明らかになる。

西郷の板垣への手紙などで、征韓論者としての西郷をクローズアップさせる向きもあるが、毛利などが説く如く、それは板垣を自らの遺韓論に賛成させるためのもので、その他のところでは、西郷は決して声高に征韓を主張してはいない。たとえば明治六（一八七三）年八月三日付の三条実美宛の手紙では、「朝鮮の一条、御一新涯《ぎわ》より御手を付けられ、最早五六年にも相立ち候わん。然る処最初親睦を求められ候儀にてはこれある間敷《まじく》、定めて御方略これありたる事と存じ奉り候。今日彼が驕誇侮慢《きょうこぶまん》の時に至り、始めを変じ因循の論に渉《わた》り候ては、天下の嘲《あざけ》りを蒙《こうむ》り、誰あってか、国家を隆興する事を得んや」と、まず、三条の意向をさぐり、西郷自身も対朝鮮強硬論に傾いているように見せつつ、一転して、「只今私共事を好み、猥《みだ》りに主張する論にては決してこれなく」と、事を好まないと断りながら、「斯《ここ》に至り一涯《ひときわ》人事の限り尽され候処」、つまり最善の努力をすべき時だから、「断然使節を召し立てられ、彼の曲分明に公普すべき時」だとし、「何卒《なにとぞ》私を差し遣わされたく、決して御国辱を醸し出し候は万々これなく候に付き、至急御評決成し下された」いと希望を表明している。

「派兵は決して宜しからず」

西郷が三条実美に送った手紙を、三条は逆に取り、西郷を「征韓即行論者」と思ってしまった。毛利敏彦は『明治六年政変』に「西郷の説得のテクニックが、ひ弱な三条の頭脳と心臓に強烈すぎたのかもしれない」と書く。ともあれ、西郷を征韓論者だとする噂の火元は三条だった。それを覆す資料はいろいろある。たとえば、明治七（一八七四）年一月九月付の旧荘内藩士、酒井玄蕃の筆記である。鬼玄蕃といわれた酒井は、荘内藩が西郷に傾倒して、藩主以下、次々と鹿児島を訪れる中で、明治六年の政変で下野してまもなくの西郷を訪ね、その談話を筆記した。毛利は前掲書で、この筆記を「当時の西郷の心境を相当程度に反映した信頼できるもののように思われる」とし、次のように引く。

「今日の御国情に相成り候ては、所詮《しょせん》無事に相済むべき事もこれなく、畢竟《ひっきょう》は魯と戦争に相成り候外これなく、既に戦争と御決着に相成り候日には、直ちに軍略にて取り運び申さずば相成らず、只今《ただいま》北海道を保護し、夫にて魯国に対峙《たいじ》相成るべきか、左すれば弥《いよいよ》以て朝鮮の事御取り運びに相成り、ホッセットの方よりニコライ迄《まで》も張り出し、此方より屹度《きっと》一歩彼の地に踏み込んで北地は護衛し、……兼ねて掎角《きかく》の勢いにて、英、魯の際に近く事起こり申すべきと……能々《よくよく》英国と申し合わせ事を挙げ候日には、魯国恐るに足らずと存じ奉り候」

つまり、ロシアとの対決は必至と思われるが、北海道を防衛するだけではロシアと対抗できないから、朝鮮問題を解決して日本が積極的に沿海州方面に進出し、「北地」を防衛するのが上策であり、さらにイギリスとロシアの対立を頭において、日本とイギリスが提携してロシアに当たれば「魯国恐るに足らず」というわけである。朝鮮と事を構えるよりはロシアを警戒すべしというのが当時の西郷の考えだった。朝鮮には使節を派遣して、というより、自分が使節となって行き、友好裡《り》に事を処したいと思っていたのである。

それは「政変」が進行中だった明治六年十月十五日に西郷が太政大臣宛に出した「始末書」を読めば、さらにはっきりする。毛利の前掲書に従って、その意をたどろう。

すなわち、当初の閣議の原案では、居留民保護のために朝鮮に一大隊を急派せよとのことだったが、派兵は「決して宜しからず」、なぜなら「是よりして闘争に及」ぶと「最初の御趣意」に反するからである。そこで「公然と使節差し立てらるる」のが至当で、もし朝鮮側が「交わりを破り、戦を以て拒絶」したとしても、先方の「意底慥《たし》かに相顕《あいあらわ》れ候ところ迄は」交渉を尽くさなければ、「人事においても残る処これあるべく」、ましてや使節に対して「暴挙」をはかるのではないかとの「御疑念」をもって、あらかじめ「非常の備え」、戦争準備をしておいてから使節を派遣するのは「礼を失せられ候えば」、そうすることなく両国間の「交誼を厚く」したいという「御趣意」を貫徹したいものである。

ねじまげられた遺韓論

前節で、毛利敏彦が「朝鮮使節問題に関する西郷の公式かつ最終的な見解を表しているという意味で、注目すべきもの」と折り紙をつける「始末書」の前半の部分を意味だけ引いたが、ここで全文を掲げておこう。

「朝鮮御交際の儀

御一新の涯《きわ》より数度に及び使節差し立てられ、百方御手を尽くされ候得ども、悉《ことごと》く水泡と相成り候のみならず、数々無礼を働き候儀これあり、近来は人民互いの商道を相塞《ふさ》ぎ、倭館詰居りの者も甚だ困難の場合に立ち至り候ゆえ、御拠《よんどころ》なく護兵一大隊差し出さるべく御評議の趣承知いたし候につき、護兵の儀は決して宜《よろ》しからず、是よりして闘争に及び候ては、最初の御趣意に相反し候あいだ、此の節は公然と使節差し立てらるる相当の事にこれあるべし、若し彼より交わりを破り、戦を以て拒絶致すべくや、其の意底慥《たし》かに相顕れ候ところ迄は、尽くさせられず候わでは、人事においても残る処これあるべく、自然暴挙も計られず抔《など》との御疑念を以て、非常の備えを設け差し遣わされ候ては、また礼を失せられ候えば、是非交誼を厚く成され候御趣意貫徹いたし候様これありたく、其のうえ暴挙の時機至り候て、初めて彼の曲事分明に天下に鳴らし、其の罪を問うべき訳に御座候。いまだ十分尽くさざるものを以て、彼の非をのみ責め候ては、其の罪を真に知る所これなく、彼我とも疑惑致し候ゆえ、討つ人も怒らず、討たるるものも服さず候につき、是非曲直判然と相定め候儀、肝要の事と見居《みすえ》建言いたし候ところ、御伺いのうえ使節私へ仰せ付けられ候筋、御内定相成り候次第に御座候。此の段形行《なりゆき》申し上げ候。以上」

これを見れば、西郷は決して「問答無用」の征韓論者ではない。「まず交渉ありき」の使節派遣論者、つまり遣韓論者であり、それも、戦争の準備をして使節を派遣するのは交渉にならない、と釘を刺す、念入りの交渉論者である。

前節に従って、後半の意をたどれば、「交誼を厚く」したいとの「御趣意」を「貫徹」したいと努力した上で、なお、「暴挙の時機」に至った時に、初めて先方の非を天下に訴え、「其の罪を問うべき」ではないか、と西郷は訴える。

そうすることなく、「いまだ十分尽くさざるものを以て」先方の非を責めても、双方納得できないから、「是非曲直」を明らかにすることが「肝要」だとして使節を志願したところ、八月の閣議で内定したのである。

こう、「始末書」で西郷は説いた。前掲書で毛利が指摘する如く、「つまり、朝鮮国政府の誠意を信頼して徹底的に話し合いを尽くすべきであり、先方の『暴挙』などを予想して戦争準備など非礼なことをしてはならないという平和的・道義的立場の表明であり、もちろん征韓論とは正反対の意見」だった。それが「政変」によってねじまげられ、西郷に征韓論者のレッテルが貼られたのである。

勝海舟の証言

勝海舟が横井小楠《しょうなん》と並べて西郷を評価した言葉はよく知られている。勝の『清譚と逸話』から、それを引こう。

「おれは、今迄に天下で恐ろしいものを二人見た。それは横井小楠と西郷南洲とだ。横井は、西洋の事も別に大して知らず、おれが教へてやつた位だが、その思想の高調子な事は、おれなどは、とても梯子を掛けても、及ばぬと思つた事が屢々《しばしば》あつたよ。おれは窃《ひそ》かに思つたのサ。横井は自分に仕事をする人ではないけれど、もし横井の言を用ゆる人が世にあつたら、それこそ由々しき大事だと思つたのサ。その後、西郷と面会したら、その意見や議論は、寧《むし》ろおれの方が優《まさ》る程だつたけれども、所謂《いわゆる》天下の大事を負担するものは、果して西郷ではあるまいかと、また窃に恐れたよ。（中略）横井の思想を、西郷の手で行はれたら、最早それ迄だと心配して居た、果して西郷は出て来たワイ」

独特の勝節《ぶし》ともいうべき口調でこう語った勝は、西南戦争で西郷が亡くなった後、いわゆる征韓論についての西郷と山岡鉄舟の遣り取りを次のように解説している。さすがに的確で余すところがない。

「世俗が西郷の遺志を継ぐなどとは、片腹痛くなるよ。どこに西郷の遺志があるのだ。征韓論なぞとは馬鹿者のいうことよ。もし西郷にして征韓の意志があるなら、時の海軍卿勝安房―この俺に一言の相談がないはずはない。

西郷と勝との間は他の小供の知るところではない。老爺《ろうや》が征韓の声が小供口に伝わるから、どうするつもりかと尋ねたら、自分一人で談判に行くつもりであった、と本人の直話であった。老爺も左もあるべきで、他に好策は見当たらない。それなのに桐野（利秋）や篠原（國幹）なぞが、側から騒ぎたてて、切るの討つのと言いはやし、征韓征韓というて、ついに世論を征韓論にしてしまい、西郷の意志だというて、あたら金玉傑士の西郷を、空しく城山の地下に埋めたとは、泣いても涙は出ないよ。

よく考えてみたまえ、山岡英子《ふさこ》が女の耳に聞き覚えた句の中に、兵を出して西郷が朝鮮を討つ意志のなかったことはハッキリしている。それは西郷が〝朝鮮、支那は今の時機を延ばしてはわるい。拙者が行って一ト戦争しなければならぬ〟といったというが、恐らく英子が話の中途から聞いたにちがいない。西郷が〝拙者が一ト戦争しなければ〟といったのは、自分が一大重荷を担うて、一ト掛け合いをやろうという意味だ。この言葉に兵を動かしては不利なことを縷々《るる》説いたにちがいない。その証拠は山岡の返事を見よ。〝左様でござる。兵など容易に動かすものでない〟といって明瞭に符節を合するようではないか」

南日本新聞社編『西郷隆盛伝』所収の安倍正人編・山岡鉄舟『武士道』からの引用だが、この結びは次節に書く。

大久保と西郷の応酬

勝海舟が西郷の征韓論を否定した話を続ける。

「そればかりでなく西郷の終わりの言葉に〝雉《キジ》が声を出すから猟師がくる〟といっているのは、兵など動かして騒ぎまわれば、国は疲憊《ひはい》し、かつ自分の手際を見ぬかれてしまい諸外国がその隙をねらってくるという『孫子』『呉子』の兵法を含んだ句であることが察せられるよ。見よ。西郷などがウッカリ浮雲に乗るようなばか者でないことが知れるであろう。それを今なお西郷を征韓論者などというのは、日本の歴史がまるでウソになって、帝国の前途が思われるよ。真の武士道の活用を知らぬ小供は困るよ」

序章の、「西郷をかついだ『子供ら』」の節に記したように、勝は西郷を「ぬれぎぬを干そうともせず子供らがなすがまにまに果てし君かな」と詠んだ。この歌の「子供ら」は桐野や篠原らを含む私学校生だったが、「真の武士道の活用を知らぬ小供」とは歴史を知らぬ未熟者という意味だろう。しかし、いまなお、そうした「子供」は少なくない。

では、「明治六年政変」のクライマックスとなった大久保と西郷の応酬を引く。少年時代からの盟友はここで訣別《けつべつ》した。

激論の後の沈黙を破って、まず、大久保が公然と西郷に反対する。

「朝鮮のことは、今しばらく時機を待ちたいと思う。今日のわが国は内治を整えて、国力の充実を図り、しかるのち外に及ぶのが順序である」

それに西郷が薩摩弁で反論して、木戸や板垣も割り込めぬ二人だけの遣り取りとなる。

「時機は今である。一日をゆるうすべきじゃごあはん。内治のことはこのことに取りかかったとてやれる」

「いや、それが問題である。もし談判が思わしく行かぬ日には、兵を動かすことになるほかはあるまい。それでは実に国家の大事、内治のごときは、ために犠牲にせねばなるまい」

「それがおはん（貴公）の勘違いじゃや。このことはすでに閣議をへて定まっとる」

「前閣議にどうあったか、それは拙者共の知らんことだ」

「そりゃ、おはんな、本気で言うとか。おはんらの留守中に決めたが、不服といわっしゃるか。おいどんも参議で御座る。おはんらが不在じゃからとて、国の大事を投げうって置いては、おいどんたちの職分が立たん。留守の参議が皆集まって決めたことに、何の悪いことが御座るか。三条太政大臣も御同意で、すでに聖上の御裁下まで経たことでごわすぞ」

「拙者共の不在中は、大事件は決めぬという約束では御座らぬか」

「だれかの発議でそんなこともあったが、それは無理と申すもの」

「そりゃ今となっては卑怯《ひきょう》で御座ろう」

「控えなされ。だれが卑怯か心に問いなされ！」

戻ることのできぬ亀裂《きれつ》である。征韓論は、いわば政争の具となったのだった。

第九章　西南戦争前夜

大久保利通と三島通庸

明治六（一八七三）年十月、西郷は〝泥棒の仲間〟と訣別《けつべつ》して鹿児島に帰る。その西郷を辞めさせた張本人として岩倉具視がねらわれ、明治七年一月、暗殺未遂事件が起こった。場所は東京赤坂の喰違《くいちがい》。襲ったのは高知県士族の武市熊吉《たけちくまきち》らで、これは翌月の「佐賀の乱」に始まる、士族の反乱の前触れだった。大久保利通らの猜疑《さいぎ》の眼が鹿児島の西郷に対して鋭くなったことは当然だが、〝東北の鹿児島〟と呼ばれるほど西郷に傾倒して、いわば鹿児島化していた荘内にも冷たい警戒の眼は注がれた。

その尖兵《せんぺい》として、鹿児島出身の三島通庸《みちつね》が送られてくる。その経緯を『日本の百年・9』（筑摩書房）はこう記す。

「この極端居士（注・三島）を見込んだのが、時の権力政治の代表者大久保利通だった。大久保は熱心に三島を口説いて酒田県令に送りこんだ。一つは東北開発、一つはまつろわぬ東北雄藩、ことに西郷と縁故の深い旧荘内藩のお目付という役目であった。赴任した三島は、たちまち大ナタをふるって県政を改革し、明治政府の威令のほどを示した。それはあたかも大久保政府の地方出張所のごときものであった」

荘内藩は城下町の鶴岡と港町、商人町の酒田が中心である。酒田は自治意識の強い町で〝東北の堺〟と呼ばれていた。〝東北の鹿児島〟の前に〝東北の堺〟だったのだが、のちに福島県令となって自由民権運動に苛烈《かれつ》な弾圧を加え、鬼県令の名をほしいままにした三島の「改革」と称するものは、酒田の商人の自治意識なども押し潰《つぶ》していったのである。

西郷が政府を去っては自らも酒田県権大参事の職を務めることはできないと、菅実秀も、三島が来る前に退官した。菅の号は臥牛《がぎゅう》である。菅は牛が臥《ふせ》っているような形の月山を愛した。優美な姿で聳《そそ》り立ち、出羽《でわ》富士と呼ばれる鳥海山よりも、横に広がる月山が好きだった。

共に一介の百姓となって、菅は西郷を憶《おも》った。そして、どうしても会いたいと思い、明治八年二月二十八日に鶴岡を発《た》って東京に向かう。東京には、菅の意を受けて西郷を訪ね二ヵ月ほど鹿児島に滞在して帰って来た赤沢源也と三矢正元がいた。この二人は、西郷から菅への次のような伝言を託されていた。

――政府から（あらぬ）嫌疑を受けている身なので、今はさしひかえているが、機会を見て弟（戊辰《ぼしん》戦争のとき、鼠《ねず》ヶ関口で戦死した西郷吉二郎）の墓参かたがた、ぜひ荘内を訪問したいということと、手紙をあげることも、御迷惑をかけてはならないと思って、さしひかえているから、くれぐれも菅殿によろしく。

加藤省一郎著『臥牛　菅実秀』からの引用である。

このころ、政府は密偵を放って、西郷の動きをいちいちチェックしていた。どんな人間が西郷を訪ねたかも、もちろん、逐一政府に報告されていたのである。

「闕を辞す」の詩

『臥牛　菅実秀』によれば、大久保利通を中心とする政府の西郷への監視は異常なほどで、西郷が「闕《けつ》を辞す」と題して書いた漢詩の草稿を自室の机の上に置いていたら、それが書き写されて政府に報告されていたという話もある。

「闕を辞す」とは、官職を辞して朝廷を去り、故郷に帰ることだが、明治六（一八七三）年十月の作と伝えられるその詩を掲げよう。

独《ひとり》時情に適せず
豈《あに》歓笑の声を聴かむや
羞《はじ》を雪《すす》がむとして戦略を論ずれば
義を忘れて和平を唱う
秦檜《しんかい》遺類多く
武公再生し難し
正邪今那《なん》ぞ定まらむ
後世必ず清《せい》を知らむ

山田尚二編の『新版西郷隆盛漢詩集』（西郷南洲顕彰会）の口語訳を借りよう。

「自分一人だけ時勢に合わず、意見が用いられなかった。どうして反対派の人々の歓び笑う声に耳を傾けてきいておれようか。いや聴くにたえない。武公岳飛が金《きん》に進攻された宋国の恥をそそぐため防御反撃の戦略を論ずると、正義を忘れて金と和平を唱えた売国奴の秦檜、その残党のような者共が多く、武公のような忠臣はもはや再び世に出にくくなった。このたびの朝鮮問題はどちらが正か邪か今どうして決まろうか。決められることではない。後の世の人々は必ずどちらが清く正しかったかを知るであろう」

迷惑をかけてはならないから、手紙を出すことも控えていると伝言をよこした西郷に菅はあえて会いに行こうとする。東京滞在中に菅が鹿児島に行くことを計画していると知った政府は極力それを止めさせようとした。

しかし菅は、

「別に企てがあるわけではないのだから、かまわぬ」

と当局の引き止め策を振り切って出発する。

明治八年四月八日、新橋ステーションから開通してまもない汽車に乗り、神奈川（現桜木町）ステーションに着いた。同行の小華和業修が「その疾きこと鳥の如く、一時間にして神奈川に至る。里数八里余なり」と記している。奈良の春日神社での話もおもしろい。

宿に入った菅は石川静正に、

「仁平（石川の通称）はん、お前は今日、霊地に対して実に不敬きわまることをしてしまった」

と怒った。そして、こう続けた。

「さっき、春日神社の境内で、ここからはおそれ多くも天皇様もお歩きになる尊い所だと案内人が説明していたにもかかわらず、何たることとか、お前はそこにいばりをしていたではないか。案内人もあっけにとられて、そのときは事なくすんだが、しかし神罰は免れがたい。お前のものが、あるいは曲ったかも知れないから、よくよく改めて見るがよかろう」

一同大笑いとなったが、いばりといっても、もちろん大ではなく小である。

「吾の源は菊池なり」

明治八（一八七五）年春、東京から鹿児島をめざした旧荘内藩の菅実秀一行は、神戸から汽船で長崎に渡り、長崎から再び船に乗って熊本に上陸した。この肥後熊本は菅の先祖の生まれた土地だった。

加藤省一郎は『臥牛　菅実秀』に、こう記す。

「この肥（火）の国の男性的な風光と、まぶしく溢《あふ》れかえる陽光は、陰気なじめじめしたことを、ひどくきらっていた（菅）実秀の性情に強く響き会うものがあったろうし、祖先の血を脈々と感じたことであろう」

そして、「一行は名にし負う三太郎峠にさしかかった。この峠を二年後に怒りに燃えた鹿児島健児が、熊本鎮台に殺到していこうとは誰も予想もしなかった」と続ける。

言うまでもなく、西南戦争のことを指しているわけだが、西郷の祖先の地もまた熊本だった。西郷が一時使った変名「菊池源吾」は、「吾の源は菊池なり」という意味であり、熊本の菊池一族が先祖だということである。

「荘内の西郷」と呼ばれた菅と西郷が熊本でつながるのも奇縁というべきだろう。

菅一行は東京滞在の期間を除いて五十日ほどかかって西郷のいる鹿児島に着いた。そして、菅は西郷と四年ぶりに会う。

柴垣に囲まれた武村の西郷の家は簡素で、座敷の壁にはワシントン、ナポレオン、ペートル、ネルソンの銅版画が掛けられているだけだった。

鹿児島にいた二十日ほどの間に菅は何度も西郷と会ったが、いつまでもいるわけにもいかない。鹿児島を離れる二日前の六月十日に一行は西郷の家に招かれた。西郷が大きな体を小さくして接待に努める。多くの馳走《ちそう》の中に西郷の大好物の豚肉の煮物があった。鶴岡にはいまも、豚肉や鶏肉を使った薩摩煮と呼ぶ料理があるが、あるいは、その由来はこのあたりにあるのかもしれないと、加藤省一郎は前掲書で推測している。

この日、西郷は各人に揮毫《きごう》した書とは別に、「菅先生を送る」と書いて菅に贈った。

相逢う夢の如く又　雲の如し
飛び去り飛び来つて悲しみ且つ欣《よろこ》ぶ
一諾半銭　季子に慚《は》づ
昼情夜思　君を忘れず

「一諾半銭　季子に慚づ」は、漢の高祖に重用された季布《きふ》が、ひとたび承諾すれば必ずやりとげたことを引き、「黄金百斤を得るは、季布の一諾を得るに如かず」を受けている。つまり、西郷が政府の要職にあった時、酒田県政をはじめ開墾事業に対して援助を約束したのに、政府を去ってしまって、その一諾も反故《ほご》にしてしまった。しかし、にもかかわらず、わざわざ遠い東北の地から訪ねてくれた君を忘れることはないだろうというわけである。

そして六月十二日、一行は船で錦江湾《きんこうわん》を出発し、鹿児島を離れたが、これが西郷と菅の永遠の別れとなった。

白虎隊士、山川健次郎の幕末維新

菅実秀が鹿児島に西郷を訪ね、二十日ほど滞在して鶴岡に帰ってからまもなくして同じ明治八（一八七五）年の秋に、白虎隊《びゃっこ》の生き残りで、のちに東京帝国大学の総長となる山川健次郎がアメリカ留学から帰国した。

この山川の生涯には明治維新の激動とそれゆえの悲惨が凝縮されている。会津落城の時、健次郎は一五歳で、白虎隊に入ったが、訓練に耐えずと除籍される。健次郎の兄、大蔵は会津藩の若きリーダーだった。徳川幕府がフランスとのつきあいが深かったためか、会津の軍事訓練は当時、

「アン・ドゥ・トロア」

とフランス語で行われたという。さぞ、訛《なま》りのきついフランス語だったろう。

だから、健次郎は一日で白虎隊を除籍されると、祖父にフランス語を勉強せよと言われる。なぜと尋ねる健次郎に、祖父は、

「いずれ戦争は終わる。そうすれば学問が大事になるのじゃ」

私はこの節を星亮一著『山川健次郎伝』（平凡社）に拠《よ》って書き進めている。

祖父にそう言われても、戦争は簡単に終わりそうになかった。幼少組まで加えなければならなくなって、健次郎も白虎隊士となる。

大蔵が幕府軍の将、大鳥圭介と会って、

「山川君、農兵を集めなければならない。武士だけで戦争は出来ぬ。百姓だろうが博徒だろうが数が勝敗を決する」

と言われる一幕もあった。

そんな中、敗色濃い会津軍の少年兵士である健次郎に光明の糸がもたらされる。会津の外交官、秋月悌次郎については既に書いたが、その秋月と長州軍の参謀、奥平謙輔《けんすけ》の青年時代の親交が拓《ひら》いた運命だった。

秋月は江戸の昌平黌《しょうへいこう》（昌平坂学問所）に学んだが、その人脈を頼って全国をまわり、萩にも行って奥平を知った。「ともに詩人であり、奥平は秋月の詩に引かれた」と星は書く。そして、戊辰戦争勃発《ぼっぱつ》。奥平は越後を落とし、会津まで迫ったが、秋月がどうしているのか、いつも気になっていた。消息をさぐらせると、会津降伏後は、猪苗代《いなわしろ》に謹慎しているという。それで奥平は秋月に手紙を出す。

「不相見八九年。何日月不待我也」と始まるその手紙の要約を掲げよう。

「八、九年も会わずにいるが、月日がたつのは早いものだ。運命は無情なもので、朝に夕べは計られず、私も好まなかった武人になった。この六月をもって参謀となり、柏崎から海路新発田を襲い、新潟を取った。その勢いで米沢に臨むと米沢は角《つの》が崩れるように降伏した。思えば会津が存在しなければ、徳川の鬼は祭られることもなかったであろう。天下に盤石たる石が失われて久しい。貴国はその石となって天下に鳴り響いた。今後は徳川氏に報いた心をもって朝廷に仕えてはくれぬか」

これを読んで、秋月だけでなく、健次郎の兄、大蔵らも慟哭《どうこく》した。感涙にむせんだのである。

秋月悌次郎と奥平謙輔

会津と長州が戦っていると言っても、若き日に共に学んだ会津の秋月悌次郎と長州の奥平謙鋪が憎み合っているわけではない。そう思って手紙をよこした奥平に、秋月はまず、感謝の手紙を書く。

『山川健次郎伝』によれば、それはこんな内容だった。

「君は徳川氏に報いた節義を朝廷に献ぜよといわれた。会津人は皆、感泣した。今度のことは我に罪があり、いかなる罰も受けるが、我が君と我が藩に、朝廷に尽くす道を与えてくれるのであれば、我々は必ずや国家のために命を捧《ささ》げるであろう。我々が恥を忍んで降伏したのは、すべての者が命を落としてしまっては、会津藩の忠義を後世に伝えることが出来なくなるためだ」

健次郎の兄、大蔵に、

「秋月先生、ぜひ坂下に行って奥平どのに会っていただきたい」

とも促され、秋月は危険をおかして奥平に会いに行く。奥平は歓迎してくれ、同じ長州出身の前原一誠《まえばらいっせい》をも紹介した。

少しも官軍風を吹かせない二人に、秋月は長州にも確かな人はいる、と感激する。

そして、主君の救済や藩士とその家族二万人の生計の道が立つよう涙ながらに訴えた後で、会津の少年を書生に使ってくれるよう懇願した。

いまは子弟の教育もままならないが、会津の再建を次代に託すためには少年たちに勉学の場を与えることが必要だ、と秋月は考えたのだった。

「なるほど。分かりました。お預かりしましょう」

と奥平はそれを引き受ける。

前途にわずかの光を見出して、帰途、秋月は「北越潜行の詩」をつくった。

行くに輿《こし》なく　帰るに家なし

国破れて　孤城雀鴉《じゃくあ》乱る
治《じ》功を奏せず　戦略なし
微臣罪あり　また何をか嗟《なげ》かん
聞くならく　天皇もとより聖明
我が公貫日《かんじつ》　至誠に発す
恩賜《おんし》の赦書《しゃしょ》　まさに遠きに非《あら》ざるべし
幾度か手を額にして　京城を望む
これを思いこれを思うて　夕べ晨《あした》に達す
愁い胸臆に満ちて　涙巾《きん》を沾《ぬら》す
風は淅瀝《せきれき》として　雲惨憺《さんたん》たり
いずれの地に君を置き　また親を置かん

「会津三絶」の一つとされるこの詩には、詩人・秋月悌次郎の面目が躍如としている。主君を罪人に追いやり、親が住むべき家もない状態にしてしまった責任は家臣にあり、とうてい許されるものではないと自らを責めているわけだが、それは責め過ぎというものだろう。

そして、十七歳の小川伝八郎と十五歳の山川健次郎が奥平のもとに送られる。大蔵は、健次郎を選んでは依怙贔屓《えこひいき》になると断ったが、秋月が押し切った。真っ暗闇の中で「少年を敵の懐に託す離れ業」が演じられたのである。

アメリカへの道を拓いた黒田清隆

十五歳の山川健次郎は祖父たちから死にもの狂いで勉強せよと言われて、奥平謙輔の懐に託される。

『山川健次郎伝』によれば、男まさりの姉、双葉《ふたば》は健次郎にこう言った。

「健次郎、女々《めめ》しいことは絶対になりませんよ。それから憎き長州の世話になることで、世間はとやかくいうかも知れません。気にしてはなりませぬぞ。(兄の)大蔵が考えたことです。いまの会津には、それしか手立てはないのです」

会津から新潟まで、善順和尚に連れられての旅だったが、詮議《せんぎ》は厳しく、これまでと覚悟した時もあった。健次郎はのちに「積雪路を没し、加うるに処々守兵の誰何《すいか》に逢い、苦辛百端《くしんひゃくたん》名状すべからず」と記している。

そして、十五歳の健次郎と十七歳の小川伝八郎は、奥平の勤めていた佐渡に渡る。

「会津は立派に戦ったものよ」

奥平は平気でこう語る。

長州に対する憎しみは消えないが、健次郎にとって奥平は終生の恩人だった。奥平はしばしば、師の吉田松陰の話をする。

「先生は身分差を一切無視した方であった。人間は皆、平等じゃと説かれた。ただし怒ると怖い人で、勉強をせぬと紙と筆を奪って庭に投げ捨て、死を恐れずに進むべしと怒声をあげた」

奥平が師事した前原一誠は松陰門下の優等生だった。「勇あり、智あり、誠実人に過ぐ」と言われたという。

この前原と奥平が、同じ長州ながら、木戸孝允と対立した。会津に対する寛典を求める二人は極刑を望む木戸と衝突したのである。

そして前原は新政府に失望して萩に帰り、萩の乱を起こす。奥平もそれに殉じた。

西郷はもちろん、江藤新平を含めて、政府を去った者の方に人物がいたのかもしれない。

前原と奥平が萩に帰って、途方に暮れていた健次郎に、明治三（一八七〇）年秋、会津が追いやられた斗《と》南《なみ》で再建に必死の兄、大蔵から手紙が届く。そこには、

「アメリカに留学せよ」

と書いてあった。

新政府はさまざまな分野で留学生を送っていたが、健次郎は北海道開拓の枠で選ばれた。

北海道開拓使次官となっていた黒田清隆が、

「おいどんが思うに若い者をアメリカに留学させ、そこで学んだ知識と体験を大いに生かして開拓に当たらせねばならん」

と言って強引にこれを実現させたのである。

当時の政府留学生は原則的に薩摩と長州の子弟に限られていたが、情実で選ばれ、必死に勉強しない。黒田はそれを問題にし、

「北海道は寒い、薩長の子弟だけではだめだ。賊軍である会津と荘内からも選ぶべきだ。反対はおいどんが許さぬ」

とぶちあげた。そして、健次郎が行くことになったのである。

「芋侍にもいい奴はいる」

明治四（一八七一）年一月一日、黒田清隆に引率されて山川健次郎らは横浜港を出発し、アメリカの西海岸に向かった。乗船したのは「ジャパン号」である。

外国の様子は当時ベストセラーだった福沢諭吉の『西洋旅案内』を読んで勉強した。それには、梅干しと佃煮《つくだに》は忘れるなと書いてあったが、貧乏な山川には用意できなかった。それで船中の洋食に苦しむ。とくにカレーライスは辛くて食べられなかった。

見るもの聞くものに驚きながら、二十日余りかかってサンフランシスコに着く。会津藩の軍事顧問だったスネル兄が戊辰戦争後、何人かの会津人を連れて、ここにワカマツ村をつくったと聞いていて、さがしてみたが、わからなかった。

大陸横断鉄道にも乗って、科学技術に開眼し、山川は物理を志すようになる。

『山川健次郎伝』によれば黒田は、

「おはんら、口をあけて見てるばかりではだめだぞ」

と留学生に気合を入れる。

「山川、お前は勉強せねばいかんぞ。会津人は苦労しているんだ。分かってるな」

と山川にはさらに激励の言葉をかけた。

長い旅路の末に山川はニューヨークとプリンストンの中間にあるニューブランスウィックに着き、ここでワシントンに向かう黒田と別れる。

「いいか山川、おはんは会津のことを忘れずに、勉強いたせ。おはんは勉強出来るだけ幸せだ。そのことを忘れるな。途中で投げたら、おいどんが許さぬ」

別れぎわに黒田はそう言い、

「はい」

と直立不動で答えながら、山川は、

「芋侍にもいい奴はいる」

と感涙にむせんだ。

しかし、挨拶《あいさつ》ぐらいしか英語のできない山川にとって、苦難はこれからである。多くの留学生が自信を失い、落伍《らくご》していく中で、石にかじりついてもという思いの山川は、日本人の一人もいない街に行って勉強することにした。そして、エール大学をめざそうとしたのである。

そんな十八歳の日本人の面倒を親身になって見てくれたのが、山川が入ったノールウィッチの中学の校長、ハチソンだった。

不眠不休で勉強し、明治五年の夏に山川はエール大学付属のシェフィールド・サイエンティフック・スクール（理学校）に入る。

会津の教育が漢学や道徳思想に偏し、理学を軽んじたので、薩摩や長州に遅れをとったと思った山川は物理を専攻することにしたのだった。そのためには音響学が必須《ひっす》で、山川はピアノを習い始める。いま自分は洋服を着て英語を話し、ピアノを弾いているが、三年前はどうだったか。白虎隊士として戦乱の中にあった。

ともあれ、山川の激動は日本の激動の一つの象徴だったのである。

ニューブランスウィック

米ニュージャージー州にあるニューブランスウィックと山形県の鶴岡市は、いま、姉妹都市になっている。そう教えてくれたのは、私の学生時代の寮の後輩で、『土門拳』や『石原莞爾』（共に法政大学出版局）等の評伝を書いている阿部博行だった。姉妹都市になるについては、ニューヨーク領事を務めた旧荘内藩士、高木三郎が介在している。勝海舟の塾で塾頭となった高木は戊辰戦争の前年にアメリカに留学し、ニューブランスウィックに住んでいた。

『山川健次郎伝』に、こんな記述がある。

「ここの街には二十人ほどの日本人留学生が来ており、薩摩の畠山という人がいて日本人留学生の面倒を見ていた。旧幕臣勝海舟の子息、子鹿《こじか》も留学生として来ていたが、その子鹿を頼ってアメリカに来た高木三郎という人もいて、（山川）健次郎が会津だと分かるや、親切に世話をしてくれた」

高木が荘内藩士だったとは書かれていない。だから、なぜ、「会津だと分かるや、親切にしてくれた」のか不明だったが、共に薩摩や長州を相手に戦った〝賊軍〟同士ということだろう。

薩摩や長州は留学生の数も多く、その分、甘えもあって落伍者も続出した。

「日本人の留学生は公費、私費合わせて（アメリカに）五百人はいるが、大半はどうにもならない木偶《でく》の棒だ。いずれ強制送還されてしまう。そうならないためには日本人がいないところに行って勉強することだ。ここに来た以上、エール大学に入学しなければならない。入学出来なければ帰国だッ」

そう山川を叱咤《しった》した高木は、

「思い切って日本人のいない街に行け」

とアドバイスし、畠山と相談して、ノールウィッチという街を選んだ。

エール大学があるニューヘブンの街は、ニューヨークから七十マイル（一マイルは約一・六キロ）ほど先にあり、そこからさらに北へ三十マイル行くとニューロンドンの街がある。ノールウィッチはニューロンドンからさらに西へ十マイル行ったところにあった。人口一万人ほどの田舎町である。そのころ、日本人は一人もいなかった。

そこの中学校に入った山川に、

「君はどこから来たの」

とアメリカの生徒が尋ねる。

「日本の会津です」

と山川は答えた。

やはり、「会津」と言いたいのである。

死ぬ気で勉強すると決心してはいながら、不安でいっぱいの山川に、校長のハチソンは、

「ケンジロウ、なにも心配することはない」

と言って、個人指導をしてくれた。

英語、地理、米国史、ラテン語、そして苦手な算術、代数、幾何、三角法。これらをすべて英語で勉強するのだから大変だった。弱気になると、厳しい兄、大蔵の顔を思い浮かべて奮起した。

南部出身の田中館愛橘

エール大学を最短距離で卒業して明治八（一八七五）年秋に帰国した山川健次郎は、兄の大蔵に、

「死ぬ気で頑張ったな」

と迎えられる。二十二歳になっていた山川は、そして、東京大学の前身の東京開成学校に職を得た。教授補としてである。そこで物理学を教えたが、物理学科は最初「フランス語物理学科」という形でスタートしている。


そこに入ってきたのが、田中館愛橘《たなかだてあいきつ》だった。


『山川健次郎伝』によれば、田中館は隠せない東北訛りで山川に言った。

「先生は会津ですが、私は南部藩です。薩長が憎くて仕方がありません」

その時、田中館の頭の中には、薩長に対抗して北方政権をつくろうとした南部藩家老、楢山佐渡の姿などがあっただろう。


酒が入ると、田中館は寝返った秋田藩に憤慨し、山川に、

「先生、秋田の連中は実にけしからん」

と言い、山川にも、

「うん、まあそうだ」

と応じた。そして、

「南部の方々にもご苦労をかけてしまった」

と声を落とすのが常だった。

田中館は回想録に山川の講義のことをこう書いている。

「フランクリンとかフレネルとか学者の名前が出れば、フランクリンは政治家であって理学の趣味に富んでいたとか、フレネルは晩年まで苦学したとか、あるいは、先生が会津籠城《ろうじょう》のとき、砲弾が頭上で破裂すれば、丸《たま》の来た方向に向かって逃げたという話もされた。これは丸が飛んできた速度と破片の速度とを合成すれば、丸の来た方向に飛ぶ破片は速度が小さいので、危険は少ないからだと説明された。このような教科書にないことを聞かされて、西洋の学問はそういうものか、天下国家を論ずるだけが学問ではないと感じた」

清廉潔白を絵に描いたような山川の家にはいつも会津の青年が何人か居候していた。終生、山川の頭からは「会津」が消えなかったのである。

明治三十四（一九〇一）年六月、四十八歳の山川が推されて東京帝国大学総長となるや、会津出身者は快哉《かいさい》を叫んだ。山川の総長就任は薩長の、いわば官賊への復讐《ふくしゅう》のように思えたからである。大正三（一九一四）年に京都帝大総長も兼任せざるをえなくなった山川は、夏休みのある日、黒谷《くろたに》の金戒《こんかい》光明寺にある会津藩士の墓に詣《もう》でた。そこには、鳥羽伏見の戦いなどで亡くなった同胞が眠っている。会津の悲劇はこの京都から始まったと思うと、いま自分が京都帝大総長としてここに立っていることが不思議でならなかった。

アメリカ人を鬼畜などと言い始めた昭和六（一九三一）年に山川は七十七歳で亡くなったが、弟子の田中館や長岡半太郎にこう言い遺している。

「いいか、心して欲しい。日米戦争などまったくばかげておる。そういうことをいう者は浅薄で思慮のない者どもである」

千鈞の重みのある戦争論

日本とアメリカの雲行きが怪しくなった昭和元（一九二六）年、アメリカ留学の際の彼の地の人々の厚情が忘れられない山川健次郎は、自分がもっと若かったら、アメリカに行って日本の姿を説き、また、日本国内をまわって日米友好を説いてまわるのにという思いでいっぱいだった。しかし、七十歳を過ぎた身では如何《いかん》ともしがたい。

「それが出来ぬのはつらい」

と、山川は弟子の田中館愛橘や長岡半太郎に語りかけた。そして、こう言葉を継いだ。

「およそ世のなかで戦争ほど悲惨なものはない。親は子を失い、子は親を失う。妻は夫を失い、妹は兄と別れる。会津の戦争でいやというほど見て来た。死者だけではない。手を失い、足を失い、目を失う。（第一次）世界大戦では千万にのぼる死傷者が出たではないか。これを繰り返してはならぬ」

白虎隊の少年兵だった山川の言葉だけに千鈞《せんきん》の重みがある。

『山川健次郎伝』を著した星亮一は、テレビのプロデューサーとして山川についての番組をつくったことがあった。

その、山川の三女の照子に会ったが、鷹のような鋭い目をした山川は、少女の照子に何度も白虎隊の話をしたとか。

また、星は山川の弟子の生物学者、玉虫文一《ぶんいち》にも話を聞いた。玉虫は涙ながらにこう語ったという。

「東大理学部の助手時代でした。山川先生が君はどこの出身かね、と聞いたのです。それで仙台ですと答えました。すると先生は、じゃあ玉虫左太夫先生の一族ですかと聞くのです。はいと答えると先生は、そうだったのかと、じっと私を見たのです。そして先生は、あのときは大変お世話になったといわれ、頭を下げられたのです」

第四章「薩長閥政府に挑む『北方政権』の夢」で書いたが、仙台藩の家老、玉虫左太夫は奥羽越列藩同盟の結成に力を尽くし、いささか弱腰だった主席家老、但木土佐と対立した。

星が『山川健次郎伝』の「あとがき」に記しているように、会津が朝敵の汚名を着せられ、いわゆる官軍から仙台藩に追討の命令が下った時、それに反対したのが玉虫だった。

その後、玉虫は仙台藩の使節として鶴ヶ城を訪ね、藩主の松平容保と歓談して、会津救済を約束している。それがどれだけ会津の人間を勇気づけたか、山川は肝に銘じていた。

実際に戦争が始まると、仙台藩は白河口に大軍を送ってくれたが、結局、敗れることになる。その責任を取って玉虫が自刃したことを山川は忘れるはずもなかった。

文一が玉虫左太夫の一族であることを知ってから、山川は文一の面倒を何くれとなく見たという。

星によれば、『男爵　山川先生伝』(岩波書店)には、明確な記述はないが、山川は大正元(一九一二)年、萩を訪ね、奥平謙輔の墓参をしたと伝えられている。自室にその書を掲げ、一日たりとも感謝の念を忘れなかった恩人である。

『鶴岡日報』の山川批判

同じように徳川幕府を支えた東北の雄藩でありながら、会津は悲惨の極を窮めたのに、荘内はなぜ「無血開城」の結果を得たのか？

そこに西郷隆盛が登場するわけだが、その両極端の謎を解くのが本書の一つの眼目だった。それに成功したかどうかはわからない。しかし、そのためのヒントになる一つの意見が大正十五（一九二六）年九月十日付と翌十一日付の『鶴岡日報』に載っている。題して「荘内の南洲崇拝に対する山川博士の大謬見《びゅうけん》」。筆者は白雲学人とある。同紙主幹の山口白雲だろう。ちなみに菅実秀は山口の外祖父に当たる。その外祖父も批判するほど個性的な論陣を張った山口の「山川健次郎批判」の（一）を引く。

「山川健次郎博士と云へば前東京帝国大学総長で鳴らした日本の生める偉大な大教育家であって人格識見に於て一代の師表たる人物であるに拘《かか》はらず維新当時に於ける荘内観には夥《おびただ》しい間違った考へを抱いて居られるやうだ……と云ふのは『日本及日本人』の南洲号に発表された南洲観の中に当時の荘内会津（山川氏は会津藩士）の地位についてヒドいあやまれる考へを公表されて居る。荘内旧藩の片破れである予の意見が是か非か旧藩諸氏の一考を煩《わずら》はしたい」

いささかならず大仰だが、こう前置きして山口は山川の「荘内藩士が何故に今以て南洲を崇拝し居るか」の解釈を次のように要約する。

「荘内の城を授受する際に南洲の処置が頗《すこぶ》る寛大であった為めである。理由——

一、元来薩長は徹頭徹尾倒幕に在ったから薩摩人は江戸であらん限りの乱暴を働いたが、之れが鎮撫の命を受けた荘内藩は薩摩屋敷を焼きはらった。之れは時の幕命を奉じてなした適法の処置である。薩摩人が之れを怨むのは私怨である。然るに会津は朝敵となった。だから薩長が之れに兵をむける事は当然だ。然し朝敵でない荘内を討つ可き理由がなかった薩摩が荘内を討ったのは不適法であって荘内の恭順に会うて大いに後悔した。

一、之れ城の授受に際し南洲翁の頗る寛大な処置をとった所以であって荘内が之れを徳とし翁を崇拝したのも理由がある」

山川が荘内を貶《おとし》めるためではなく擁護するためにこれを書いたことは一読すれば明らかだろう。しかし、山口は擁護の仕方が謬《あやま》っていると噛《か》みついた。

「荘内藩は徹頭徹尾佐幕党として最後迄働いた。朝敵の名は覚悟の前で徳川の旧恩に報ずるといふのが動かざる態度であったのである。あの混沌たる当時に官賊の差別と道念に於てそんなに拘泥しては居なかった事は博士も御承知の事と思ふ。荘内は会津と斉《ひと》しく賊軍に甘んじ薩長を敵としたのであり、薩長も又わが荘内を賊軍として討ったのであって、博士の考へは先づ此の根本の出発点から非常なあやまりに陥って居る」

もし、山川が読んだら目を白黒させたであろう山口の奇論はなお続く。

「悲壮な最後」と「利巧な帰順」

『鶴岡日報』主幹、山口白雲の「荘内の南洲崇拝に対する山川博士の大謬見《びゅうけん》」の(二)を引く。

「中央政府が倒れてからも荘内と会津は頑強に官軍に抵抗し、会津は初志を固守して殆ど一物だにあまさず燼滅《じんめつ》の悲壮な最後をとげたに反し、荘内は連戦連勝して好機をとらへて利巧に帰順した。

荘内が帰順する時黄金七十万両をせしめられたが、其後四十万両に差引かれて三十万両は後日返されたと伝へられるが、之れは南洲の力といふよりも時の財政を司って居た参議大隈重信と菅実秀の間に成立されたもので今以て残金受取證なるものが存在してるとの事だ。此残金約三十万両の行方について後年色々噂されるに至った。それは論外だから茲に省略する。会津の燼滅に比して荘内は頗《すこぶ》る寛大な処置の下に帰順したのであるが、サテ荘内人が今以て南洲翁を崇拝する所以は博士の云ふが如く帰順当時に於ける南洲の寛宏な処分を徳としたためであらうか」

要するに山口は山川健次郎の何を「謬見」と言いたいのか。つまりは会津の「悲壮な最後」に対して荘内の「利巧な帰順」と比べられるのが耐えられないというのである。山川は別にはっきりとそう言っているわけではない。それでも山口は、荘内は飽くまでも西郷の徳に感じたのだと主張したいのだった。

しかし、会津のように「燼滅」を経験していたら、徳を感じる余裕があっただろうか。山口が力めば力むほど、私には荘内の「利巧な帰順」がクローズアップされるように思われるが、では「利巧に帰順」したことがそんなに恥ずべきことなのか。私はそうは思わない。以上のような理由で山川健次郎が相手にするはずもなかった山口の論難はさらに次のように続く。

「三十万両の恩恵だとすれば南洲よりも大隈に感謝す可きであるし、返金に潤うた連中は別として之れを知らされなかった一般の人達は相当苦しみこそすれ、さう大した恩恵を感じて居なかった事実は史に於て歴然たる事である。夫れにも拘はらず南洲崇拝が荘内に着いて居るのは恩恵とか寛大な処置とか云ふような物質的崇拝によったものでは断じてなく、誰れもが巨人に対して感ずる偉大さへの崇拝である論より証拠、当時南洲を知らずその恩恵とやらも蒙らず寧ろ失意と虐過の下に沈淪して居た連中さへも南洲伝や遺訓などによって熱烈な南洲党になって居る者の随分多い事を見て貰はねばならぬ」

なぜ、山口は南洲崇拝が「物質的崇拝によったものでは断じてなく」と強調するのか。もし、そうなら南洲崇拝が曇るかの如く、それを否定するのだが、それこそ「謬見」ではないだろうか。

山川健次郎たち会津の人間が、断じて西郷も大久保も赦さないと肝に銘じた「会津の悲惨」への想像力が山口には著しく欠けていると私はここで断ぜざるをえないのである。

健次郎批判の独断的論難を排す

逆説的に言えば、ここまで声高に論難しなければならないほど、会津出身の山川健次郎の指摘は荘内の人間にとっては痛かったということだろう。

無理のある山口白雲の山川批判をいま少し引く。

「私は南洲の生前、翁の偉大な人望と勢力をたよって野心を中央に果さうとした功利主義者の豪傑どもの南洲崇拝よりも寧《むし》ろこうした後者の崇拝の方が真摯《しんし》で純なるものであるとしたい。辛辣《しんらつ》な批評を下せば、前者の崇拝は崇拝より利用に近かった。もしさうでなかったら一生中央政府（反南洲党）にスネてスネ抜いた荘内の幹部はなぜ西南の役に於て南洲に殉ぜなかったのか、殉ぜずとも其後なぜ南洲翁の大理想たる国威顕彰のため満韓政策の貫徹のため反南洲党と堂々政界で争はなかったのか」

山口の南洲崇拝は西郷が苦笑いしたであろうほどに、贔屓《ひいき》の引き倒しである。「南洲翁の大理想たる国威顕彰のため（の）満韓政策」が山口も勘違いしているような征韓論でないことは既に述べた。ただ、「荘内の幹部はなぜ西南の役に於て南洲に殉ぜなかったのか」という疑問は、そのまま私も抱く。この点については次章で言及することにし、独特の「山川博士の大謬見」批判を結びまで引こう。

「更になぜ（南洲）翁の理想の一つである新教育をふみにぢったのか。山野に隠れたり芋を掘ったり短衣脛をあらはしたりする半農生活だけを学んでそれで南洲崇拝だとは云はれまい。荘内一般の南洲崇拝心はこうした一部の功利的崇拝と同一にされたり、博士の所謂《いわゆる》恩恵的条件の下に崇拝とされては頗《すこぶ》る迷惑であらねばならぬ。

南洲の寛大は荘内に限ったわけではない。もし荘内に限った寛大だとすれば翁の寛大は天に対して無価値である。寛大になれて翁を崇拝するのは功利であって崇拝ではない。われ等の崇拝は此の如き功利的崇拝ではなく、飽く迄神人的人格に対する崇拝だ。聖雄魂に対する条件的礼拝だ。そしてその聖雄魂はカーライルが鷲の叫びの如く叫んだシンセリチーである。無私真摯の徹底境に一身を惜げもなく捧げた南洲翁の聖雄魂にわれらは跪《ひざまず》くのである。余り悲惨な会津の最後を目撃した博士が余りに好機をつかみ過ぎて帰順した荘内の境遇に対する一つのひがみ（と云っては失礼だが）から以上の如き皮相な独断を敢《あえ》てされたのではあるまいか」

荘内出身ながら、山口のこの独断的論難に私は言葉を失う。「ひがみ」とは山川に対し余りにも失礼だろう。

ある意味で、会津は荘内のかわりに犠牲となったのである。そのことに対する痛みが山口にはまったくない。

南洲に対する自分の崇拝はプラトニック・ラブだと言いたいのかもしれないが、西郷は決して「功利」を考えない人ではなかった。山口は自分の狭い目で、むしろ、西郷を小さくしている。

山川健次郎の反骨

この章の結びとして、山口白雲のイチャモンを寄せつけぬ帝大総長、山川健次郎の逸話を記しておこう。

立花隆は『天皇と東大』（文藝春秋）の上巻で、前掲の『男爵　山川先生伝』を引きながら、こう書く。

山川が教科書調査委員をしている時、南朝と北朝のどちらが正統かという問題が起きた。両論併記というそれまでの記述がけしからんと議会が騒ぎ、文部省（当時）は書き直しを約束させられる。できあがった改訂版を読んで、山川は異議を唱えた。

「在来の教科書の改訂に着手するに当り、起草委員の大多数が何と思つたか北朝の事実を滅茶々々に抹殺して改訂書を作成し、之を委員総会に上せたのであつた。総会席上之を手にせられた先生は大に驚き、直に起つて例の侃々諤々《かんかんがくがく》の論調を以て、『南朝を正統とする為に北朝の史実を抹殺する必要がどこにあらう、史実は史実なり、抹殺し得べきものにあらず、斯《か》く斯くの形式に於て北朝の史実をも併せ記載すべし』とて、論鋒頗る鋭かつた」（『男爵　山川先生伝』）

議論は数日にわたって続いたが、最後に、議長の元東京帝国大学総長、加藤弘之《ひろゆき》が山川の意見に賛成して決着がついた。

「北朝の史実の抹殺」に山川は会津の運命を見たのだろう。

また、山川は九州帝国大学総長時代、明治天皇の乗った御召列車が門司駅で脱線し、主任の駅員が責任を取って自殺した時、国粋主義団体の玄洋社がその顕彰碑を建てようと運動し始めたのを『福岡日日新聞』で次のように批判した。

「私は（略）士たるものは自殺して申訳をなすべき場合があることを認めるものですが、然し今回の門司駅員の行為に対しては賛成しません。固《もと》より死者の心事に対しては同情すべきでありますが、彼の事件が果して生命を捨てんならん程の重大なことであつたでせうか。（略）彼の行為を賞讃し、或《あるい》は碑を建てゝ表彰する等云ふやうな事に至つては、どうあつても同意する訳には行かないのです」

「近来往々世間に聞く所ですが、学校などで火災の時、御真影を救はうとして生命を捨てる校長などがある様ですが、御真影はむろん大切に相違ないが、然し折角相当の教育を受けて国民の訓育に従事してゐる教師の生命と孰《いず》れであらうか。御真影も大切ですが、お人は猶《なお》大切です。（略）門司駅員の行為を賞讃し奨励するといふことは、取も直さず自殺を奨励することになるから、大に考へ物だと思ひます。（略）経済といふことは啻《ただ》に金銭ばかりでは無い。人間の生命も少し経済的に使用して、出来る限り国家の為に尽して死ぬと云ふことにしたいと思ふのです」

この談話が発表されるや、山川は「大逆事件」を起こした幸徳秋水にも似た危険思想の持ち主だとして排斥運動が展開された。玄洋社がその中心だったが、山川はしかし、その意見を変えることはなかった。筋金入りの反骨者だったのである。

第十章　西南戦争と荘内

荘内の豪傑、松本十郎

明治十（一八七七）年に西郷が西南戦争を起こした時、当然呼応して西郷軍に加わるだろうと見られていた荘内は馳《は》せ参じなかった。止めたのは「荘内の西郷」といわれていた菅実秀である。しかし、それに異論を唱える者もいる。たとえば坂本守正《もりまさ》は『酒井玄蕃の明治』（荘内人物史研究会）にこう書く。

「西南の役に荘内が起《た》たなかったのは、荘内全体のためにどれだけ幸せだったか測り知れない。その功を御家禄派は一に菅実秀に帰し、故意に松本十郎の功を無視して今日にいたる。十郎がすでに明治九年七月、開拓使大判官の顕職をすてて郷里に帰農した旨は前にのべた。十年二月、西南の役始まるや十郎は自費をもって四月初め上京、岩倉右大臣、勝海舟にあひ、長駆京都にいたって黒田清隆に、ついで大阪で西郷従道《つぐみち》に会ひ、帰路東京でふたたび勝海舟を訪ひ、荘内が毫《ごう》も叛乱を企図する意思のないことを説いて要路の疑惑を払うに努めてゐる。菅ら荘内士族の人びとにたいしても、強く軽挙を戒めるところがあったにちがいない。（黒崎）馨が西郷党に投じえずに空しく引返したのも、じつは十郎の賢明な配慮によるものと解してよい」

では、松本十郎とは何者だったのか。菅実秀に偏してここまで書き過ぎたきらいもあるので、『新編　荘内人名辞典』（荘内人名辞典刊行会）の松本の項を引いてみよう。菅よりは十歳近く下である。

「天保十（一八三九）八・十八〜大正五（一九一六）十一・二十七。開拓使大判官。荘内藩物頭戸田文之助（摠蔵・子隠）の長子として鶴岡新屋敷に生れる。旧姓名戸田摠十郎。はじめ藩校致道館に学び、文久三年（一八六三）より父に従って蝦夷地の荘内藩警備地区天塩、苫前等に在勤、慶応三年（一八六七）転じて江戸市中取締りの任に当る。翌四年の戊辰戦争では酒井了恒（玄蕃）の指揮する二番大隊の幕僚として活躍、また機事係として南部・仙台両藩に使者となり、荘内藩降伏後の同年十二月故あって姓名を松本十郎と改めた。その後東京に赴き黒田清隆ら新政府の首脳と交友を深めて藩の戦後工作に奔走する。明治二年（一八六九）八月、黒田の推挙により開柘使に入って北海道開拓判官に任ぜられ、正五位に叙されて同地に赴任した。現地開拓のため山野を跋渉《ばっしょう》し原住民の信用を得て『アツシ判官』の異名をとり、同六年（一八七三）大判官に進む。翌七年黒田は開拓長官となったが、松本はアイヌの人権擁護を主張してこれと意見合わず、同九年（一八七六）三十八歳のとき官を辞して鶴岡に帰り、新屋敷に隠棲して晴耕雨読の生活に入る。同年十一月大督寺境内（のち常念寺に移転）に自費で戊辰戦争戦死者の招魂碑を建立した。園芸家酒井調良と親交あり、漢文に長じて荘内各地における多くの碑文の撰者となる。七十八歳で死亡、鶴岡安国寺に葬られる」

荘内と北海道開拓の関わりについては触れてこなかったので、松本の軌跡でそれを埋めよう。松本は髭《ひげ》を生やした豪傑風の人物だった。

黒崎馨の願い

荘内にその人ありと勇名を轟《とどろ》かした〝鬼玄蕃〟の酒井了恒《のりつね》の弟に、「荘内柿」で知られる酒井調良と書家になる黒崎馨がいた。

明治八（一八七五）年夏に菅実秀一行が鹿児島に西郷を訪ねて帰って来てまもなく、開拓使長官の黒田清隆の頼みで、開墾の模範を示すべく北海道に渡っていた一行も鶴岡に帰って来る。

そして、菅の勧めによって三人の青年が鹿児島に行くことになった。その中の一人に同行を誘われて、北海道から帰ったばかりの黒崎が心を動かす。この時、黒崎二十二歳。

上司からはダメだと拒否されたが、諦《あきら》めきれない黒崎は菅に願い出た。

「青年として、そのくらいの志望がなくてはならない」

とその意欲を大いに讃《たた》えた菅は、

「しかし素養もなく、いきなり西郷先生にお会いすることも、どうかと思うから、東京の令兄（酒井了恒、前々年、清国を視察した後、病にかかり、このとき東京で療養中であった）に願って、西郷先生に最も近く教を受けた黒田（清隆）殿の内弟子になってはどうか」

と助言してくれた。

黒崎が早速、兄に手紙を出すと、兄からは、

「黒田殿の内弟子になることは、少年ともちがうので黒田殿は迷惑だろうから遠慮して欲しい。そのうちに西郷先生にお会いする時もあろう。それまでは菅先生の教を深く信じて学ぶがよかろう。開墾事業はぜひとも成功するように」

という意味の返事が来た。

加藤省一郎著『臥牛　菅実秀』（致道博物館）によれば、これを受け取って黒崎は、また菅を訪ねる。菅は、

「君は前年、東京で会ったときからみると、格段に進歩している。わしもこの春に西郷先生にお会いしてから一段と進歩した心地がする。一体、君子の胸中は光風霽月《せいげつ》のごとく、いささかの曇りもないもので、道と信ずるところには腹一杯に踏みこむものだ。腹一杯に踏みこめば、未熟の中は必ず過ちもでるだろう。だが、そのときはすぐに改めれば、それでいいのだ。人は過ちを改めるたびに一段づつ進歩するものである。

公明正大、少しも隠すところもなく、私心もなく、まっすぐに道に向って踏みだしていくならば、どんな人の前に出ても、ちっともヒケをとらぬものだ。令兄のいわれる通り、西郷先生にお会いする日は必ずあるから、今のうちに充分に学んでおれば先生もきっと喜ばれることであろう。それまでは、わしが先生から教わったことを伝えよう」

と励ました。

しかし、黒崎が西郷から教えを受ける日は来なかった。それから二年足らずして西南戦争が起こったからである。黒崎は鹿児島に潜入して西郷軍に参加しようとしたが、横浜で厳しい警戒網に阻まれる。そして明治十八年に一人で鹿児島に行って西郷の霊を弔った。また、昭和二（一九二七）年の南洲翁五十年祭に参列し、思いを果たして七十七歳で亡くなったのである。

黒田清隆の手紙

野に下った西郷が恐い大久保利通は、西郷を挑発する。その意を体した大警視の川路利良《としよし》が薩摩出身の巡査や私学校を辞めて上京した若者を帰郷させて、西郷と私学校の動きを内偵させたのである。血の気の多い私学校生がそれを黙って見ているはずがない。

阿井景子の『西郷家の女たち』（文春文庫）には、こうある。

西郷の妻、いとが、西郷の弟の小兵衛に、

「小兵衛どん、いけんしやったとな」

と尋ねる。

「私学校の者《もん》が、火薬庫を襲いもした」

小兵衛はこう答えて、兄のもとへ走った。

明治十（一八七七）年一月二十九日、政府は鹿児島にあった兵器弾薬を密《ひそ》かに船で運び出そうとし、それを知った私学校生徒五十余名が弾薬庫を襲ったのである。

「しもた！」

と西郷は叫んだが、後の祭りだった。西南戦争の勃発《ぼっぱつ》である。政府には西郷暗殺の計画もあったといわれる。

「お前《はん》たちは、何ということを仕出かしてくれたのじゃ」

西郷は最初、私学校生をこう叱責《しっせき》したが、結局、彼らの生命を預かることになる。

〝西郷征伐〟とも呼ばれる西南戦争が始まって、荘内はこれに呼応するだろうと見られていた。それを恐れ、かつては西郷に傾倒しながら、いまは大久保の腹心となった黒田清隆が松平親懐と菅実秀に宛てて手紙を書く。趣旨は「私学校徒の暴挙は、西郷の真意ではない。西郷はこれまでも暴挙を迫る私学校徒を抑えてきたし、無名の暴挙に加担するはずはない。西郷をよく知っている貴殿に、今さら申上げるまでもないことであるが、これまで厚誼《こうぎ》を受けてきた自分として、一言お知らせしておく」である。では、それを次に引こう。

「拝啓。厳寒之候。御両位、愈々《いよいよ》御清適、賀し奉り候。次に野生（黒田）儀、無異消光罷り在り候間。憚《はばか》り乍《なが》ら御降慮下さる可く候。

偖《さて》過般、鹿児島県下、弾薬製造所に於て、弾薬積取の為め、大阪鎮台より汽船・赤龍丸を差廻候処、同県士族、各々積取の途中を遮り、弾薬奪い取り候趣相聞え、方今都下、風説粉々《ママ》に候。最早、新聞等にて御承知之儀に之ある可し。

事情追々伝承し候に、右暴挙に付、従二位父子（島津久光・忠義）は勿論、西郷・村田・篠原等・更に関係之無き由、同県私学校党の不平を唱へ、変乱を謀るは、一朝の事に之無く、近来に至り其勢益々甚しく、既に前条の挙動に及び候前、暴挙の義を西郷へ迫りたるに、同氏、大義名分を以て之を責め、江藤・前原等の覆轍《ふくてつ》を踏む勿《なか》れと、飽迄《あくまで》不同意の旨を述べ、説諭相成り候得共、更に聞入れ候体之《ていこれ》無し、仍《より》て同氏も其勢の止む可からざるを察し、忽《たちま》ち蹤跡《しょうせき》を晦《くら》まし、所在相分らざる由」

西郷によって引き立てられた黒田が西郷を「氏」と呼ぶこの手紙を私は素直には読めない。

荘内は呼応せず

「佐賀の乱」の江藤新平や「萩の乱」の前原一誠の轍《てつ》を踏むなと西郷は私学校生に忠告したらしいがと述べる黒田清隆の手紙を私は素直には読めないと書いたが、西郷から離れることが自らの安泰と出世につながると黒田は既に進路を変えていたのだろう。そして松平親懐と菅実秀へ宛てた黒田の手紙はこう結ばれる。

「御両位には、兼て同氏（西郷）御交厚に付、同氏の心事は御明知の筈《はず》。勿論、同氏に於て斯《かか》る不義無名の挙に与《くみ》すべき無きは、今更喋々《ちょうちょう》するに及ばず候得共、野生（黒田）に於ても兼ねて御両位、御懇命（ねんごろな心ぞえ）を蒙《こうむ》り候情誼により、右の趣、取敢へず一言御報知申上げ候。時下、折角御愛護。是祈り候。頓首、

二月十四日（明治十年）

清隆

菅　様

松平様」

この手紙で荘内を抑えられるとは、実は黒田も思っていなかった。この直後に黒田を訪ねた栗田元輔に、こう語っているからである。

「鹿児島は遂に勃発《ぼっぱつ》したが、荘内もきっとこれに呼応することであろう。しかしこれも止むをえないことで、このような天下の大事に当っては、それぞれの思う道を行くしかない。それでは再び兵馬の間で相見《あいまみ》えよう」

加藤省一郎の前掲『臥牛　菅実秀』によれば、西郷起つの報に岩倉具視は三条実美や木戸孝允にこんな意見書を送ったという。

「荘内いよいよ叛状顕然」、つまり、荘内の謀反が明らかになった場合には、西郷従道や前島密《ひそか》らとの協議で、山形へ一大隊、越後へ二大隊、巡査三百名を派遣するということだったが、山形には一大隊を増兵することにし、巡査にも兵器を渡すことにした。但し、米沢その他、かねて荘内を敵視する藩の士族を徴募するつもりである。

しかし、荘内は起たなかった。菅実秀が断乎《だんこ》としてそれを阻止したのである。

赤沢源也が、たまりかねて、

「兵力をもって鹿児島を応援することは事実上、不可能とすれば、せめては政府に建言してたおれ、それをもって西郷先生の恩誼《おんぎ》にむくいたい」

と迫っても、菅は、

「何の益もないことをして、ただ申訳けを立てるようなことは、このわしはせぬ」

と一言の下に斥《しりぞ》けた。

なぜ、菅は動かなかったのか。

「今回の挙兵は、いまだその真相を明らかにしていないが、もし西郷先生の真意から出たものであれば、必ず自分に連絡があるはずだ。しかるに一片の書信もないところからいって、これは決して先生の真意から出たものではなく、情義のために鹿児島人士に一身を投げだし、正道を踏んでこれを天下後世に示そうとしたものであろう」

菅はこう推測した。

菅実秀の「起たざる理由」

菅実秀が西南戦争への荘内の参加を止めた理由の第一は「いま荘内が自らの力も量らず、暴挙を企てて犬死にするのは、決して西郷先生の真意にそう所以《ゆえん》ではない」ということだったが、第二に「もし鹿児島に呼応して一たび起つならば、荘内十万の人々を兵火に投ずることになり、遠くドイツにある忠篤、忠宝両公に対しても、取りかえしのつかないご迷惑を及ぼすことになる」とも思っていた。

先に記した如く、のちに研堂と号して荘内一の書家となる黒崎馨が西南戦争のゆくえを心配して菅に迫った時も、菅はこう言った。

「西郷先生のこのたびの挙は、道を直《なお》くして天下後世に示されたもので、われわれがここで死ぬことは決して先生の心にそうものではない。一人でも生きのこって、この道を明らかにして後世に伝えてこそ、先生に地下に見《まみ》えたとき、よくぞわが志を知ってくれたと喜ばれるであろう。われわれは、いよいよ道を学び、西郷先生の遺志を継ぐことに生命を捧げよう」

加藤省一郎は『臥牛　菅実秀』に「(菅)実秀がこの決意を、われとわが心に下すまでの苦悩もまた烈しかったと思われる」と書く。

それでも大久保の政府は疑っていた。警視総監の川路利良は山形県警に、荘内開墾士幹部と組長を逮捕拘禁するよう内命を出す。しかし、県警では荘内に暴挙の形跡がないため、それに応じなかった。

そして、明治十(一八七七)年四月に入ると、陸軍卿《りくぐんきょう》の西郷従道から松平親懐に手紙が届く。西郷の弟の従道は腹心を荘内に派遣して偵察させた結果、起つ気のないことを知り、政府に叛心《はんしん》のないことを示すため、目下、内務省で募集している巡査に応募させるよう勧めるものだった。「巡査隊を編成して戦地へ送っているので、荘内でも邦家のため尽力してもらいたい。委細は三島通庸(山形県令)と相談して欲しい」というわけである。

かつて、「討薩ノ檄《げき》」を書いた雲井龍雄の米沢などからは、戊辰《ぼしん》の役の仇《あだ》を討とうと応募する者が多かったが、荘内士族は誰一人として、これに応じなかった。

西南戦争は七ヵ月後、九月二十四日の城山陥落をもって終わる。「西郷死す」の報に接した菅は、床の間の掛軸を外し、額を取り払って喪に服したという。

『代表的日本人』の一人に西郷を挙げている内村鑑三は、敵将の山県有朋が死に顔を見て、「嗚呼、翁の顔色、何ぞ其れ温乎《おんこ》たる乎《か》」と叫んだと書く。そして、こう続ける。

「彼を殺した者等が、悉《ことごと》く喪に服した。涙ながら彼等は彼を葬った。そして涙と共に彼の墓は今日に至るまで凡《あら》ゆる人人によつて訪《おとな》はれてゐる。斯くの如くにして、武士の最大なるもの、また最後の（と余輩の思ふ）ものが、世を去つたのである。」

池波正太郎著『西郷隆盛』（角川文庫）では介錯《かいしゃく》を頼んだ別府晋介《しんすけ》に西郷が最後に、

「晋どん。ここでよかろう」

と言ったと書かれている。

田原坂の決戦

政府軍と薩摩軍の決戦場となった熊本県鹿本郡植木町（現熊本市）の田原坂《たばるざか》を訪ねたのは平成十八年五月二十一日だった。西南戦争から八十年後の昭和三十二年に建てられた立派な「西南の役戦没者慰霊之碑」が聳立《しょうりつ》している。官軍と薩軍に分けられてはいるが、同じ大きさで平等に名前が記されているそれを見ながら、沖縄の「平和の礎《いしじ》」を思い出していた。敵味方の愛憎を風化させるには、やはり、半世紀以上の時が必要なのだろう。植木町長の境米蔵が「田原坂史跡文化財顕彰会長」となり、彼の名前でこう記されている。慰霊之碑と書いたのは熊本県知事の桜井三郎である。

「旭光東天を紅に彩る曙の生気に充ちて大政古に復し明治維新の鴻業成り国威八紘に輝き初めて間も非らず征韓論に端を発し叡慮に沿はず廟議遂に二派に別れ人心不安の月日流れて五星霜明治十年丁丑の春尚浅き衣更着の頃より天下の風雲急を告げ御国思う真心の只一途に桜花咲く弥生の終日終夜官薩両軍相共に大義名分の正気に輸贏《しゅえい》を懸け肥薩《ひさつ》の山河を血汐に染めて鎬《しのぎ》を削り硝煙迷い弾雨頻る戦場に骨肉相食む悲しき歴史を遺してより八十年往時を語る翁は逝き老松亦《また》朽ちて戦いの跡吹く風と共に消え失せむことを惜しむ心の切に

して大南洲雄図空しく故山の土に帰り秋風落莫たる聖霊鬼化の地に墓碑さえ無く薩摩隼人の幽魂九泉に哭することなきやを愁ふること久しく悲愴極りなき此の役に散華し国の礎となりにし官薩両軍一万三千八十二柱の英霊の平等奉慰に思いを致して十年茲に植木町全住民の悲願成り特百諸賢の協賛に依り西南役八十周年を記念し史跡を顕彰し縁の地に慰霊の碑を建立するを得欣喜落涙と共に誠の心を捧げて天地の神佛に深謝し文化の薫高き豊けき世の生るを希い謹みて英霊の田原坂頭の聖地に御霊和みて御国の鎮神守神として鎮り心安らけく眠り給えかしと敬天愛人の真心の清らけく明けく祈り奉る　頓首再拝」

いささかならず美文調のこの慰霊碑によって「英霊」が安らけく眠れるかどうかはわからない。しかし、葬ることさえ許されず、野ざらしになっていた薩摩の兵士にとっては、境遇が一変したことは確かだろう。

序章の、「いまも生々しい弾痕」の節に記したように、この田原坂の戦いでは、私学校に留学し、そのまま薩軍に加わっていた二十歳の荘内藩士、伴兼之は戦死した。そして、同じ戦いで陸軍少尉として政府軍に従軍していた伴の兄、鱸成信が戦死しているのである。

田原坂の資料館には、第一章の、「敵味方に分かれた兄と弟」の節で書いたように、伴と十二歳上の兄が一緒に写っている写真が飾ってあった。

「写真は明治八年鹿児島留学直前、兼之が東京の兄成信を訪れ撮ったもの。これが兄弟の永遠の別れとなった」と説明されている。

兄弟が「骨肉相食む」戦いをしたのはこの二人だけではない。西郷とその弟、従道もそうだった。延岡で戦蹟を巡回していた従道はある所でこう言って馬首を返している。

「もしやすると、兄が官軍に縛られて来るやも知れん。おりゃ、そのような兄の顔を見とうない」

『城下の人』に描かれた西南戦争

明治元（一八六八）年、熊本に生まれ、陸軍に入って、主にロシアに対する諜報《ちょうほう》活動に従事した石光真清《まきよ》は少年時代に西南戦争を目の当たりにしている。

その手記『城下の人』（中公文庫）で石光は、寒空に「新政厚徳」の旗を掲げる薩摩軍、つまり南洲軍の様子をこう書く。

「兵士の年齢はまちまちで、四十を過ぎた中老もあり、十七、八歳の少年もいた。服装も武器もいろいろである。洋服を着た人もあれば、薩摩絣《さつまがすり》の筒袖に野袴をはいた兵士もあり、小銃を肩にかついだ者もあれば、唯両刀を腰に佩して、杖を持っている者もあった。私は異様の感に打たれた。隊列も鎮台兵のように揃っていない。三人、五人と固まって、ばらばらに進んでゆくのである。しかしどの兵士の顔も勇気にみちて、長旅の疲れの色がなかった。まだ薄暗い夜明け方なのに、すでに見物人は街道筋を埋めて、その勇姿を讃えて必勝を断言する者もあれば、黙って冷笑している者もあった。一つの群衆の中にも時代をめぐる二つの流れがあった」

薩軍の「勇気にみちた顔」は田原坂での戦闘の後、ほとんど見られなくなる。

熊本の鎮台兵はすなわち官軍である。官軍と薩軍の違いを具体的なイメージで伝えたのは田原坂資料館の展示物だった。「官軍持参のウイスキーびん」や「官軍使用の牛肉の缶詰」と対照的に「薩軍使用の酒樽」が飾られている。明治十年の時点で政府の軍隊はウイスキーを飲み、牛肉を食べていたということである。

薩軍は芋に焼酎《しょうちゅう》ということだろうか。敵味方に分かれた荘内藩士の鱸成信と伴兼之兄弟も、当然、その対比を味わった。

ところで、石光真清の叔父《おじ》は軍吏正となって兵部省に出仕している野田豁通《ひろみち》だった。その叔父が熊本にやってきて、兄、つまり真清の父に田原坂の戦いの話をしていて、

「しかし薩賊も、日向の山中の鼠と化したからには、もう大したこともあるまい」

と語る。それが真清には気に入らなかった。

「叔父さん、薩軍をどうして『薩賊』というのですか。薩軍の人たちは『官賊官賊』といっていました」

真清がこう憤慨すると、野田は、

「ワッハハハ、では叔父さんは官賊か」

と笑い、その後、こう尋ねた。

「西郷どんも無茶をされたもんだ。陸軍にとっては惜しい将軍だがなあ。もう日本は国内戦争などしている時ではない。四面何れを見てもわが国を狙う敵ばかりだ。早く軍を拡充して外敵に備えなければならん。どうだ坊たちは成人したら何になるつもりか」

真清が、

「僕は軍人になります」

と答えると、弟の真臣《まおみ》もまた、

「僕も軍人になります」

と続けた。それを聞いて父は、

「お前たちが新時代の軍人になるのを、わしも望んでいる」

と言ったというが、軍人が必要でなくなるのが「新時代」ではないだろうか。

「一貫す唯々の諾」

明治八（一八七五）年の十二月に鹿児島に行った十八歳の伴兼之と十六歳の榊原政治が特に許されて私学校に入り、そのまま二年後の西南戦争に従軍して亡くなったことは既に記した。

私学校では他県人の入学は認めていなかったのに従来からの交誼《こうぎ》があるからと許可されたのだが、校長の篠原國幹が二人に戦争に加わらずに荘内に帰れとどんなに勧めても彼らは帰らなかった。

一方、伴の兄の鱸成信と加藤景重は酒井忠篤の内意を受けて陸軍教導団に入り、政府軍側で西南戦争に参加する。少尉となっていた鱸は四月六日に植木で戦死した。弟の伴兼之が亡くなった田原坂も植木である。

加藤は城山攻撃で負傷し、長崎病院に収容された。後に東京に帰り、鱸の下宿を訪ねるとその家の老人は涙を流して鱸の死を悼み、加藤に遺品の整理を頼んだ。その中に西郷の「一貫す唯々の諾」の書幅があったのである。敵方の大将の書を、なぜ鱸は大事にしていたのか。

教導団時代、鱸と加藤は鹿児島出身の宮里正俊と親しく交わっていた。その宮里が征韓論で西郷が下野した際、鹿児島に帰る。別れの日、宮里は二人に秘蔵の書の三幅を贈った。その中の一幅が西郷の書だったのだが、加藤は鶴岡に帰る時にこれを持って帰り、鱸の遺児に渡したという。

山田尚二編の『新版　西郷隆盛漢詩集』によれば、これは「外甥政道に示す」という題の律詩である。

一貫す唯々の諾

従来鉄石の肝
貧居傑士を生じ
勲業多難に顕わる
雪に耐えて梅花麗しく
霜を経て楓葉《ふうよう》丹《あか》し
如《も》し能《よ》く天意を識らば
豈《あに》敢えて自から安きを謀《はか》らむや

外甥《かいせい》政道とは妹コトの三男市来勘六のことで、彼が明治五年にアメリカに留学する時に与えた。しかし、この甥はまさに西南戦争の起こった明治十年に彼の地で客死している。

口語訳を次に示そう。

「一旦《いったん》心に許したことはどこまでも貫き通し、これまでの鉄や石のように堅い精神を持ちつづけよ。貧乏な家にすぐれた人物が生まれ、手柄は多くの苦難を経た後、世にあらわれる。梅の花は雪のきびしさに耐えぬいて美しく、かえでの葉は霜のきびしさにふれた後、真赤にもみじする。もし、そのように自然の理を理解できたら、どうして強いて自分で安楽になろうとすることがあろうか。そんなことはしなくてよい」

山田は『漢詩集』の「あとがき」に西郷は幕末・明治初期の日本を代表する漢詩人で、その作品も二〇〇篇近い、と書く。先にまとめられた大木俊九郎編『西郷南洲先生詩集』ではその詩を、忠誠、憂愁、優游《ゆうゆう》、仁情、規誨《きかい》、温泉、遊猟、詠志、雑詠に分類しているが、西郷の漢詩はまた別の面を浮かび上がらせる。

政府へ尋問の筋これ有り

「私学校の連中に生命を預けた」西郷は、陸軍大将として、少将の桐野利秋、篠原國幹と連名で、次の届け書を鹿児島県令の大山綱良に出す。

「拙者どもこと、先般御暇の上、非役にて帰県致し居候処、今般政府へ尋問の筋これ有り、不日に当地発程致候間、お含みのため此段届け出候、もっとも旧兵隊の者ども随行、多人数出立致候間、人民動揺致さざるよう、一層御保護御依頼に及び候也」

しかし、随行した兵力は「尋問の筋これ有り」のためとは到底言い難かった。一時は三万人にも及んだからである。

けれども、意図に反して敗色濃くなった西郷に山県有朋は自裁を勧める手紙を書く。

「辱知生山県有朋、頓首再拝、謹で西郷隆盛君の幕下に啓す。

有朋が君と相識《し》るや、茲《ここ》に年あり。君の心事を知るや、蓋《けだ》し又深し。曩《さき》に、君の故山に帰臥《きが》せしより、已《すで》に数年。其間《その》謦咳《けいがい》に接するを得ざりしと雖《いえ》ども、旧朋の感は、豈《あに》一日も有朋が懐に往来せざらんや。図らざりき、一旦、滄桑《そうそう》の変に遭際し、反て君と旗鼓《きこ》の間に相見るに至らんとは。君が帰郷せしより以来、世論の鹿児島県士に於ける、其異状を云云《うんぬん》する者、概《おおむ》ね皆曰く、西郷某謀主たりと。曰く、西郷は其巨魁《きょかい》たりと。有朋独り之を排斥して然らずとせしに、今にして乖離《かいり》す。嗚呼復《ま》た何をか言わんや。然りと雖ども、窃《ひそ》かに有朋が見る所を以てすれば、今日の事たる、勢の不得已《やむをえざる》に由るなり。君の素志に非《あら》ざるなり。有朋能《よ》く之を知る」

江藤淳はこれを「切々たる手紙」と評するが、新政府の要衝を占め、いくつもの別荘を所有して贅沢三昧《ぜいたくざんまい》の生活を送った山県を、西郷がそれほど認めていたかという問題が、まずある。年来の友人で、「君の心事を知るや、蓋し又深し」という前提に私は疑問を感ぜざるをえないのである。

それはともかく、西郷と敵味方に分かれて旗を掲げ鼓を打つことになろうとは思わなかったというのは事実だろう。鹿児島に帰って西郷が謀主となったことを信じたくはなかったというのも肯定してもよい。しかし、それは勢いの止むをえざるもので、西郷の「素志」ではないことを自分はよく知っていると自負するのはいかがなものか。いささかならず独りよがりの山県の手紙はなお続く。

「顧《おも》ふに、君が数年に育成せし壮士輩は、初より時勢の真相を確知して、人理の大道を履践するの才識を欠き、或は不良の教唆に慷慨《こうがい》し、或は一身の轗軻《かんか》に悒鬱《ゆううつ》し、不平の怨嗟《えんさ》は、一変して悲憤の殺気となり、再変して砲烟の妖氛と為る。君の名望を以てするも、尚之《なお》を制馭《せいぎょ》すべからざるに至る。而して其名を問へば則《すなわ》ち曰く、西郷の為にするなり。其議を聴けば則ち曰く、西郷の為にするなりと。情勢已に迫る、此の如く其れ然り。君が平生故旧に篤《あつ》きの情、空しく此壮士輩をして、徒らに方向を誤りて死地に就かしめ、独り余生を全ふするに忍びず、是に於てか其事の非なるを知りつゝも、遂に壮士に奉戴《ほうたい》せられたるに非ずや」

山県有朋の自裁の勧め

山県有朋は、西郷が自ら育てた「壮士輩」に奉戴せられ、つまり乗せられて事を起こしたのではないかと推測して、自裁を勧める手紙を次のように続ける。

「然らば則ち、今日の事たる、君は初めより、一死を以て壮士に与へんと期せしに外ならざるが故に、人生の毀誉《きよ》を度外に措き、復《ま》た天下後世の議論を顧みざる而已《のみ》。噫《ああ》、君の心事たる、寔《まこと》に悲しからずや。有朋が君を知るの深きを以て、君が為め悲むや亦太《はなは》だ切なり。然りと雖ども、事既に今日に至る、之を言ふも益なし、君何ぞ早く自ら図らざるや。交戦以来、已《すで》に数月を過ぐ、両軍の死傷、日に数百。骨肉相殺し、朋友相食《は》む。人情の忍ぶ可らざる所を忍ぶ、未だ此戦より甚しきはあらず。而して戦士の心を問へば、敢て寸毫の怨あるに非ず。王師《(ママ)》は、兵隊の武職により、薩軍は、西郷の為にすと云ふに外ならず。夫れ数国の壮士を率ゐて、天下の大軍に抗し、劇戦数旬、挫折し猶《な》ほ未だ撓《たわ》まず、以て君が威名の実あるを示すに足れり。而して君が麾下《きか》の将校にして、善く戦ふ者は、概ね死傷し、薩軍の復た為す可からざるや明かなり。将《は》た何の望む所ありてか、徒《いたず》らに守戦の健闘を事とするや。（中略）君幸に、少しく有朋が情懐の苦を察せよ。涙を揮ふて之を草す。書、意を尽さず。頓首再拝」

もう十分に戦ったから、いいではないか。「骨肉相殺し、朋友相食む」戦いをなおも続けるのかと「涙を揮ふて」書いた手紙は確かに西郷に届いた。しかし、それによって西郷が自裁することはなかった。

「燕雀《えんじゃくいずく》安んぞ鴻鵠《こうこく》の志を知らんや」という言葉がある。ツバメやスズメに大きな鳥の気持ちはわからないという意で、つまり、小人物には大人物の心の中は理解できるものではないということである。

西郷に骨肉の情がなかったわけではない。それはむしろ人に倍して強かった。たとえば西南戦争で敵味方に分かれた弟の信吾（従道）がフランスに留学していた時、彼を憶《おも》ってつくった次のような詩がある。

兄弟《けいてい》東西千里に違《たが》い
今宵斎戒《こんじょうさいかい》して客星に祈る

姑息を離れむと欲するは却って姑息
多能を願わず早帰を願う

兄弟が東と西に千里も遠く離れ、今夜は身を清めて旅の星に弟の安全を祈っている。その場しのぎのやり方から離れようとすると、かえって姑息《こそく》になる。私は弟が多才多能になることを望まず、一日も早く帰朝することを願っている。

こんな意味だが、既に記したように、この弟は兄が起《た》った時、荘内の松平親懐に手紙をよこし、荘内に「叛心のないことを示す」ために巡査に応募するよう勧めてきた。

西郷は骨肉の情を越えて蹶起《けっき》したのである。

東京の上目黒に「西郷山公園」というのがあるが、ここは従道邸の跡であり、兄はこんなものを遺すはずがなかった。

菅実秀の述懐

三更　詩を読み終り
坐《そぞろ》に思う彼の燬《や》くが如きを
借問す今世の民
誰を以て父母とせん

これは西郷を失った菅実秀がつくった未完の詩稿である。このひどい世の中に誰を父母として安らぎを得ればいいのかといった意味だが、孤掌鳴らずの嘆きが菅から離れなかった。

そんなある日、菅は甥《おい》の金谷橋隼太《かなやばしはやた》にこう述懐したという。

「お前も貧乏でさぞ困っていることだろうが、士族の人たちの困窮を見るたびに想いを起すことがある。それは維新のはじめに大久保（利通）大隈（重信）伊藤（博文）らの人々が、みなわしに厚意を寄せてくれたことだ。もしそのときから、この人々と手を結んでいれば、いまごろは君たちも相当の官職について、衣食の心配などはしなくてもすんだことであろう。しかし、わしはひとり西郷先生の高潔な人となりを慕い、他の人には目もかさなかった。そのために君たちを今日のような苦境に追いこんでしまったので、これはみなこのわしのせいだ。だが、このように貧乏に苦しんでも、西郷先生が教えられたように、尭《ぎょう》・舜《しゅん》・孔子の道を信じてよく学び得るならば、濁富をなして憂い多いより、はるかに愉快なことではないか」

加藤省一郎は『臥牛　菅実秀』に、『臥牛先生遺教』から、次の言葉を引く。

「志のある者は失敗のないことを願わず、かえって失敗のあることを願うものだ。なんとなれば、その人は失敗すれば、きっと改めて再び踏みだそうとする気持が旺盛《おうせい》だからだ」

また、あまりに優等生的な青年に対しては、語尾に荘内弁のノーをつけて、こう、そそのかした。

「長岡藩の河井継之助という豪傑はノー。『沈香《じんこう》も焚《た》け、屁《へ》もひれ』といったそうだが、たいしたものではないか、偉いものだノー」

言うまでもなく、「沈香も焚かず屁もひらず」とは、役にも立たないが、害にもならないという意味である。

西郷の没後、まだ賊名を解かれていない時に、荘内の人々は寄り集まって、西郷の書幅を掲げ、魚や青果を供えて、西郷の遺徳を偲《しの》んだ。それが年を追うにつれて、参加者がふえ、明治二十一（一八八八）年からは藩校の致道館でそれを行うようになったという。

なぜ、それほどまでに慕うのか。その理由を菅はこう語ったことがある。

「人はみな西郷先生の功業の盛んなことを讃美しているが、自分はそれとちがって、先生の気韻の高尚にして、ただちに尭舜《ぎょうしゅん》を目標として、克己の学を堅忍力行されていることを仰慕するものである。そうでなければ特に尊敬するには及ばない」

この菅は明治三十六（一九〇三）年に七十四歳で亡くなった。西郷が没して、およそ二十五年経っていた。

第十一章　「列外の人」、相楽総三と西郷

仕掛けられた関東擾乱

歴史学者の井上清の『西郷隆盛』（中公新書）下巻に、年貢半減の宣伝で民衆をひきつけた赤報隊（隊長・相楽総三）はあまりに深く民衆と結びついたが故に〝ニセ官軍〟とされ、相楽以下の幹部は東山道総督府に下《しも》諏訪《すわ》で処刑されたとある。そして井上は「西郷はこの事実を知らなかったかもしれないが、自分がさんざん利用した相楽を救うためのどんな手もうってない」と批判しているのである。

西郷は討幕の気運を高めるため、徳川幕府直下の江戸を混乱させようとした。それで、水戸その他関東の浪士に知り合いの多い薩摩藩士の伊牟田尚平《いむたしょうへい》と益満休之助を密《ひそ》かに江戸に送るのである。

この時、下総《しもうさ》の豪農の出身で、尊攘《そんじょう》激派に加わり、そのころは京都の薩摩藩邸に潜んでいた相楽も伊牟田と共に江戸の藩邸に入った。そして相楽は直ちに関東各地の草莽《そうもう》の士に働きかけ、「糾合所屯集隊《とんしゅうたい》」を組織としてその隊長となり、薩摩屋敷を根城にする。

この浪士らが挑発し、それに乗って江戸市中警備を担当していた荘内藩が薩摩屋敷を焼き討ちしたことは既に記した。

井上によれば、これを聞いて西郷は「わが事成れり」とにっこりしたという。

相楽が主として集めた浪士や草莽の士は江戸市中を横行して暴行掠奪《りゃくだつ》を繰り返し、時には徒党を組んで豪商の家に押し入って討幕の軍資金を調達した。これに便乗して、そうでない盗賊や無頼漢も「薩州藩士」と名のって強盗行為を働いたのである。

その後を井上は次のように続ける。

「西郷が人民大衆の革命的蜂起ではなく、このような手段しかとれなかったところに、彼を革命家とはどうしてもいえない一つの理由があるが、この謀略はみごとに図に当った。江戸の治安は極度に乱れ、ただでさえ落ちていた幕府の威信はいよいよ底をつき、市中警備担当の荘内藩士および幕府役人らの薩藩憎悪は日ごとにつのった」

もちろん、それから関東各地に起こった「勤王」「討幕」を名目とした放火や掠奪がすべて西郷の仕掛けたものだと言うのではない。しかし、そうした一波が万波を呼ぶ口火を相楽らに切らせたことはまちがいないのである。

鳥羽伏見の戦い等で数の少ない薩長軍が勝利する背景には、こうした「関東擾乱《じょうらん》」があった。人心は既に幕府から離れ、薩長に移っていたのである。西郷は桂久武への手紙でこう言っている。

「人数多少を比較いたし候えば、賊軍は五増倍（実は三倍）の事にござ候えども、かくの如き勝利は未だ聞かざる儀にござ候。京摂の間、（幕府は）よほど人心を失い居候事にて、今日に至りては、伏見辺は兵火の為焼亡いたし候えども、薩長の兵隊通行ごとに、老若男女路頭に出て、手を合せて拝をなし、有難し有難しと申す声のみにござ候。戦場にも路々粮食を持出し、汁をこしらえ、酒をくんで戦兵を慰し、国中（薩摩）の人民よりはまさりて見え候事にござ候」

〝裏切られた革命〟と〝ニセ官軍〟

西郷は討幕の戦いにおいて、人心を惹《ひ》きつけるため、献策して、それに臨んだ。ある人への次の手紙でそれは明らかである。

「当分東国の諸侯は勿論民心を（幕府から）離し候策第一のわけにござ候間、早々説客を差出され候儀にござ候。東国は勿論諸国の内、これまで徳川氏の領分、旗本士の知行所とも、王民と相成候えば、今年の租税は半減、昨年未納の場も同様と仰出され、積年の苛政をゆるめられ候事にござ候。此一儀にても東国の民はすぐさま離れ申すべき儀と存奉候」

年貢を半分にするという「約束」は、農民はもちろん、農民と侍の間のような郷士をも牽引《けんいん》し、彼らによって瞬く間に広がって、薩長軍支持に決定的役割を果たした。

井上清は前掲書で、「西郷はそれをあえてするほど民衆の動向を重視した。彼は右の手紙にある通り、民衆工作のための『説客』、現代風にいえばオルグを送っていた。その人の名も分っている代表的な例は、かの江戸の薩摩屋敷で浪士・草莽を集めて江戸市中と関東を擾乱《じょうらん》した相楽総三とその赤報隊である」と書く。

私はこの赤報隊の軌跡を捉《とら》えて、明治維新についてこう語った。平成十七（二〇〇五）年一月の藤沢周平を追悼する「寒梅忌」の講演でである。

「明治維新というものを考える場合に、私はニセ官軍から考えたい。ニセ官軍とは何かと言いますと、薩摩や長州のいわゆる官軍にとって、徳川幕府を倒すために、当時人口の八割を占めていた農民のエネルギーをどうやって味方につけるかが大問題だった。西郷さんは知恵の働いた人で、その時、新政府になったら、年貢は半分になるという年貢半減令を打ち出すわけです。当時、武士と農民の間の郷士という存在がありました。坂本龍馬なんかも郷士ですね。この郷士たちを使って年貢半減令を流す。そして幕府が倒れた。しかし、年貢を半分にしたら政府はやっていけない。それでどうしたかというと、郷士たちは約束もしていないことを勝手に言いふらしたニセ官軍であるとして、そのリーダーたちを処刑したのです。相楽総三もその一人で、彼は諏訪で殺される。それで、年貢半減を信じて官軍に味方した農民のエネルギーは宙に舞うのですね。これこそまさに歴史の残忍さ、非情さを伝えるニセ官軍始末記だと思います。

だから、農民にとって明治維新はいわば〝裏切られた革命〟であって、支配の紋が『葵《あおい》』（徳川）から『菊』（朝廷）に変わっただけだということを大衆小説家の長谷川伸が『相楽総三とその同志』（中公文庫）に詳述している。つまり、歴史の真実というのは、勝者の歴史ではなく、長谷川伸たちが書く敗者の歴史の方にこそあるわけで、藤沢周平が、いわゆる純文学ではなく、時代小説を書いたのも、ほぼ同じ理由からではないかと思うのです。教師という聖職をやめ、業界紙という濁の世界に入って、聖なるもの、純なるものの空しさを徹底して知った藤沢は、ひ弱な純文学を書く気はまったくなかったでしょう」

相楽の孫、木村亀太郎

赤報隊隊長・相楽総三の悲劇から見る時、明治維新史は一変する。西郷隆盛もその姿を変えるのである。

「相楽総三という明治維新の志士で、誤って賊名のもとに死刑に処された関東勤王浪士と、その同志であり父は同志であったことのある人々のために、十有三年間、乏しき力を不断に注いで、ここまで漕《こ》ぎつけたこの一冊を『紙の記念碑』といい、『筆の香華』と私はいっている」

長谷川伸は『相楽総三とその同志』の「自序」にこう書き、「木村亀太郎泣血記」から、その筆を進める。

宮内省の給仕となった木村亀太郎の祖父が、慶応四（一八六八）年三月三日に梟首《きょうしゅ》となった相楽総三だった。総三の妻、つまり亀太郎の祖母は自害して夫に殉じている。亀太郎の父の河次郎は病弱で、早くに亡くなり、亀太郎は以後、気丈な母の栄子に育てられた。

ある日、亀太郎は仏壇の掃除をしていて、硬《こわ》ばった一握りの髪の毛を見つける。硬ばっているのは血が古くなったからだが、それは男の髻《もとどり》だった。

なぜ、これが仏壇に安置されているのか、理由を尋ねると、母は厳かに語った。

「お前の祖父は小島四郎将満といった人で、変名を相楽総三といい、若いときに既に学者になっていて、二十四、五歳のとき、門人が二百人もあった。酒井様という旗本《はたもと》が三百石で抱えたいといって来たが、お前の祖父は千石ならばいざ知らず、といって一言のもとに断った。そのころ浪人は三百石はさてとして十石で抱えようというようなことも滅多にあることではなかった。

それから間もなく芝の薩摩屋敷へはいり、五、六百人の部下が出来て、その大将になり、江戸城を攻めて徳川将軍を亡ぼし、天朝の御代にかえし奉ろうとしていたのが発覚し、幕府の兵三千人に囲まれて戦争になった。幕軍の射った大砲で、火薬庫をやられ、火事になったので、ようやく一方の囲《かこみ》を破って逃げ、一行五、六十人で品川から薩州の軍艦で京都へのぼり、西郷吉之助などに会い、今度は官軍赤報隊を編成し、隊長となって、江戸の徳川を攻めに出発し、信州へ出たところ、他の隊長が讒言《ざんげん》をしたために明治元年三月三日、雪の降る日、信州下諏訪《すわ》という処で、賊をはたらいた偽勅使という汚名を着せられて殺された。この髻《もとどり》はその祖父ので、血は祖父の怨《うら》みの血だ。祖父が立派に官軍であったという証拠はそのとき奸者《かんじゃ》の手で焼きすてられたから残っていない。赤報隊の主なる人は祖父と同時に殺されてしまった。祖父をそういう目にあわしたものの一人は香川敬三と今いっている人で、香川はわたし達には怨み深いものだが、当今では高位高官で、宮内省のえらい人になっているから、お前がもしも相楽総三の孫だと知れたら、どんなことになろうか知れないから、心をつけて、覚《さと》られぬようしなくてはいけない、幸い家の姓は小島ではなく木村と変っているから、黙っていれば覚られることは決してない、必ず香川に覚られるな」

信州下諏訪の相楽塚

宮内省の給仕となった、相楽総三の孫の木村亀太郎は、ある時、仏壇に祖父の髻が安置されているのを知り、母に尋ねて、祖父を陥れた香川敬三が、いま、「宮内省のえらい人」だと聞かされて驚く。止二位勲一等の伯爵である。宮内省の廊下で出会うと、二、三歩退いて敬礼していた。

長谷川伸は『相楽総三とその同志』の冒頭、「木村亀太郎泣血記」にこう続ける。

「あの矮軀《わいく》短小の老人が、そうだったかと知って、亀太郎は涙を禁《とど》めかねた。口惜しくも情けないのである」

いわば祖父の仇《かたき》と知っても、亀太郎は廊下で出会えば香川に敬礼しなければならなかった。その怨《うら》みを忘れずに、亀太郎は祖父の終焉《しゅうえん》の地の下諏訪を訪ねることにする。大正元（一九一二）年十二月のことである。

四十五年前の三月三日、雪の降る中で「偽勅使の強盗、悪人の頭取」という罪人にされて殺された祖父が「怨鬼となっているであろう」地をめざして、亀太郎は「あだかも敵地にはいる心地で緊張した」という。

東京の飯田橋駅から、甲府を経て、下諏訪まで短い旅ではなかった。下諏訪の停車場を出て、諏訪湖から吹きつける冷たい風に頬を叩《たた》かれながら、亀太郎は眼前に展《ひら》ける光景に意外の感に打たれる。高原の寒村を想像して来たからである。長谷川は亀太郎の想いを綴《つづ》る。

「悪名の下に非業の死を遂げた祖父の墓は湮滅《いんめつ》しているかも知れない、しかし、故老の間を訪ねまわったら、存外、記憶している人があって、その旅浪人を葬った処なら知っていると教えてくれるかも知れない。仮令《たとえ》、葬った場所は滄桑《そうそう》の変を来《きた》しているかも知れないが、祖父が無惨なる碧血《へきけつ》で染めた土はこの処であるというぐらいのことはわかるだろう。探したら墓もあるだろう、下諏訪の土地の人の全部が祖父を憎んだのでもなかろう。一人や二人の特志家があって祖父の冤《えん》を信じてくれ、ひそかに一基の墓石を些《ささや》かに建ててくれているのではなかろうか、こう描いて来た亀太郎は、高原の寒村どころか、立派な街だったので、こんなに人家が多いのではと落胆さえした」

これでは墓を探すだけでも三日や四日では出来ないだろうと思ったのに、期待はいい方に裏切られる。まず警察署を訪ね、

「この土地に相楽総三というものの墓を探しに来たものですが、何とか特別にお力添えを願いたいのですが」

と頼むと、警官はすぐに頷《うなず》き、

「それなら四、五町下がると、新道と旧道の岐《わか》れ道がある、そこに相楽塚といって立派な石碑が建っている」

と教えてくれた。

亀太郎は相楽塚と聞き、立派な石碑と聞いて、喜びに血が沸き立ったのである。

「悪人」の石碑

いる。

相楽総三の孫の木村亀太郎が興奮しながら相楽塚に着くと、約百坪の正方形の土地に三基の石碑が建って

右の端にある一番大きい石碑には、まず上に相楽総三とあり、その下に七人の名前が刻んであった。右から左に、渋谷総司、大木四郎、西村謹吾、竹貫三郎、小松三郎、高山健彦、金田源一郎と並んでいる。

その隣には上に「招魂之碑」と横に書かれ、下に四人の名前が刻んである。金原忠蔵、熊谷和吉、丸尾清、北村与六郎である。

左端の碑には「石垣東山碑」とあった。

亀太郎は思いがけない立派な石碑に、歓喜しながらも、流れる涙を止めることができなかった。

しばらくして、宿をとらなければと立ち上がろうとして、後ろに人がいることに気づく。その人は、亀太郎に、

「何方《どなた》かの身寄りの人ですか」

と声をかけた。

「相楽の孫です」

と亀太郎が答えると、その人は驚き、

「私の家はすぐそこですから是非立寄って下さい、石碑に捧《ささ》げる供物もすぐに用意しますから」

と言って、亀太郎を自分が開いている増屋という雑貨店に案内した。そして、

「この土地では相楽塚とも魁塚《さきがけ》ともいって、ここらでは有名なもので、土地の名所図絵にも載っています」

し、魁塚の図の版行したものを見せ、それを三十部ほどくれた。その増屋の主人によれば、時折、縁故は

ないのだがといって、旅の人がお詣《まい》りするという。

それから亀太郎は鉄鉱泉と看板の出ている旅館に入り、旅装を解いて、そこの主人に、

「(自分は相楽総三の孫だが)この土地に相楽総三が殺された当時のことを知っている老人が現存しているなら教えてもらいたい」

と頼んだ。すると主人は、

「幸い本陣の老人が丈夫でおります。本陣に相楽さんも部下の重役の方も泊ったのです。それでは電話ですぐ本陣へ話しましょう」

と言って照会してくれた。

本陣とは温泉旅館の亀屋で聴泉閣ともいう。中仙道一の名園のある老舗《しにせ》だった。

七十歳ぐらいと思われる主人の岩波太左衛門は、亀太郎が訪ねて行くと喜んで、まず、相楽総三が泊っていた座敷を見せ、

「ここは、岩倉卿がご到着になるまで相楽さんがおいででしたが、岩倉卿に譲って、相楽さんは他へ移られました」

と言った。そして、古い帳面を出してきてくれたが、そこには相楽らにくだされた「殺戮梟首」の宣告文があった。

「勅命と偽り官軍先鋒嚮導《きょうどう》隊と唱え、総督府を欺き奉り、勝手に進退致し、剰《あまつさ》え諸藩へ応接におよび、或は良民を動かし、莫大の金穀を貪り種々悪業相働き、其罪数うるに遑《いとま》あらず」

しかし、そんな「悪人」にどうして立派な石碑が建てられたのか。

伯爵・板垣退助の沈黙

相楽総三が総裁となった糾合所屯集隊（のちの赤報隊）の副総裁が水原二郎こと落合源一郎だった。直亮《なおあき》とも言った落合は、岩倉具視の策略によって相楽と最後まで行動を共にすることはなく、明治政府の伊那県大参事となる。そして、相楽塚を建てるのである。

相楽の孫の木村亀太郎が泊まった下諏訪の温泉旅館、亀屋の主人、岩波太左衛門は、亀太郎が訪ねて来たことを喜びつつも驚いて、こう語った。

「明治十二、三年ごろでしたろうか、相楽総三の姉という品のいい若くない婦人が、金井之恭さんといって名高かった人や、その他四、五人でみえ、盛大な祭典を行い、碑の維持費にとて多額の金を当地の或る人々に託して行かれたが、その後の永い年月の間に間違いが起ってその金はなくなってしまいました。それでも十年程前までは土地のものが協力して年々三月三日に相楽祭というのを行って来ましたが、だんだん、人もかわり時代も変化し、近年は相楽祭も打絶えてしまい、相楽家も今では絶えたとばかり思っていた」（長谷川伸『相楽総三とその同志』）

岩波翁の語る「相楽の姉」こそ、相楽が梟首され、その妻が自害した後、まだ四歳だった亀太郎の父、河次郎を引き取って育てた〝怖いおばあ様〟である。嫁いで、木村はまとなっていた。

相楽総三を顕彰するのはまだ憚《はばか》り多い時に、姉が弟を葬うのに何が問題があると、相楽祭を挙行したような女丈夫だった。

そうした事情を話した後、岩波翁は亀太郎に、

「相楽家は断絶したとばかり思っていたが、お孫さんが居るからはこのままにして置くべきではありませんぞ。あなたは祖父様の冤罪を雪《そそ》がねばいけません。孫のあなたがそれをしないで世のだれがやってくれますか。努力なさい、必ず努力なさい。宮内省にお勧めとあれば手続きにも何彼と好都合でしょう。是非とも、祖父様の冤を雪ぎなさるがいい」

と熱心に勧めた。

それに勇気を得て、亀太郎はまず、板垣退助を訪ねる。四度目でようやく会えた板垣は、

「俺は総三さんとかなり親しくしていた。わしが江戸で藩の——土佐の兵隊の長をしていた頃だった、幕府のものに追いかけられて、総三さんの屋敷に隠匿《かくま》ってもらったことがあった。そうだ赤坂の大きな屋敷だった。それからまた、総三さんが危ないとき、今度はわしが総三さんを土州屋敷へ連れこみ隠匿ったことがあった。信州で斬られたときも、わしが居れば、あんな事にさせはしなかったのだ。あの時わしは甲府の方へ新撰組を討ちに行った。三月一日だから二日前だ。新撰組の方は五、六日で埒《らち》があいたので諏訪へかえってみると、総三さんが殺《や》られた後だ、非常に残念におもった。処刑にあった原因か——その真相はどうも自分の立場として云うのは悪い、のみならず、それを発表したのでは、現在の知名の人たちに迷惑をかける結果になるし——」

と言って口をつぐんだ。

大山巌元帥の謝絶

木村亀太郎が、伯爵となっていた板垣退助と会うことができたのは、板垣が八十三歳で亡くなる大正八

（一九一九）年夏の直前だった。

「閣下、私は祖父相楽がどういう事情で刑に処されたか、その原因を知りたいのでございます。相楽は真に偽勤王家でしたろうか、相楽は真に強盗の張本人でしたろうか。私は真の原因が知りたいので、不礼を冒して閣下に、しつこくご面会を願ったのでございます」

必死の形相で尋ねる亀太郎に、板垣は困惑の色を浮かべ、相楽との関係を話した後で、

「どうだ、それ以外に何か希望はないか、あれば聞いて置きたいが」

と言って亀太郎を凝視した。しかし、亀太郎には、それ以外に望むものはない。

「他に何の希望もありません、どういう事情で殺されたか、その真相が知りたいのです」

と繰り返した。

『相楽総三とその同志』の冒頭の「木村亀太郎泣血記」の一場面である。

「そうか、それでは已《や》むを得ない、わしとして云えないことも、大山ならいうかもしれん、それでは紹介状を書いてやるから大山に会ってみろ。知っているか大山巌《いわお》、陸軍の元帥だ、昔は大山弥助といった。総三さんは、元来、薩州に関係が深い、大山の兄、それから先日死去した伊東祐亨《すけあき》と、あれの兄、その三人とは殊に親しかった。薩摩の人から真相の発表をさせれば、問題は起こらないはずだ。また、わしよりも詳しいはずだ」

こう言って板垣は紹介状を書いた。板垣はここで、「総三さんは、元来、薩州に関係が深い」と洩《も》らしているが、それを「南洲」と置き換えても不思議はないだろう。相楽は西郷と関係が深かったのである。しかし、その西郷はとっくの昔に亡くなっている。

板垣の紹介状を胸に亀太郎は大山を訪ねた。だが、猛犬に追いかえされること三度。玄関子に拒まれること三度で、遂に諦《あきら》めざるをえなかった。長谷川伸は前掲書にこう書く。

「大山巌元帥は確かに、相楽総三等が死刑に処されたときの真の原因を知っているはずだ。相楽の孫に会うのを避けたのは、それだからだと判断していいだろう。亀太郎に会えば、大山巌将軍のような人は、多分、真相を語るだろう。語るべきでないのだったら、将軍は会わないがいいと決定していただろう。玄関子の冷淡な言葉が、そのまま将軍の意を体したものでないことは云うまでもない」

ちなみに、大山は会津の白虎隊《びゃっこ》から帝大総長となった山川健次郎の妹、捨松《すてまつ》に求婚した。西郷の従弟《いとこ》の大山は薩摩藩大砲隊の一人として会津攻めにも加わり、西南戦争では兄と慕った西郷を攻撃する仕儀となった。

「そんなことは許されません」

血相を変えて反対する山川の母の説得に乗り出してきたのは大山の亡妻の父の吉井友実《よしいともざね》や、西郷の弟の従道だった。山川と同じように留学経験のある捨松は、そして自分の意思で大山と結婚する。

西郷の「方策」のもとに

慶応三（一八六七）年秋、西郷は江戸へ旅立つ小島四郎こと相楽総三を京都三条の旗亭へ招いた。列席者は相楽を西郷に紹介した益満休之助と伊牟田尚平、そして遅れてやって来た大久保一蔵の五人だけだった。長谷川伸は『相楽総三とその同志』に「華やかにやれない性質の送別会だったのである」と書く。

越前福井の藩主だった松平慶永《よしなが》（春嶽《しゅんがく》）は明治になってから執筆した『逸事史補』に、「皇政一新発令前、岩倉公、大久保、西郷等の内議により、江戸の薩人申遣わして、都下を暴挙し、酒井左衛門尉《じょう》等の兵を動かさしめ、江戸に在りし徳川家の旗本を忿怒《ふんぬ》せしむるために設けたる一策なりともいえど、分明なり難し、余が考うる所は、多分この策は信偽《ママ》は保証しがたしと雖《いえど》も、実証なるべきを信ず」と記している。

根も葉もない噂ではなく、根のある噂だった。相楽ら幹部十六名の下、薩摩浪士隊がどんな活動を展開したか、あるいは、しようとしたか。副総裁だった水原二郎こと落合直亮は、後年こう語っている。

「一方に野州、一方に甲州、またその一方に相州と、各所に事を起し、徳川幕府の力を分散させ、江戸が薄弱になるのを待ち、一挙に江戸を襲う、こういう方策でした」

栃木、山梨、神奈川等、関東一円で「事を起し」江戸をねらうということだろう。この「方策」には確実に西郷が絡んでいた。

『相楽総三とその同志』では、荘内藩によって薩摩屋敷を焼き討ちされた（西郷や相楽からみれば焼き討ちさせた）相楽が隊士に、

「只今は戦闘を主眼とすべきときでない、我が隊は身命を保って京都に引揚げ、引続いて御奉公いたすものである。応戦すべからず、脱出するためのみに戦闘せよ」

と訓示し、こう指示する場面がある。

「敵は東西南北の四方を囲んでいるが、三田通りに面したる当邸の通用門のみ、荘内兵が遠ざかっている。我々が退路をそこに求めて出ると観たのであろう。然《しか》れば我々が反撃に出《い》でず、退き去るなるべし、という見込みなるべし、荘内藩のその策に応じ、三田通用門より打って一丸となって三田通りに出で、順路、南を指して引揚げ、浜川鮫洲辺に集合し、船を雇って沖に碇泊中の薩艦翔鳳《しょうほう》丸に乗りつけ、江戸を後にすべし。引揚げ中追跡する敵ありとも応戦すべからず、何となれば我々は、これにて第一の役目を果したるなれば、

京都にて薩藩の西郷吉之助殿の指揮を待ち、第二の役目に入るべきなれば なり、万一、引揚げの途中、離散の已むを得ざる場合あらば、その人々は離散後と雖、身命を大切にし、相成るべくは京都に上りて合せられたし、京都の集合地は東寺なり、東寺《とうじ》に同志の姿みえずとも、同寺にて万事判るよう致しおく。京都に上るを得ざるものは、重々身命を大切に、適宜に潜伏し、我々が第二の役目に就き、関東方面に下ると聞きなば、直ちに来って合されたし、くれぐれも身命を大切にし、次の御奉公に天晴れ役立てられたい」

幕末の博徒「黒駒の勝蔵」

私は幕末の博徒、黒駒《くろこま》の勝蔵へ「詫《わ》び状」を書いたことがある。早大教授の高橋敏夫と『藤沢周平と山本周五郎』（毎日新聞社）という共著を出した時、高橋に勝蔵を主人公にした結城昌治《ゆうきしょうじ》の『斬に処す』（角川文庫）という作品を教えられた。「甲州遊侠伝」が副題のこの小説によれば、悪役としての勝蔵のイメージはほとんど清水次郎長との対比でつくられている。

では、なぜ、次郎長はあたかも「期待される人間像」のようなヒーローになったのか。それは次郎長が講釈師を帯同して旅を続けていたからだというわけである。当時、これほど強力なPR係もいないだろう。

結城は『斬に処す』の付録の「甲州黒駒余聞」に「もともと次郎長が有名になったのは、天田愚庵《あまだぐあん》の『東海遊侠伝』（明治十七年四月刊）と同じころ地元静岡の新聞に連載された『遊侠次郎長の伝』をネタに、三代目伯山がおもしろおかしく脚色して講釈場の人気をさらったのが始りらしい」と書いている。後年、私たちが見た次郎長映画もすべてはこれらに基づいてつくられたことになる。

しかし、結城は勝蔵の側に立って、次郎長を「要領のいい野郎」とし、こう続ける。

「勝蔵はそう思っていた。強い相手とは争わないで、箱根と新居の関所の手形を預っている駿府の大親分安東文吉に取入り、有力な貸元に顔をつないで渡りながら、相手が弱いと見れば、すぐに子分を送り込んで身内にしてしまう。もちろん力ずくであり、命が惜しければ身内にならざるを得ない仕組だった」

もちろん、勝蔵も決してほめられる人間ではないだろう。しかし、次郎長に比べれば、それほど貶《おとし》められる者でもない。

結城は、勝蔵が四十歳で刑死したのに、次郎長が七十四歳まで生きたことに胡散《うさん》臭いものを感じている。

慶応四（一八六八）年三月三日に処刑された赤報隊の隊長、相楽総三に対しては次のような高札が立てられた。改めて引くと、こうである。

「――右の者、御一新の時節に乗じ、勅命と偽り官軍先鋒嚮導《きょうどう》隊と唱え、総督を欺き奉り、勝手に進退致し、あまつさえ諸藩へ応接におよび、あるいは良民を動かし、莫大の金をむさぼり種々悪業相働き、その罪数うるに遑《いとま》あらず、このまま打棄て候ては、いよいよ以《もっ》て大変を醸しつ、その勢い制すべからざるに至る、これによって誅戮梟首《ちゅうりくきょうしゅ》、道路あまねく諸民に知らしむるものなり」

当時人口の八割を占めた農民を味方につけるため、御一新になれば「年貢半減」との知らせをかつぎまわらせ、利用するだけ利用して挙句の果ては〝ニセ官軍〟として相楽らを処刑した官軍首脳の策謀については唖然《あぜん》とするばかりだが、勝蔵は池田勝馬と名を変えてこの赤報隊に加わっていた。そして、明治四（一八七一）年十月十二日、

「博徒勝馬ヲ斬ニ処ス」

という判決を受け、その二日後に首斬り役人に斬首されたのである。

潰された理想主義

西郷が相楽総三らに仕掛けさせて江戸市中を荒らし、その挑発に乗って荘内藩が三田の薩摩屋敷を焼き討ちしたことを知って、西郷は大いに喜んだという。それについての証言は少なくない。たとえば、『谷干城遺稿』に収録されている『隈山詒謀録』(隈山は谷の号)にはこうある。

「西郷吉之助は三田邸焼討の報を聞き、秘計の成就せるを喜び、之を谷守部(谷干城)に語りて曰く、戦端開けたり、速に乾君(板垣退助)に報ぜよ」

『徳川慶喜公伝』もこれを引いているが、そんな西郷だから、相楽の功績を大として、

「甚だ好都合に行って喜びに耐えない、こちらも続いて官軍の大勝利であるから(注・鳥羽伏見の戦いを指す)旧幕府が名実ともに瓦解《がかい》するのは間近い、これというのも諸兄が江戸に於て、応援してくれた結果に他ならぬ」

と、それを讃《たた》えた。

長谷川伸の『相楽総三とその同志』によれば「大西郷の話を聞いて相楽は大いに喜び、隊士にそれを話すと、いずれも雀躍りして喜んだ」という。

相楽とその同志が〝ニセ官軍〟として処刑された時、もちろん西郷は存命だった。では、なぜ、相楽たちを助けなかったのか。

NHK歴史誕生取材班の『歴史誕生』(角川書店)第四巻所収の「謀略に消えた志士――赤報隊偽官軍事件」が指摘する如く、相楽は西郷の内意を受けて、江戸市中攪乱《かくらん》のゲリラ部隊である赤報隊の指導者となっ

たのである。

この点をめぐって、同書で作家の井出孫六と信州大教授の高木俊輔が次のように語っている。まず、井出である。

「（新政府の）財政的な問題についていえば、民衆的な基盤を基礎にして新しい方向を打ち出していくということは、いわばひとつの理想論だと思います。それに対して都市特権商人に依拠するというのは、現実論だと思いますね。その現実論に代表されるのが、岩倉（具視）の路線だという感じがぼくはするんですよ。それから、もっと民衆的な基盤で政権を確立していくというのは、たとえば西郷なんかに代表されるんじゃないか。相楽総三と赤報隊というのは、西郷隆盛にかなり近い路線だと思うんですね。赤報隊の処刑にあたっては、岩倉のカゲが大きく映しだされているのに対し、西郷の存在はほとんど感じられない。それはひとつの不思議ですが、戦術論議の過程で西郷は沈黙させられたのではないか。あるいは西郷自身、展望をもちえずに、結果的に赤報隊を見捨てたのかもしれない。『偽官軍』事件は、その理想論がいろいろな議論のなかで敗れていく過程ではなかったかな――そんなように思うんです」

井出は「明治維新の中の潰《つぶ》されていった理想主義的な方向の象徴的な存在」として、相楽と赤報隊を捉《とら》える。そして、それを打ち出したのは西郷だというのである。

昭和の「赤報隊」への疑義

共に理想主義的方向をめざしながら、「西郷自身、（それからの）展望をもちえずに、結果的に赤報隊（と相楽総三）を見捨てたのかもしれない」と語る作家の井出孫六に、信州大教授の高木俊輔も賛成する。

「草莽の志士とかかわった西郷と岩倉とは、決定的に違っていた。やはり西郷のほうはなんとか尊王攘夷の志士たちの意向に添うような方向を出そうとしていましたし、かれの（慶応四年）一月一六日の手紙では、赤報隊の相楽総三とほとんど同じ論理で年貢半減のことを書いているんです。草莽の志士と比較的近い立場で物事を考え、それを理想主義というか、ロマンティシズムというか、そういうものを政治の世界に投げかけていたといえると思います。

岩倉の場合は、むしろ利用できるだけ利用して、最終的には突き放していくといいますか、そういう意味での政治的なリアリズムといいますか、そういうものをもっていたと思いますね」

ただ、結果的に見れば、「利用できるだけ利用して、最終的には突き放し」た点において、岩倉と西郷の間に違いはない。むしろ、「年貢半減」といった理想を掲げて、その気にさせた分だけ、西郷の方が罪深いとも言えるのである。

ちなみに、赤報隊の名は「赤心報国」から採られている。国学者の多い草莽の志士たちがつけた名として頷《うなず》けるが、相楽らが処刑されて、およそ百二十年後の昭和六十二（一九八七）年五月四日の新聞の大見出しに、突如、この隊名が躍った。前日の憲法記念日に朝日新聞阪神支局が「赤報隊」を名乗る者によって襲われ、当時二十九歳だった記者の小尻知博が亡くなったのである。寄しくも、相楽が処刑されたのも同じ二十九歳の時だった。

長谷川伸の『相楽総三とその同志』を既に読んでいた私は、小尻を追悼する文章で、憤激をおさえかねて、逆ではないかと叫んだ。そして、こう書いたのである。

「むしろ、中曾根康弘や竹下登ら、当時の政府権力者の偽善を暴く『朝日』は、彼らと志を同じくする者ではないのか。暗殺はしばしば〝誤爆〟に陥るが、相楽総三の悲劇を私は忘れたくないと思うだけに、犯人が赤報隊を名乗っていることも無念である」

昭和の「赤報隊」の犯行声明文には「反日分子には極刑あるのみ」とあったというが、彼らは幕末の赤報隊のことを知っていて、そう名乗ったのだろうか。

一九八七年五月三日からでも、二十年以上が経とうとしている。瀬戸内海を見下ろす広島の山の中腹に小尻の墓はあるが、息子を奪われた父と母は毎日きまって墓前で手を合わせ、母のみよ子が、

「おはようさん、知博さん。今日は雨が降って冷たいねえ」

「一人で寂しいねえ、お母さん何もしてあげられないで、ごめんねえ」

などと声をかけているという。

「殺す前に舐めさせた飴」

「木曾路はすべて山の中である」

島崎藤村は名作『夜明け前』(岩波文庫)をこう書き出した。そして、この作品について「維新前後を上の方から書いた物語はたくさんある。私はそれを下から見上げた。明治維新は決してわずかな人の力で出来たものではない。そこにはたくさんの下積みの人たちがあった。維新というものが下級武士の力によって出来たものだと説く人もございますが、私はそうではなしに……維新前後の歴史を舞台として働いたそうした下積みの人たちを中心とした物語でございます」と語っている。

主人公の青山半蔵は中仙道馬籠《まごめ》宿という宿駅の駅長だった。そして、相楽総三の同志で紀州藩の脱藩者の伊達《だて》徹之助を通じて赤報隊に二十両を献じたがために、木曾福島の役所に呼び出され、取り調べを受ける。

赤報隊について半蔵の下男の清助がこう言っているが、それは作者の藤村の思いだったのだろう。

「いきなり貧民救助なぞに手をつけたのが、相楽総三の失敗のもとです。そういうことは、もっと大切に扱うべきで、なかなか通りすがりの嚮導隊なぞにうまくやれるもんじゃありません」

NHK歴史誕生取材班の前掲『歴史誕生』第四巻に興味深い記述がある。「謎の『年貢半減令』に迫る」というもので、それによると、東大史料編纂《へんさん》所教授の宮地正人が、慶応四（一八六八）年に明治政府が出した「内国事務諸達留」の中に一通の文書を発見した。

「今般御復古ニ付是迄天領与称シ来候徳川之朱（印）地及賊徒之所領等者従前苛酷之弊政ニ苦候哉ニ付、当年租税之儀半減被仰付、去年未納之分も可為同様……」

これを読めば政府がはっきりと「租税半減」を打ち出したことになるが、しかし、それはなぜか、次に朱筆で消されているのである。

この事実を踏まえて宮地は「この史料と、さらに別な資料をつきあわせると、慶応四年一月一四日に年貢半減令が旧幕領に対して発せられたこと、それから、その半減令がわずか二週間後の一月二七日には大幅に訂正されて、別の文書でもう一度出されていたことがわかる」と指摘する。

相楽や西郷や、その他多くの草莽が、農民の願いをのせて実現を図った「年貢半減令」はわずか二週間のいのちしかなかったことになる。相楽らの処刑によって、その願いは中空に浮いた。

『相楽総三とその同志』によれば、赤報隊の人間が「本藩」と呼んでいた薩藩が、不可思議な動きをする。

二月二十五日に相楽に三ヵ条から成る約定書を渡しているのである。第一条は天朝の御失態にならないようにであり、そして第二条は粉骨砕身し死を以て御奉公すべしで、第三条が、これから後は金穀を総督府が下さるから安堵《あんど》すべし、となる。これについて長谷川は「殺す前に舐めさせた飴の感がある」と痛烈である。

百一年目の復権

高木俊輔が『維新史の再発掘――相楽総三と埋もれた草莽たち』（NHKブックス）に記すように、維新百年の翌年の昭和四十四（一九六九）年は、〝ニセ官軍〟事件がマスコミはもちろん、映画や演劇にも取り上げられ、ちょっとした「相楽総三ブーム」だった。百一年目の復権ということになるが、「歴史上において一度汚名をきせられたら、本当の意味でその汚名が再検討され、客観的な評価を受けるのには、およそ百年の歳月を要するものであることを物語っている」（高木）ということだろうか。

劇団民芸は『無頼官軍』（穂積純太郎作）を、劇団文化座は『草の根の志士たち』（野口達二作）を公演して、いずれも相楽総三たちの〝ニセ官軍〟こそ、まことの官軍ではないか、と問うている。映画は三船プロ製作の『赤毛』（岡本喜八監督）で、「ええじゃないか」運動との関わりも描く。

いずれにせよ、高木の指摘する如く、財政的に年貢半減令を撤回しなければ進軍することもできない総督府側と、それこそが「御一新」の旗印であることを一貫して主張する相楽とは、正面衝突する運命だった。問題はそこに西郷が介在していたのかどうか、介在していなければ、それはなぜだったのかである。

総督府に「軍議の評定があるから即刻出頭せよ」と言われた相楽は、かねてからの希望が容れられ、先鋒《せんぽう》隊たることを許されると思って、即刻出頭すると答える。そして、人斬り名人の大木四郎だけを連れて、下諏訪に赴く。

しかし、総督府では、すでに相楽捕縛の準備をととのえて、待ち構えていた。相楽が入ろうとすると、血走った眼をした者たちが相楽に飛びかかる。

大木はそれを手当たり次第に投げつけ、蹴倒《けたお》し、相楽を背後にかばって刀を抜いた。

ところが、相楽は、

「大木、控えろ、後で判ることだ、控えろ、総督府を騒がせては成らん、控えろ」

と叱りつけて制止する。

そして、自分の大小二刀を腰から抜いて、捕縛係の前へ放った。

「大木控えろ、総督府を騒がせては相成らん、控えろ」

と繰り返してである。

大木は唇を噛《か》んで口惜《くや》し涙を流し、抜いた刀を畳の上からずぶりと深く刺し込んだ。

すると、取り囲んでいた者たちが、五、六人ずつ、相楽と大木に飛びつき、二人を引きずり倒して縄を掛けた。

長谷川伸の『相楽総三とその同志』に、その様子を見ていた亀屋の主人、岩波太左衛門の談話が載っている。

「相楽が大木を制《と》めて自分の両刀を抛り出し、神妙に坐っているのに、数人が折り重なって縄をかけたのを見まして、何たる無惨なやり方だろうと思いました」

相楽が神妙に縛に就いたのは、自分を登用した西郷を信じてではなかったか。

それでも西郷を信じたか

相楽が捕縛された後、次々と総督府へ呼び込まれて捕まった赤報隊の幹部は、氷雨の中を本陣や脇本陣の庭木に繋《つな》がれて、食事も与えられずといったひどい仕打ちを受けなければならなかった。

本陣だった亀屋の主人、岩波太左衛門が、長谷川伸の『相楽総三とその同志』で、翌日の処刑の日の様子を次のように語る。

「三月三日の朝も、きのうとおなじで、雨が降りつづき、（本陣や脇本陣から移された諏訪神社の）明神並木では、番兵がゆうべから焚火《たきび》を続けていた。噂を聞いて近郷近在から、早朝に見物人が出て、大変な人出で、どれが謀反人の大将だと聞くものが多い。祭のとき同様の人出が引きつづいた。そういうときによくある奴だが、他人のうしろに隠れる場所を見つけておいて、石を投げつけ、首を引ッこめる。そういった奴がかなりあった、訳もわからず判断もつかないのに、悪口を大声でいう者も多い」

そういう心ない者たちの前に相楽たちは晒《さら》されたのである。それでも相楽は西郷を信じていたのだろうか。

岩波の話は続く。

「多くの人のうちには、きのうからの雨叩きで、縄がきりきりと皮肉に食いこみ、二の腕も手首も胴も、縄のかかっている処は千切れるように痛いのを紛らすためだろう、大きな声で付添っている役人を口を極めて罵《ののし》る人もあった、どういう原因で押えたのだそれを聞かせてくれ、と絶叫してばかりいる人もある。岩倉を出せ参謀をここに連れてこい、と声を顫《ふる》わしていっている人もある。悲愴な混乱が渦を巻いているといった有様だった。そういう中でたッた一人、相楽総三だけは一言も発しないで、どろどろの土の上にきちんと坐って、両眼を閉じ、身動き一ツしずにいた。あまり同志のものが猛《たけ》り立ったり怒鳴ったり、騒々しさがひどくなると、眼をちょっと開けて、あまり見苦しい様子はよせといって微笑したような顔をして、すぐ又元のとおり、瞑目して無言の端坐をつづけた。さすがにこれを見ると、判らずやの群集も感にうたれ、ひッそりとして、悪人でも親分は違うと、歎息の声がそこら中で起った」

この時、相楽の胸中をどんな思いが去来していたのか。

犬畜生の扱いを受ける相楽らの前に、総督府の参謀は誰一人として来なかった。薩摩の伊地知正治、岩倉家の宇田栗園《うだりつえん》、そして土佐の乾《いぬい》退助（のちの板垣退助）が参謀で、薩摩から出た本営付に大迫《おおさこ》喜右衛門、有馬藤太、池上四郎右衛門らがいて、大砲隊長が大山弥助（のちの大山巌）だった。

このうち、乾は土佐と因幡《いなば》の兵を率いて三月一日に下諏訪を発《た》ち、六日に勝沼で近藤勇《いさみ》の兵と戦っていて不在である。だから、と長谷川伸は推測する。「相楽と赤報隊の処分は、岩倉家と薩州藩から本営付になった人々の間で決定し実行されたものと観て誤るまい」

のちに相楽の孫の木村亀太郎が遇う香川敬三は岩倉家の人間だった。

柳の枝に咬みついた相楽の首

長谷川伸は『相楽総三とその同志』に相楽の最期を次のように描く。

「三月三日、寒雨の降りしきる午後五時ごろ、総督府の使者が繋《つな》がれ放しの相楽総三らの前にきた。この使者がだれであるか明らかでない、或は明らかにしたくなかったのかとも思える。

相楽は使者の到来で、初めて少しばかり笑った。取調べさえあれば申開きは充分に立つのだ。二日一晩の辱めも間もなく払拭《ふっしょく》されるときがきたと思ったのだろう、ところが、意外だ。使者は番兵にいいつけて姓名を呼ばせ、一人ずつ集め、無言で、明神の並木から曳《ひ》いて出た。集められたのは次の八名だった」

すなわち――

大木四郎
金田源一郎
小松三郎
竹貫三郎
渋谷総司
西村謹吾
高山健彦
相楽総三

一番後から曳《ひ》かれて行く相楽の眼に、前を行く七名の痛々しい姿がはっきりと見えた。「取調べさえあれば申開きは充分に立つ」と思った相楽だが、それをさせずにいきなり処刑だということは、この時点で相楽にもわかっただろう。

「二日一晩、縛りッ放しで地の上に置き、上からは雨と霰《あられ》が絶えず降りそそぐ、寒い風には吹きさらされる、米一粒湯一杯与えられていないので、肉体の疲れ衰えが七名ともひどかった、気力だけで歩いているのだからよろめくもあれば立ち淀《よど》むもある」

それを後ろから観ながら、相楽は曳きたてられた。吟味もなしに次々と処刑され、最後の八人目が相楽だった。長谷川の「筆の香華」を借りる。

〈相楽がやがて死の座に直った、雨はまだやまない、相楽は、皇居を遥拝《ようはい》し、静かに太刀取を顧みて「しッかりやれよ」といった。太刀取は荒肝を拉《ひし》がれたように動揺が出た。再び静かに相楽が、「見事にな」といった。これに災いされたか、太刀取は相楽のうしろに廻り、気を鎮めて一声とともに斬ったが仕損じて右の肩先へ斬りこんだ、咄嗟《とっさ》に相楽が振返り「代れ」と怒気を含んで叱りつけた、これにたじろいてその太刀取は、顔が土気色になった。

代って、新しい太刀取が背後にくるまでに、相楽の襟のあたりに、流れる血が滲《にじ》み出し、悲痛な光景となった。刑場の内も外も咳一ツするものすらない。太刀取は神気を養っていたが、やがて、一声とともに刀をふり下した。今度は見事にいって相楽の首が三尺ばかり飛んで、雨が叩く小さな紋が数限りなく立つ地面へ、音を立てて落ち、泥をがばッと四方に飛ばした〉

後にこれが誇張され、相楽の首が六尺余も飛びあがり、柳の枝に咬《か》みついたという話になる。

相楽風邪と涙雨

東山道総督府の本陣があった亀屋の主人、岩波太左衛門の、相楽総三処刑後の談話が『相楽総三とその同志』に出ている。

「下諏訪が又元の通りの静かな宿に戻ると、だれいうとなく、八名の死者に同情した話が拡まった。相楽の最期が立派だったので、そういう同情が沸いてきたのか、それとも真の原因を、だれかが漏らしてでも行ったのか、それは判らないが、相楽は偽官軍ではなくって、真の官軍だったそうだが、余り勢いがついてきたので、味方のうちに妬《ねた》むものがあってああなったとか、いやいやそうではない、小諸《こもろ》、上田、高島などの諸藩が佐幕である尻尾《しっぽ》を押えられ、相楽の隊のものにギュウギュウ遣《や》りこめられ、勤王の誓書を出したり、金穀の献納をしたりした。そこへ偽官軍だということになったので得たりと不意討をやったが、どうも本物らしいので困り抜いて、いろいろ策動してああなったのだという者も出た。甚だしいのは近村に出た幾つかの強盗事件は、赤報隊のものではなくして各藩の武士が計略でやったのだ、それから浮浪人が本当に泥棒をやったのだと説を立てる者すらあった。それはとにかく、後になって考えると、支払いなどが几帳面《きちょうめん》だったし、人づかいも穏やかだった、そういうことに気がついて来て、同情がひどく起った」

やはり無理に〝ニセ官軍〟に仕立てたということなのだろう。岩波の話は続く。

「この下諏訪で弱い子供は、相楽塚といって、明治三年ごろに出来た魁塚《さきがけ》へお詣《まい》りして、夜啼《な》きする児には塚の土をすこし持って帰り、枕許《もと》に置くと治るといったものである。明治元年だったか二年だったか悪性の風邪が流行した。土地では相楽の怨念《おんねん》だといって〝相楽風邪〟といった。それから相楽の首を斬り損じたのは多左衛門といって信州の人だが、三日目に急に死んでしまった、死んだのは病気だろうが、そのころは相楽の祟《たたり》だと信じた」

前に記したように、相楽の姉、木村はまが土地の人間にまとまった金を託し、相楽祭が行われていたが、その日は必ず雨が降ったという。これを〝相楽の涙雨〟と呼んだ。

それにしても、悪人と決めつけられたら、とんでもないイメージが形成され、それをくつがえすのは不可能に近いことは、相楽についての次の記述が証明している。

伊那の林塾の林縫蔵の息子の道俊が書いた『道俊随筆』（昭和三年脱稿の回顧録）にはこう記されているのである。

「相楽総三なる奸智《かんち》に長じ無頼の悪漢私利を得んは此《この》好機となし」「金銀をむさぼりつつ猶《なお》道々悪徒をちかづけ、益々大勢となって上伊那に入る」「高遠（高遠藩内藤氏）も亦《また》信じて疑わざれば、相楽のために瞞着《まんちゃく》せられしこと又大なり」「遂に積悪露顕し総三を始め悪漢余党、捕らえて誅せらる」

相楽がこれを読んだら、墓の下から起き上がって、林道俊に怒りの酸性雨を降らせるだろう。

赤報隊の生き残りが語る相楽

『相楽総三とその同志』冒頭の「木村亀太郎泣血記」に戻る。

祖父の相楽総三の〝ニセ官軍〟という呼称を剝《は》がすため、雪冤《せつえん》の旅を続けて、亀太郎は「薩摩屋敷にいた浪士で、生残りが三人いる」と聞かされる。峰尾小一郎、森田谷平、そして、小島源十郎だった。

亀太郎が、まず、小島を訪ねると、小島は驚き、こう語り出した。

「薩邸にいたころは、自分は極く末席だったから、相楽総裁の顔は二、三度遠くの方からお見受けしただけで、余り記憶がございません。私はそうですが峰尾小一郎はだいぶ上席で、絶えず総裁や副将の小姓《こしょう》のようなことをしていたから、いろいろのことを存じているでしょう。峰尾は下谷御徒町《したやおかちまち》におります。まことに気の毒千万な逆境です。娘の縁付き先だか姪《めい》の縁家だかに、世話になっております」

そして、続けて、森田の身の上も語る。

「森田谷平は十年ばかり前までは、八王子で撃剣の道場をひらいていましたが、時勢が変りまして、だんだんに落ちぶれ、きのうの道場の先生が今日では洋傘直しになっております。時折は私のところへも来ます、年はとっていますけれど元気な男で、酒さえ飲ませておけば喜んでいます。相楽さんの孫がいると聞いたら、さぞかし喜ぶでしょう。そのうちやってくるでしょうから、来たら早速はなしてやります」

亀太郎がこの話を聞いたのは大正に入ってからで、ニセ官軍の汚名を着せられて相楽が処刑されてから、ほぼ五十年の月日が経っていた。

亀太郎は次に峰尾の居所を探す。そして、見るからに貧しげな家を尋ね当てて、零落《れいらく》して病臥《びょうが》中ながら、小柄で上品な老人となっていた峰尾に会った。

相楽の孫と知って驚き、起き直ろうとする峰尾を制して、亀太郎はその話に耳を傾けた。

「私も落魄してこの態になったので、総裁のご遺族をお尋ねも出来ず、却ってご訪問をうけ恐縮の至りです。私は死期がちかづいておりますので、お伺いいたすことは出来まいと存じます。悪しからず思召していただきます。当時のことは今では忘れがちで、纏まったお話もできませぬが思い出せば出すほど事毎に残念なことのみです。われわれが、若いときに夢みていた王政復古の実現をみますと、薩長が権を妄《みだ》りにいたし、われわれ関東武士が血みどろになって働いた功はすべて奪われて、彼等のものとなりました。明治維新の火蓋を切らすに至った功は、闇から闇です。江戸城の本丸へ火の手をあげたという類のことも、一切が闇から闇です。彼らはわれわれのような関東武士の生残りが、一人二人ずつ、世の中から消えてゆくのが望みでしょう。彼らは関東武士で勤王に働いたものが、一人でも世に出ようとすると、陰に廻って悪辣に迫害します」

過去を忘れようとした隊士

明治維新の火蓋《ひぶた》を切ったと自負する赤報隊の峰尾小一郎は、自分たちの功績はすべて闇から闇へ葬られたと憤慨し、総裁だった相楽総三の孫の木村亀太郎に向かって、次のように語る。

「これは私のひがみではありません。実例を申上げます。落合直亮氏、権田直助《ごんだなおすけ》氏、このご両人はどうでした。落合さんは伊那県の大参事になられたが、飛んでもない嫌疑で叩き落された、それでは悪いことがあったか、何もありはしませんでした。権田さんはそれではどうか。権田さんも陰謀に引っかけられ、国事犯の嫌疑で大学教授のとき叩き落された、しかも、形跡のない事でした。相楽総裁はもとより落合さん、権田さん、共に、薩州か長州かの出身だったら、刑死の厄も免がれ、叩き落されもしなかったでしょう。関東出身だったのがいけなかったのです。しかし、そんな事があってよいのか、関東で勤王といえば水戸だけです。水戸は藩主烈公が光っているから藩士の功も光ったのです。われわれには烈公に相当するものがない、だからだ、梟首となり叩き落しとなったのです」

病み衰えて蒼白《そうはく》な顔に血をのぼらせて、峰尾はさらに続けた。

「将来とも薩摩屋敷の総大将としての相楽総三の名は世間に出ないでしょう、必ず私のこの言葉は間違いますまい」

峰尾の予想をいい意味で裏切らせたのは長谷川伸だった。孫の亀太郎による祖父の雪冤記を『相楽総三とその同志』（中公文庫）に結実させたからである。

関東武士云々《うんぬん》でいえば、先ごろ亡くなった元明治大学学長の岡野加穂留《おかのかおる》が、幕府お膝《ひざ》もとの東京出身者として、自分のゼミには薩長の出身者は入れない、と公言していたのを思い出す。どうしても入りたければ、先祖が悪いことを致しましたと詫《わ》び状を書け、と言っていたらしい。理不尽ながら、それほど消えない怨みを遺したのである。

峰尾は必死の思いで亀太郎に相楽や隊士たちのくさぐさを語り、最後に、

「一度は下諏訪へ行き、総裁や先輩や同志の霊を弔いたいと念願していながら、遂に、それすら果し得ず、私はこのザマで死なねばなりません。思い出せばいろいろまだある事を、今までは寧ろ忘れるに努めていましたが、総裁のお孫さんがおいでと判ったからは、思い出して、今度きてくださるまでに、話の材料をうんと纒めておきましょう」

と結んだ。

しかし、その機会は訪れなかったのである。近いうちにと思っている間に二、三ヵ月が経ち、ある日、峰尾の死を知らせる葉書が舞い込んでしまった。

そして、大正七（一九一八）年四月三日、途絶えていた相楽祭が下諏訪で行われる。亀太郎も工面して参加したが、三十年ぶりで再興された相楽祭は、朝、空高く打ち上げられた花火によって始まった。相楽が殺されて五十年目の春である。

渋沢栄一が評した不幸な英傑

相楽総三の孫の木村亀太郎は、男爵となっていた渋沢栄一《しぶさわえいいち》が相楽のことを知っていると聞いて、紹介状も

なしに渋沢を訪ねる。名刺には「相楽総三の孫」と書いた。

亀太郎と前後して、子爵の某が玄関に立ち、玄関番の手には亀太郎の名刺と子爵の名刺が重ねられた。そのまま奥に入って引き返してきたその人は、まず子爵に、

「主人の申しますには、もはや、出かけます時間でございますので本日はお気の毒ながらお引取りくださるよう、何れ午後に御電話を差上げます。かように御座ります」

と言った。子爵でさえ断られたのだから、自分などと亀太郎が落胆していると、

「木村さんには一寸でしたらお目にかかりますと申しております、どうぞお通りください」

と驚きの返事を伝えた。

渋沢は亀太郎に、

「あんたが相楽さんのお孫さんか」

と声をかけ、

「ゆっくり別室でお話を伺うことにしよう」

と先に立って案内する。居間らしい座敷で渋沢と向かい合った亀太郎は固くなりながらも、涙をあふれさせて渋沢に訴えた。

「突然、今日お伺いしましたのは私の祖父につき不審がありますので、いろいろ調べましたところ、梟木に晒されるような悪人とはどうしても思えません。それどころか勤王無二の者でござりました。あれは何かの間違いで冤罪を着せられて殺されたものと確信いたします」

祖父だけでなく、その部下のためにも汚名を一掃したいという亀太郎の話を時々目をつぶって聞いていた

渋沢は、感じ入ったと語り、

「私も相楽氏の名声を慕った一人で幾度も同志の列に投じようとしたが、その実行を遂にみなかったのは運命の支配で、他に原因はなかった」

と告白し、一転してこんな逸話を口にした。

「若いころわれわれは遊廓へよく行ったものだ。しかしそのころの青楼は志士の密談所で現在のように遊興本位の場所とわれわれはしていなかった。そういう場所で私は相楽氏の部下の人々には会ったが相楽氏には一度もお目にかからなかった。数百の士を指導しているだけにそんな処へはなかなか来ないようだった。年齢は私より二ツ上と承知している。相楽氏が関東の浪士でなく、すこし大きな藩の士で藩主を擁していたなら、今ごろは坂本龍馬や高杉晋作や水戸の武田耕雲斎《たけだこううんさい》などより有名になっている人だった。存命でいられたら立派に天下を料理する人材であった。実に惜しむべきだ。不幸な英傑だったと思う」

長谷川伸の『相楽総三とその同志』（中公文庫）によれば、渋沢は帰ろうとする亀太郎を玄関まで送って来た。

それで、「往来へ出た亀太郎は百万の味方を得た気がして、日の光がこんなにも明るかったかとさえ思った」のである。

板垣頭取、西郷座元にての狂言

平成十八年十一月二十五日、何と鹿児島で「私の西郷南洲観」を話すために、都城から鹿児島に入った。

そして、講演までに時間があったので、「西郷南洲顕彰館」を訪ね、幸い在館していた館長の高柳毅に会った。五月に訪れた時も、いろいろ興味深い話を聞いている。

今回はいきなり、相楽総三のことを尋ねた。すると高柳は、

「あれは板垣さんに頼まれたんですね」

と言い、『日本及日本人』の臨時増刊「南洲号」を持って来て、板垣の「西郷南洲と予との関係」を示したのである。

「亡友西郷南洲逝きてより茲に三十三年、今や朝鮮併合の事成るを告ぐ」と始まったその談話は「予の始めて南洲と相識りたるは、実に慶応三年五月、京都小松帯刀の邸に於てなりき」と続き、肝心の部分は次のようになっている。

「予の江戸に在るや、関東浪士中村勇吉、相良《(ママ)》総蔵《(ママ)》、里見某等の徒を隠匿せり、多くは是れ筑波の残党にして皆な碌々の儔にあらず、窃に以為く事を京師に挙れば則ち彼等をして総武の間に起たしめ、以て東西相応ずるに足らんと、独り危ぶむものは、発程に臨み之を年少の徒に托せしを以て、中道にして或は事を誤るに至らんことを、望むらくは尊藩之を容れて竄匿《ざんとく》せしめよと。西郷曰く、これ道理あるの請也、乞ふ心を安んぜよ、直ちに人を遣はして之を処せんと、討幕の盟、即ち成る」

「筑波の残党」の相楽らを東で起たせ、「東西相応ずる」討幕の戦いを展開せんとしたというわけだが、その後に、さらに注目すべき内幕話が入る。

そのころ、木戸孝允が坂本龍馬に送った手紙に、板垣と西郷の会盟を演劇の興行に擬して、「乾頭取西吉座元にて狂言」と記してあるというのである。板垣はこれに、こう注釈をつける。「今江州の士某氏の蔵す

る所、以て其証と為すべし、蓋《けだ》し乾は予の旧姓、西吉は言ふ迄もなく西郷吉之助を指せるなり」

頭取はプロデューサー、座元は座頭ということになろうか。しかし、江戸に送り出すにわざわざ相楽の送別の宴をやった西郷は、すでに板垣からプロデューサーの椅子も引き継いだということにならないか。

それでも、やはり責任は板垣にあると強調する高柳は、私に次の箇所を示す。

「維新の革命既に成り、新政府組織せらるゝに及んで、予の始めて正院に至るや、三條公以下閣員皆な列坐せる前に於て、西郷予を見て大声語つて曰く『板垣さんといふ人は怖ろしい人よ、薩摩の屋敷へ浪士を舁ぎ込み、戦さをおつ始めさして、恐ろしい人』と。予之れに応じて『是は近頃迷惑千萬の事なり、浪士を取締つて居た人も随分危激な人であつたらしい、しかし好い幕開きでしたねー』と答ふれば、西郷は巨口を開き、頭を抱きつゝ、ワァッハハッハと哄笑しぬ。蓋し太《はなは》だ得意なる時は西郷は頭を抱いて哄笑するを常としたりき」

終章　さまざまな西郷観

隠遁願望

『日本及日本人』の臨時増刊「南洲号」で板垣退助は西郷に「遁《とん》世の志」もしくは「遁世の思想」を見る。「遁世」と言うよりも、あるいは「離世」と言った方がいいかもしれない。死にどころをさがしているというのともちょっと違って、郷里に帰って百姓をといった思いが常にどこかにあったように見えるのである。西郷にとって高位顕官はむしろ仮の姿だった。板垣は語る。

「世或は征韓論に対し種々の臆説を構へ、誣言を以て我亡友に加ふる者あり。甚だしきに至つては即ち曰く、西郷の征韓論を主張せる真意は那辺にありしや当時頗《すこぶ》る不明なりし、西郷は其平生にも似ず、征韓論に関しては熱狂の観ありて、別に動機の伏在せるを知るに足る、即ち島津久光との間に蟠《わだかま》れる多年の感情の衝突は、偶ゝ西郷をして事を外に起して、其間に隠遁せんとの考を懐かしめたるに非ずやと」

世人はわが亡友の西郷にさまざまに憶測を加え、西郷が征韓論を主張したのは、決定的に合わなかった主君の島津久光との衝突から逃れるためだったなどと言う。

しかし、そうではないのだと板垣は続ける。

「然れども西郷が隠遁の機会を求めんが為めに朝鮮問題を提起し、自から使節たらんとせりとの言は、誣妄の甚だしきもの也。西郷は或は北海道に隠れて鋤犂を把らんとの意を黒田（清隆）に告げしことあらんも、而かも西郷が朝鮮に使節たらんとするさへも、部下の薩人は之を抑止せんとしたるを見れば、其北海道遁世の如きは到底行ふ可らざるや必せり、西郷の明蓋し能く之を知れり」

到底できないとはわかっていても、かかる期待の大きさと重さに西郷は「遁世の機会」を求めざるをえなかった。板垣はそれを否定するが、その否定の言が西郷の隠遁願望を語っているのである。

「山城屋和介《やましろやわすけ》の自殺事件、三谷三九郎《みたにさんくろう》の破産事件の発生し、陸海軍人及び文官の腐敗掩ふ可らざるに及び、予は深く憤慨する所あり、西郷を薬研堀の邸に訪ふて、倶に制裁を加へんことを議し、且つ将来に処するの方法を講ずるや」、西郷は何と言ったか。

「板垣さん私は我事一も行はれず寧ろ北海道に引込で鍬を提げて終らんかと思ふ」

それに対して板垣は声を励ました。

「それは西郷先生の言とも覚へず、貴方は多年最も国会に竭された人で、私も驥尾《きび》に附して聊《いささ》か遣つた積りである。回顧すれば同志の士は多く身命を擲つて国難に斃れたのであるが、彼等は生残れる同志が必ず其志を継いで維新の大業を成就し、皇国の発展を図つて呉れるだろうと信じて瞑目したと思ふ、然るを今遁世して泉下の同志に対する其責任を如何せんとする乎」

これを聞いて西郷は顔を真っ赤にし、巨体をふるわせて膝《ひざ》を叩《たた》き、

「板垣さんやりませう」

と言ったという。

石原莞爾と大川周明への影響

荘内藩は鶴岡の出身者に「満州事変」の火つけ役となった石原莞爾《かんじ》がいる。幼時から石原は父親の啓介が毎日朗読する『南洲翁遺訓』を耳にして育った。

しかし、石原の祖父、友右衛門重道は江戸市中取締りの主力だった新徴組の人選掛となり、戊辰《ぼしん》戦争では軍監として出陣し、酒田町奉行なども務めている。ために、荘内藩が降伏し、いわゆる官軍が鶴岡に乗り込んで来た時、降伏を潔しとせず、槍《やり》をしごいて街道に立ちはだかり、いざ勝負と叫んだという（阿部博行『石原莞爾』法政大学出版局）。

そして、父親の啓介は常々莞爾に次のように諭したとか。

「東北には、ずいぶん、すぐれた人物がいたが、薩長政府にそむいたために、賊という汚名をかぶせられてしまった。維新後、薩長政府は、四民平等というて、士農工商の差別をとりのぞいた。それで農民でも、町人でも、足軽でも、どんな身分のひくい者でも、立派な地位につくことが出来たとはいえ、この恩恵に浴するのは、自分たちの藩だけで、一旦敵となった東北人のことなど念頭におかなかった。だが、これからは、それでは通らぬ。お前の時代になったら、名ばかりの四民平等でなく、真の四民平等が実現されて、理非曲直の明白な道義の世界をつくりあげなくては、本当でない」

陸軍大学に進んだ石原莞爾は二年生の時、夏休みの他兵科隊付勤務で高田連隊を希望する。上杉謙信《うえすぎけんしん》と河井継之助の史跡研究をするためだった。

石原は江戸城を無血開城させた西郷隆盛に感服する反面、北越戦争で河井の降伏条件に耳を貸さなかった新政府の参謀、岩村高俊の冷酷さを憎む。戊辰戦争で荘内藩と共に奥羽越列藩同盟の主柱となったのは会津藩と長岡藩だった。それに深い関心を持っていた石原は戊辰戦争での河井の事績をまとめ、隊付報告の付録として陸大に提出している。

東条英機《とうじょうひでき》と衝突して中央を追われ、帰郷した後、石原は旧藩主の酒井家に一度も挨拶《あいさつ》に行かなかったので、酒井家周辺で評判が悪かった。そして、ある時、招魂社の例祭に石原が陸軍中将の正装で現れる。

一番上席には伯爵の酒井の殿様が座っていたが、石原は宮中席次では伯爵よりも中将が上だと主張して市役所をあわてさせる。石原は、昭和になっても旧藩主を崇《あがめ》め奉る風潮をおかしいと思っていたのである。これなど、西郷の逸話としても当てはまるのではないだろうか。

ちなみに石原より三歳上で酒田在の藤塚の医家に生まれた大川周明《しゅうめい》は『安楽の門』で、「凡そ鹿児島を除けば、大西郷を思慕すること荘内のやうに篤い地方は、恐らく他にはないであらう。酒井家の如きは、毎年九月二十四日の命日には真ごころ籠めて厳かに祭典を行い続けて来た。私は斯様な雰囲気の中に育ったから、幼少のころから大西郷のことを語り聴かせられ、既に中学校時代に幾度か繰返して南洲翁遺訓を読んだ」と回想している。

勝海舟の見た西郷星

西郷隆盛は完成によって伝説の主となったのではない。その人生を未完のまま終わったことによって西郷伝説をつくった。

江藤淳など『南洲残影』（文藝春秋）に、「確かに南洲は失敗し、失敗によってその生涯を完結させた」と書き、西郷の中に「あくことなき〝失敗への情熱〟」を見ているほどである。

西郷が西南戦争を起こし、利あらずして退却を繰り返している最中の明治十（一八七七）年八月二十三日、梅堂国政《ばいとうくにまさ》描く錦絵『西南珍聞　俗称西郷星之図』が出た。そのころ、東京や大阪で話題を呼んでいた毎夜東方の空に出る「西郷星」の絵である。

「毎夜八時頃より大なる一星光々として顕はる、夜更るに随ひ明かなること鏡の如し、識者是を見んと千里鏡を以て写せしが、其形人にして大礼服を着し、右手には新政厚徳の旗を携へ、儼然として馬上にあり、衆人拝して西郷星と称し、信心する者少からず」と『奇態流行史』にはある。

つまり、生きていながらも〝星〟になっていたということだが、地位や名誉にこだわらない西郷には若い時から本拠地は天のような感じがあった。だから、現世の利益にはこだわらなかったとも言える。

いわば、この〝未完の大将〟〝破滅の大将〟に人々は惹《ひ》かれた。西郷の人生は晩年にまでは至らない、永遠の青春小説なのである。

とりわけその若さ、ひたむきさに惚《ほ》れたのが勝海舟だった。江戸無血開城を西郷と共に成功させた勝は、明治十四年に「是南洲翁死後五回之秋也」として、次の漢詩を賦す。

惨憺たり丁丑《ていちゅう》の秋
思ひを回らせば一酸辛
屍は故山の土と化し
遺烈精神を見る

旧幕臣を統制して一兵も西郷軍に参加させなかった勝だが、西郷を愛することにおいては誰にも負けなかったのである。

そして、それから二年後、「友人海舟散人」と署名して、また、漢詩をつくった。

亡友一高士《いちこうし》
剣を握って大是《たいぜ》を定む
衣を払って天真を思ひ
偉業は胸裏に忘る
悠然躬耕を事とす
嗚呼南洲氏
敵としては正理を闘はす可く
共に謀っては国紀を輝かす可し
世変足下に起こり
賊名の訾《そしり》を甘受す
此残骸《このざんがい》を擲棄《てきき》し
希はくは数弟子に報いん
毀誉《きよ》は皆《みな》皮相
誰か能《よ》く其の旨《むね》を察せん
唯だ精霊の在る有らば
千載知己《せんざいちき》を存せん

「殿誉は皆皮相」「誰か能く其の旨を察せん」に私は、自分だけはわかっているぞという勝の自負を見る。

「朝蒙恩遇夕焚坑」の碑

西南戦争から二年後の明治十二（一八七九）年、勝海舟は密《ひそ》かに亡友、西郷の記念碑を建て、「朝《あした》に恩遇を蒙り、夕《ゆう》べ坑《あな》に焚《や》く」という詩句を刻んだ。東京の南葛飾《かつしか》郡上木下川の浄光寺境内にである。西郷はまだ賊将とされていたので、勝はそれを誰にも告げず、故に知る者はなかった。

それから四年後の明治十六年、黒田清隆、吉井友実、税所篤《さいしょあつし》ら、薩摩出身の高官たちが勝を訪ねて来る。黒田など、西郷を裏切った感じになって寝覚めが悪かったのだろう。

「南洲没後すでに七年を経ましたが、いまだに朝譴《ちょうけん》がはれません。そこで同志の者が相会し、内々で七回忌を営みたいと思います。御高見をお聞かせ下さい」

口々にこう言われて、勝は建碑のことを明かす。黒田らは大変喜び、七回忌はその浄光寺で行われた。前節で紹介した「亡友一高士」と始まる詩は、そのころつくられたと思われる。

そしてまた、同じころから勝は薩摩琵琶《びわ》の名曲「城山」を着想する。もちろん、西郷を偲《しの》んでである。以下にそれを引こう。

「それ達人は大観す。抜山蓋世《がいせ》の勇あるも、栄枯は夢かまぼろしか、大隅山のかりくらに、真如の月の影清く、無念無想を観ずらむ。何をいかるやいかり猪《ゐ》の、俄かに激する数千騎、いさみにいさむはやり雄の、騎虎の勢ひ一徹に、とどまり難きぞ是非もなき、唯身ひとつをうち捨てて、若殿原に報いなむ。明治ととせの秋の末、諸手の軍《いくさ》うち破れ、討ちつ討たれつやがて散る、霜の紅葉のくれなゐの、血しほにそめどかへりみぬ、薩摩たけ雄のをたけびに、うち散る弾《たま》は板屋うつ、あられたばしる如くにて、おもてをむけんかたぞなき。木だまにひびくときの声、もゝのいかづち一時に、落つるが如きありさまを、隆盛うち見てほゝぞ笑み、あないさましの人々やな、亥の年以来やしなひし、腕の力もためし見て、心に残ることもなし。いざもろともに塵の世を、のがれ出でむは此の時と、唯ひとことをなごりにて、桐野村田をはじめとし、むねとのやからもろともに、烟《けむり》と消えしますら雄の心のうちこそいさましけれ。官軍之を望み見て、きのふまでは陸軍大将とあふがれ、君の寵遇世の覚え、たぐひなかりし英雄も、けふはあへなく岩崎の、山下露と消え果てゝ、うつればかはる世の中の、無常を深く感じつゝ、無量の思ひ胸にみち、唯蕭然と隊伍を整へ、目と目を合はすばかりなり。折しもあれや吹きおろす、城山松の夕嵐、いはまにむせぶ谷水の、非情のいろもなんとなく、悲鳴するかと聞きなされ、戎衣《よろひ》の袖もいかに濡らすらむ」

江藤淳は前掲『南洲残影』に、この「城山」の演奏を聴いた時のことを記す。勇壮活発な合戦の情景を弾じながら、敗軍の譜であるためか、聴く者の心に惻々《そくそく》と沁《し》み入って来る、と。

そして、西南の役の悲劇とは、西郷一人の悲劇ではなく、「桐野村田をはじめとし」、私学校党全体の滅亡の悲劇なのだ、とも。

福沢が見た「抵抗の精神」

幕臣でありながら新政府の要職に就いた勝海舟に福沢諭吉は痩《やせ》我慢の必要を説いた。それに対し勝は「行蔵は我に存す、毀誉は他人の自由」と開き直ったが、福沢は西郷に対しては点数が高かった。その西郷は福沢の『文明論之概略』を愛読していたらしい。

福沢がとくに礼賛したのは西郷の「抵抗の精神」である。

「近来日本の景況を察するに、文明の虚説に欺かれて抵抗の精神は次第に衰頽《すいたい》するが如し。いやしくも憂国の士はこれを救うの術を求めざるべからず。抵抗の法一様ならず、或は文を以てし、或は武を以てし、或は金を以てする者あり。今西郷氏は政府に抗するに武力を用いたる者にて、余輩の者とは少しく趣を殊にする所あれど、結局その精神に至ては間然すべきものなし」

つい昨日までは西郷を、大をつけて呼んでいた新聞記者たちも、一斉に掌を返して「賊将」扱いする中で、それに抗する論説を発表するのは、そう容易なことではなかった。だから、この『明治十年　丁丑《ていちゅう》公論』は明治三十四（一九〇一）年に出版される。「抵抗の法一様ならず」とする福沢は、こう続ける。

「余は西郷氏に一面識の交もなく、又其人を庇護せんと欲するに非ずと雖も」、いまこの一冊子を記して「公論」と名づけるのは、「後世子孫をして今日の実況を知らしめ、以て日本国民抵抗の精神を保存して、其気脈を絶つことなからしめんと欲する微意のみ」と。

井上清著『西郷隆盛』（中公新書）も、福沢の説くところを引く。

世人は西郷を賊というけれども、彼の尊王の志は今も昔も変わっていないし、道徳品行の高いことも昔と同じである。

だから、西郷は天皇の賊でも道徳の賊でもない。彼はただ「旧政府」（幕府）に抵抗したのと同じく、「今の政府」にも抵抗しているのだ、と。

そして、その抵抗の精神こそが貴重なものであり、現政府の立場で西郷を賊というが、「政府の名義あれど事物の秩序を保護して人民の幸福を進むるの事実」なく、「有名無実のものと認むべき政府は、之を顛覆《てんぷく》するも義に於て妨げなし」とまで主張する。

ただ、福沢は、西郷が正面から新政府の非を明らかにしないで、単に暗殺問題のみについて政府に尋問の筋ありと主張したのは残念だと言い、「兵を挙て政府に抗するならば、第一、薩人たる人民の権利を述べ、従て今の政府の圧制無状を咎るのみにして、暗殺の如きは之を云はずして可なり。若し之を云はゞ、他の実事を表するの証拠として持出す可きのみ。後世に至て、明治十年の内乱は暗殺の一条より起りたりと云はゞ、恰も乱の品価を賤しきものにして、世界中に対しても不外聞ならずや」と西郷を批判してもいる。

また福沢の西郷弁護には、西郷個人の心性をその行動の客観的役割から切り離すなど、直ちに賛成できない点もあるけれども、福沢は西郷の叛乱《はんらん》に専制政府に対する人民の抵抗の精神を鼓舞するものを見出したのである。

抵抗の精神を見た中江兆民

西郷に抵抗の精神を見たのは福沢だけではなかった。中江兆民もまた西郷にそれを見たのである。

中江は勝海舟と親しく、勝の話を聞いて西郷の風貌《ふうぼう》を思い浮かべ、早くから西郷を敬慕していた。

中江は明治二十一（一八八八）年夏、『東雲新聞』に載せた「明治十年の内乱」で、こう書く。

「強を挫き大に敵するは君（西郷）が豪侠の天性なり、かの徳川政府は当時権力の強大なるものなり、故に君は奮然身を挺して天下大難の衝に当り、之に敵し之を挫きたる者なり。かの明治政府も亦、其の時にありて権力の強大なる者なれば、之に敵し之を挫かんとしたるは、君が固有の天性に出でたるのみ」

幕府に抗して勝利したが故に「義」とされ、明治政府に抗して敗れたが故に「賊」とせられる。それはただ勝敗を以て論ずるのみで、西郷の真価に関わることではないと、中江もまた福沢と同じく、西郷の権力への抵抗精神を讃えたのである。

前掲『西郷隆盛』の著者、井上清によれば、それは歴史的評価としては正しくない。しかし、熊本の自由民権革命家の宮崎八郎の指摘する如く、西郷は帝国武断主義で、自分の主義とは違うのに、それを自覚しながら、宮崎は「然れども西郷によらざれば政府を打倒するの道なく、まず西郷の力を借りて政府を崩壊し、然る上、第二に西郷と主義の戦争をするのほかなし」として、同志と共に協同隊を組織した。中には西郷軍に投ずる者もあったらしい。

それを印象的に書いているのが遠山茂樹《とうやましげき》の『明治維新』（岩波全書）である。『西郷隆盛紀行』（朝日選書）の著者、橋川文三を呆然《ぼうぜん》とさせたというエピソードを含めて、それはこう綴られる。

「『此時に当り、反するも誅せらる。反せざるも誅せらる』との窮地に追い込まれた西郷は、ついに二月、逸る部下に擁されて挙兵した。西郷起つの報は、自由民権派に大きなショックを与えた。熊本民権派は、ルソーの民約論を泣き読みつつ、剣を取って薩軍に投じた」

遠山は註に、宮崎八郎の「読民約論」と題した詩を引いている。

天下朦朧皆夢魂
危言独欲貫乾坤
誰知凄月悲風底
泣読盧騒《るそう》民約論

全共闘の学生が三島由紀夫《みしまゆきお》に惹かれ、その自決にショックを受けたのと同じような心境だろうか。

いわゆる宮崎四兄弟の長兄である八郎のことを『西南記伝』、はこう記す。

「八郎、状貌魁偉、軀幹長大、気骨稜稜として覇気湧くが如し。而かも親に事へて至孝、陣中暇ある毎に、必ず書を裁して父母の安否を問ふ」

西郷軍は歌う唄がなくて「ラ・マルセイエーズ」を唄ったという話もあるが、あるいは本当だろうか。

北一輝の明治維新論

北一輝は日本の思想史に於て独特の位置を占める。天皇を「総代表」に戴《いただ》くその国家社会主義を、ホームラン性の大ファールと評したのは花田清輝《はなだきよてる》だった。わが師、久野収《くのおさむ》によれば、北のねらいは「上からの官僚的支配のシンボルとなった天皇を、下からの国民的統一のシンボルにたてなおすこと」にあったという。

その北の思想形成に大きな影響を与えたのが明治維新であり、北は西南戦争を維新革命に続く「第二革命」と位置づけた。

『支那革命外史』の序で北は言う。

「(維新の元老たちが)維新革命の心的体現者大西郷を群がり殺して以来、則ち明治十年以後の日本は聊《いささ》かも革命の建設ではなく、復辟の背進的逆転である。現代日本の何処に維新革命の魂と制度とを見ることが出来ろか」

ただ、北は明治政府が西郷を鎮圧したのも肯定している。『支那革命外史』の記述は、そうした揺れと矛盾を含む。橋川文三が前掲『西郷隆盛紀行』所収の「西郷隆盛の反動性と革命性」で喝破した如く、西郷は矛盾の絶対値も大きい人であり、西郷を敬慕する北もまた矛盾の人だった。

西南戦争について、たとえば北はこうも言っている。

「ロベスピエールは多恨多涙の士。死刑を宣告する能わずとして判官を辞せし程の愛を持てり。而も国民の自由が内乱外寇に包囲さるるに至るや、巴里の断頭台に送る者一万八千人、さらに全国に渡りて死刑すべき者七十万人を予算せし夜叉王に一変せり……明治大皇帝の仏心天の如きは是を言うの要なし。而も国家統一のためには最高の功臣大西郷が過ちて錦旗に放ちし一羽翦を仮借せざりしほどの利剣を持てる弥陀如来なりき」

レトリックに充《み》ちているが、北は「最高の功臣大西郷が過ちて錦旗に放ちし」と、西南戦争は西郷の過ちだった、と断じている。

そうした指摘は『支那革命外史』にいくつかあり、たとえば——

「明治大皇帝は征韓論の名に藉れる第二革命の大臣将軍を一括して薩南に鎮圧したる強大新鋭なる統一者なりき」

あるいは——

「日本の弥陀如来（明治天皇のこと）は折伏の剣を揮って十年間に殆ど百回に近き大小の兵変暴動を弾圧し終に西南役に於て全国の帯刀的遺類を一掃したり」

そして、こう結論づける。

「山県公等の歴史的価値は東洋のカルノーとしてなり。全国の武士階級が指笑する百姓兵を指揮して偉大なる西郷に指揮されたる亡国的軍隊を打破し、以て国民の自由的覚醒による国民的信念を全国皆兵の現時に拡張せしめたることに存す。従て大西郷の征韓論を後年の理想に抑止したる天意は、亡国階級を率いては外戦し得べからずということに在り」

しかし、西郷に指揮されたのは、本当に「亡国的軍隊」だったのか。

読んでいた聖書

橋川文三は『西郷隆盛紀行』の中で、「西郷隆盛と征韓論」という題で講演をした後、こんな質問を受けたと書いている。

「西郷さんは、キリスト教を排斥しなければいけない、そういうことをいったと、聞いているんですけれど……」

これに対する橋川の答はこうである。

「私は西郷さんが、キリスト教排斥をいったという記憶がないのですが、もし、いったとすれば、それは政治情勢の問題から、いったのだと思います。しかし、私の考えとしては、彼が佐藤一斎《さとういっさい》とか、あるいは王陽明の学問に惹かれていたとすると、それは少し違うように思います。西郷さんは、キリスト教とは直接の関係はないと思いますが、これをやみくもに拒否する姿勢をとるとは思えません。先ほど申しあげた内村鑑三の、西郷の魂の中にキリストと同じ魂をみつけた、という証言もありますから……。それよりはむしろ、西郷さんが沖永良部でずっと暮らしていたとすると、あんがい、キリスト教の世界に惹かれたかもしれない。そういう感じがします。西南諸島一帯は、キリスト教がわりと普及しているところなんです」

橋川の「あんがい」は当たっていた。西郷はキリスト教を「やみくもに拒否する」どころか、その世界に惹かれていたからである。

「西郷南洲顕彰館」の館長、高柳毅と話して、一番驚いたのは、西郷が聖書を読んでいたということだった。

高柳は南日本新聞社編の『西郷隆盛伝』（新人物往来社）に、西郷が「晩年にキリスト教の聖書に親しんでいた」と書いている。そして、「敬天愛人」の思想は儒教的な「畏天《いてん》愛民」よりはるかにキリスト教的真理に近い、と注釈する。遺訓の「天は人も我も同一に愛し給う故に我を愛する心をもって人を愛するなり」に、キリスト教的「愛」のエコーは明らかだというのである。

これについては読者から手紙や電話が殺到したとか。

「そんな話は聞いたことがない」

「なにを根拠に書くのか」

「明治四年の西郷（真筆）の時務建言をみれば、彼は醇乎《じゅんこ》たる神政一致主義者ではないか。キリスト教的な思想とは無縁なはずだ」

高柳はそれらの抗議をもっともだとしながら、有馬藤太聞書『私の明治維新』（上野《うえの》一郎《いちろう》編）から、次の証言を引く。

〈ある日西郷先生を訪問すると、

「日本もいよいよ王政復古の世の中になり、おいおい西洋諸国と交際せにゃならんようになる。……西洋と交際するにはぜひ耶蘇の研究もしておかにゃ具合が悪い。この本はその経典じゃ。よくみておくがよい」

といいながら、二冊ものの漢文の書物を貸してくれた〉

これが漢訳の聖書だった。排外主義の嵐の中で、西洋文化の本質は耶蘇教にあると見抜いて、西郷は禁教の教典を読んでいたのである。

松本清張の「西郷札」

「往来を通行していると、戦争画で色とりどりの絵画店の前に、人がたかっているのに気がつく。……一枚の絵は空にかかる星（遊星火星）を示し、その中心に西郷将軍がいる。将軍は反徒の大将であるが、日本人は皆彼を敬愛している。鹿児島が占領された後、彼並に他の士官達はハラキリをした。昨今、一方ならず光り輝く火星の中に、彼がいると信じる者も多い」

アメリカの生物学者エドワード・モースはその著『日本その日その日』（石川欣一《いしかわきんいち》訳、東洋文庫）にこう書いた。大久保利通たちの新政府が、賊名をかぶせて西郷を斃《たお》しても、多くの日本人は西郷を敬愛し、いわゆる西郷星の中に西郷がいると信じていたということである。

これは空想の話だが、現実的な問題としては、西南戦争の時に発行された西郷札《さつ》がある。

松本清張《まつもとせいちょう》の処女作ともいうべき「西郷札」は、虚実とりまぜて、このお札の実体に迫った作品である。作品に松本は冨山房版百科事典から「西郷札」の項を引く。

「西南戦争ニ際シ薩軍ノ発行シタ紙幣。明治一〇、西郷隆盛挙兵、集ルモノ四万。（中略）同年四月熊本ニ敗レ日向ニ転戦スルニ及ビ鹿児島トノ連絡ガ絶エタタメ、遂ニ六月ニ至ツテ不換紙幣ヲ発行シタ。コレガイリユル西郷札デ寒冷紗《かんれいしゃ》ヲ二枚合セ、ソノ芯ニ紙ヲ挿ンデ堅固ニシタ、十円、五円、一円、五十銭、二十銭、十銭ノ六種。発行総額ハ十万円ヲ下ラナカツタトイウ。額面ノ大ナルモノハ最初ヨリ信用ガ乏シク少額ノモノノミ西郷ノ威望ニヨリ漸ク維持シタガ薩軍ガ延岡ニ敗レテ鹿児島ニ退却スルヤ信用ハ全ク地ニ墜チ、タメニ同地方ノ所持者ハ多大ノ損害ヲ蒙ツタ。乱後コノ損害塡補《てんぽ》ヲ政府ニ申請シタガ賊軍発行ノ紙幣ノ故ヲ以テ用イラレナカツタ」

つまりは薩摩軍の軍票だが、裏には「此札ヲ贋造スル者ハ急度《きっと》軍律ニ処スル者也、明治十年六月発行、通用三ヶ年限、此札ヲ以テ諸上納ニ相用ヒ不苦者《くるしからざるもの》也」と書いてあった。

アッという間に使えなくなったこの西郷札を集めて政府に買い取らせようと考える人間たちを、松本清張の「西郷札」は描く。

中で、その一人の紙問屋の主人が語る。

「だいたい前年に賊軍紙幣だといって買上げしないのが無茶でしてな、損を蒙っているのは何も知らない人民だし、薩軍に強制されて押しつけられて物をもってゆかれたのだから、その損害の補償をせんという法はありません。政府もそれはわかっていたにちがいないが、なにぶん当時は戦争直後で、薩軍のことならまだ眼の敵で、俗にいう坊主憎けりゃ袈裟までも、という地口のとおり、西郷札も買上げしなかったのでしょう。もう一つの考え方は、おびただしい戦争の費用でその余裕がなかったのでしょうが、近ごろは十五銀行という華族さんの銀行をつくって、そこから金を借りたり、紙幣の増発をやったりしているから、西郷札の十万や十五万円の塡補《てんぽ》ができぬはずはないと思いますよ。これは押せば必ずモノになる話です」

『仁義なき戦い』というヤクザ映画は凄《すさ》まじいヒット作となった。その脚本を書いた笠原和夫《かさはらかずお》は少年兵として大竹海兵団に入っていたが、モデルの組長もまた、大竹海兵団の生き残りだった。

笠原と同じ昭和二（一九二七）年生まれで、やはり同海兵団にいたのが作家の城山三郎である。笠原は先年亡くなってしまったが、そんな体験をもつ笠原らしい西郷論を『西郷隆盛』（プレジデント社）に寄せている。

「生死を賭した策謀に明け暮れする（幕末の）志士たちにとって、西郷の母性的な宏量は心を憩わせるには最良の懐であった」とする笠原は、しかし、そう規定するまでの自らの西郷観の変遷を次のように記述する。

戦争ドラマの取材で旧軍の陸海軍人を訪問すると、話の合間に必ずと言っていいほど、「大西郷の精神を今日に生かすような映画に」とか、「当時の心境は南洲翁の遺訓通り」といった言葉が出てくるので、笠原は面食らった。戊辰戦争で官軍に攻撃された越後長岡の中学を出ている笠原にとっては、西郷はむしろ敵将だったからである。

そして笠原はぶつける。

「第二次大戦の戦記類を読むと、当時ほとんどの高級将校たちが西郷に心酔していたことが分かる。そうして酷な言い方だが、大戦末期の敗勢のなかでそういう将官たちは、さながら西南の役の西郷のようにほとんど無策無能で、ただ従容とした態度だけは保ちつづけてあるいは艦と運命を共にし、あるいは南の島の洞窟の中で自刃してゆく。しかしそういう将軍たちの下で戦い、勝ち運に見放された下っ端の兵士たちは、〈従容として〉死ねたものではなかっただろう」

最も不甲斐《ふがい》なく、最も憎むべき将官たちが持ち出す「大西郷」憧憬《どうけい》論に笠原は違和感を禁じ得なかった。いまもそれは続いているが、笠原には強い抵抗感があるという。

「あのころ『大西郷』気取りの、風袋ばかり貫禄があって中身が空っぽな政治家や軍人たちのために戦禍に巻き込まれ、あと三ヵ月も終戦が遅れていたら、南九州の海岸で上陸するアメリカの戦車群に爆雷を抱いて突っ込んでいたかも知れない元海軍水兵のわたしにとって、『大西郷』的人物は疫病神そのものでしかないのだ」

こうまで断定した笠原は、実際に西郷は「大西郷」と呼ばれて日本人の大部分から心酔されるほどの大人物だったのかと問う。

「彼の年譜を整理してみると、維新前の活躍と維新後の行動にははなはだしい落差がある。これが一人の人物の軌跡かと疑いたくなるほど、維新後の西郷は我儘勝手で依怙地で視野が狭い。西郷は象皮病の持病がある上にかなり肥満でもあったから、あるいはなにかの成人病に冒されていたのかも知れない」

自ら、こう答えて笠原は、西郷が明治維新の達成で燃え尽きてしまったので、その見方に立てば、維新前も維新後も少しも変わっていない、と続ける。

実像が名声を追いかける旅

『仁義なき戦い』の脚本家、笠原和夫は、西郷の倒幕に向けての超人的なエネルギーと飽くなき策略は、すべて、島津斉彬の「チェスト、関ヶ原!」という言葉に象徴される徳川への怨念《おんねん》を晴らすためのものだったのではないか、と考える。これは「関ヶ原を忘れるな」という意味で、関ヶ原の戦いで島津は西軍に加わり、徳川の東軍に敗れて、当主の義弘は命からがら薩摩に逃げ帰った無念を忘れまいというものである。

その言葉を発した斉彬は、農村まわりの小役人に過ぎなかった二十代の西郷を登用し、西郷もまた深く斉彬を敬慕した。その斉彬が亡くなり、殉死のつもりで、西郷は僧月照と入水する。西郷だけ助かってしまったが、この二人への敬愛は並々ならぬものだった。

「西郷は思慕止みがたきこの二人のためにこそ、倒幕・維新達成に向けて、ある場合は非情なまでの奸計を用いて邁進したのではなかっただろうか」と笠原は書いている。

『非情なまでの奸計』とは相楽総三の悲劇などを指すのかどうかはわからないが、笠原は西郷に「詩人のエゴイズム」を見る。

そして、明治維新達成の指導者としての「大西郷」の名声を西郷はどうしても捨て切れなかった、と指摘する。その名声は西郷自身が望んで得たものではなかったし、西郷だけのものでもなかった。それは実に斉彬と月照から預けられた余命に冠せられた名声だったというのである。

「そこから、実像の西郷が『大西郷』の名を追いかけるさすらいの旅が始まる。難しく言えば、自身のアイデンティティを求めつづけた旅、とでも言おうか。明治政府のなかで西郷が演じたさまざまな矛盾した言動は、すべてその旅の苦渋の跡だったのではないか」

さすがにドラマづくりの名手は、ユニークな西郷論を展開する。

明治十（一八七七）年、手兵三万の陣頭に立って鹿児島を出る時、西郷の胸中には「勝利」も「敗北」も、そして「死」もなかったに違いない、と笠原は書き、その後をこう続ける。

「彼はただ最後の最後まで、『大西郷』でありつづけなければならない、という一念のみがあったに過ぎない。それこそが、大恩ある斉彬への忠節のあかしであり、また先立った月照へのせめてもの償いのあかしでもあった」

こう喝破しつつ、笠原は、西郷は大政治家でも、大将軍でもなく、南国の暖かい風土のなかから生まれた、こころ優しい「詩人」であった、と結論づける。

西南戦争によって戦死した者の数は両軍併せて一万三千余人。鹿児島の市街地も九〇パーセント強が戦火で焼失した。

これらは西郷の一つの決断から起こったことだが、どれほど大きな代償が支払われても、詩人のエゴイズムはいつも許されていいはずだからという笠原の論断はかなり突飛である。しかし、多くの漢詩をつくった西郷のある側面を言い当てているのかもしれない。

島妻、愛加那

朝野に去来するは名を貪るに似たり
竄謫《ざんたく》の余生栄を欲せず
少量応《まさ》に荘子の笑いと為るべし
犠牛杙に繋がれて晨烹を待つ

西郷は「感を志して清生兄に寄す」という題で、こんな詩をつくった。明治四（一八七一）年ごろの作と思われる。山田尚二編の『新版　西郷隆盛漢詩集』によれば、口語訳はこうなる。

「朝廷に仕えたり辞任して民間に下ったりするのは、名誉をむやみに求めるようで、島流しになったりして余生を保っている自分は、今更栄誉をほしがりはしない。それなのに、朝廷に出仕することになったが、そんなちっぽけな量見では多分荘子に笑われるであろう。朝廷に出仕するのは、廟堂で杙につながれた生けにえの牛が翌朝早く煮殺されるようなものだと荘子が言っているではないか」

流罪の生き残りがどうして名誉を欲するものかという西郷の言葉には体験の裏打ちがある。菊池源吾と名乗って奄美《あまみ》大島に流されていた時には、愛加那《あいかな》と結婚していた。西郷は生涯に三人の女性を妻としたといわれるが、最初の妻は伊集院俊子である。親のすすめで結婚した俊子は西郷家の貧しさに耐えられず、西郷が島津斉彬について三年間も江戸へ行きっ放しだったこともあって、伊集院家からの申し入れで離婚した。俊子が結婚した時、西郷家には両親と祖父母、それに三人の弟と三人の妹がおり、自分たちも入れて十二人の大世帯だった。

次に結婚したのが、奄美の女にしては上背のあった愛加那である、作家の植松三十里《うえまつみどり》はこの島妻を主人公に『黍《きび》の花ゆれる』（講談社）を書いた。

愛加那にとって、「大きな目に怖いほどの力がある」西郷は、なかなかに恐ろしい人だった。

その印象は西郷の世話をするうちに変わってくる。そして子供も生まれた。菊次郎である。菊は菊池から取った。

「おいはな、こん島に骨をうずめても、よかち思う」

ある時、西郷は愛加那にこう語りかける。

「おいは日本ちゅう国を、変えたいと思っておった。江戸や上方で、先の上さまの手足になって働きたかった」

「先の上さま」とは島津斉彬のことである。しかし、その斉彬が急逝して、自分の役目は終わったと思い、死のうとした。

「そいでん死にきれんで、この島に流されっきた。こいも何かの縁じゃ。おいは、こん島の人々が黒糖の地獄から抜け出せるよう、力をつくしたい。おいにできなければ、菊次郎や島の子供たちを教えて、次の世代に託そうち思う。それがおいに与えられた役目じゃ」

けれども、時代は西郷をこの島にとどめてはおかなかった。

加那とは島の言葉で恋人という意味だが、愛加那は「行きゅんにゃ加那節」という島唄のように、悲しい別れに直面することになる。

上野公園の西郷像

坂本龍馬は西郷を「小さくたたけば小さく、大きくたたけば大きく響く。バカなら大バカ」と評した。

その坂本が西郷の家に泊まった時のこと。新婚だった西郷の妻、いとは褌《ふんどし》を所望される。あまり深く考えずに、西郷の古い褌を渡したが、帰って来た西郷に、こう怒られる。

「未来のある男に使い古しの褌をやるとは何ごつ。早う新しいのと取りかえてやりなさい」

阿井景子の『西郷家の女たち』（文春文庫）には、この時、いと二十三歳、龍馬三十一歳、吉之助三十九歳、と書いてある。いとが西郷の三番目の妻だが、西郷と同じく、いとも一度、結婚に失敗していた。

西郷といとは慶応元（一八六五）年に結婚したが、翌年、寅太郎が生まれた。そして、明治二（一八六九）年に、九歳になっていた菊次郎を引き取って教育を受けさせる。その後、二人目の午次郎が生まれる。この名は愛加那を複雑な思いにさせた。それを植松三十里は『黍《きび》の花ゆれる』にこう書く。

「ひとりめが寅年生まれの寅太郎で、ふたりめが午年生まれの午次郎。だが菊次郎がいるのだから、午年の子は、午三郎にすべきではないのか。

愛加那は、そこにイトの菊次郎に対する、わずかな反感を読み取った。自分の腹を痛めた子が、妾腹の子と並べられるのは嫌なのだ。午三郎と名づければ、菊次郎の下に置かれることになる」

ちなみに、この菊次郎は後に京都市長となった。

『西郷家の女たち』によれば、西南戦争の翌年の明治十一年春、困っているだろうと、鹿児島の野屋敷にいるいとに七百円を届けた人がいる。西郷従道の岳父、つまり妻、清子の父親で、西郷と久しかった紙幣印刷局長の得能良介である。

いとは、官にある人から、このようなカネをもらう理由がない、と突っぱねる。そして、貧しい生活の中で貯めたカネから旅費を出し、わざわざ下僕を東京にまでやって返させた。

「自分の主人は賊の大将として死にました。家も焼けました。出征したところの菊次郎も片足を失いました。けれども幸い自主開墾した土地が残っています。食べるのには困りませんのでお返しします」

筆を擱《お》くに当たって、上野公園に行き、西郷の銅像を仰ぎ見た。高村光雲作のこの銅像は、言うまでもなく、犬を連れ、短い筒袖の着物姿で立っている。無造作に結んだ兵児帯に短刀を一本さし、煙草入れを下げた草履ばき。

この気取りのないユニークさは、多くの人を驚かせ、西郷の人気をさらに高めた。しかし、いとは喜ばなかった。義弟の西郷従道に、

「うちの人は、たとえ私学校の若い人が訪ねてきても、袴《はかま》をつけて会う人だった。それがあんな不作法な姿では、見て下さる方に申しわけない」

と不満をもらしたのである。まさに西郷像はさまざまに結ばれるということだろう。

おわりに

歴史は勝者がつくる。そして、勝者の側に立って書かれた歴史が「正史」として流布される。

西郷隆盛は勝者と敗者の間を行きつ戻りつした人である。藩主の怒りを買って何度か島流しされただけでなく、明治維新の最大の功労者でありながら、その政府に楯《たて》突いて謀叛人《むほんにん》となった。ために靖國神社には祀《まつ》られていない。

西郷の魅力は飾り気のない人柄とともに、その悲劇的な運命からももたらされる。

私が西郷を書こうと思ったのは、しかし、その「人と時代」に感応したからだけではなかった。山形県の酒田市と鶴岡市を中心とする庄内地方が私の故郷だが、その「庄内人名辞典刊行会」から刊行されている『新編　庄内人名辞典』に、この地方出身の清河八郎や高山樗牛《ちょぎゅう》、そして大川周明や石原莞爾とともに、西郷隆盛が出てくる。なぜなのか？　まず、その項を引いてみよう。生年等は省く。

「薩摩藩士西郷吉兵衛の長子として生れ若年のころ藩校造士館に学ぶ。安政元年（一八五四）江戸で藩主島津斉彬の知遇をうけ、以来国事に奔走して再度にわたり流罪となる。元治元年（一八六四）帰藩して公武合体の藩論を尊王倒幕に転換の役割を果し、薩長連合盟約を結んで慶応三年（一八六七）王政復古を実現させた。翌四年（一八六八）東征軍参謀となって江戸城の無血開城に成功、その後戊辰戦争を指導してこれを終結に導く。明治四年（一八七一）廃藩置県を断行して参議となり、近代軍制を確立して同六年（一八七三）陸軍大将に任ぜられたが、いわゆる征韓論で郷里鹿児島に隠棲、私学校を設けて郷党の育成にあたる。同一〇年（一八七七）西南戦争が起こり官軍と戦ったが敗れて城山で自刃した。享年五一。この間戊辰戦争の折には明治元年（一八六八）九月庄内藩の降伏・開城に応じて平和裡にこれを接収。同三年（一八七〇）旧庄内藩主酒井忠篤の請いを容れて忠篤以下七十余人を鹿児島で勉学させ、以後たびたび庄内の士人を招じて教導する。菅実秀と親交を結んで庄内の治政に協力、また同五年（一八七二）には忠篤・忠宝兄弟のドイツ留学を助言してこれを実現し、戦後混乱期におけるその精神的支柱となった。明治二二年（一八八九）賊名を除かれて正三位追贈につき旧庄内藩士有志らが『南洲翁遺訓』を編集する。昭和五一年（一九七六）に長谷川信夫らが同志を糾合して酒田市飯森山下に南洲神社を創建した」

この、いわば「地の利」も私には幸いした。そんなこともあってか、平成十八（二〇〇六）年の五月九日付の紙面から始まった『夕刊フジ』の連載は評判を呼び、予定より延びて、同年十二月二十九日付の紙面まで続いた。百六十四回。四百字詰原稿用紙にして、およそ五百枚である。

西郷を書くことは維新史を書くことであり、「維新とは何か」を問うことだった。

連載が始まってまもなく、私は乞われて六月五日付の『朝日新聞』の山形版に次のような「荘内随想」を書いた。ポイントの部分だけ引こう。

〈薩摩と長州を主とした、いわゆる官軍にとって、東北における強敵は会津と荘内だった。会津の松平と荘内の酒井は徳川幕府の重鎮だったからである。

ところが、この両藩は対照的な運命をたどる。会津が悲劇的な最期となったのに、荘内は無血開城で、悲惨な結末とはならなかった。それは西郷の恩情によるとして、荘内藩は主従ともども一気に西郷に傾斜していく。

その後、西郷が政府を離れ、鹿児島に帰って西南戦争を起こした時も、留学していた二人の荘内藩士（伴兼之、榊原政治）がそれに参加して殉死しているのである。

鹿児島の南洲墓地には、それぞれ、二十歳と十八歳で亡くなった二人の墓があり、私は四月にも墓参をしてきた。

西郷を愛国者でないという人はいないだろう。いわば日本の愛国者の代表である。ところが、その西郷が靖國神社には祀られていない。政府に敵対した反乱軍の代表だからである。西郷にとっては、反乱こそ愛国だった〉

書き進めて、酒田の本間家の変わり種、本間郡兵衛の存在を知り、薩摩および西郷と荘内のさらに深い関わりにも突き当たった。

取材に際してお世話になった人たちと、『夕刊フジ』の担当記者、そして角川学芸出版の担当編集者にもここで改めて、お礼を申し上げたい。

二〇〇七年三月十日

佐高　信

文庫版あとがき

二〇〇七年四月にこの本の元本を出してまもなく、私は『東京スポーツ』のコラム「毒筆啓上」にこう書いた。

〈「奥羽越列藩同盟」なるものがあった。薩摩、長州を中心とした、いわゆる官軍と戦った東北諸藩の同盟である。松平の会津と酒井の荘内が核となり、賊軍と呼ばれたが、その優劣は最初つけがたかった。

〽都見たくばここまでござれ
いまに会津が江戸になる

会津城下では、こんな俗謡さえ唄われたほどである。

なぜ、こんな話を持ち出したか？　西郷隆盛と荘内の関わりに焦点を当てた拙著『西郷隆盛伝説』（角川学芸出版）に詳述したが、明治政府は地方、特に東北地方をないがしろにした。それは大正、昭和、平成と移り変わっても同じだったのではないか。

現首相、安倍晋三は山口、つまり長州の出身だし、前首相の小泉純一郎は父親が鹿児島の出だった。相変わらず、薩摩と長州がこの国の政治を牛耳っているのである。

先日、〝壊憲カンニング法〟ともいうべき国民投票法が通ってしまったが、その国会審議の渦中で、「憲法行脚の会」主催で、それに反対する院内集会を開いた。たまたま集まったパネリストが鎌田慧、鈴木邦男、吉田司、そして私だったので、私は、

「今日は奥羽越列藩同盟だ」

と紹介した。鎌田が青森（弘前）、鈴木が福島、吉田と私が山形で、いずれも奥羽越列藩同盟の東北出身だったからである。

その時すかさず、鎌田が、

「津軽は早々に脱落してすみません」

と詫びたのにも驚いた。

百四十年以上も前の話が生きているのである。

それはともかく、小泉のやった郵政民営化という名の会社化も地方切り捨てであり、その前の国鉄分割〝会社化〟も地方切り捨てで、いずれも確実に過疎を進行させた。

拙著『西郷隆盛伝説』の中で、秋田市長の友人だった会津出身の大学教授がこう言っている。

「薩摩、長州による武断的な明治維新は日本の歴史になにをもたらしたんだ。征韓論だとか日清戦争、日露戦争、シベリア出兵、そして太平洋戦争、日本の近代の歴史は諸外国に対する侵略の歴史ではないか。こういう政府が明治維新によってつくられたんだぞ」

とりわけ陸軍は長州閥となって、長州以外の人間は出世を阻まれた。薩摩、長州の弊害はいまに及んでいる。〉

ちなみに、高杉晋作が好きで、自らの内閣を「奇兵隊内閣」と名づけた現首相、菅直人も長州出身と称し

ている。

『西郷隆盛伝説』は、文庫の解説をお願いした佐藤洋二郎さんはじめ、多くの好意的書評に迎えられた。中でユニークだったのは、友人でもある中川六平氏の『週刊朝日』のそれである。二〇〇七年七月二十日号の同誌「週刊図書館」に掲載された「ひと」欄から一部を引こう。六平氏はまず、こう書く。

「この本を、書店の平積みで見かけた時は驚いた。あの佐高さんがあの西郷を！　佐高信さんといえば、経済評論や辛口評論家として知られている。現代がテーマである。その人が虚実入り交じり伝説化された歴史上の人物を描くとは、ミスマッチに違いない。そう思った。だが違った。

書き出しは、鹿児島の南洲墓地に眠る荘内の少年藩士である。佐高さんは、その荘内出身だ。読み進むにつれ、このミスマッチに納得していくのである。佐高さん、西郷隆盛を〝佐高ワールド〟というミキサーに入れたのだ。そう思うようになってきた」

六平氏は「歴史の真実とは、勝者の歴史ではなく、長谷川伸や藤沢周平といった作家が書く敗者の歴史の方にこそある」といった私の指摘を引きながら、インタビューに私がこう答えたと書く。

「田舎をこれだけ濃厚に書いたのは初めて。荘内藩は、いまでいえば、城下町の鶴岡と、商人の町の酒田。ぼくは酒田なんで、西郷のサも知らなかった。ところが、鶴岡出身の石原莞爾などは、幼い頃から、父が朗読する『南洲遺訓』を耳にしていたんです。改めて、そういう事実に思いをはせました」

私がそう言ったらしいが、結びがまたいい。

「同書は、佐高さんが上野公園に足を運び、西郷の銅像を仰ぎ見るシーンで終わる。西郷隆盛を満月として描くことはしない。欠けるからこそ月なのだ。そんな思いを手放さないで書いたという」

確かに「欠けるからこそ月」という思いは強い。西郷の特徴は「勝者にして敗者」であることだとも強調したが、そうでなければ、西郷人気が現在も衰えない理由が説明できないし、勝者と敗者の両方の側面をもっているからこそ、西郷を描くことによって歴史の深淵をのぞくことができるのだろう。いつの日か、また別の角度から西郷を彫刻してみたいとも思う。

佐高 信

二〇一〇年六月二十二日

ソフィア文庫版あとがき

先年の参議院議員選挙で、新潟を含む東北七県で、野党共闘候補は六勝一敗だった。負けたのは秋田のみ。それで、ＴＰＰ問題が影響したのだろうと言ったら、ある友人に「違う」と返された。彼は「奥羽越列藩同盟」だと言うのである。現首相の安倍晋三は長州出身だが、いわゆる官軍対賊軍の構図はいまも生きていて、東北は怨みを忘れていないのだと解説された。

確かに、奥羽越列藩同盟から真っ先に脱落したのは秋田で、だから秋田が負けたのは致し方ないという。

一九六八年に出た田中彰の『未完の明治維新』（三省堂新書）という本がある。これで私は、明治維新は農民にとって〝裏切られた革命〟でしかなかったことを知った。

西郷を首脳とする官軍は、農民を味方にするため、戊辰戦争開始まもなく、旧幕府領の年貢を半分にするという年貢半減令を出す。特に奥羽、北越地方でこれを布告したが、しかし、実現させる気はなかった。

田中彰はこれについて、「だから、政府軍の先鋒隊としての役割をになっていた相楽総三らの赤報隊に代表される草奔隊が、政府の当初の方針どおりにこの年貢半減令をその行く先々で農民に布告するや、逆にこんどは赤報隊は『偽官軍』だといって、これを弾圧してしまう」と指摘し、「ここには新政府の本質がみごとに示されている。民衆が、幕府さえ倒れればと期待をかけた解放への希望が、たんに幻想にすぎないことにだんだん気づいてくるのも当然であった」と続けている。

本書で詳述したように、西郷は相楽を見殺しにしたのだが、西郷自身も西南戦争を起こして政府への反逆者となったために、「希望の幻想」あるいは「幻想の希望」が西郷に乗り移った。

私は西郷の魅力を「歴史の勝者にして敗者」であるところにあると描いたが、また、未完であるところにもある。未完であるが故に伝説は生まれた。そして、伝説は何度もよみがえる。

二〇一八年の大河ドラマが「西郷どん」になったのも、そのためだろう。そこで、どんな西郷像が人々の胸に刻まれるか、私にとっても興味は尽きない。

二〇一七年九月十八日

佐高　信

［**初出について**］
本書は、二〇〇六年五月九日から一二月二九日まで夕刊フジに連載され、二〇〇七年四月、角川学芸出版より『西郷隆盛伝説』として刊行され、二〇一〇年七月に角川文庫、二〇一七年七月に角川ソフィア文庫として刊行された。同文庫版を底本とした。

［解題］

左翼からも好かれる西郷隆盛の多面性

『それでも、日本人は「戦争」を選んだ』（新潮文庫）で小林秀雄賞を受けた東大教授の加藤陽子と私は『戦争と日本人』（角川oneテーマ21）という共著を出した。副題が「テロリズムの子どもたちへ」である。

その序章で加藤はこの本のことを次のように語ってくれた。

加藤　佐高さんは『西郷隆盛伝説』を、西南戦争で散った庄内の二人の少年藩士の話から始めていらっしゃる。西郷軍が九州近隣出身者だけからなっていたわけではなく、はるか山形出身の少年もいたというのはあまり知られていないことです。そこから、今も年輩の方には知られている『西郷南洲遺訓』の話になり、安岡正篤の話になり、過去と現代、明治と昭和がうまくシンクロしていく。

あるいは『福沢諭吉伝説』にしても、福沢の言説を史料的にたどるのではなく、福沢と由縁の人に光を当てたり、対照的な人物から論じたり、歴史家が普通やらない方向にスポットを当てることで、新たな側面を浮き彫りにされている。

じつは、歴史に対するこうしたものの見方はすごく大切で、人と人とを結びつけていくその柔らかな発想が、思考をより弾力性のあるものにしていくと思います。今の若い世代には、とくにそういう視座が参考になるのではないでしょうか。

加藤の過褒をそのまま受けとめたわけではないが、狙いとしてはそうだったので、私は嬉しかった。

ちなみに、この『戦争と日本人』は中国で翻訳刊行された。

「自分に引きつけて考える力」を養うという彼女の指摘をもう少し引きたい。

加藤　『西郷隆盛伝説』の冒頭に書かれている西南戦争で死んだ二人の少年藩士、彼らは享年二〇と一八でしたね。西南戦争で命を散らせた少年たちの中には、もっと若い一四、五歳の士族も大勢いた。

西南戦争が薩摩士族による反乱であり、政府軍に敗北した西郷は城山で自刃する、ということだけは皆さんよく知っていますが、その西郷を担ぎ出した者の一部には、うら若き少年士族たちもいた、ということを思い出せる人はどれだけいるでしょうか。今でいえば中学・高校・大学生の年頃の人たちが、政府軍に立ち向かったわけですよ。もちろん、侍であれば元服をすませた歳ではあり、農工商民であれば、若者組に入れる歳は超えているわけですが。

加藤との対話の中で、私がなぜ西郷を書こうと思ったかをこう語っている。

佐高 西郷は歴史の勝者であり、敗者でもあります。幕末維新期に薩摩の枢軸として働き、かの有名な勝海舟との会談で江戸無血開城を成し遂げ、明治政府の要人として活躍した。そういった勝者の側にいた西郷には、私はあまり惹かれない。それよりは、下野して地位や名誉にこだわらない生き方をすることを選び、はてに新政府に楯突く首謀者として歴史の表舞台から葬られていく西郷にこそ興味を惹かれる。またそこに庄内藩士と薩摩との関わりが見えてきたり、『西郷南洲遺訓』のことがわかってきたり、そういう脈絡の面白さがあるわけです。

この本を書いたことが縁で、私は西郷の地元、鹿児島から二度も講演に招かれた。

西郷のことは自分たちの方が知っているぞと思っているに違いない聴衆にショックを与えるために、私は講演の冒頭、挑戦的に次の二つの事実を突きつけた。

まず、岩波文庫等で現在も版を重ねている『西郷南洲遺訓』に関して、「ご承知のように」と前置きしながら、これは西郷に傾倒した荘内藩士がまとめ、西南戦争による賊将の汚名が雪がれてから、世に広めたものであることを強調した。

薩摩藩が遺したのではないということである。

多分、知ってはいても、改めて言われると、「おらが西郷」の像が揺らぐらしく、会場は静かになった。

次に、西郷が靖國神社に祀られていないことである。

明治維新の元勲ながら、西南戦争を起こして政府に反逆したということで祀られていない。これは、とりわけ、西郷を慕う保守的な人たちにとっては悔しいことらしい。

それを承知で私は、

「だから、西郷さんを尊敬する人は、たとえば首相の靖國参拝に賛成してはなりません」

と付け加えた。

それは西郷の遺志に背くことになると主張したのである。

これに対しては会場に騒めきが起った。

この二つの〝爆弾〟を投げてから、私は本論に入り、西郷の魅力は歴史の勝者にして敗者であることだと語り始めた。

西郷については、先ごろ亡くなった新右翼の鈴木邦男と対決的に話したことも忘れられない。

『西郷隆盛伝説』を読んでくれた鈴木は、

「ロシア革命まで日本の社会主義者というのは、結構、みんな道徳的であって、仏教やキリスト教に帰依している人も大勢いた。孔子を尊敬し、西郷隆盛を評価している社会主義者も多かった。それが、日本共産党ができ、ロシア革命べッタリになり、やはり西郷なんか古い、ということになった。そこから日本の社会主義者たちは誤った道を歩み出すんですよ」

と挑発し、

「だから、もう一度振り返って、度量が大きく、決断力があり、視野も広い、西郷隆盛を評価するような左翼をつくらないといけないんですよ。もう手遅れかな？」

と続けた。

確かに右翼の源流的側面もある西郷を評価する左翼も多い。

西郷の『遺訓』には「忠孝仁愛教化の道」とか「愛国忠君の心」とかが出てきて、全面的に賛成すると、天皇制を批判する視点を構築しにくくなると私が抵抗すると、鈴木はこんな例を挙げて追撃した。

「それはわかるけど、別にいいんじゃないですか、そんなことは。土井たか子さんだって、西郷隆盛が大好きだし」

土井が西郷を好きなことは否定できない。

鈴木はこんなことも言った。

「右翼の場合は、堂々と『西郷』と言いますけどね。左翼は小声ですね。多くの右翼が好きなのは西南戦争で反乱を起こす前の西郷なんです。でも、西南戦争を起こしたところも評価される。『西郷トロツキー説』なんてものもありますね」。

鈴木と私の対談は『左翼・右翼がわかる！』（金曜日）からの引用だが、西郷が「永遠の維新者」もしくは「永久革命家」であるという指摘には私も同意する。

いずれにせよ、さまざまな視点から私の西郷伝を読んでほしい。

〔著者紹介〕　佐高 信（さたか・まこと）

一九四五年、山形県酒田市生まれ。慶應義塾大学法学部卒業。高校教師、経済誌編集長を経て、評論家となる。
主な著書に、『佐高信の徹底抗戦』『竹中平蔵への退場勧告』『佐藤優というタブー』『当世好き嫌い人物事典』（以上、旬報社）、『時代を撃つノンフィクション100』『企業と経済を読み解く小説50』（以上、岩波新書）『なぜ日本のジャーナリズムは崩壊したのか（望月衣塑子との共著）』（講談社＋α新書）、『池田大作と宮本顕治』『官僚と国家（古賀茂明との共著）』（以上、平凡社新書）、『統一教会と改憲・自民党』（作品社）、『総理大臣菅義偉の大罪』（河出書房新社）、『国権と民権（早野透との共著）』『いま、なぜ魯迅か』『西山太吉　最後の告白（西山太吉との共著）』『反戦川柳人　鶴彬の獄死』（以上、集英社新書）、『反‐憲法改正論』（角川新書）など多数。

佐高信評伝選5　歴史の勝者と敗者

二〇二三年六月二五日　初版第一刷発行

著者……佐高　信
装丁……佐藤篤司
発行者……木内洋育
発行所……株式会社 旬報社
〒一六二−〇〇四一 東京都新宿区早稲田鶴巻町五四四
TEL 03-5579-8973　FAX 03-5579-8975
ホームページ https://www.junposha.com/
印刷・製本……中央精版印刷 株式会社

　ISBN978-4-8451-1783-3

佐高信評伝選 全7巻

https://www.junposha.com/
旬報社

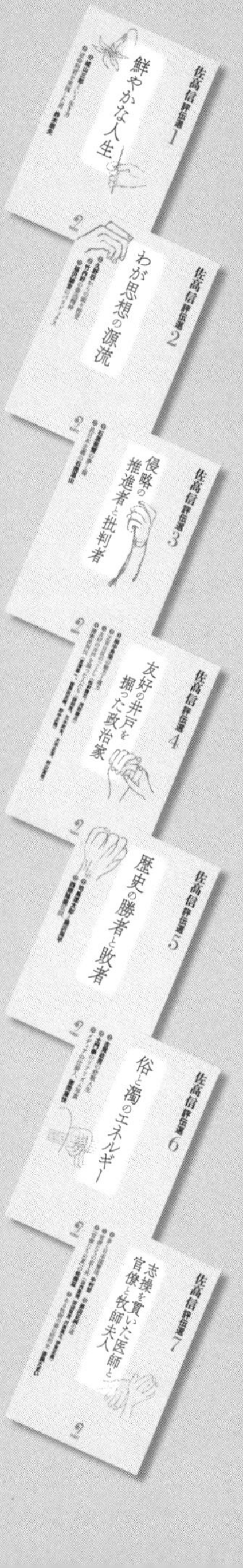

第1巻 鮮やかな人生

城山三郎という生き方／逆命利君を実践した男 **鈴木朗夫**

定価（本体二五〇〇円＋税）

第2巻 わが思想の源流

久野収からの面々授受／**竹内好**と**むのたけじ**の魯迅精神／**福沢諭吉**のパラドックス

定価（本体二五〇〇円＋税）

第3巻 侵略の推進者と批判者

石原莞爾の夢と罪／良日本主義の**石橋湛山**

定価（本体二七〇〇円＋税）

第4巻 友好の井戸を掘った政治家

田中角栄の魅力と魔力／正言は反のごとし **松村謙三**と**河野謙三**／友好の井戸を掘った人たち（**保利茂、三木武夫、大平正芳、村山富市**）／護憲派列伝（**宮澤喜一、後藤田正晴、野中広務**）

定価（本体二六〇〇円＋税）

第5巻 歴史の勝者と敗者

司馬遼太郎と**藤沢周平**／**西郷隆盛**伝説

定価（本体二五〇〇円＋税）

第6巻 俗と濁のエネルギー

古賀政男の悲歌人生／**土門拳**のリアリズム写真／メディアの仕掛人 **徳間康快**

定価（本体二五〇〇円＋税）

第7巻 志操を貫いた医師と官僚と牧師夫人

歩く日本国憲法、**中村哲**／**原田正純**の道／官僚たちの志と死（**山内豊徳、田辺俊彦、川原英之、伊東正義**）／「官僚たちの夏」の**佐橋滋**／ある牧師の妻の昭和史 **斎藤たまい**

定価（本体二六〇〇円＋税）